U0857901

走進中國
民俗殿堂

请您循着中国民俗的长河，开始我们的文明之旅……

现在，我们把开启民俗宫殿之门的钥匙交给您，

您想贴近先辈的日常生活，获得中国人之为中国人的地道感受吗？

立体形象地展示了中国民俗的方方面面。

本书从具体细节着眼，从风俗流变入手，

醇厚实在，趣味盎然，就像一面镜子，映射出社会生活的风貌。

它们看似不登大雅之堂，实际上却是雅文化之母。俗文化无处不在，

在漫长岁月中，孕育出了千姿百态的土风土俗。

十里不同风，百里不同俗。中国幅员辽阔，民族众多，

走进中国民俗殿堂

◎高奇 等编著

山东大学出版社

图书在版编目（CIP）数据

走进中国民俗殿堂／高奇编著．—济南：山东大学出版社，2014.7

（中华文明之旅）

ISBN 978-7-5607-5064-4

Ⅰ．①走…　Ⅱ．①高…　Ⅲ．①风俗习惯史—中国
Ⅳ．①K892

中国版本图书馆CIP数据核字（2014）第135040号

中华文明之旅丛书——走进中国民俗殿堂

编　著：王　芬　王　蕊　冯淑静　闫化川
刘旭东　李丹莹　高　奇　翟　燕

策划编辑：刘旭东
责任编辑：武迎新
美术编辑：牛　钧
版式设计：王　钧

出版发行：山东大学出版社
社址：山东省济南市山大南路20号
邮编：250100
电话：市场部（0531）88364466
经销：山东省新华书店
印刷：山东华鑫天成印刷有限公司
规格：720毫米×1000毫米　1/16　137.75印张　3048千字
版次：2014年7月第1版
印次：2014年7月第1次印刷
定价：480.00元

目录

第一章 历代服饰文化

关于服饰的起源，历来有种种争论，或为防寒避暑，或为掩体遮羞等等。不管出于何种原因，服饰一来到人间，人类历史上便增加了一幅充满魅力的恒久绚丽的画卷，它们不仅仅是人类外表的物质包装，而且更具有美化的功能。几乎是从服饰产生的时候起，人们就把生活习俗、审美情趣、色彩爱好以及种种文化心态、宗教观念、政治理念等都沉淀于服饰之中，折射出服饰的深厚精神文化内涵。

中华民族已走过了五千年连绵不断的文明发展史，由各朝代、各民族共同谱写的服饰文化更是源远流长，丰富多彩，形成了一个博大深邃的文化宝库。关于祖先们是如何制造和使用各种纺织工具，麻布和丝织品是何时进入人们生活等问题现在已经有了比较清楚的认识。随着社会经济和人们生活水平的不断提高，衣冠服饰同样也经历着不断的发展和变化。进入阶级社会之后，衣冠制度日臻完备，并且成为统治阶级“严内外，辨亲疏”，“昭名分，辨等威”的统治工具之一。中国的冠服制度产生于夏商时期，到西周时已经形成一个基本完善的制度体系。中国历史上各个朝代起起落落、变更跌宕，在具有一些服饰共性特点的基础上，又形成了各有千秋的不同衣饰风尚。殷商时期在服饰上已形成明显的尊卑贵贱差别。周代随着等级制的完善，各种礼仪应运而生，这在服饰上得到了非常明显的体现。当时有祭礼服、朝会服、从戎服、吊丧服和婚礼服之分，这些服饰种类几乎贯穿于此后两千多年的封建社会生活之中。战国时期，各国割据而治，诸子兴起，百家争鸣之风象征着当时思想的活跃，服饰上也显现出风采各异的气象。随着秦汉的一统，服饰的共同风格在大江南北逐渐增多。魏晋南北朝时期，南北民族的大融合在服饰上表现得非常明显，另外象征士人风度的褒衣博带无疑为中国服饰风尚增加了狂放豁达的一笔。隋唐时期，国家统一，经济繁荣，服饰以开放、大气、华丽为特点，尤其是妇女“袒露装”的出现，足以见得当时社会的开放程度。宋明以后，理学泛滥，封建伦理纲常森严，服饰风格又渐趋保守。元、清等异族统治王朝又为中原服饰风格注入了新鲜的北方草原风情。清朝末年和民国时期，随着西洋文化的东渐和社会的剧烈变动，中国古典的传统服饰开始走向衰落，新旧并存、亦中亦西、斑驳陆离的民国服饰日趋适体、简便，在中国服饰发展史上具有转折作用。

在整个世界的服饰走向一体化的当今社会，回顾中国这段漫长的服饰发展的历程，细究各个朝代服饰的礼俗风尚，考察丰富多彩的社会风情画卷，来领略中国传统服饰文化的洋洋大观，欣赏中国古典文化的独特魅力，对于思考中国的文化定位和发展方向等问题无疑具有重要的意义。

一、多姿多彩的史前服饰

人类诞生和衣饰诞生并不是同步的，在10多万年前的旧石器早、中期，现在还找不到关于已经掌握缝纫技术的任何证据。衣饰产生初期，形制还非常简单，无论男女老幼大都以植物的皮叶、动物的毛皮或鸟类的羽毛为衣饰，其首要目的是为了生存，如遮挡烈日、抵御严寒、对付蚊虫和野兽的袭击等。在人们还穿着兽皮、树叶的年代里，除了利用天然细枝条、动物筋皮等来绑缚外，把动植物纤维绞拧而成的绳索类物品很可能在稍晚时候也已经出现，利用它们来捆绑扎束衣服，可以产生出更多的衣服式样。后来，这种仅仅是披覆、捆绑而成的衣服渐渐不能满足人们的需要，人们希望能有一种工具可以把一定形状的、已经裁好的兽皮等通过一种方式连缀起来，这种希望最终导致了骨针的出现。考古成果证明，在旧石器时代晚期人们就开始使用磨制的石、骨类针形物来缝制衣服了。

距今约1万年时，中国进入以农业和定居为特征的新石器时代，纺织制衣成了人们生产和生活中的一个重要组成部分。新石器遗址中大都有石质或者陶质纺轮出土。纺轮的出现，标志着当时制作衣装在原材料上已经不仅局限于兽皮、树皮等物，而是开始采用某些植物纤维，利用机械工具来织布做衣了。从考古发掘的材料来看，早期使用的纺织原料大多以野生的麻、葛为主。人们先将麻、葛中的纤维抽出，再用纺轮捻成麻线，最后织成粗麻葛布。另一种较早被用来纺织的植物纤维是苎麻，它又被称为“中国草”。《诗经》中就有描写人们沤苎脱胶、分离纤维的生产过程。中国是蚕桑丝绸的发源地，有“丝绸之国”的美誉，养蚕取丝在中国有悠久的历史，古书中即有黄帝元妃嫘祖育蚕、制茧、织帛的传说。

随着服装材料的多样化，服装形式和功能也在逐步得到改善。贯头衣和披单服等披风式服装应是较早时期的典型衣着。在纺织品出现之后，贯

马家窑出土彩陶盆上的舞蹈纹

含山凌家滩出土的玉人

玉项饰 良渚文化

头衣已发展为一种定型服式，它在相当长的时期、极广阔的地域以及较多的民族中普遍被采用，基本上替代了旧石器时代的部件衣着，成为人类服装的祖型。传说中对于古时炎帝神农氏的服饰描绘得十分具体：他身上着红色襦袴，小腿上缚着绑腿，头上是鸟羽帽，足蹬皮履，手执农具。虽然这些传说中很多内容夹杂了后人附会的成分，但也可以看出当时的衣服制作已经趋于成熟了。安徽含山凌家滩遗址出土的距今约有4600年的玉雕立人，身穿紧身衣裤，可见当时已经有了上衣和下衣的区别；腰系一条宽带，腰带既可以使衣服紧贴身体，又可以起到装饰的作用；头戴一顶扁平圆帽，帽顶中间还有一个便于摘戴的小饰物，这顶冠帽用方格花纹的布料制成，玉人后脑上还刻有四条横线和两条断断续续的竖线，应该是下垂的冠巾之类的饰物，从帽到衣，玉人已经穿戴一套完整的衣装了。在马家窑出土的彩陶盆上，画着一些舞蹈人物，或者穿着窄袖紧身、长度与膝部齐平的衣服，或者穿着紧身上衣，下身则穿着鼓成球形的短裙，生动形象。据人类学家推测，人类穿鞋的时间或许比穿衣的时间还长，原始人最初把树皮和兽皮绑在脚下，可算是一件最简单最原始的鞋子了。在甘肃省玉门地区出土过矮筒的绘彩陶靴，还发现过半身人形罐、彩陶人等，他们穿着皮靴或尖头靴子。

从“黄帝始作冕”等文献记载来看，远在4500年前，黄帝就已经穿冕服了，并且冕服制度似乎也比较完善了，可以用色彩和花纹标识等级，对这些说法现在还有很多疑问。但从“黄帝、尧、舜垂衣裳而天下治，盖取诸乾坤”等记载，再结合考古材料，能够证明披叶衣皮的习俗到黄帝时期就被织造麻、帛、丝布和垂衣裳的习俗取代了。中国古代服饰在很早时候就具有上衣下裳的基本特征。“衣裳”在今天是对服装的统称，但古代却不同，“衣”专指上衣，“裳”专指下裳，下裳不是裤子，而是一种长裙。有人认为这种服饰习俗与古人对天地的崇拜有关，上衣下裳的服饰特色是仿效天地而定的，衣裳的颜色乃取于自然之色，如礼衣所用的青黑色，就是象征拂晓时天空的色彩，即“玄色”；而裳的颜色则用大地的黑黄色，也称纁色，古代礼服中常称的“玄衣纁裳”

戴帽的陶人 仰韶文化

盘发陶人 红山文化

便是肇端于此。

除了身上穿的衣服之外，远古先民还有对自身外表进行美化装饰的习俗。如在身上涂抹花纹，将头发做成各种形状，对身体某些部位的手术变形，以及佩戴各种装饰物，等等。

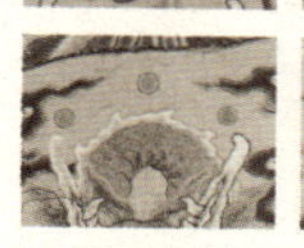

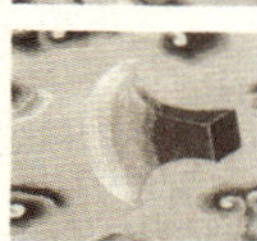

后世的十二章纹

二、夏商时期服制的初步形成

夏代是中国历史上第一个正式建立的王朝，它的一些纺织习俗与传统，在延续了新石器时代晚期一些特点的基础上又有所创新，其中最为引人注目的是服饰上的贵贱分化越来越明显，服饰已被逐渐列入了“礼制”的范畴。自此，“礼俗”成为中国风俗史的重要组成部分。

《尚书》记载帝王衣服上绘绣的花纹一共有12种，称为“十二章”，它们分别是日、月、星辰、山、龙、华虫、宗彝、藻、火、粉米、黼、黻。每一种纹饰都有它特定的含义来象征帝王的品德操行。如日、月和星辰象征光明，山象征万人仰望，龙象征应变，华虫象征文采，宗彝作为一种祭祀用的礼器象征忠孝，藻象征洁净，火象征光明，粉米象征滋养万民，黼象征决断，黻代表明辨。这种十二章具全的帝王之服，其他官职的人是不能穿的，根据等级的不同衣服纹饰的数量依次递减。所谓“施章乃服明上下”，就是说在衣服上施加不同的花纹来标志上下尊卑。这说明夏商时期，中国的服饰制度已经初步形成了。史书记载夏代桀王生活奢靡，供养乐女3000人，她们都身穿“文绣衣裳”，这种衣饰应该是刺绣着图案的丝织衣物，华丽高贵，而一般的平民百姓，则多穿着麻、葛布缝制的衣裳。

殷墟出土的商代人物雕像

殷商时期，物质财富增长很快，当时人们已熟练掌握丝织技术，并改进织机，发明了提花装置，绣染技术也渐趋成熟，从而为中国以后几千年的丝织绣染工艺奠定了基础。商代贵族在衣服的质地、款式、色彩和佩戴饰品上都较夏代奢靡得多。在一些王墓和贵族墓中，发现了大量的丝织品和装饰品，商王武丁的一个后妃，名叫妇好，在她墓葬里发现的玉类装饰品有400

殷墟出土的玉人

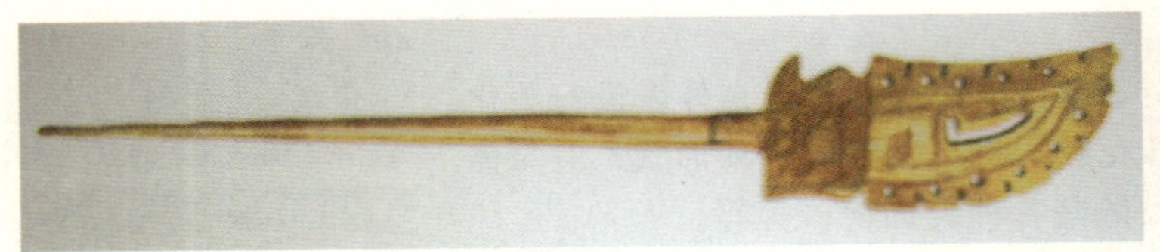

殷墟出土的骨笄

商青铜立像

多件，种类之繁冗复杂，令人叹为观止。

妇好墓出土的玉人形象，头上梳着一条长长的辫子，辫子从右耳后侧向上盘到头顶，然后绕到左耳的后侧，再向右耳侧伸，最后辫梢和右耳后侧的辫跟相接。头顶的上方还戴有一圈束发的圆箍，圆箍的前面连着一个卷筒形的头饰，头饰的质地应为丝绸，有人认为这就是《诗经》中所载的称为“頍”的头饰。穿着交领、窄长袖、一直垂到脚踝的华丽大衣，配有宽腰带，腹前悬着一个上窄下宽的“蔽膝”，穿着鞋子，神态倨傲。西周之前的衣着服饰，主要是采用上衣下裳的形式，春秋战国之际才开始流行将上衣下裳连成一体的衣服，这种衣服称为“深衣”。但从商代玉人、石人雕像所反映的衣服形制情况看，除了上衣下裳的风俗外，许多已具深衣的特点。商代的衣着式样已出现原始的深衣制。

殷墟出土的玉人的头部

古时的“冠”不同于现在的帽子，它是古人戴在头上的“头衣”，因为他们把头发梳理成髻，冠是用来束发的。它的形状为一个圈形，上面装有一条不太宽的冠梁，为了防止冠掉下来，往往还会在冠圈的两边连接上丝绳做的冠缨，冠缨在下巴下面打一个结，这样冠便固定住了。商代的发型和冠饰也各式各样，反映了其独有的俗尚。

商圆雕石人

商代大部分人还没有脱却光着脚的古习，只有一部分人穿着各种材质的鞋子。一些显贵和高级武士，流行穿皮革制成的翘头鞋，这种翘头鞋高帮、平底、无跟、圆口，厚而不肥，称为“鞮”，穿之颇显英爽练达。有些贵妇则穿着平头的高帮鞋，此鞋圆口，没有系带，鞋的形状圆滑饱满，有的为丝织而成，有的以麻类织物衬里，温暖合脚。一些中下层的人则穿着类似于现在草鞋的粗屦，它们为草、麻、树皮等制成，样式非常简单，把绳盘系在做成的鞋底上即可。

三、西周时期的冕服制度和服饰习俗

周代建立起了比较规范的服饰制度，还专门设立了掌管服饰的官职。据《周礼》记载，当时这些掌管服饰的官职分工是很细致的，这表明周代服饰所体现出的等级差别，已不仅仅是一种形式和观念上的区别，而已经成为必须遵守的法律制度的一部分了。衣冠服饰正式登上政治舞台，被纳入“礼治”范畴，成为“昭名分、辨等威”的工具。

当时人们将“礼”划分为吉、凶、军、宾、嘉五种，合称“五礼”。与之相适应，吉礼有吉服，凶礼有凶服，军礼有军服，相互之间各有不同。即使同一服饰，也会因主人的身份高低以及场合的差异而有不同的形制。天子吉服用衮冕，祭昊天上帝时用大裘冕，祭先公时用鷩冕，祭四望山川时用毳冕，祭社稷时用絺冕，祭群小即山林、河泽、土地之神时用玄冕。它们之间主要通过冠帽造型、饰物种类数量、服装质料、颜色图纹来标识。天子祭上帝时戴的冕前后无旒，祭先王时用十二旒，祭先公时用九旒。还有衣服上绣的花纹，在最隆重的典礼上要用十二章纹，祭先王等场合只用九章，祭四望山川时则减少到五章，普通小祀时只用黻纹一章。

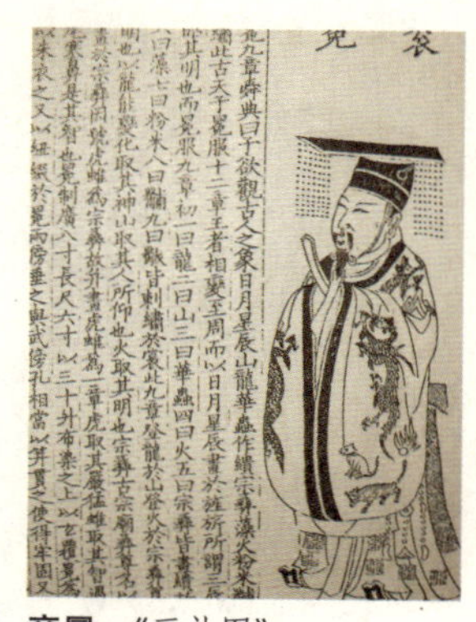

衮冕 《三礼图》

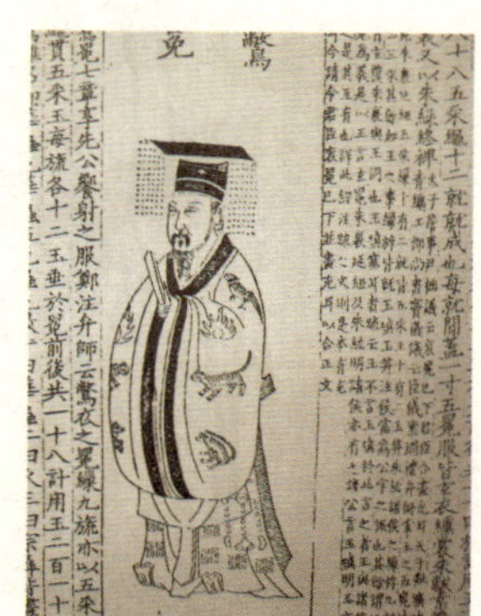

鷩冕 《三礼图》

后世帝王冠冕图 阎立本《历代帝王图》局部

在周代的服饰中，冕服是最具代表性的服饰之一，它主要由冕冠、冕服和佩饰附件三部分组成。冕冠是周代礼冠中最尊贵的一种，专供天子、诸侯和卿大夫等各级官员在参加各种祭祀典礼时穿戴。冕冠由冕板和冠两部分组成，冕板多用细布帛包裹，上面喻天用玄色，下面喻地用纁色，整板呈前圆后方来隐喻天圆地方。冕板的前后沿都垂有用彩色丝线串连的珠串，叫“冕旒”，天子用十二旒，公、侯、卿、大夫依官职的高下依次递减。旒上穿缀的

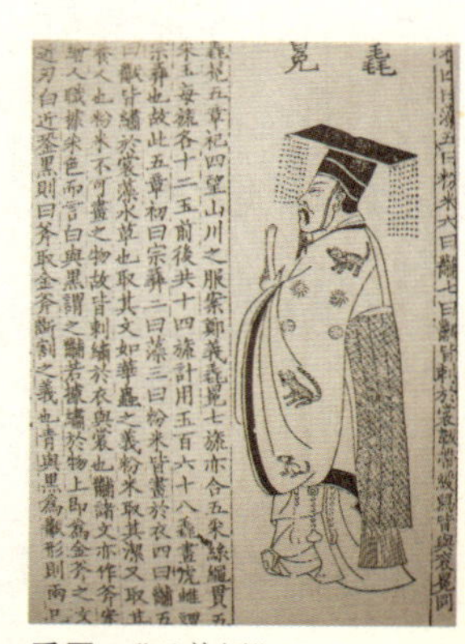

毳冕 《三礼图》

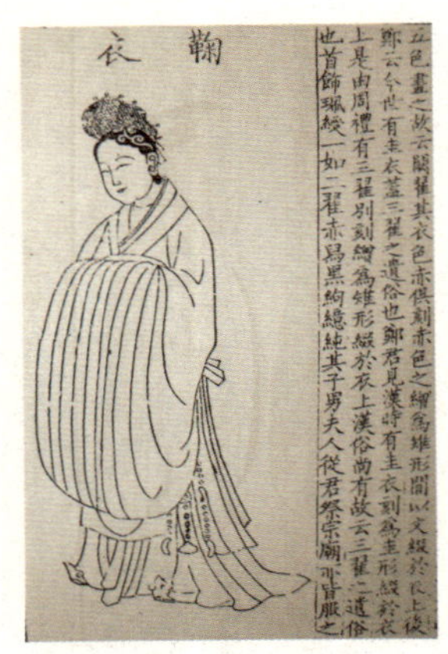

鞠衣

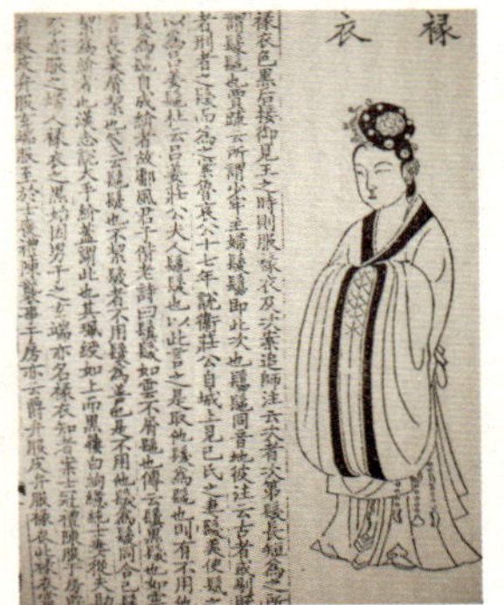

褖衣

皮弁

彩珠叫“玉”，天子冕冠上的冕旒用五彩十二玉，公、侯、卿、大夫仍比照职位依次递减。冕板下面是冠，冠两旁各设有一圆孔，当冠戴在头髻之上时，用玉笄顺纽孔穿过，起固定的作用。在笄的一端系有一根叫“纮”的丝带，经下颌绕过，系于笄的另一端，可以使冕冠更加牢固。在冠底沿的内侧、两耳的上部位置，还各悬出一条齐耳长的丝带，丝带末端各缀有一颗珠玉，叫作“充耳”，隐喻为王者对于谄佞之言应有所不闻，“充耳不闻”即是由此引申出来的。冕服主要包括上衣和下裳，上衣宽松广袖，下裳是宽大的长裙，上衣玄色，下裳纁色。冕服的佩饰附件主要有中单、芾、大带、绶和舄等。中单是衬于冕服内的素纱衬衣；芾是用熟皮制成的蔽膝，天子用朱色芾，公侯俱用黄色芾，所绘章纹有所不同；大带是系在腰间绣有彩色边缘的宽丝带；绶是系于腰间的玉饰组佩，因为古人崇尚“君子于玉比德焉”，玉象征着高尚的品德，所以当时贵族身上多佩玉；舄是与冕服配套使用的一种厚底鞋，天子和诸侯多穿赤色舄。

周代的服饰制度对妇女服饰也作了具体的规定，王后、命妇的服饰主要有袆衣、褕翟、阙翟、鞠衣、展衣、褖衣六种，除此之外还有六种礼衣的内衬——素纱。六种礼服的形制大致相同，都是不分衣裳的袍式装，传说妇女穿着这种上下连为一体的衣服，寓含妇女应对丈夫忠贞不二的意思。六种礼衣中以袆衣最为尊贵，是王后陪从帝王祭祀先祖等礼仪场合所穿的祭祀装；褕翟也是王后的祭服，是陪从帝王祭祀先公时的礼装；鞠衣是王后的告桑之服；展衣是王后和士大夫之妻在朝见帝王、接见宾客时的礼衣；褖衣为王后面君和平时闲居时所穿。诸侯王的母亲、妻子可以穿鞠衣，卿大夫的母亲、妻子可以穿展衣等。

当时对民间男女的服饰也有规定。尤其是凶礼之服，一般人们按照与死者的亲疏关系穿着不同的服饰，从发式、首饰、衣服到鞋履都各有不同；穿着时间有长有短，长则三年，短则数月。按宗法制度，凶服分五等，即斩衰、齐衰、大功、小功、缌麻，合称“五服”。就西周的中下层民众来说，他们穿戴则简单得多。周代的衣服较商代要宽大一些，长度多超过膝盖，袖子除了少数比较窄小之外，多数都很宽大。

因为周人重礼，在礼仪上还有专门的“冠礼”。周代的孩童一般都是垂发至眉，并且两边梳“两髦”，或把两髦扎束成两个形状像角的发结，称为“总角”。成年的时候要把头发在头顶盘成髻形，女子主要是用笄把头发插定，而男子则是戴冠，用笄将冠和髻一起固定起来。男子戴冠的时候要专门举行一个仪式，表示已经成年，这就是作为礼之开始的“冠礼”。周代人常戴的冠称为“弁”，有爵弁和皮弁的区别，爵弁主要是祭祀典礼时戴，而皮弁则是在田猎或平日戴。遇到丧事的时候，就在皮弁的周围环绕上一根称作“经”的麻带子。冕、弁、冠多是上层人的首服，而下层百姓多扎巾帻。

当时的鞋子可以通称为履，如果再细分，单底的称为履，复底的称为舄，舄一般是在履底以下再上木屐，可以保持履的干爽而不畏潮湿。其中舄是最高贵的，周代君王的舄有赤、白、黑三色，王后的舄有黑、青、赤三色。在最隆重的场合，天子穿赤舄，王后穿黑舄。贵族平日穿履，遇到吉庆之事时才穿舄。士和平民百姓则只穿履。

青铜器执物俑 西周

人形铜车辖 西周

四、锐意创新的春秋战国服饰

随着周王室势力衰微，各诸侯国纷起并立争雄，春秋战国时期进入一个开放的大变革时代。各国提倡农耕纺织，织绣工艺取得巨大进步，衣料日益向着精细化、多样化的方向发展，很多复杂精美的衣服脱颖而出，衣饰文化异彩纷呈。

春秋战国时期还没有帽子的称呼，他们称头衣为“首服”或“元服”，主要包括冠、冕、弁、胄、巾、帻、笠等。古人戴冠时先将所蓄长发用笄绾住，再用布自前而后绕发，然后戴冠，冠由冠圈和中间的冠梁组成，冠圈两侧还有两根丝绳称为缨，它可以作为系带在颔下打结。当时冠的制作和形状相当自由随意，名目繁多，有鸡冠、獬豸冠、鹖冠、鸟形冠、高山冠、巨冠、切云冠、远游冠、缁布冠、皮冠等。汉代出土的画像石中有“荆轲刺秦王”的画面，其中的秦王就戴着远游冠，又称通天冠。湖南长沙子弹库一号战国楚墓出土了一幅人物御龙帛画，画中的贵族男子就戴着上部卷曲而耸立的“8”字形高冠，下部罩在发髻之上，两侧有缨，中部收束，形似切云冠。春秋战国时代，用于防御的盔类头衣逐渐增多，它们称为“胄”，春秋时以青铜铸成，战国时出现铁胄，也有用皮革制成的。东周时期的庶民依然不戴冠，而在发髻上扎裹巾帻，多为黑色或青色，所以战国时称平民为“黔首”。由

战国龙凤虎纹
绣罗单衣局部

青铜盔帽 春秋

穿曲裾深衣的御龙人物
战国帛画

于帻有固定头发的作用，后来的贵族也开始戴帻，然后在帻上再加冠。

传统的上衣下裳习俗在春秋战国时期依然流行。上衣类型主要有襦、褐、单衣、夹衣、亵衣、裘等。襦是一种短上衣，为常人平时所穿，也可以作贴身内衣。亵衣是贴身穿的内上衣，又叫“私衣”。褐是一种用兽毛和粗麻制成的短衣，因为制作较为粗劣简单，多为社会下层人士所穿。根据时令的不同衣服有厚有薄，在春夏季穿的由绢、罗、纱制成的单衣，又称“禅衣”，它也可以作内衣穿。冬天的时候，贵族们要在礼服外面加穿各种兽皮制成的毛裘，以狐狸皮裘为多见，尤其是白色狐裘最为珍贵。战国时期孟尝君访问秦国，送给秦昭王一件白狐裘。后来孟尝君遭秦昭王扣留，无奈之下向秦昭王的宠妃求助，宠妃却提出也要一件白狐裘作为条件。孟尝君的门客只有学狗叫混进秦国府库，偷出白狐裘送于宠妃，才得以逃离秦国，可见当时白狐裘的珍贵程度。古人穿皮衣，有将毛露在外面的习惯，战国时一个背柴人将有毛的一面穿在里面，引起魏文侯的疑问，当得到的答案是为了爱护皮毛时，魏文侯感叹道“皮之不存，毛将焉附”，这个成语就是这样来的。因为当时的裘衣极其珍贵，所以往往要在裘外加一层外衣来保护毛色，这层外衣就是裼衣。就下衣而言，东周时主要有裳、袴、蔽膝、邪幅等，其中裳、蔽膝与前代的差别不大。袴多没有裆，只是一双套在小腿上的套筒，也有的袴只有一部分裆，但总体形式仍属无裆裤类。邪幅类似于后世的绑腿，即从脚到膝盖用一窄幅的布斜向缠绕数层。

穿襦裙的拱手玉人 战国

彩绘女木俑 战国

与上衣下裳的传统习俗不同，从西周末年就开始出现了一种新的服饰形式——深衣，它在春秋战国时期流行开来。深衣是一种上衣下裳连属形式的服装，腰部接缝以下的裳由多条织物相拼接组合而成，多不打褶。因它宽大、广袖，“被体深邃”，故名深衣。它是士大夫阶层居家的便服，又是庶人百姓的礼

服，男女皆可穿用。当时针对深衣，还有很多约定俗成的规定，如父母及祖父母都还健在的人，其深衣要以花纹来滚边；只有父母健在的人，其深衣以青色来滚边；未满三十岁而丧父者，其深衣以白色为滚边。深衣对中国古代服饰发展模式有极为深远的影响，其后汉代贵妇的礼服、唐代的袍下加襕、元代的腰线袄子、清代女子所穿的旗袍，都和深衣有着若干渊源关系。

穿大袖绕襟深衣的青铜人像 战国

虽然上衣下裳和深衣在当时很流行，但是这类衣服不便于骑马射箭，而春秋战国时期，群雄争霸，烽火四起，战争成为社会生活中的头等大事，地处北地的赵国还经常遭受胡骑的骚扰。赵武灵王鉴于形势所需，毅然决定效仿胡人，组建灵活机动、战斗力强大的骑兵部队，同时大力推行“胡服骑射”，进行服装改革，用比较简单利落的短衣紧袖、长裤革靴的胡装，来代替宽衣肥裳式的传统汉装，从而达到提高战斗力的目的。“胡服骑射”从根本上改变了传统的上衣下裳的习俗，形成上着衣、下着裤的新服饰习俗，上衣变得短小紧身，长筒皮靴也代替了原来比较笨重的鞋履。河南汲县山彪镇出土过一面铜鉴，上面刻画着水陆攻战的情景，里面士卒穿的大概就是胡服。这些改革使赵国趋于强盛，以此为基础，胡服就在中原各地很快流行开来，成为一种时尚。

穿胡服的人型铜灯 战国

春秋战国时期在首饰和佩饰上继承商周传统，除了材料上珍贵、形式上多样之外，这些讲究工艺技巧的饰物也带有丰富的礼教和社会等级地位的内涵。发饰中多见固定发髻的笄，有木笄、玉笄、竹笄等。古书记载，女子年满15岁便视为成人，如果已经许嫁便可梳髻插笄，如果还没有许嫁，到20岁也要举行笄礼。梳篦是梳理头发的用具，也有的把梳篦插在头发上作装饰。耳饰中多见玦，多为美玉制成。玦不但可以作耳饰，还可以作佩饰。作为配饰的玉玦，多有寓意于其中，它可以表示生者与死者的诀别，也可以表示朋友之间的断交，有时还用来表示决断之义。《史记》中描述楚汉相争的鸿门宴上，范增要项羽杀刘邦，几次用眼睛盯着项羽，并三次举起所佩带的玉玦向项羽示意，项羽却没有理会，这说明直

水陆攻战纹局部

玉制梳篦　春秋

龙纹玉玦　春秋

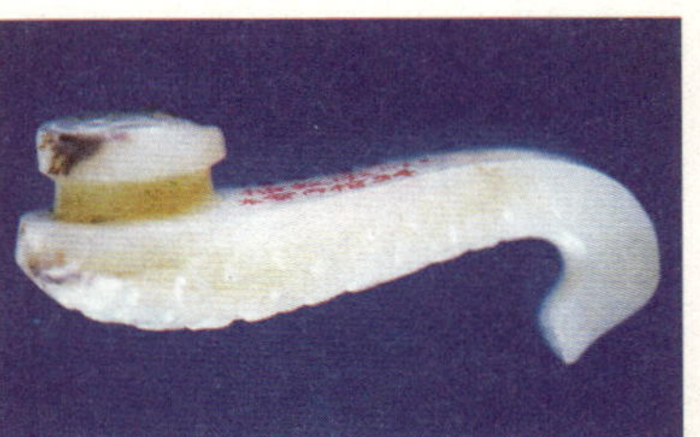
兽头玉带钩　战国

至秦汉时期仍有在腰间佩玦的习惯。此外还有各种质料的颈饰、臂饰、指环、带钩等。

当时君子必佩玉，玉是人格的象征，以玉比德、望玉观人是当时的风尚，所以也就产生了一套复杂的佩玉礼俗。佩玉可以分为全佩（也称“大佩”、“杂佩”）、组佩及礼制以外的装饰性玉佩。东周时剑是一种较新的兵器，贵族为表示自己的勇猛，多在腰间佩带一把镶金嵌玉的宝剑，防卫和装饰作用并举。妇女们也大兴化妆之风，画眉、丹唇、假髻等装饰手法更是纷至沓来，充分显示出春秋战国时期服饰风俗的开放性和求新性。

季札赠剑

五、端庄朴重的秦汉服饰

秦、汉两代的统治理念有所不同，分别尊奉法家、儒家思想，虽然在礼俗方面有所传承，但差异也是显而易见，这在服饰方面也有明显表现。秦朝统治中国的十五年间，秦始皇兼收六国的车旗服御，创立了严格的衣冠服饰制度，人们仍然多穿连体式的宽袖深衣。秦代服饰中戎装、袀衣和冠衣较有特点。从陕西西安出土的气势恢弘、阵容威武整齐而又独具特色的兵马俑中，可以看到当时戎装衣甲的制度化和成熟化。秦灭六国以后，将自西周以来沿用了八九百年的冕服制度作了大规模的调整，只保留了礼仪意义最轻的玄冕一种。按照战国时期的五行理论，秦代为水德，应尚黑色，于是秦始皇便立黑色为贵色，将祭祀的礼衣全部改为黑色，对冠、巾等其他服饰也以黑色为尚，甚至连旌旗也选用黑色。袀玄就是指上下同为黑色的祭服。帻巾在秦代依然流行，多为一般平民百姓所戴，而较有地位的人则多戴冠。秦代的武官当中，还流行一种叫“得胜巾”的巾子，传说是秦打了胜仗之后，众将官都戴绛色的“得胜巾”。秦代的官服除了沿用深衣外，袍服也开始盛行起来。兵士的服饰形制就是以袍为主，交领右衽，窄平短袖，

秦始皇的冕服

腰间系带，下身着袴，足穿方口麻履或革履。

西汉刚刚建国的时候，百废待兴，统治者崇尚节俭，朝官的服饰也比较简朴。汉武帝以后才初步制定了朝臣的服饰等级制度，直到东汉明帝时期，汉朝服饰制度才真正确立和完善，恢复了被秦始皇废止了的传统冕服制度，确立了朝官服饰的使用等级、皇后服饰内容以及朝官的佩绶等装饰等级制度。这也标志着中国古代服饰制度已经进入了成熟阶段。

灰陶武士俑

灰陶将军俑

在汉代服饰中，冠是区分等级地位的基本标志之一，它种类很丰富，主要有冕冠、长冠、委貌冠、爵弁、通天冠、远游冠、高山冠、进贤冠、法冠、武冠、建华冠、方山冠、术士冠、却非冠、却敌冠、樊哙冠等。巾和帻都是汉代的首服，巾在西汉中前期的时候是一般庶民乃至下等奴仆的首服，直到东汉时期，巾才多为达官贵人所用。特别是东汉末年，一些王公文人以戴巾为风雅，当时流行的巾有幅巾、折角巾等。苏轼的《念奴娇》中有“羽扇纶巾，谈笑间，强虏灰飞烟灭”的诗句，“羽扇纶巾”是三国时儒将的装束，“纶巾”因为诸葛亮所戴，所以又称“诸葛巾”。其实纶巾就是幅巾的一种，它在东汉末年就已经非常流行。东汉末年 “黄巾起义”中的十万民众就是以黄巾束首为标志的。帻也是一种头巾，传说西汉元帝因为头发粗硬而难以理顺，害怕上朝时群臣见了不雅观，所以便用帻裹头。谁知群臣纷纷效仿，以此为时尚。还有一种说法是西汉末年，王莽因头顶没有头发，为了免人耻笑，才使用帻巾裹头。除了冠以外，汉代区分官阶的重要标识是佩绶。当时官员要在袍服外佩挂组绶，以体现官职大小。

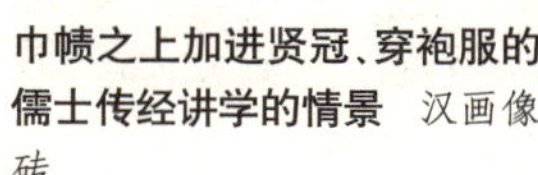

巾帻之上加进贤冠、穿袍服的儒士传经讲学的情景 汉画像砖

汉代的服装主要有深衣、袍、单衣、襜褕和袴等。深衣在西汉仍然沿用，其形制沿袭周代特点，交领、右衽、曲裾，外衣里面还有中衣及内衣，其领袖缘一并露在外面。春天用青色，夏天用朱色，季夏用黄色，秋天用白色，而冬天则用黑色，所以汉代深衣又被称为“五时色衣”。和秦代一样，汉代袍服还列在朝服之中，上至皇帝、下至百官都可以穿用。单衣（禅衣）是用单层丝帛或麻布做成的袍式衣装，它既是礼服的衬衣，又可以

穿曲裾服的陶俑　西汉

穿直裾服的男子　汉画像石

作为宴居时穿着的便衣。东汉时，男子穿深衣者已不多见，一般都穿直裾之衣，即襜褕服。襦比袍和单衣都短，要与袴和裙配套来穿，一些富贵子弟所穿的襦和袴喜欢用上等的丝织物如"绮"或"纨"等材料，"纨绔子弟"之称也就由此而来。西汉初年，贵族死后除了穿锦绣外，还有在头上和手脚上套罩玉的习俗，后来就形成了金缕玉衣。汉景帝之子刘胜夫妇死后身穿金缕玉衣，所用玉为精心加工的碧绿、黄灰的角闪玉，并用金丝连缀，可见汉代贵族服饰之豪华讲究。

在汉代，广大劳动者常穿襦衫，所穿襦衫多用粗劣织物做成。当时，把粗毛布做的衣服叫做"竖褐"，把粗麻布做的衣服叫做"布衣"，因此，"布衣"和"衣褐"就成了平民百姓的代名词。在四川省曾见一些汉墓中出土的陶俑，他们手执耒耜等工具，上身穿短襦，光腿赤脚，劳动者的形象生动逼真。当时在百姓中普遍流行的服装样式就是上身穿短襦、下身穿裤子或在腿上缠绕斜幅的一种服装组合。

穿袍服的陶俑　汉

汉时袴的形制已经比较完备。除了先前的无裆袴之外，还有合裆裤，名叫"裈"。它的裆部很浅，没有裤腰，穿在身上能露出肚脐，裤腿长一般到小腿上下，裤身肥大，腰间用带子系住。只有一些下层的劳动者才将这种短腿裤子直接穿在外面。另外还有一种比裈更短的袴。由于它形似牛犊的鼻子，所以叫"犊鼻裈"，这是贫穷劳动者穿的短裤。

深衣是汉代女服的礼服，与前代相比，它的衣襟绕转层数增多，衣服下摆增大，腰身大多裹得很紧，还在腰上系一根绸带。另外，除了深衣之外，汉代女装中上襦下裙的形式非常盛行，这也是较有代表性的日常装束。上襦多为斜领右衽式的短衣，穿用时一般把襦衣的下端束在下裙里面，而下裙往往提得很高，而

劳作石俑

金缕玉衣　西汉

穿绕襟深衣的陶俑 西汉

穿襜褕、梳堕马髻的彩绘木俑 西汉

穿绕襟深衣的彩绘木俑 西汉

且有越来越高的趋势，到唐代达其顶峰，高提至胸部。东汉长诗《孔雀东南飞》中女主角刘兰芝，其上衣就是用金银线绣上闪闪发光的花纹的襦。另一首乐府诗《陌上桑》中描写了一位采桑姑娘秦罗敷的衣着打扮："头上倭堕髻，耳中明月珠，缃绮为下裙，紫绮为上襦。"她头上梳着偏向一边、似坠非坠的发髻，耳朵上戴着像明月的珠饰，下身穿着杏黄色的绫罗裙，上身穿着紫色的丝绸短襦，这种素雅的发式和服饰充分显示出少女的清新之美。

汉代裙子一般都长至足面，有的在后面拖得更长，颜色以紫色和红色为主。刘兰芝身穿自己缝制的绣夹裙，腰间执素是光彩柔润的白色丝绸，像水波一样潋滟生辉，走起来更是"翩若惊鸿"。汉代著名的"留仙裙"也有它的来历，皇后赵飞燕喜爱穿裙，一次她身穿云英紫裙，在翩然起舞之时，一阵大风却把她吹起，侍从慌忙中拉住了她的裙子，把裙子弄出了很多褶皱，没想到有了褶皱，裙子却更加娇媚好看了。从此，贵族妇女竞相穿起这种褶皱裙。汉代崇尚儒教，强化礼法，端庄古朴一直是这一时期服装的主要特点。但在汉代中后期，随着商品经济和庄园经济的兴起，伴随着越来越多的宴会，礼教对于妇女装饰的束缚开始有所突破，一些贵妇、宫女和舞伎等穿着轻软细薄的纱类裙装代表了汉代女装的婀娜飘逸风格，初显魏晋时期的风格。

头包方巾、穿喇叭式曳地长裙的陶俑

秦汉时期，妇女仍然很少穿裤子。由于外面要穿多重裙子、袍衫、深衣等，所以这时的女子只是将裤腿套在腿上，上面没有裤裆。更为有趣的是，中国妇女普遍穿用有裆裤子的历史，竟和一位嫉妒心颇重的西汉皇后有关。汉昭帝时，大将军霍光（霍去病之弟）专权，上官皇后是霍光的外孙女，他为了巩固自己的地位，让上官氏一人生下皇子继位，就想阻挠其他宫女与皇帝亲近，于是买通医官以爱护汉昭帝身体为名，命宫中妇女都穿有裆并在前后用带系住的"穷裤"，也称"绲裆裤"，而且要在裤子外面系上

穿袍服和方口鞋的侍立陶俑

梳分髾髻、穿长袖袍服的舞女　东汉画像砖

好几条带子，从此有裆的裤子也就流行开来。

秦汉时期妇女的发髻，名目繁多，式样新奇。据文献记载，有望仙髻、凌云髻、神仙髻、迎春髻、垂云髻、参鸾髻、黄罗髻、迎香髻、瑶台髻、堕马髻、盘恒髻、分髾髻、同心髻等。这些发髻有的堆在头顶上，有的分向两边，也有抛至脑后。其中以秦代的各式仙髻和汉代的堕马髻最为有名。堕马髻因髻式的形状颇像人从马上堕下的样子而得名，传说是汉桓帝时当朝国舅梁冀之妻孙寿所创，时人争相仿效，成为一时风尚。近些年来，在西汉墓中发现很多梳堕马髻的女俑，可见堕马髻在西汉时就出现了。

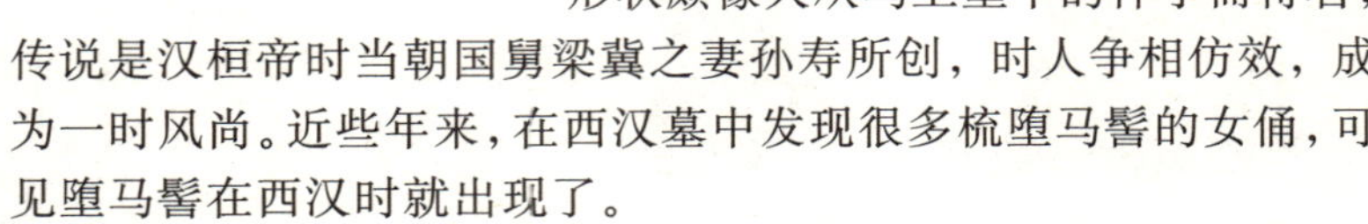

梳堕马髻的陶俑　西汉

这一时期，妇女的头饰也很有特色。步摇是一种联在簪钗上的首饰，人一行走起来，珠链会随着步伐摇动，所以叫它“步摇”。巾帼是汉代流行的一种妇女头饰，它是一种假髻，用时套在头上。以后，人们就用“巾帼”一词来代表女性。相传，三国时诸葛亮出兵斜谷，屡下战书向司马懿邀战，司马懿却坚守不出，诸葛想出一计，命人送给司马懿一套巾帼衣装，嘲笑他胆小如妇人不敢出兵，可司马懿却偏偏不上他的当，固不出战。

穿绕襟深衣、插步摇的贵妇　西汉帛画局部

戴巾帼的陶俑　东汉

六、褒衣博带、民族融合的魏晋南北朝服饰

嵇康

阮籍

魏晋南北朝时期持续了三百五十多年的战乱纷争，使整个社会政治、经济、文化以及人们的日常生活都陷入动荡不安之中，服饰制度和习俗也在发生着变化。其主要特征是，传统的深衣受到了挑战，袍服变成正式的礼服，袴褶服开始流行，妇女的衣服以上身短小、下身宽博曳地的“上俭下丰”式为时尚。魏晋时期因为特殊的社会背景和风气，还出现了种种新鲜服装样式，这在中国历代中是少见的。

身处乱世的上层知识分子生活优越却卷入政治旋涡，他们既沉湎于享受，又畏惧死亡和动乱，矛盾的环境和心态都促生了一个极其复杂的文化产物，即魏晋名士风度。这种名士思想也带来了特殊的服装样式——褒衣博带，即宽松的大袍衫和长长的宽腰带。在一些出土壁画中，曾发现大量以魏晋文人“竹林七贤”为主体的作品，生动表现了他们寄情山水、游心宇宙、谈玄论道的潇洒风度。他们的服装有一个共同的特点就是柔软轻薄、宽松肥大。这种“褒衣博带”服装彻底改变了汉代那种拘谨的深衣服装风俗。东晋画家顾恺之作品《洛神赋图》以及《女史箴图》中，男女人物多穿这种褒衣博带式服装。从东晋一直到南朝各代，服装主要的发展方向是趋向宽松肥大。

洛神赋图（局部） 晋·顾恺之

穿红色广袖短襦和绿色长裙的妇女 东晋顾恺之《女史箴图》局部

礼佛图　北魏

这时女装也从深衣中解脱出来。在襦衫上，南北风尚不同，北方女子受胡服影响，多为紧身；南方既有紧身小袄，又有广袖的宽身大衫。妇女裙子的长度有了明显的增加，《女史箴图》中女子长裙的裙裾拖曳在地面上，裙子的上端高束在腰部以上，宽度也有所增加。裙幅加大，使得裙子上细下宽，呈明显的喇叭状，与之相配的女上衣也逐渐变短。

穿袴褶的北朝陶俑

鲜卑族建立的北魏政权首次统一了北方，北魏孝文帝决定改革，引进先进的汉族文化，由此来保证拓跋氏的统治地位。这场改革就是从服装起步的。早在改革前他就在正式典礼中穿戴了汉族帝王的传统礼服——兖冕。他还制定了五等公服，并且参照汉代制度，给五品以上的官员规定了礼服式样与佩绶制度。太和十八年，他正式下昭宣布改革服装制度，命令都穿汉族服装，典型游牧民族特色的服装就被即宽松又典雅的汉族衣冠所代替。与北魏孝文帝改革相对应，南方汉族衣着也逐渐吸收北方游牧民族服装的一些特点，便于劳作、骑射的短衣、窄袖、长裤、帽子与皮靴等被越来越多的南方士兵和劳动者所穿用。例如，袴褶服原产生于北方的游牧民族中，而后自北向南逐步推广。传到南方以后，袖子由窄细变成宽松，裤子由瘦紧裤腿变成宽大的散口裤。

穿明光铠的持盾武士俑
北魏

南北朝时期，由于战争比较频繁，士兵的军服在某些方面影响了民间的衣着。当时一般军人穿用的甲衣以“两裆铠”最多见。两裆铠制作简单，由前胸和后背两组甲片组成。南北朝后期，在两裆铠的基础上，又出现了一种更为精致的“明光铠”，它在前后又附加了两块圆形的钢护心，这些圆护心酷似镜子，明亮照人，所以又叫“明月铠”。在铠甲的里面，为了防止甲片与身体摩擦，往往要穿袍、襦等衣物来作为衬里。因此，就出现了一种与两裆铠外形相似、由前后两大片缝成的衣衫衬里——“两裆衫”。这种衣衫穿着方便，适宜活动，很快就在民间流行开来。晋人小说《搜神记》中曾记载了钟繇捉鬼的故事，故事中的“妇鬼”就穿着两裆衫。披风也是属于这一时期的出土陶俑上经常可以见到的武士衣着。它与后代的斗篷相似，都是一件长方形的织物，上面用带子收紧，系在颈部。披风很长，士兵站立时，它从肩头一直垂到地面。还可以看到具有袖子的长披风。对于骑马的士兵来说，这是很好的遮风避土的外罩。披风在南北朝及其后的平民服装中也很

常见，无论男女都穿，唐代的女陶俑中就有不少身穿披风、骑在马上的人物。

魏晋南北朝时期冠的名称和种类基本承袭秦汉，巾帻依然流行，但与汉代略有不同的是帻后加高，称为“平上帻”或叫“小冠”。在这种冠帻上加笼巾，即成“笼冠”。笼冠在魏晋南北朝时期很流行，男女皆用。南朝时还创造了一些特有的衣帽式样，例如白纱帽，是当时贵人的常用头衣，尤其是天子在宴饮之时必须戴白纱帽。唐代大画家阎立本画的陈文帝像，就是头戴白纱帽。这种帽子上尖下圆，从正面看有三道高梁，两侧有帽裙，还有卷曲起来向外面翘着的帽翅。官员们则多戴乌纱帽。南朝汉族传统上用冠笄束发的方式也给北方游牧民族以极大影响。在魏孝文帝改革之后，冠冕制度被北方的帝王、官员们所采用。这样就把他们流行的编发、髡首、披发等发式改变成束笄戴冠的发式，由南朝传入北方的笼冠很流行。当时的士大夫往往比较随便，一般不戴冠帽，而以巾、帢为头饰，无论是士大夫还是平民百姓都可以戴，只是质地和式样不同。帢是帽的一种，相传为曹操所制，因为当时天下凶荒，物财缺乏，就仿照当时士兵所戴的皮帽，用白纱制成帢，并在前面加一条线缝，用以区别前后，称为颜帢。到刘宋元嘉年间，有人把缝拆去，改作无颜帢了。北方的少数民族习惯在头上戴各种帽子，当时有“金缕合欢帽”、“突骑帽”、“面帽”等多种帽式。

穿两裆铠的武士 北魏

持剑武官俑

历代帝王图（局部） 唐·阎立本

戴突骑帽的陶俑 北魏

魏晋南北朝的妇女发式，多种多样，花样百出，争奇斗艳，各领风骚。魏有灵蛇髻、反绾

穿襦裙、披长帛的初唐妇女

髻、百花髻等，晋有缬子髻、堕马髻、流苏髻，北朝少数民族则有叉手髻等。其中以灵蛇髻最为奇异，其创制还有些神话色彩。传说甄后进入魏宫后，宫中有一绿蛇，每当甄后梳妆时，它就在甄后的面前盘成一髻的形状，甄后仿照它梳出的髻巧夺天工，且每天都不相同，宫女们都争相效仿，逐渐流行开来。

七、雍容富丽、大国气象的隋唐服饰

隋唐时期，中国再次由分裂走向统一，经过战乱之后的调整生息，政治开始稳定，经济趋于活跃，文化上兼收并蓄，整个社会呈现一派空前开放繁荣的景象，中国封建社会的发展也达到其顶峰阶段。在这种时代背景下，中国服饰习俗发生了急剧变革和丰富发展，呈现出异彩纷呈的面貌。

隋初的服饰比较简单朴素，人们多穿袍衫和胡服。隋炀帝时，下令仿照古制来修订衣冠制度，使得各地杂乱的服饰制度得以统一，这时的社会风气也逐渐崇尚侈华铺张，服饰风格日趋华丽。唐代初期，车服制度皆承袭隋制，后来才正式颁布车服之令，冠服制度开始确立。

戴幞头、穿圆领袍衫的唐太宗　阎立本《步辇图》局部

隋唐时期的男子服饰，主要有幞头、纱帽和圆领袍衫。幞头原名“折上巾”，在北周时又叫“四脚”，是一种包头的软巾，它的四条带子中有两条系于脑后，自然垂下，另外两条反系头上，曲折附顶。隋末唐初时，幞头改为两脚，材料多是黑色罗纱。唐代中叶，两脚多有丝弦或金属丝做成的骨架，这样除了软脚幞头以外，又增加了翘起的硬脚幞头。皇帝戴的硬脚是上曲的，而大臣的硬脚则下垂。文官戴的两硬脚左右伸出，叫“展脚幞头”；武官所戴的两脚呈交叉形，叫“交脚幞头”。

在唐代，冕服除了只在一些特别重大的礼祭活动中穿用外，唐代百官在不同场合下大都穿朝服和公服。除这两种官服之外，圆领袍衫是隋唐男子的主要服装，上自天子、下至百官庶士除了祭祀典礼外的场合都可以穿

用。圆领袍多窄袖，长度及膝下，它最早出现于北周时期，是胡服的一种，隋代开始作为常服或朝服来使用。唐太宗时，又出现了一种在膝盖位置加一道襕线的袍服，以表示对上衣下裳祖制的继承。因为袍服形制简单，很难像冕服那样明显地体现出服饰中的等级制度来，因此，袍服上的纹饰和颜色就成为区分等级的一种手段。赤黄与太阳的颜色相近，日是皇帝位尊的象征，为了表示"天无二日，国无二君"的思想，唐高宗定服饰制度时，规定赭黄色袍为皇帝专用服，群臣禁服，这样"黄袍"也就成了"帝位"的代名词。此外，还对品官的服色等有所规定，亲王及三品以上官员袍服为紫色，用较高级的绫罗等丝织品做成，佩玉质饰物；五品以上用绫罗，颜色为朱红，佩金质饰物；六品、七品用丝布杂绫等丝织品制作服装，颜色为绿色，佩银饰物；八品、九品用青色，用石制作饰物。这样，品色服制就成了继冕服和佩绶制度后又一种来区分等级的服饰标志，对后世影响颇大。凡是能穿紫色和红色衣服的官员，都要在腰间佩带一个三寸长的鲤鱼形铜符作为通行契物。鲤鱼形蕴涵着李氏王朝的意思，武则天时则改为龟符，后来李唐又改回鱼符。为了便于携带它们，唐代五品以上的官员在腰带上要悬挂一个锦绣的鱼袋。武则天时，对服饰制度进行了一些改革，如改用"铭袍"为上朝时穿的官服，它是在袍的一定位置绣上各种图案来区分等级，故称之为"铭袍"。当时文官衣袍绣飞禽，武官衣袍绣走兽。

裹幞头、穿翻领胡服的唐三彩俑

穿透明衫子的宫女 《簪花仕女图》局部

胡服在唐代早期很流行，袴褶服在唐代被列入官服之中。唐玄宗时甚至规定，百官上朝见君时必须穿袴褶服。盛唐时，中原各地处处可见胡汉风格或融二为一的各式服装。但是在"安史之乱"以后，胡服之风开始减弱，传统的宽衣大袖式衣装又开始多见起来。

在原来襦裙的基础上，隋唐的女上装有襦、袄、衫，下身束裙裳，有的衫外加"半臂"，肩上有"帔帛"等。这种"套装"没有贵贱之分，但衣料的质地可以表现出贫富差别。隋代及初唐时期，妇女的上衣都是短小窄袖，贴紧身体，下着紧身长裙，裙腰高系，衫子下摆束在裙腰里面，并系上丝带，整体给人一种俏丽修长的感觉。中唐时期的襦裙要宽阔一些。初唐时，宫中渐渐流行起低领露胸的服饰风尚，衣领开得较大，有的外着半臂或帔帛。盛唐以后更是袒乳风盛，人们穿的袒胸衫袖口宽大、肥阔，且袒胸处呈双桃形，与女子的体形协调一致，上面多有很华美的纹饰和很宽的绣花缘边，大胆体现出女子的形体美。周昉《簪花仕女图》中的妇人，仅以透明纱衣蔽体，这种"明衣"在以往只能作内衣来穿，但盛唐时期，明衣可作外衣穿，并成为盛装，从一个

穿襦裙、半臂、帔帛的宫廷侍女 唐墓壁画

簪花仕女图（局部） 唐·周昉

侧面体现了唐代社会风气的开放。

半臂，是一种套在衣衫之外的半袖短衣，形制有直领、斜领，袖长至肘腕，身长只及腰间。在初、盛唐时期很为流行，多见女子穿用。中唐以后，由于妇女衣衫日趋宽松肥大，穿半臂显得不很协调，所以渐趋少见。帔帛，又叫“披帛”，它是唐代妇女衣装的主要附件之一，多见于画或陶俑中。其实早在北魏、西魏时期的壁画中，就见一些女供养人披着长长的帔帛，可见帔帛进入中原可能与佛教东渐有关。帔帛与窄袖襦衫、半臂以及长裙搭配起来，显得妩媚飘逸大方。

裙子作为隋唐时期妇女的主要下裳，不仅种类繁多，而且式样高雅。如上所说，唐代早期受南北朝胡风的影响，裙子多窄而瘦长，而且将裙腰提得很高，甚至到胸乳。当时一种由不同色彩的竖条拼缝起来的长裙十分流行，叫“间裙”，或作“裥裙”，高腰加上竖条的视觉效果，更显得裙子修长，格外窈窕。《步辇图》中的侍女穿的就是这种裙装。盛唐以后衣裙逐步向宽松肥大演变，这主要表现在衣袖和裙子膝裤两个部位上，这时女裙比起初唐来要宽出一倍，衣袖则宽出二至三倍。到了晚唐时期，妇女衣装宽大的势头未减，汉族传统服装的风格在逐渐加强。妇女宽袖对襟衫的衣袖宽度几乎与身长相等而拖至地面，差不多是初唐袖宽的十倍。《捣练图》、《簪花仕女图》和《执扇侍女图》中就描绘了一些穿宽松高腰裙裳的丰腴妇女形象。贵族妇女的服装更是极度绮丽奢华，她们神态雍容，肌肤似玉，头梳高髻，头戴牡丹花，臂有金环跳脱，身穿锦绣丝织裙，锦带束胸，裙裾曳地，袒露的明衣袖子垂及地面，肩有彩色帔帛，整套衣饰充盈着华贵气质和女性魅力。唐代女裙流行红、紫、黄、白、绿等多种颜色，尤其红色最受欢迎，有“红裙妒煞石榴花”之说。现在人们常说某男子“拜倒在女人的石榴裙下”，这里的石榴裙可能就是源于唐代。因为杨贵妃特别喜欢黄色的裙子，所以，黄裙也曾经流行一时。绿色则是平民百姓十分喜欢的裙子色彩。唐代以后，裙子逐渐成为妇女的专用服饰，“裙钗”

裹幞头、穿圆领袍衫的妇女
张萱《虢国夫人游春图》局部

成了妇女的代名词。值得一提的是，天宝年间，妇女中还流行男装，表现妇女阳刚之美的“女着男装”风气也反映了唐代社会的开放。唐代女子着男装现象最早见于宫中。开元以后，女着男装之风逐渐传入民间。到中、晚唐时期，许多妇女以身着靴衫等男装为时髦。

梳丫髻的唐代陶俑，“丫头”一词即来源于此

唐五代年间的鞋类，最主要的是靴，靴与幞头、袍衫相配，构成了男装的常见形式。除此之外，草鞋、麻鞋、蒲鞋、木屐也多见到。女鞋的式样和种类则复杂得多，主要有高头履、线鞋、金缕鞋、珠履、蒲履等。高头履在唐代妇女中最为常见，履头微翘起，有尖头、方头、圆头等几种，同时还常能见到一种云头履。唐代女子也穿靴子，和男靴一样，一些贵族女子为显示其身份的尊贵，还常穿用各种名锦制成的靴子。史书记载，南唐李后主有个宫妃名叫窅娘，她长得纤丽且能歌善舞，后主给她做了一个高六尺的金莲，令窅娘用布帛把脚缠起来，裹成新月状，她穿着素袜在金莲中跳舞，世人纷纷效仿。这也开创了中国历史上妇女裹脚的先例，纤小的弓鞋也就在这样的社会氛围中产生了。

舞乐屏风（局部） 唐

隋唐五代时期，妇女的头髻发饰也是缤纷多彩，头上插戴簪钗、金叶、银篦、珠玉、宝石及鲜花，既承袭前代遗风，又刻意创新，史书记载的各种发髻就有几十种之多。唐代妇女面部化妆，一般是敷铅粉、抹胭脂、描面靥、涂鹅黄、画黛眉、点口脂、贴花钿。描眉是唐代妇女化妆的重要内容，从颜色分主要有黛眉和翠眉，从形状分主要有柳眉和娥眉。面靥原是用来掩饰面颊上的斑痕的，后来和贴花钿都作为妇女面部的装饰。花钿主要用纸、鱼鳞片、金箔、丝绸、茶油花饼等制成，以红色最为多见，形状有桃形、梅花形、月形、三角形、石榴花形、三叶形等。

八、保守规范、质朴娟秀的宋朝服饰

皇帝冕服、皇后袆衣图
《三礼图》局部

赵匡胤发动兵变，黄袍加身，登临帝位，并逐步统一中原，除与北方的辽、西夏等政权相对峙外，相对稳定的社会环境和逐渐发展的社会经济，都使包括服饰制度在内的各项制度从纷繁杂乱中逐步恢复过来。宋初的服饰制度大体沿袭唐代制度，但由于宋代社会推崇理学，传统礼制思想得到强化，所以当时服饰俗制又有自己鲜明的时代特色。它和唐代服饰的最大区别在于从大气雍容、多姿多彩的开放风格向保守质朴的复古风格发展，这在官服和男子服饰上表现得尤为突出。

司马光像

宋代官服显示出了周汉官服典雅、庄重的风格，并且强化了服饰作为重要政治等级标识的内容。帝后的服饰是在旧式的冕服、通天冠服和服用制度基础上修订而成的。宋代将公服与常服合二为一，其基本样式为官员们头戴幞头，身穿大袖的长襕袍，腰间系革带，带饰佩鱼，脚着乌皮革靴。宋代官服中最有特色、创新最多的就是官员们头上戴的幞头了；上自帝王，下至百官，除了盛大的祭祀、朝会等典礼以外，一般场合下都戴幞头。它们有直脚、曲脚、交脚、朝天脚、顺风脚等式样，其中直脚最为常见。宋初脚翘还很短，宋人画的司马光像中的幞头硬脚左右各一尺长。有一幅赵匡胤像，幞头的脚左右各伸长二尺以上。以后两脚越来越长，据说最长的硬脚可以达到将近一丈。戴着这种左右伸展很长的直脚幞头，必须身首端直，如果稍有动作，从两个脚翘上便看出来了。据说直脚的伸长就是为了让大臣们在上朝时保持一定距离，避免他们交头接耳，互通消息。宋代袍服仍然沿袭唐代“品色服”的旧制，三品以上服紫袍，五品以上服朱袍，七品以上服绿袍，九品以上服青袍。

赵匡胤像

宋代的民服以素净质朴的世俗化倾向为特征，因为两宋的服饰制度规定举人、公吏以及平民百姓等不得穿用紫、绯、绿、青等官服色衣，所以只能用黑、白二色。这时的民服主要包括巾、幞头、帽、直裰、衫、袄、褐、背子、半臂、鞋等基本衣饰。当时幞头已经变成官服成分，所以平民便很少戴它了，在文人士大夫中间又流行起古代的幅巾，并创造出多种巾帕包头的式样来。“东坡巾”在宋代很流行，它因北宋大文学家苏东坡常戴此巾而得名。以名人命名的巾子还有“山谷巾”，相传由北宋诗人黄庭坚首创，因为他的号为“山谷道人”，故而得名。到了南宋，戴巾的风气更加盛行，就连朝廷中的将官们也包巾帛。《历代名臣像》中的岳飞，就是头戴幅巾、身穿圆领襕衫的儒将形象。宋代的平民和士大夫日常上衣有衫、袄、襦等。其中衫子有紫衫、凉衫、襕衫、帽衫、毛衫、葛衫等。背子是宋代人们穿用最为普遍的服饰之

戴软脚幞头、穿圆领袍衫的文吏　赵佶《听琴图》局部

岳飞像

一。从文献记载来看，背子是从北宋后期开始流行起来的。不论男女老幼，也不管职位尊卑，众人皆可以穿用。从形式上看，宋代的背子有长有短，有的没有袖子，有的有短袖或者长袖。据说背子是由半臂演化而来的。按宋代服制规定，官员是不能在典礼等正式场合穿用背子的，但在日常活动中，穿着背子是常见的。宋代男子的下衣则简单得多，多穿裤和裙等。宋代的《清明上河图》展示了一幅当时丰富生动的生活画卷，画中的官吏、商贾、文人和富庶的市民都穿交领长袍或者圆领襴衫，头戴巾子或幞头，下身穿长裤，足蹬靴履。普通劳动者多穿着式样多变的短衫，从担夫、商贩到农民、船夫等，大都身穿短襦，下身穿裤，头戴巾帕，赤脚穿麻鞋、草鞋。这些襦衫有些长及膝盖，有些短才过腰，袖口和裤腿为了劳作方便都比较紧窄。

清明上河图（局部）　宋·张择端

宋代妇女的服装式样也是比较简单的，整体风格也由唐代女装的华丽开放趋于素朴和遵守礼道。礼装风格仍是上穿大袖青色衣、下穿长裙、带蔽膝、着青色袜等。通常所穿的上衣有襦、袄、衫、背子、半臂、背心等等。唐代盛行的帔帛，在北宋时期仍可时常见到。宋代的女装颜色比较清淡，下层劳动妇女往往上身穿襦袄，襦一般为短身窄袖，以斜领居多，有的没有缘边，有的有锦、罗质缘边，下身穿裙或长裤。贵族妇女则把襦袄当作内衣，外穿较长的大袖薄衫，或者外罩背子。当时女子的背子均为对襟直领，多不系腰带，衣襟敞开，显得十分流畅雅致。在宋墓的砖画中还见一位正在举手束紧头上发冠的女子，她的腰间还穿着一件上及胸部的织锦裹肚，又称“抹胸”，这是宋代才出现的衣饰，在当

梳流苏髻的妇女　《半闲秋兴图》局部

穿长袖襦的妇女　大足石刻

戴盖头的妇女　南宋瓷俑

时很流行，织锦裹肚上面往往绣上各种精美的花样。半臂及背心在宋代妇女当中也常见穿用，不过穿用者多为下层劳动妇女。宋代女子的下裳仍以裙子为主，唐代风行一时的“石榴裙”、长裙和五代时期的“百褶裙”，在这一时期依然多见。宋代在衣裙的穿法上和唐、五代时有所不同，唐时女子一般都将衫襦下摆放入裙子内，而宋代则流行将下摆垂落于裙外。除裙子外，宋代妇女也多穿裤子，它们有的直接穿在外面，但更多的则是穿在裙子内。裤子分为两种：一种是开裆式的，穿用时，外面须罩上过脚面的长裙，穿这种服装的妇女多数是上层贵族或富家之女眷；另一种是直接穿在外面的合裆裤，这种裤子因为不开裆，所以便于活动，保暖性强，多为广大劳动妇女所穿。宋代女子的足衣主要是各式鞋类，南宋时期流行翘头鞋、平头鞋和凤头鞋等，其中以翘头鞋最为时兴。这种鞋的风行可能与当时盛行的缠足之风有很大关系。

宋代妇女服饰从整体风格上看是追求秀雅颀长。除了一些传统礼服还采用宽衣大袖外，其他大部分妇女服装都是以窄身合体为着装原则。在宋代妇女的冠饰上也充分体现出这一点，以高髻为主。有的高髻高达一尺，有“门前一尺春风髲”的诗句来形容它。高大的发髻上面必定有首饰，宋代钗簪等饰物大多用金银制作，都要做成各种花鸟形状，还要嵌上各种珍珠宝石。因为官方禁止民间使用珠翠金玉等，所以主要装饰就成了花冠和梳子。宋代把妇女在头上插上多把小梳子作为装饰的习俗称为“冠梳”。花冠是一种体现宋代妇女装饰风格的有特色的冠饰，刚开始它是一种名副其实的鲜花冠，后来出现各式绢、丝质假花的花冠，当时常用的花类有挑花、杏花、荷花、菊花、梅花等，造型上则有单朵、双朵和多朵。有人还按一年不同的时令节气，选择不同的花卉插制成花冠，取名“一年景”。《历代帝后图》中宋仁宗皇后侍女的花冠看上去由近百朵各色鲜花组成，十分精致美观。盖头也是宋代妇女常用的首服之一。北宋时期，强调妇女应守“妇道”，至南宋，随着理学之风日炽，朝中官吏明令妇女上街时必须用盖头遮面，此风以后又发展为出嫁女子必须以盖头遮面，而且这一风俗一直延续到近代。

历代帝后图（局部）

九、元朝的民族特色服饰

成吉思汗于1206年建立蒙古政权，其孙子忽必烈率领蒙古军队经过多年南征北战，在1279年灭掉了南宋王朝，建立了幅员辽

阔的元帝国。因为元代统治者起源于北方草原地区，所以他们的生活习俗带有浓郁的草原风情。

元代蒙古族男子的发型很有自己的特色，上至皇帝百官，下至平民百姓，都习惯留一种叫做“婆焦”的发型，其模样颇像汉族小孩的“三搭头”。它先在头顶上斜向交叉剃两条线，把头发分成四部分，脑后的一部分剃光，头顶前部的一部分可以剪齐或者修饰成桃形、尖角形等式样，左右两部分的头发编成发辫，结为环形，从耳旁垂至两肩。《历代帝王像》中的元成宗梳的就是这种发式。另外，男子戴大耳环也是蒙古族特有的装饰习惯。蒙古族男子所戴的各式冠帽也很独特。除了七宝重顶冠和各种质地的暖帽外，还有笠帽、瓦楞帽等。四楞的瓦帽叫四楞瓦楞帽，它用四块大小相同的梯形毡片缝成帽身，上面再加缝一个帽顶，制成的帽子看上去像一个倒放的斗。

元成宗像

《历代帝王图》局部

蒙古人入主中原之后，在强迫汉人接受蒙古族生活习俗的同时，也受到汉族文化的影响和同化。元英宗时期，朝廷制定了较为完整的服饰制度，对冕服、冠服、祭服、公服、庶士服饰以及具有蒙古族特色的质孙服等，均作了详尽规定。“质孙”的汉语意思是“一色”，所以质孙服又称“一色衣”。它的形制是上衣下裳连属的袍式服装，上衣窄袖，有斜领和方领、右衽，衣式紧窄；下裳为裙式，腰间有无数细密的折褶，裙长过膝。元代建国以后，才将这种蒙古风格的衣装列为官员的礼服，上至皇帝，下至百官、卫士都可以穿用。皇帝的质孙服分冬夏两类，即冬11种，夏15种，共26种。如皇帝冬服中，当穿织金锦服时，要戴织金锦暖帽。

戴锦帽、穿锦袍的元世祖像

《历代帝王图》局部

“逐水草而迁徙”的蒙古人，传统的穿着是“胡服胡帽”。男女老少一年四季都穿着形制相似的长袍、裤、袄、靴子等。这些衣物大多用皮革、毛毡制作，很少用装饰品。冬季寒冷的时候，人们至少穿两件毛皮做的长袍，一件毛皮向里，一件毛皮向外，毛皮向外的一般是用狼皮或狐狸皮做成。在这些皮裘中，以紫貂缘领银鼠裘最为珍贵，《元世祖出猎图》中的元世祖就是穿着这样的皮裘。较为贫穷的人则用狗皮和山羊皮来做穿在外面的皮袍。在元代还非常流行“辫线袄子”，这是一种窄袖的短袍，腰间位置和衣衫下部的袍襟上有许多整齐紧密

戴顾姑冠、穿交领织金锦袍的皇后 《历代帝后图》局部

元世祖出猎图（局部）

戴瓦楞帽、穿辫线袄的陶俑

的横向折裥，折裥上缝有纽扣，这种伸缩性很大的服装便于在马上射猎驰骋。除此之外，元代还有一种无领、无袖，形制略似宋代半臂的比肩和比甲，它们也是常服。

穿左衽袍衫的男子和妇女　永乐宫壁画

在元代蒙古族妇女的服饰中，姑姑冠是最具民族特色的首服，它又称“顾姑冠”、“固姑冠”、“罟罟冠”等，是蒙古贵族或官僚家室的冠饰。它的形制非常特别，两头粗，中间细。冠高一般在二三尺，据说最高的可达四五尺。顾姑冠随着妇女身份的高低而加缀各种不同的装饰。而大部分的普通蒙古妇女只是用粗毛织物制作冠帽，有的还在上面插两支羽毛作为装饰。元代妇女的服饰，也有两种不同的风格。一种是汉族风格的妇女服饰，它基本沿袭了宋代妇女服饰如衫襦、背子、裙裤等的传统；另一种则是蒙古族妇女的衣着，它以长袍为主，左、右衽都有，大多比较宽博。元代民间广大汉族人民仍然保持着宋代的衣冠服饰，这和官场上盛行的蒙古衣着形成鲜明对比。两种风格的服饰在交融中各自也都发生了很多变化。

穿袍服的妇女

元代的足衣有靴子、布鞋、麻鞋、木履、草鞋等。在南方地区，女子缠脚的风俗更为兴盛，缠足妇女穿的鞋子称为“弓鞋”，鞋面多绘有花鸟图案。

皇帝（明孝宗）常服图

十、艳丽堂皇的明代服饰

朱元璋推翻元朝建立大明帝国后，先是禁胡服、胡语、胡姓，继而又下诏沿袭唐代衣冠形制。明朝等级制度森严，无论是皇帝冠服、文武百官服饰，还是平民百姓的穿着，其样式、等级都有明文规定，穿着礼仪繁缛复杂。明朝因皇帝姓朱，遂以朱为正色，又因《论语》有“恶紫之夺朱也”，所以紫色在官服中也就废除不用了。

明代的专制制度体现在服饰上就是皇帝的各种服

一品文官补子

五品文官补子

九品文官补子

一品武官补子

五品武官补子

九品武官补子

戴展角幞头、穿织金蟒袍的王鏊像

装复杂且充满威严感。皇帝的常服用黄色的绫罗制成，上面绣有团龙纹、翟纹与十二章纹。飞龙盘成圆形，怒目圆睁，血口大张。在皇帝服装上绣繁缛的团龙花纹，是在明代才形成的。绣龙的帝王常服，是他们的最常用服装，由金线盘龙纹的黄绫圆领窄袖袍、折角向上巾、玉带与皮靴组成。折角向上巾由乌纱制成，外形与软脚幞头有些相近。在明代，官员的常服上还出现了富有特色的标志职务等级高低的“补子”。补子是两块边长40～50厘米的正方形织锦，上面织有以各种动物为主的花纹图案，如一品是一只仙鹤或一只狮子，二品是一只锦鸡或一只狮子，三品是一只孔雀或一只老虎，四品是两只云雀或一只豹子等等，使用时将它分别缝在文武官员的服装上，前后各一块，所以这种官服也叫“补服”，它为明代以来600年的官场所沿用，成为封建等级制度最突出的代表。儒士文人，如举人、秀才、贡生、监生们，大都穿一身蓝色的长袍，也叫“蓝直裰”，它宽袖、黑色缘边，青圆领、皂绦软巾垂带，衣领与衣襟镶的黑边又宽又长。文士们还穿另外一套服装，即圆领右衽的宽袖袍衫，它用白色绢布制成，袖口与衣襟上都镶着宽宽的黑边，还有一顶褐色的儒巾。

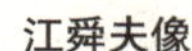

江舜夫像

戴四方平定巾、穿大襟袍的魏浣初小像　罗虚白

戴儒巾、穿大袖衫的士人

明代的帽子式样很多，当时盛行“六合一统帽”、“四方平定巾”等。“六合一统帽”是用六块三角形的罗帛拼缝起来，下面加上一个帽圈，看起来很像剖成半边的西瓜，它制作简单，戴着也方便，是社会下层百姓普遍戴的帽子式样。“四方平定巾”是用黑色罗纱缝制的四方形高顶巾帽，原来叫四角方巾，戴这种“四方平定巾”的人大多是官员、贵族和读书人。戴这种巾子时，服装可以随便搭配，不像穿其他的成套服装那样有严格的限定，所以它比较普及。男子头巾还有网巾，它是一件大多由黑色细绳、马尾、棕丝等做成的束发网罩，网口用纱帛做边，边上缀两个用金、玉、铜材料制作的小圈。戴时将两边的绳头穿进小圈子内，交叉勒紧，然后在头顶上束结，这样，网子就把头发紧紧罩住了。它可以单独戴用，也可以衬在冠帽里面。关于这种网巾，还有一段故事：朱元璋微服私访，途经神乐观，见到一位道士正在灯下编结网巾，当皇帝向道士询问这种头巾的名字时，道士答道：“这是网巾，用它裹头，可以万发俱齐。”就是因为“万发俱齐”让这位专制帝王兴奋异常，于是马上封这个道士为道官，还向他要了13个网巾作样子。朱元璋给它起了一个吉利的名字，叫“一统山河”，或者叫“一统山和”，让天下百姓仿照制作，不论老少贵贱全要戴上它，反正是要把老百姓都“统”在里面。从此，明代的百姓头上就全戴上了这个紧箍儿了。根据记载，明代男子的头衣还有平顶巾、唐巾、东坡巾、山谷巾、万字巾、纯阳巾和老人巾等。平民的帽子除了六合帽以外，还有软帽、边鼓帽、毡笠、大帽等。明代政府为了区分等级，规定农夫可以戴斗笠。从《皇都积胜图》中我们可以看到当时的平民服饰：有的赤臂劳作，身上只有一条过膝长的短裤；有的上身只穿一件布背心，下穿短裤，头戴小帽；有的上身穿着一件交领窄袖短衫，下穿长裤。他们或赤脚，或者穿草鞋。

戴网巾或笠帽的农民
《天工开物》插图

戴凤冠、穿霞帔的皇后形象

贵族命妇的服装分为礼服与常服两种。礼服是在朝拜皇后、祭祖与婚礼等重大场合穿的，主要由凤冠霞帔、大袖衫与背子组成。霞帔是在隋唐帔帛基础上发展而来的，它是一条从肩上绕过

穿窄袖背子的妇女　唐寅《簪花仕女图》

脖颈披到胸前的彩带，用锦缎制作，上面绣花饰，两端做成三角形，下面悬挂一颗金玉坠子。明代把它确定为贵妇的礼服成分，并且根据不同的品级确定了不同的花纹。至于命妇的常服，只要是长裙大袄即可，但是在纹样与边饰上有所区别，其纹样大多与其品级佩戴的霞帔花纹基本相同。明代使用背子很广，按身份来分有两种类型：贵族使用的背子，在礼节性场合为合领大袖对襟形式；平民作为常服就采用直领小袖对襟形式。

穿比甲的妇女

六十仕女图（局部）　仇英

“比甲”盛行于明代中期，主要受年轻妇女的偏爱。这种比甲从形式上看与隋唐时期的半臂有渊源关系，后来清代出现的马甲，就是这种比甲的变形。比甲是一种无领无袖的长衫，对襟中缝，两襟间用带子束合，有些像近代的马甲，但是比马甲长得多。比甲成为女装后，就被绣上种种花样，色彩、装饰丰富了起来。它一般穿在衫裙的外面，胸前敞开，或者在腰间束帛，衬托得女子身材更加袅娜俏丽。明代末年，妇女中流行一种“水田衣”，它是将大小不同的各色方块衣料拼缝在一起，很像和尚穿的“百衲衣”。由于它色彩斑斓，相互交错，如同一块块水田排列，所以被形象地叫做“水田衣”。明代妇女的下身衣服仍然以裙子为主，很少穿裤，但是她们在裙子里面要穿膝裤，包裹小腿。明装与唐装相比，其衣裙比例的明显倒置，由上衣短下裳长，逐渐拉长上装，缩短裙的长度，裙子仍是整片的折裙。起先，颜色讲究浅淡素净，后来就逐渐奢华鲜艳起来，在商业经济发达的江南地区尤其如此。这时裙子上或者描画，或者插绣，或者堆纱，腰间做上几十条细褶，行动起来，犹如水波荡漾，浮光泛彩。

十一、繁缛华贵的清代服饰

暖帽

清代的穿着风俗包罗万象、缤纷多彩，是一个复杂完整的服饰文化大系。满族入主中原之后，强迫汉人遵从满族的服饰习俗，从此，沿袭数千年的汉族冠冕服装制度终于寿终正寝。在清代之前的数千年里，中华衣冠以宽袍大袖拖裙盛冠为特色，显现出潇洒富丽的中原气象，而清代则与之不同，其衣袖短窄，衣身修长，北方游牧色彩的服制形式和穿着方法都体现出别具一格的个性特色。其呈封闭式盒状体的造型突破了几千年来飘逸的塔形衣冠，显得严谨庄重，再加上繁缛的装饰，更是肃穆优雅，华贵不凡，从而独树一帜，成为中国服饰史上的一朵奇葩。

清代的服装较有特色的是冠帽、马蹄袖、袍褂和裤子等。满族人擅长制裘皮，日常服装以皮毛制作的长袍马褂为主，进入中原后，才逐渐使用棉布、绸缎等。满族是女真族的后裔，所以他们的衣装头饰一直保存着女真民族的独特习惯。男子的头发，都将头顶的前部剃光，后面剩下的长发梳成一条大辫子。清兵入关后，通过强行剃发的手段，迫使汉人遵照满族的习俗，剃发留辫，改穿满族服装，企图用这种作法改变汉族的民族意识。清政府一方面实行严刑酷法；另一方面又拉拢诱导，迫使中原汉族逐渐接收了满族的服装发式。

戴暖帽、穿裘衣及行袍的官吏 《清中兴功臣图像》

清代男子的冠帽，有礼帽和便帽的区分。官员使用的叫做礼帽，礼帽又分为两种：一种是在八月到来年二月之间戴的，叫做“暖帽”；另一种是在三月和八月之间戴的，叫做“凉帽”。暖帽的顶上都装着红色的帽纬，有的用丝绦制作，有的用红缎子裁成，人们也叫它“红樱儿帽”。在礼帽顶部中央，装有一颗珠子，制作顶珠的原料有宝石、珊瑚、金、银等。顶珠是区别各级官职高下的重要标志，一望便知。根据清代礼制的规定，一品官员的顶珠用红宝石嵌装，俗成“红顶子”。二品官的顶子是用珊瑚做的，三品官员顶子用蓝宝石，四品官员顶子用青宝石，五品官员顶子用随水晶，六品官员顶子用砗磲，七品官员顶子用素金，八品官员顶子用阴文镂花金，九品官员顶子用阳文镂花金，监生与生员们用素银。凉帽的顶珠与暖帽相同。在顶珠的下面，还

插有一根二寸长的翎管，一般用白玉、翡翠、珐琅或者玻璃料器做成。翎管是专门用来插花翎的，这也是清代官员特有的身份等级标志。它是将孔雀翎向后拖插在翎管里。由于孔雀尾羽的末梢中央有一圈灿烂的花斑，中心是蓝黑色，活像一只眼睛，所以称之为“眼”。清代官员戴的翎毛，根据其品级高低分为三眼、双眼、单眼和无眼四种，有眼的统称为花翎，无眼的叫蓝翎。如果摘去了某人的顶戴花翎，也就隐含着免掉官职的意思。

关天培像

马蹄袖是满族特有的，它的外形恰似一只马蹄，本来它的正规名字叫“箭袖”，是武士射箭时保护手腕的防护物，一般用纽扣装在清人常穿的“箭衣”，也就是一种开叉的短袍的袖口上。平时可以翻起来，露出手，行礼时要放下来。清代官员行礼时，先将左右两臂交叉抚过袖口，向下一甩，就是把箭袖放下来的标准动作。清代人十分注重马蹄袖的作用，一般士庶日常行礼时，即使不穿箭衣，也要在袖口上用纽襻系上一副马蹄袖，行完礼再解下来，人们形象地把这种袖子称作“龙吞口”。

男子服装中，袍褂是最主要的礼服，满族的袍褂与汉族传统的长袍不同：造型简练，上身紧窄，袖子细瘦，由肩部向腕部逐渐收缩，袖口前端安上箭袖，衣襟右掩，在右腋下系扣襻，有些袍子的下身前后左右都开衩，这是骑马民族为了上马方便而形成的服装特色。按照规定，皇帝宗室子弟才能在袍子上开四条衩，平民则着左右两侧开衩或称“一裹圆”的不开衩长袍。开衩袍之外，满族人还常穿一种行袍，又叫“缺襟袍”。它的式样与满族人日常穿的袍子一样，但是比日常穿的袍子短大约十分之一，前面开衩，右半边的衣裾比左半边短一二尺，从正面看就像是缺了一块，这是为了骑马时上下方便而设计的。不骑马的时候，可以将右前襟缺少的一块用纽扣连接在袍子上，这样就和一般的袍子一样了。

满族人习惯在袍子外面再穿一件稍短的褂子，也叫做“外褂”。它一般是对襟圆领，袖子比较宽大，袖口平齐，长及肘部，身长大约与膝部以下相齐。外褂与袍子结合，形成了清代特有的袍褂衣服式样。官服外褂上缀有补子，叫做“补褂”。它是中央开襟，门襟上有五颗纽扣，前胸与后背装饰有补子；由于是中央开襟，补子被分为左右两半。补子的纹样与明代文武各级官员的补子纹样基本相同，但是尺寸比明代的补子略小一些，高级官员的补褂下摆上还绣有海水牙子等纹饰。这样，补褂与袍服、礼帽、顶珠、花翎、朝珠、官靴组合起来，就形成了清代官员的主要官服。

慧贤皇贵妃像

另外有一种满清特有的外褂，它非常短小，其袖子长度一般只到肘部，身长不超过腰部，显得轻捷方便，特别适宜骑马时穿，因此，人们就叫它“马褂”。马褂是满清男子四种制服之一。四种制服分别为礼服、常服、雨服和行服，马褂即行服。马褂又名“得胜褂”，清代最为尊崇的上等褂为“黄马褂”，这种马褂属于皇帝的最高赏赐，只有极少数人才可以得到这种赏赐。与马褂的式样相似的衣物还有马甲，它也是由骑射生涯创造出来的颇具特色的满族衣装。马甲比较窄小，没有袖子，具有大襟、对襟、琵琶襟等多种式样，开始人们把它穿在里面，起保暖作用，后来就逐渐将它穿在外面，装饰的成分明显增多了。清代官员的服装中，有一种特殊的马甲，叫做“巴图鲁坎肩”。“巴图鲁”是满语勇士的意思，显然这种马甲是给勇士穿的。

清代多年大力推行满族服装，改变了汉族传统服装的面貌，并造成了中国服装史上一个十分重要的变革，

穿马甲的妇女 杨柳青年画

穿旗装的妇女 近代 · 吴友如

即确定了裤子的统治地位。几千年来一直被男子穿用的裙子退出了男服的范围，清代不论男女都穿长裤。男子的裤腿比较窄，有合裆裤与套裤两种形式。套裤没有裤裆和裤腰，保留了汉族古代裤子的形式，但在穿着时，却是将它套在有裆单裤的外面，主要起保暖作用了。

一般男子的便服组成是袍、衫、裤、马褂、瓜皮帽、靴鞋等，袍衫的腰身、袖子均比较细窄，靴鞋大多用布制作，瓜皮帽就是明代的六合帽，冬季还流行各种毡帽、皮帽、风帽等。广大劳动者日常穿大襟短衫、长裤，夏日穿布背心或赤臂。此外清人男子衣服上的佩饰比较繁琐，一个金银牌上垂挂着数十件小东西，如耳挖子、镊子、牙签等，还有一些古代兵器，如戟、枪之类的模型，佩挂饰物在清代已经形成风尚。

穿袄裙的妇女 杨柳青年画

清代女子服装有公服、礼服和常服之分。公服是自皇后至七品命妇所穿的正式官样服装。礼服在民间指的是吉服或丧服，即婚丧嫁娶及寿日所穿的衣服。满族妇女的旗装在清代一直被作为礼服保留下来。妇女旗装与男子的袍服一样，也是以长袍为主体，采用圆领、右掩大襟、琵琶襟、对襟等形式，但是不开衩；除非正式礼服外，一般显得比较瘦长；袍子的下裾几乎与地面相齐，袖口敞开，比较宽大，但是没有马蹄袖。妇女袍服多数有领，在清初时流行低领，后慢慢增高，至清末时已高达二寸。袍服的颜色一般以大红、浅蓝、淡绿等色为主，皇后及皇妃的袍服多用黄色。女子外衣中也有马褂，还有坎肩、马甲等。旗服一般用各种精致的绸缎制作，皇后、妃子、贵妇人的礼服上要绣团龙或者团蟒，其他人的袍衫上则绣着各种花卉、蝴蝶、吉祥图案等。

清代汉族妇女的衣装，仍沿袭明代的传统，上身多穿各式长衫或花袄，有的则在衫袄的外面另加一件类似背子式的长背心。满族入关后，旗袍一时成为时髦。但汉族妇女仍将裙子作为礼服，每遇婚丧喜庆，或亲朋拜谒，都要在裤子外面套条长裙，以免认为失礼或不够隆重。特别是江南一带带褶的裙子仍然十分流行。

满族妇女的头饰也富有民族特色。她们的头发经常梳成在头顶左右横卧的两个平髻，老北京人称之为“两把头”。梳好平髻后，插上各种花朵和首饰，以后又在平髻上加插黑色的梯形版片“扁方”，这种发式，人们

梳旗髻的满族妇女 《贞妃常服像》

慈禧写真像

称之为“大拉翅”。女子们用大朵的鲜花、金银钗簪、珠翠等装饰平髻与版片，更显出头上发髻的高大华美。清初，两把头的架式还比较小，后来逐渐加大，至光绪年间，架式的高度已到极限，犹如“牌楼”。两把头由原来简朴的头髻形式发展到这种程度，已失去了原来的意义，而成为一种显示身份、地位的装饰性的假髻了。清代汉族妇女的发髻以明代遗留下来的各式高髻为时尚，假髻还是很流行。此外，在额前留有一排齐眉短发的“刘海”式发型，在清代末年非常流行。

清代的足衣一般以靴、鞋为主，传统的履已经难以见到。靴子是清代常见的足衣，但不是任何人都可以穿的，清政府规定，靴子只有皇帝和朝中百官及吏士、差人才能穿，一般平民百姓是不准穿靴子的。鞋子在社会上多作为市民的足衣，但这种习俗在清代末年被打破，不少官员也时常穿鞋出行。满族妇女所穿的鞋很别致，是一种特殊的“高跟鞋”。它的特殊之处在于它的“高跟”不设在鞋的后跟处，而是在鞋底的正中央。高跟一般为木质，用细布包饰，高度至一二寸，但极个别也有四五寸高的。鞋跟的整体较为敦实，呈上宽下圆之状，形似花盆，跟底的木心做成马蹄心，踏地时印有马蹄痕。根据上述特点，人们又称这种满族妇女的鞋为“花盆底”或“马蹄底”鞋。这种鞋的鞋帮，在制作上也很讲究，一般用各种彩线在鞋帮上绣出不同类型的花草和小动物图案。

第二章 古代饮食文化

中国饮食文化历史悠久，源远流长，以精湛的烹调技艺、丰富多彩的饮食内容、独特的民族风格闻名于世。

中国是小米、大米、大豆、香芋、板栗、茶叶、柑、橙、猕猴桃、枇杷、芒果、荔枝、龙眼、桃、李、梅、杏、甘蔗等农作物和水果的故乡，其中大豆的栽培和种植对人类贡献最大。其制品豆腐已普及到日本和欧美各国，豆浆已成为风靡世界的植物性“牛奶”。茶不仅是中国的国饮，而且已成为世界上与咖啡、可可并行的三大饮料之一。春秋战国时期，中国就有了比较系统的烹调理论，如今已经形成一个系统完整的烹饪体系，主要有八大菜系，另外还有清真系、素食系和食疗系，中国也因而被称为“烹饪王国”。

饮食活动实质上是一种文化活动，影响着社会的诸多方面。如果说中国今天的饮食文化是“流”的话，那么古代的饮食文化则是“源”。植根于中国古代社会政治、经济、文化与科技的深厚沃土中的饮食文化，盛开出了绚丽的花朵，结出了丰硕的果实。中国古代的饮食讲究美食与美器的结合，食疗与养生的结合，茶艺与陶冶性情的结合，饮食礼仪和社会功效的结合，从周代的乡饮酒礼到清代的千叟宴，无不注重人伦教化的功能。

饮食对中国文化的各个方面如哲学、美学、宗教、文学、艺术等产生极其深远的影响。在饮食实践的基础上，形成了饮食美学、饮食民俗学、饮食文艺学、饮食资源学等。中国饮食“五味调和”论中的“和”是中国哲学与美学中一个极为重要的范畴，这种五行和谐的思想在中国茶道中发挥到极致。唐代陆羽制作的风炉茶具，一足上就铸有“体均五行去百疾”的铭文。饮食与宗教密切相关，佛教的素食思想对饮食影响很大，使素菜在中国迅速发展，由此形成了素菜系。饮食注重养生及流行的重阳节饮菊花酒习俗都与道教密不可分。饮食为文学家提供了丰富的素材和创作的灵感。诗与酒自古以来便结有不解之缘。曹操、陶渊明、李白、白居易、苏轼等都是诗酒风流的人物。苏轼还是著名的烹调高手和美食家，亲自调制出许多美味，至今流传。人们在宴饮的同时还欣赏音乐、舞蹈、戏曲、杂技等艺术表演，从而在一定程度上促进了文化艺术的发展。四大古典小说及《金瓶梅》等都用大量笔墨生动形象地描绘了中国古代的饮食及与饮食相关的诗文会等，读来不觉令人口内生津。品味人间美食，在醇烈的酒香与氤氲的茶香中尽享人生，真乃一大快事。

中国的饮食可以给人带来无尽的遐想和一种醇美的享受，已有学者把饮食之美归为十个方面：质地美、闻香美、色泽美、形制美、器具美、味觉美、口感美、节奏美、环境美、情趣美。色味形器统一的饮食观，正是中华民族几千年饮食文化发展的结晶。

一、主食的出现和演变

将军崖岩画上的农作物

主食是维持人体正常生命活动所需的最基本的食物。在原始社会，古人类主要靠采集和狩猎来获取食物。生活在不同的环境中，采集和狩猎的对象不同，因此食物来源也不相同。考古资料表明，元谋人、北京人的食物主要是猎取来的动物。原始种植业的出现对饮食产生了重大影响。进入农业社会以后，农作物品种日益丰富，谷物等粮食作物逐渐成为人们的主食。"五谷"一词最早见于《论语》："四体不勤，五谷不分，孰为夫子？"古代的五谷所指不一，一说是黍、稷、菽、麦、稻，一说是黍、稷、菽、麦、麻。所谓黍，又叫黄米，类似小米，色黄而黏。稷又称粟，就是小米，北方称谷子，适宜干旱地区种植，在中国古代相当长的一段时期内，稷是最重要的粮食作物，因此国家又称"社稷"。菽原指大豆，后来也作豆类的总称。麦子有大麦和小麦两种，古代大麦又称麰。稻在中原地区的种植比上述几种作物要晚，大约起源于周代，主要产于南方的长江流域。麻成为五谷之一是因为麻籽可以食用，麻籽又被称为苴，曾是农夫的主要食物之一。后来随着社会经济和农业的发展，五谷的含义越来越广，泛指粮食作物，包括谷类、豆类、薯类和各种杂粮等。今天的粮食作物统称为五谷或五谷杂粮。

大克鼎 西周中期，炊器，相当于现在的锅

最初稻米、小麦等都是粒食，后来随着谷物加工技术的发展，出现了粮食粉碎工具，最早的是杵臼，战国晚期出现了旋转石磨，到汉代它已成为主要的粮食加工工具。各种用谷物做成的面食也随之出现。周代有糗饵、粉粢，糗饵是用干饭捣成粉面后做的米饼，粉粢则是掺有豆面的米饼。现在的饼是用小麦或玉米面等和成的面，擀成扁圆状，在锅中煎炸或蒸烙而成的一种面食。古代的饼却各式各样，是人们喜爱的主食之一。汉代有蒸饼、炉饼、油

兽面纹鬲 西周前期，炊器，似鼎而空足

石磨盘 新石器时代

舂米 汉画像

应监甗 西周前期，炊蒸器，上为甑，下为鬲，相当于现在的蒸锅

长沙马王堆食案　西汉

饼、胡饼等，胡饼最早从西域传入，东汉灵帝刘宏喜食胡饼，胡饼遂在京师风行一时。它是一种很大的饼，上面堆有胡麻，放在炉中烤制而成。汉代的主食还有麦饭和豆粥，老百姓主要吃麦饭，就是把麦子等谷物直接做成饭来吃，有些官吏为了标榜自己清廉，也做麦饭吃。豆粥则由豆子或豆、米混合熬成。

庖厨　汉画像

魏晋南北朝时期的主食是饭与饼，饭有麦饭、粟饭、稻米饭等。麦饭在当时是最粗糙的食物，萧梁末陈霸先率兵作战时士兵吃的就是用荷叶裹着的麦饭。粟饭就是小米饭，在北方不算粗食，在南方却被视为粗饭。稻米饭是饭中精品，老百姓很难吃得上。饼有蒸饼、起面饼、汤饼、胡饼等。当时已流行发面饼，种类有白饼、烧饼、髓饼、膏环、鸡鸭蛋饼、细环饼、截饼、粉饼等。北方的烧饼制作水平很高，能使人“闻香而口闷，见色而心迷”。髓饼是用骨髓与蜂蜜和面烤成，膏环则是油炸的馓子，细环饼和截饼是用蜜和面，油煎而成。粉饼似米线，将面浆用特制的工具挤成线状，煮熟浇上汤汁做成。羹与粥是主食中的流食，羹的种类有猪蹄酸羹、鸡羹、瓠叶羹、胡麻羹、脍鱼羹等。在日常饮食、治丧、赈济等场合，文献中常有食粥的记载。

唐宋以前中国北方主粮以粟、麦为主，南方以水稻为主。唐宋时期，小麦在南方逐步得到推广，一直推广到珠江流域，逐渐取代粟成为最重要的粮食作物，南方的水稻在唐宋时期成为举足轻重的主粮，到宋代取得了与小麦并重的地位，于是，麦、稻成为主要的面食来源。隋唐五代时期主食的种类仍可分为饼、饭、粥、糕等。唐代的主食中饼占了相当大的比重，文献中凡涉及到饮食的，都能看到饼的踪影。饼的种类多达几十种，常见的有蒸饼、煎饼、胡饼、汤饼。唐代称馒头为蒸饼，所以蒸饼就是上笼蒸熟的面食。唐代的胡饼由汉代流传而来，最初的西域风味已经有所改变。汤饼是一种水煮的面片，或把蒸饼掰碎放在水中煮

洗烫家禽图　魏晋砖画

成，类似于西安的“泡馍”。唐代的汤饼花样繁多，有生日吃汤饼的习俗。米饭亦是唐人不可缺少的主食，有稻米饭、小米饭、黄米饭、菰米饭等。菰是一种禾本植物，其子即菰米，做成米饭，香软可口。粥是辅助性的主食，但是到荒年老百姓则以粥度日。粥有食疗作用，唐代的食疗粥多达几十种，一般以米粥加各种配料做成。

舂粮 唐泥俑

宋代被誉为中国饮食业的高峰期。宋代的面食主要有饼、包子、馒头等，如芙蓉饼、春饼、油酥饼、薄皮春卷、七宝包、细馅大包子、蟹肉包儿、肉丝糕、乳糕、重阳糕、枣糕、巧粽、四色馒头、杂色煎花馒头、糖肉馒头、羊肉馒头、笋肉馒头、鱼肉馒头，还有笋丝馒头、裹蒸馒头、七宝酸馅馒头、姜馅馒头等70多种。宋代粥类品种繁多，有七宝素粥、馓子粥、绿豆粥、五味粥、粟米粥、糖豆粥等。陆游有《食粥》诗云：“世人个个学长年，不悟长年在目前，我得宛丘不易法，只将食粥致神仙。”宋人也很重视粥的食疗作用。明代李时珍的《本草纲目》载：“古方有用药物、粳、粟、粱米作粥，治病甚多。”元代用面粉加工的主要食品有面条、馒头、蒸饼、烧饼、馄饨、扁食(饺子)等。以面条来说，宫廷饮食中有春盘面、皂羹面、山药面、挂面、经带面、羊皮面等，民间食用的面条，见于记载的有水滑面、经带面、索面、托掌面、红丝面、翠缕面、山药面、勾面等。

磨面 唐泥俑

明代北方人民的主食以面食为主，南方则以米食为主。《金瓶梅》中提到的面食种类有火烧、艾窝窝、黄米面枣糕、玉米面果馅蒸饼、鹅油蒸饼、蒸饺、包子、荷花饼等。用来馈赠亲朋的有果馅团圆饼、玫瑰元宵饼、酥油松饼、芝麻象眼、蜜润绦环、裹馅凉糕等。清代面食中的小窝头、肉末烧饼都是慈禧喜欢吃的。小窝头用细玉米面、黄豆面、白糖、桂花加温水和面，捏制蒸熟，一斤面可作100个小窝头。还有艾窝窝、萨其马、饽饽等。萨其马是满族的一种食品，把冰糖、奶油和入白面，放进炉中烤制成方块状，松软可口。饽饽是用面粉、糖、油等原料精制而成，有细馅饽饽、硬面饽饽、寿意饽饽等，原为清宫的祭祀供

擀面 唐泥俑

烙饼 唐泥俑

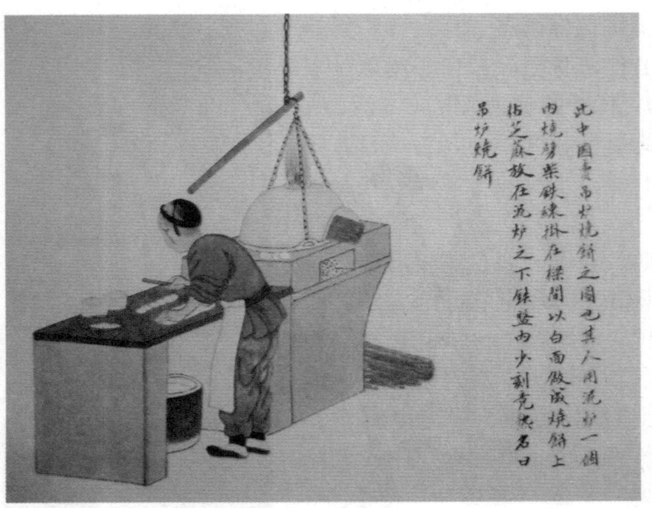

卖吊炉烧饼图

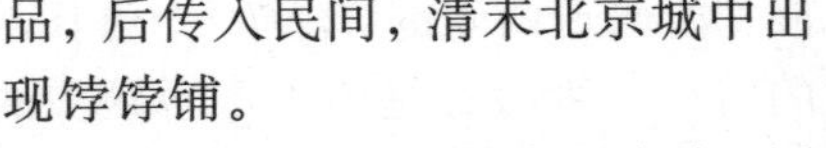

品，后传入民间，清末北京城中出现饽饽铺。

馒头是如今最寻常的主食，把面粉发酵后，做成或圆或方的形状，蒸熟而成。最初有馅，现在北方称无馅的为馒头，有馅的为包子，而在吴语区，有馅无馅的都称馒头。“馒头”一词最早出现在晋代。唐代徐坚《初学记》载，馒头最初用来祭祀，它的产生与三国时期的诸葛亮有关。诸葛亮率军征伐孟获时，有人认为蛮地多邪术，最好祈求神灵派兵帮助，当地的习俗必须用人头祭祀，神灵才肯出兵相救。诸葛亮就用羊肉、猪肉包上面做成人头的形状，代替“蛮头”即蛮人之头，来祭祀神灵，后人改称“馒头”。最初的馒头是死面做成的，因为当时人们还不懂得发酵，发面馒头被称为“起面饼”。《齐民要术》载：“起面也，发酵使面团轻高起浮，炊之为饼。”直到今天，农村的一些家庭主妇仍把“小苏打”叫作“面起子”。馒头在唐宋年间被作为美馔，是富裕人家的主食。

揉面图　辽壁画

面条，古时叫“汤饼”、“煮饼”、“水溲饼”、“汤面”等，简称“面”，它和端午吃粽子、中秋吃月饼一样，原来也是节令食品——伏日吃面。唐宋以前，人们把用面蒸煮摊烙做成的食品，统称为“饼”，饼即“面食的通称”。东汉刘熙《释名·释饮食》云，用水把白面和好后，上屉的为“蒸饼”，锅烙的为大饼、烧饼，下水的叫“汤饼”。从前民间还有“汤饼筵”一俗，生小孩第三天，要设筵招待亲友，叫“汤饼”或“汤饼会”，俗称 “吃面”。两千多年来，面条因其方便快捷、做法多样而经久不衰，成为美味的理想快餐。

唐宴饮壁画

油条也是一种古老的传统油炸面食。东北人把圆形油条叫“油炸饼”，天津、河北一带叫“油炸馃子”、“香油馃子”，或干脆直呼“馃子”。油条在南宋的临安（今浙江杭州）曾名“炸秦桧”、“油炸烩”，为什么如此称呼呢？据说精忠报国的岳飞以

“莫须有”的罪名就戮于风波亭的消息传开后，街头巷尾，茶楼酒肆，人们纷纷痛骂卖国贼秦桧。风波亭附近的众安桥下，两个卖芝麻烧饼和油炸糕的老百姓为了消解愤怒，卖烧饼的从面案上揪下两块面疙瘩，捏成两个面人，一个当作秦桧，一个当作秦桧的妻子王氏，要操刀将这两个奸贼碎尸万段，而另一个卖油炸糕的拿过两个面人，捏在一起，丢进油锅里，说这样才解心头之恨，并大声吆喝：“秦桧下油锅了！”不一会儿炸了一大堆，这一大快人心之举引来众人争相购买。后来传到外地，人们根据面食的形状，改称“油条”。

糖醋鲤鱼

《鲁菜》插图及其制作方法：将去鳞、控腮、去内脏的干净黄河鲤鱼一条（约750克）两面每隔2.5厘米打上大翻刀，撒上精盐稍腌；然后将鱼沾上一层淀粉糊，手提鱼尾放入烧至八成热的油锅内，用铲把鱼推向锅边，使其成大弯形，炸至金黄色外焦里嫩时，捞出放入盘中。在烧热的花生油中放入葱、姜、蒜末，烹上醋，放入清汤、白糖、酱油，开锅后放水、淀粉勾芡成浓汁，快速浇到已炸好的鱼上即成

二、八大菜系的起源和演变

菜本指野菜，《说文解字》云：“菜，草之可食者。”后来演变成对菜肴的简称。人们将以肉、菜、果为主料，用五味调和制成的食品称为菜肴，而制作过程就是烹饪。中国菜肴在烹饪上形成许多流派，有“四大菜系”、“八大菜系”、“十大菜系”，甚至“十六大菜系”之说。一个菜系的形成和它所处地区的自然地理、气候条件、资源特产、饮食习惯以及悠久的历史与独到的烹饪分不开。明清两代由于手工业、商业的繁荣，在水陆交通要道上出现了繁华的城市，城市中逐渐形成著名的饮食区，如北京的大栅栏、南京的秦淮河、杭州的西湖等。众多的酒楼饭庄集中于此，使食物原料得以荟萃，烹饪技术得以交流，逐渐形成名菜、名厨、名店，每个菜系都有自己的名菜，再加上名人、名胜等诸多因素，开始名传四方。

南都繁会图 明

人们常说的中国“八大菜系”为鲁、川、粤、闽、苏、浙、湘、徽八个菜系。有人对“八大菜系”进行了形象的描绘：苏、浙菜好比清秀素丽的江南美女，鲁、皖菜犹如古拙朴实的北方健汉，粤、闽菜宛如风流典雅的公子，川、湘菜就像内涵丰富、才艺满身的名士。鲁、川、粤、苏菜系均可以用一个字来概括：鲁菜的“火”，川菜的“味”，粤菜的“料”，苏

清代肉铺

菜的“刀”。中国“八大菜系”的烹调技艺各具特色，下面逐一进行介绍。

鲁菜最早可追溯到春秋战国时期的齐鲁。《齐民要术》总结的烹饪经验中，有不少取之于齐鲁。宋以后鲁菜就成为“北食”的代表，明清两代，鲁菜已成宫廷御膳的主体。鲁菜由济南和胶东两个菜系组成，用料讲究，刀功精细，工于火候，善于以汤调味，以清香、鲜嫩、味纯而著名；烹调技术以爆、炒、烧、炸、溜、焖、扒等为主；调味以咸为主，酸甜为辅，还善于以葱花炝锅，取葱香之味。济南菜著名菜肴有“糖醋黄河鲤鱼”、“清汤燕窝”等。胶东菜以烹制各种海鲜而驰名，口味以鲜为主，偏重清淡，著名菜肴有“蟹黄鱼翅”、“绣球海参”等。山东曲阜的孔府菜不同于鲁菜，由家常菜和筵席菜组成，它融宫廷、官府和民间菜为一体，自成体系，以华丽典雅、注重营养、讲究礼仪著称。

川菜发祥地是巴、蜀（今重庆、成都）。巴、蜀是两个古老的方国，自古以来与诸夏、诸羌和百越各族有着频繁的经济文化联系，不断进行饮食文化的交流。正宗川菜以四川成都、重庆两地的菜肴为代表。如今川菜发展到近5000种，以麻辣、鱼香、怪味著称。这种风味的形成只是近百年的事情。200年前，李化楠《醒园录》载有100多种菜肴的作法，调味温和，基本不用辣椒。川菜的烹调技法，有炒、煎、烘、氽、炸、熏、泡、炖、糁、焖、烩、爆等50多种；在风味上，以辛、辣、麻、怪、咸为特色，以味道的多、广、厚著称，享有“百菜百味”的美誉。川菜兼有南北之长，代表菜肴有“一品熊掌”、“麻婆豆腐”、“灯影牛肉”等。

麻婆豆腐

《川菜荟萃》插图及其制作方法：

豆腐（500克）切丁后，用加盐的开水泡。将青蒜切成段，豆豉剁成碎末，把牛肉末（100克）在热油中煸炒，再加上豆瓣酱、豆豉炒酥，放辣椒粉、料酒、酱油、汤、豆腐，用微火㸆透入味，加味精，水淀粉勾芡，放青蒜，撒花椒粉即成。该菜具有麻、辣、鲜、香、咸、酥的特点

苏菜又称淮扬菜，以苏州、扬州、南京的菜肴为代表组成，与浙菜成为“南食”两大支柱。春秋战国以及南北朝时期此地经历了经济文化大融合，隋炀帝开凿大运河后，此地更加繁荣，唐代成为富商大贾云集之地，南宋定都临安，使北方菜的精

卖藕图 清

华融入苏菜。苏菜以炒、煮、烩、烤、烧、蒸为主，擅长炖、焖，有鲜、香、酥、脆、嫩的特点。用料讲究，注重色味的和谐。苏菜刀功出神入化，做出的菜肴，达到了色、香、味、形俱佳的艺术境地，最为著名的有“清炖蟹粉狮子头”、“松鼠桂鱼”、“水晶肴蹄”、“百花酒焖肉”等。

卖鱼婆 江苏年画

粤菜为岭南饮食文化的代表。广东负山面海，长期与中原隔绝，为百越之地，秦汉间大批中原居民移居于此，因而饮食中保留了不少古越人与秦汉习俗。如今广东人喜欢吃各种野味，其中吃蛇是古越人的食俗，吃鼠、蝙蝠等则是先秦中原人食俗。广州又是最早开埠通商的城市，不少外国人在此定居，因此粤菜也吸收了外国菜的烹调方法。粤菜由广州、潮州、东江三地的风味菜组成，配料丰富，粥品、点心花样繁多。烹调法有炒、泡、蒸、煲、滚等，讲究鲜、爽、嫩，鸟、兽、蛇、鼠均可作为佳肴，著名的菜肴品种有“三蛇龙虎凤大会”、“五蛇羹”、“盐焗鸡”、“烤乳猪”、“出水芙蓉鸭”和“冬瓜盅”等。

东坡肉

《中国浙菜》插图及其制作方法：

将皮薄肉厚的干净猪五花条肉（1500克）放入沸水锅内约余5分钟，拿出切成20方块（每块约75克）。在一个竹箅垫底的大砂锅内铺上葱、姜块，然后将肉块皮面朝下排在上面，加白糖、酱油、绍酒、葱结，盖上盖，用桃花纸围封边缝，置旺火上烧开后，再改用微火焖约2小时，至八成酥时，打开盖将肉块翻过来，再加盖密封用微火焖酥。将砂锅端离火口，撇去浮油，皮朝上装入特制的小陶罐中，再加盖密封放在蒸笼内，用旺火蒸约半小时至肉酥透即成

浙菜以杭州、宁波、绍兴、温州等地的菜肴为代表发展而成。五代以来，经济文化中心南移。江浙文人多有饮食著述，清代嘉兴朱彝尊的《食宪鸿秘》、杭州李渔《闲情偶寄》、钱塘袁枚《随园食单》等，促进了烹饪技艺的提高与发展。浙菜制作精细，变化繁多。烹调擅长炒、炸、烩、溜、蒸、烧，特点是清、香、脆、嫩、爽、鲜。有被乾隆皇帝誉为“天下第一菜”的“松鼠鳜鱼”，还有“鲈鱼脍”、“西湖醋鱼”、“东坡肉”、“龙井虾仁”等。

闽菜又称”台菜”，由福州、泉州、厦门、漳州等地的菜荟萃而成，烹调方法以清汤、干炸、爆炒为主，清爽淡雅，偏重甜、酸，汤菜居多，其中“糟菜”最具特色。大多以海鲜为主要原料，风味别具一格。著名菜肴有“佛跳墙”、“醉糟鸡”、“酸辣烂鱿鱼”、“烧片糟鸡”、“太极明虾”、“淡糟炒鲜笋、“荔枝肉”等。

南方船宴

湘菜由湘江流域、洞庭湖区和湘西山区的地方菜发展而成。因为所处地势低，气候闷热潮湿，所以多食辣椒。烹调方法

宰羊图　清

有腊、熏、煨、蒸、炖、炸、炒，用料广，多以辣椒、熏腊为原料，口味香鲜、酸辣、软嫩。著名菜肴有“腊味合蒸”、“凤尾虾”、“麻辣子鸡”、“红煨鱼翅”、“清蒸鱼”等。

徽菜由沿江、沿淮、徽州三地区的地方菜组成。特点是选料朴实，讲究原汁原味，重油、重色、重火候，烹调方法有烧、焖、炖。徽菜以烹制山野海味而闻名，南宋时，“沙地马蹄鳖，雪中牛尾狐”，已是著名菜肴。代表名菜有“符离集烧鸡”、“葫芦鸭子”、“火腿炖鞭笋”、“雪冬烧山鸡”、“红烧果子狸”、“奶汁肥王鱼”等。

由于多年来全国各地的风味菜在北京汇集、融合、发展，除八大菜系外，还形成了独特的京菜。京菜如同北京在中国的地位一样，兼收并蓄，万流归宗。北京作为帝王之都有700多年的历史，曾是帝王、贵族、士大夫活动的中心，由于社会交往及日常餐饮的需要，各类饭庄酒楼随之而起，皇宫和贵族官僚、豪室大家，都雇有厨师。这些来自全国各地的厨师，将不同的烹饪技艺充分融合发展。对京菜影响较大的是山东、淮阳、江浙三个菜系，京菜还融合了八方风味以及蒙、回、满等族的风味膳食。被称为“世界第一味”的北京烤鸭，风味独特，名扬四海。

清代出现的“满汉全席”是各民族饮食文化交流、融合、发

保和殿宴图　清

康熙南巡路过曲阜时祭孔

展的产物。满族入主中原后，最初以民族确定不同的筵席，满族用满席、汉族用汉席。随着清王朝的强盛，满族、汉族出现了文化交融的态势，宫廷满汉全席应运而生，可以说满汉全席是国家强盛和民族融合的结果。满汉全席最早出现在孔府中，康熙帝去曲阜祭孔时，孔府以满汉席款待康熙帝，后来满汉全席在宫廷中出现。乾隆时，民间开始出现满汉全席。清朝中后期，满汉全席已成为民间重要的筵席，有南派、北派及大满汉全席、小满汉全席之分。全席中的满席变化不大，北派汉席以孔府菜为主，南派汉席以扬州菜为主。大满汉全席主要流行于民国初年的京津地区，菜点有108品，要分两天四餐吃完。小满汉全席菜点有64品，当日吃完。满汉全席以满汉饮食文化为主，菜品多，用料和餐具考究，礼仪严格，标志着中国饮食文化达到了巅峰。

三、调味品

调味是烹调技术的重要环节，美味佳肴关键在于调味与掌握火候。调味就是通过调味品与原料的适当配合，除去恶味，增加美味。俗语说“开门七件事，柴、米、油、盐、酱、醋、茶”，其中有四件是调味品，可见调味在日常生活中的重要性。调味品种类繁多，有一百多种，可分为单一味调料和复合味调料两大类。常用的单一味调味品有油、盐、酱、醋、酱油、酒、蒜、葱、生姜、辣椒、桂皮、花椒、八角、五香粉等，还有一些需要厨师精心调制而成的复合味的调味品，如糖醋、椒盐、咖哩油、芥末糊等。菜肴的基本味有酸、甜、苦、辣、咸、香、鲜等，复合味有酸甜、甜咸、鲜咸、辣咸、香辣、香咸等类。因此单一味调料又可按酸、甜、苦、辣、咸等不同味道分成不同种类，如咸味有盐、酱、酱油、腐乳等，甜味有白糖、冰糖、果酱、蜂蜜等，酸味有米醋、熏醋、白醋、番茄汁等，辣味有辣椒、胡椒、葱、姜、蒜、芥末等，苦味有杏仁、陈皮等，麻味有花椒等，鲜味有味精、虾子、蟹子等，香味有各种酒、芝麻、香油、桂花、桂皮、小茴香、八角、砂仁等。中国菜肴风味之盛在世界上可谓首屈一指。

红陶釜灶 新石器时代

烹调时调味品的投放要掌握好分寸，有轻重缓急才能调制出美味。自西周起，中国就有酸、甜、苦、辣、咸五味之说。《老子》云：“五味令人口爽。”《吕氏春秋·本味篇》记叙了商汤以厨技擢用伊尹的故事及伊尹的烹饪要诀：“凡味之本，水最为始。五味三材，九沸九变，火为之纪。时疾时徐，灭腥去臊除膻，必以其胜，

尖足鬲 西周青铜炊器

煮海盐图

无失其理。调和之事，必以甘、酸、苦、辛、咸，先后多少，其齐甚微，皆有自起。”伊尹在烹调食物时，就非常重视火候和调味，其烹调理论成为中国几千年来饮食烹调的理论依据。中国各地嗜味十分不同，正如当今流传的《口味歌》所说：“安徽甜，湖北咸，福建、浙江甜又咸。宁夏河南陕甘青，又辣又甜外加咸。山西醋，山东盐，东北三省咸带酸。黔赣两湘辣子蒜，又辣又麻数四川。”下面介绍一下能够调制出人间百味的主要调味品。

油有植物性油脂，如花生油、豆油、芝麻油、菜籽油、茶油、棉籽油等，又有动物性油脂，如猪油、羊油、牛油（包括奶油）、鸡油、鸭油等。古代最早用于烹饪的油是动物油，南北朝时仍盛行用动物油烹饪。植物油也称素油，最早记载汉代有捣果为油的方法，但是所捣杏油等是工艺用油。唐代已用麻油烹调，到宋代已很普及。《天工开物》载明代用于烹调的植物油有：“凡油供馔食用者，胡麻、菜菔子、黄豆、菘菜子为上，苏麻、芸苔子次之。大麻仁为下。”花生在明代万历年间传入中国，花生油则出现在清代。

盐是最基本的调味品，它的主要成分是氯化钠，并含有少量的碘、镁、钙等，种类有海盐、池盐、井盐、岩盐等。盐对饮食的重要性，很早就被人们认识。今人考证仰韶文化时期已用海水煮盐。盐产生后，历代都被官府控制，实行专卖。

古代以肉为酱。周代每种菜肴都有专门的酱品配餐。周王美馐百二十品，配有酱百二十瓮。古代的酱约在西周出现，是将料物捣碎，腌渍成糊状。南北朝时期，酱类已有豆酱、肉酱、鱼酱、麦酱、虾酱、鱼肠酱、芥子酱等。酱一般都含有蛋白质、维生素及无机盐。《齐民要术》中提到的“豆酱油”和“酱清”可能是最早的酱油。南方有的地方把酱油叫做“生抽”、“老抽”。酱油的种类多样，有辣酱油、口蘑酱油、味珍酱油、特级老抽、蚝油等。

醋是酸味的调味品，它能减少食物在加热过程中维生素的破坏。古籍记载最初的醋是从肉酱中提取的带酸味的汁。真正用粮食酿造的醋，《齐民要术》中有明确记载。书中记有当时醋的种类：大醋、秫米神醋、大麦醋、烧饼醋、糟糠醋等。烹调鱼类、肉类的菜肴放醋，可使之酥烂。凉拌菜放醋，不仅可以调味，还可杀菌。醋有酿造醋和人工合成醋两类，人工合成醋是用醋酸加水兑成，又称”白醋”。有名的烹饪用醋有山西老陈醋、山东洛口醋、镇江醋等。相传唐太宗李世民曾赐两名美女给宰相房玄龄，不料房玄龄夫人刚烈好妒，执意不许。唐太宗就让她在同意与饮毒酒之间作出选择，曰：“若宁不妒而生，宁妒而死？”房夫人遂一饮而尽，宁死而妒，其实她所饮“毒酒”乃醋，唐太宗不过是以此试探她而已，“吃醋”的典故即由此而来。

四、日常小菜

酱菜、咸菜、泡菜、豆腐乳等是中国老百姓日常生活必备的佐餐小菜。这类小菜吃起来爽口开胃又适于长时间存放，备受人们喜爱。在豪华的宴席开始之前，餐桌上也会出现诸如此类的调味小菜。

酱菜是一种调剂口味，人人爱吃的小菜。酱菜由来已久，江南一带以扬州最多，称为“南小菜”。闻名全国的是北京的“六必居”。六必居创办于明嘉靖六年，至今已有470余年的历史，是中国历史最悠久的老字号食品作坊和商店之一。六必居原是一家酒店，因在酿酒过程中要求“黍稻必齐，麴糵必实，湛炽必洁，陶器必良，火齐必得，水泉必香”，故取名“六必居”。后来，六必居增设酱菜作坊，才逐渐转为以经营酱菜为主。六必居不但以资格最老著称，而且它的“六必居”招牌出自明代权倾朝野的奸相严嵩的手笔。严嵩虽然是奸臣，但写得一手好字，“六必居”三个字铁勾银划，这块黑底金字招牌一直保存到今天。昔日作为宫廷御膳的酱八宝瓜、酱黑菜、酱姜芽、什锦菜、白糖蒜、甜酱瓜等罕见美味，现在已成为普通百姓家庭餐桌上的常备小菜。

“六必居”招牌

咸菜是人们日常生活中最为普通的小菜，各家各户都会腌制。全国各地都有本地特色的咸菜。如虾油小菜是辽宁锦州市的著名小菜。它是将各种蔬菜先腌制，然后再加入虾油浸泡而制成的。既可以制成单一的品种，如虾油小黄瓜、芸豆、圆辣椒等，也可制成什锦小菜。特点是色泽碧绿，味道鲜美，能增进食欲。其中虾油小黄瓜，长3厘米左右，顶花带刺，鲜嫩异常，最受群众欢迎。

泡菜是以多种新鲜蔬菜为原料，先将其浸泡在加有多种香料

的盐水中，经发酵使其产生酸味，味道清脆爽口，微辣。四川泡菜最为有名，它的做法是把加工处理的蔬菜放入川盐、干辣椒、花椒、香料以及冷开水配制的溶液中浸泡，只需一昼夜左右的时间就可食用，做好的泡菜颜色鲜嫩如初，爽脆可口，味道酸咸微辣，十分好吃。泡菜可以解酒消腻，散血止痛。泡菜常用的蔬菜有白萝卜、胡萝卜、豇豆、黄瓜、藕、芹菜、莴笋、蒜苔、莲花白、姜、蒜、辣椒等。

豆腐乳是中国特有的富含营养价值的小菜。谈到豆腐乳需要先追溯一下豆腐的来历。豆腐何时发明，文献中没有明确的记载。相传两千多年前，汉高祖刘邦的孙子、淮南王刘安在八公山上炼药炼丹的时候，偶然发明豆腐。但是自汉至宋，一千年间没有关于豆腐的文字记载。在宋代，豆腐还没有进入寻常百姓的生活中，即使在明代也流传不广。清代豆腐已经成为宫廷的一道美味，康熙帝常把宴客食豆腐作为对有功大臣的赏赐，但是对豆腐的制作方法却密不外宣。康熙帝曾特意下旨把制作八宝豆腐的方法传授给告老还乡的尚书徐健庵，徐健庵还担心御膳房的师傅留一手，私下拿出一千两银子作为报酬，才把八宝豆腐方子弄到手。袁枚《随园食单》中关于豆腐的烹制方法就有九种，可见豆腐的普及和调制技艺的提高是从清代开始的。豆腐有二三十种做法，可做成多种具有地方风味的传统名菜。如鲁菜中的三美豆腐、川菜中的麻婆豆腐、沪菜中的蟹粉豆腐、徽菜中的虎皮豆腐、赣菜中的泥鳅钻豆腐、闽菜中的珍珠豆腐。最主要的是豆腐现在已成为普通老百姓餐桌上的日常小菜，家常豆腐菜的做法更是数以百计，因其方便快捷，味道鲜美深受大家喜爱。“小葱拌豆腐——一清二白”的歇后语更是家喻户晓。用豆腐做成的豆腐乳品种繁多，风味独特，营养丰富，成为人们爱吃的佐味小菜。如添加红曲的为红豆腐，又称红方或酱豆腐；添加糟米的称糟方；添加黄酒的称醉方；加盐腌制发酵而成，有臭味呈青色的为青方，又称臭豆腐。最著名的是北京王致和臭豆腐，它闻着臭、吃着香，味道鲜美，有开胃、增进食欲之效。相传清代康熙八年（1669），安徽举人王致和进京赶考，屡试不中，为谋生路，在京城做起豆腐生意。一次豆腐没卖完，时值盛夏，便切成小块，用盐配上花椒等佐料封入缸内腌制。到秋后打开一看，豆腐颜色变成豆青色，

卖豆腐脑图

且臭气扑鼻，一吃却别具风味，邻居尝后无不称奇，一时名扬京城。后传入宫中，备受慈禧赞赏，赐名“青方”，成为清宫御膳。

兽面纹爵 商后期饮酒器

五、酒与酒文化

四神温酒器

酒的历史源远流长，最早可追溯到上古时期，至少在5000年前的大汶口文化中晚期中国已开始酿酒。最早的酒液可能是自然形成的，自古就有“猿猴造酒”的传说，生活在山林中的猿猴将吃剩的果子扔在一起，由于果皮上的酵母菌等微生物自然发酵，便酿成原始的酒。另有“仪狄作酒醪，杜康作秫酒”之说，杜康是夏王朝六世国王，“杜康作酒”流传甚广的原因大概与曹操的“何以解忧，惟有杜康”的名句有关。“醪”是一种糯米经过发酵而成的“醪糟儿”，性温软，味甘甜，多产于江浙一带。秫酒是一种高粱酒，秫是高粱的别称，杜康应是高粱酒的创始人。

酒的主要成分是乙醇（又名“酒精”），乙醇在酒液中的含量，用酒度来表示。酒的成分除了乙醇外，还有其他物质，如水分、总酸类、总酯类、总醛类、糖分、杂醇油、矿物质、气体和微生物等，这些物质的差异决定了酒之间的千差万别。酒按照不同标准大致可分为以下几类。根据生产方法的不同分为：蒸馏酒、发酵原酒、配制酒；根据酒精含量的不同分为：高度酒、中度酒、低度酒；国内普遍采用的是商业分类法：白酒、啤酒、葡萄酒、果露酒。随着制酒工艺的科学化、现代化，当代酒的品种、类别已不可胜数。中国先后三次进行名酒评选。第一次评酒会在1952年举行，共评出八大名酒：茅台酒、汾酒、西凤酒、泸州老窖大曲酒、绍兴加饭酒、红玫瑰葡萄酒、味美思酒、金奖白兰地酒。1963年第二次全国评酒会评出十八大名酒，除了原“八大名酒”外，还有五粮液酒、古井贡酒、全兴大曲酒、夜光杯中国红葡萄酒、竹叶青酒、白葡萄酒、董酒、特制白兰地酒、沉缸酒、青岛啤酒。1979年第三次评酒会评出十八种名酒，但是与前两次不同：茅台酒、汾酒、五粮液酒、古井贡酒、洋河大曲酒、剑南春酒、中国红葡萄酒、烟台味美思

羊尊酒肆 汉画像砖

合卺 《清俗纪闻》插图

酒、青岛白葡萄酒、金奖白兰地酒、董酒、北京特制白兰地酒、泸州老窖特曲酒、竹叶青酒、青岛啤酒、烟台红葡萄酒、沉缸酒。酒含有各种营养成分，营养价值最高的是黄酒与啤酒，黄酒含有人体所需的氨基酸。果酒中的葡萄酒也是营养价值较高的饮料，含有人体所需的维生素。酒还能补充热量，因此适量饮酒能健身开胃。

酒具有神奇的魅力，让人难以抗拒。许多名酒历经数千年风雨的洗涤，至今仍透露着诗意的酒香，令人酩酊而醉。酒的魅力与诱惑不言而喻。酒既可助兴，“白日放歌须纵酒”；又可消愁，“何以解忧，惟有杜康”。社交场所、商场谈判，更离不开酒的渲染和点缀。酒散发的醇香曾使古往今来无数的英雄豪杰、风流才子沉迷其中，诗仙李白云：“兰陵美酒郁金香，玉碗盛来琥珀光。但使主人能醉客，不知何处是他乡。”自周朝起，就逐渐形成了饮酒的风俗，如祭神、祭祖饮酒，祈祷、庆祝农业丰收饮酒，每逢新年、元宵、端午、中秋、重阳等传统佳节饮酒，婚丧嫁娶、迎送亲朋饮酒……端午节的菖蒲酒，以菖蒲浸酒，在明代最为盛行；重阳节有茱萸酒、菊花酒。如今婚礼上新郎新娘饮“交杯酒”的习俗，先秦时已流行于汉族地区，称“合卺”。“卺”即瓢，“合卺”就是把一个葫芦剖成两个瓢，新婚夫妇各拿一个，先用酒漱口，然后一饮而尽，二人用同样的瓢，饮同样的酒，预示二人已合二为一，开始新生活。此时合卺是一种结婚仪式。到宋代，合卺改称“交杯酒”，形式已有变化，成为闹洞房的先声。

漉酒图 明·丁云鹏

自酒产生以后，浩如烟海的典籍中就留下了大量关于酿酒、饮酒的记载，亦留下了诸如“青梅煮酒论英雄”、“赵匡胤杯酒释兵权”等脍炙人口的故事。饮酒自当适量，如果纵饮无度，美酒佳酿亦能致人于死地，历史上的一国之君也有因酗酒亡国者，如夏桀和商纣王。诗人陶渊明因嗜酒，五个儿子都愚顿痴呆。因而自古以来，人们在盛赞美酒的同时，也不忘节制饮酒。西周时期，明文规定饮酒不过三爵。

古往今来，美酒飘香，诗文、书法等文学艺术都离不开酒的浸润，中华民族在五千年的历史中，逐渐形成了独特的酒文化，而且它已成为悠久璀璨的中华文明的一部分。酒与诗词及文人有着不解之缘，对中国古代文学产生了深刻影响。从最早的《诗经》到古典名著《红楼梦》，处处可见酒的影踪。酒能使人暂时摆脱束缚，

达到一种物我两忘的境界，激发文人的创作力，华妙的诗词乐章便在醉意酒香中喷薄而出。西汉辞赋家司马相如与才女卓文君“当垆卖酒”的故事，千古流传，至今拨动着人们的心弦。魏晋“竹林七贤”恣意纵酒，赋诗弈棋，“魏晋风度”传为美谈。据说刘伶饮下酿酒名家外号“小杜康”的三坛子美酒后，长醉三年不醒，醒来后，百病皆除，红光满面，且百饮不醉。陶渊明的诗篇不离酒，《饮酒二十首》浸透了田园的真趣。在诗词最为辉煌的唐宋盛世，诗人词人借酒述怀，写下众多绚丽的篇章。“李白斗酒诗百篇”，“但愿长醉不愿醒”；杜甫“白日放歌需纵酒”；白居易“酒狂又引诗魔发，日午悲饮到日西”；苏轼“明月几时有，把酒问青天”；黄庭坚“清淡落笔一万字，白眼举觞三百杯”；李清照“昨夜雨疏风骤，浓睡不消残酒”；柳永“今宵酒醒何处，杨柳岸晓风残月”……其中苏轼不仅喜饮美酒，而且还是一位酿酒专家，一生酿造过许多美酒，如蜜酒、桂酒、松酒、真一酒、天门冬酒等，并写有《酒经》，讲述具体的制作方法。《三国演义》、《水浒传》、《红楼梦》这三部古典名著中对酒都有出神入化的精彩描写。曹雪芹在《红楼梦》中以重笔浓彩描绘了饮酒时的猜拳、酒令、联句以及击鼓传花等游戏，生动形象地再现了清代盛世时的酒礼、酒俗等酒文化。鲁迅曾写下《魏晋风度及文章与药及酒的关系》一文，是现代第一篇论述酒与文学关系的文章。

文君当垆卖酒图

刘伶

张志烈的《杜甫与中国酒文化》一文曾作了如下统计：陶渊明现存的142篇诗文中，52篇涉及酒，占三分之一强；李白现存诗文1050首，有关酒的有170首，约占16%；杜甫现存诗文1400多首，言及酒的近300首，占21%。另外辛弃疾的《稼轩词》629首中，有347首写饮酒及借酒拟物的词。由此可见酒对激发文人创作灵感的重要性。杜甫的《饮中八仙歌》以生动的笔触勾画出豪饮的文人形象：“知章骑马似乘船，眼花落井水底眠。汝阳三斗

太白醉酒图　清 · 苏六朋

兰亭修禊图（局部） 明

始朝天，道逢曲车口流涎，恨不移封向酒泉。左相日兴费万钱，饮如长鲸吸百川，衔杯乐圣称避贤。宗之潇洒美少年，举觞白眼望青天，皎如玉树临风前。苏晋长斋绣佛前，醉中往往爱逃禅。李白一斗诗百篇，长安市上酒家眠，天子呼来不上船，自称臣是酒中仙。张旭三杯草圣传，脱帽露顶王公前，挥毫落纸如云烟。焦遂五斗方卓然，高谈雄辩惊四筵。”知章即贺知章，官至秘书监，后归隐镜湖。汝阳即汝阳王李琎，玄宗的侄子。左相即李适之，曾为左丞相。宗之即崔宗之，袭封齐国公，官至侍御史。苏晋中进士，曾为户、吏部侍郎。张旭是唐代书法家，人称“草圣”。焦遂生平不详。书法艺术的瑰丽亦离不开酒的滋养。王羲之的《兰亭序》是书法珍品，有“天下第一行书”的美誉，它就产生于一次野外饮酒之戏，即“曲水流觞”。东晋的王羲之与谢安等41人，分坐于小溪的两旁，溪水上放着盛满酒的觞，觞顺流而下，停在谁面前，谁就要赋诗一首，诗成37首，由王羲之作序，王羲之于青山绿水间乘着酒兴，一气呵成影响中国书法千余年的《兰亭序》。历代众多书法家都嗜酒，开狂草先河的张旭与怀素都嗜酒而书，被称为“颠张醉素”。酒使书法家能够超越条条框框的束缚，产生富有生命力的书法创作，酒与书法因此交融成了一个绝妙的境界。酒文化在文人的笔墨诗歌中得到了升华。

凉酒器铜冰鉴 战国

品茗图 明·陈洪绶

六、茶与茶文化

茶是世界三大饮料之一，古字为“荼”或“茗”，据说是神农氏在“尝百草”时发现的。中国是世界上种茶、制茶和饮茶最早的国家。人工培植的茶树最早出现于四五千年前的中国西南部山岳地带。

茶的种类主要有绿茶、红茶、乌龙茶、白茶、黑茶、花茶和紧压茶。绿茶中的龙井、碧螺春，红茶中的祁门红茶，乌龙茶中的武夷岩茶，花茶中的茉莉花茶，白茶中的白毫银针，紧压茶中的普洱茶和六堡茶等都是经久不衰的名茶。名山出名茶，大部分翠峦叠嶂的名山大川都盛产名茶。西湖龙井因产于西湖西南龙井村周围的群山峻岭而得名，以“色绿、香郁、味醇、形美”四绝闻名，历史上有“狮”、“龙”、“云”、“虎”四个品类，其中以狮峰龙井为最佳。具有花果香味的苏州碧螺春也被誉为茶中珍品，它生产于江苏吴县太湖洞庭山，原名“吓煞人香”，后来康熙帝品尝后，题名为“碧螺春”。祁门红茶简称“祁红”，产于黄山西南的安徽省祁门县，外形秀长，芽毫金黄，锋苗秀丽，香气馥郁持久，在国际市场上被誉为“祁门香”。乌龙茶中的武夷岩茶，又称“酽茶”，素享盛名。武夷山是福建省的第一名山，岩石风化后的土壤富含矿物质和有机物，有利于茶叶的生长，所以别具一番风味。安溪铁观音亦是福建乌龙茶的珍品。花茶一般根据花的品种，分为茉莉花茶、玉兰花茶、珠兰花茶等。花茶集茶香和花香于一体，饮一口甘香满口，心旷神怡。其中最受大家喜爱的是茉莉花茶，这是因为茉莉的香气被称为众花之冠。白茶因满披白毫、如银似雪而得名。白茶著名的品种有白毫银针，简称“银针”，又称“白毫”，其成品色白如银，纤细如针，历代为皇家贡品。银针满披白色茸毛，闪烁如银，汤色清澈晶亮，入口毫香四溢，清凉甘甜。另外还有黑茶，它是由绿茶演变而来的又一茶种，以湖南安化的黑茶最为出名。绿茶杀青时，火温低，叶色变为近似黑色的深褐绿色，因而称为“黑茶”。

广元窑兔毫盏

清乾隆矾红御题诗文茶壶

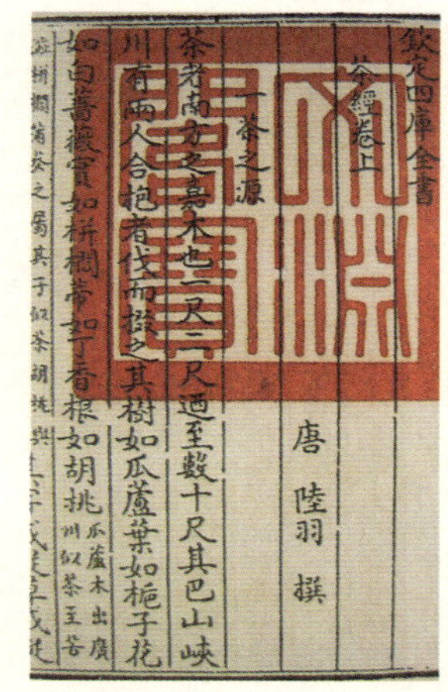

欽定四庫全書

茶經卷上

唐 陸羽 撰

一之源

茶者南方之嘉木也一尺二尺迺至數十尺其巴山峽川有兩人合抱者伐而掇之其樹如瓜蘆葉如梔子花如白薔薇實如栟櫚蒂如丁香根如胡桃

《茶经》书影 四库全书版

茶最初为药用，至西汉始作饮料，当时属贵族阶级的日用品。西汉时成都是茶的消费中心，也同时成为最早的茶叶集散中心。魏晋时茶以饼膏的形式在市场上流通。秦汉至西晋，是茶业由巴蜀走向全国，茶业中心开始东移的重要阶段。茶的生产和饮用在唐中期以后开始兴盛。唐代陆羽的《茶经》是中国最早的一部茶学百科全书，是茶学的经典著作，成就了陆羽的“茶圣”地位。“茶”字也因唐玄宗御批而被定夺，从此“茶”的种种别称如“荼”、“茗”等归为统一。宋时，饮茶已普及至大众。王安石在《议茶法》一文中曾说：“夫茶之用，等于米盐，不可一日以无。”明清是古代饮茶和茶业史上的鼎盛时代，民间饮茶已经空前普及。

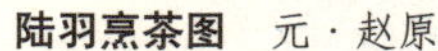

陆羽烹茶图 元 · 赵原

远古时代，是

斗茶图 宋

把新鲜的茶叶放在水中做成汤喝，这是原始的粥茶饮用法，味特苦，称为“苦荼”。三国时四川一带已经出现饼茶碾末冲饮的方法。据《茶经》记载，饮茶用的茶叶有粗茶、散茶、末茶和饼茶（团茶）。粗茶是把茶叶、芽、梗切碎一起用，散茶仅用采摘的茶叶，末茶是将茶叶烘烤碾成茶末，饼茶是将茶叶蒸、压成饼状后烤干再捣碎成末。陆羽提倡饼茶，所以唐宋两代五六百年间，饼茶独领风骚。宋代饼茶的制作非常精美，宋太宗时期专门督制皇室专用的龙凤团茶，即用模具压成龙凤的形状。唐代的煎茶法，是把茶末放在釜中煮饮，以斗茶为代表的宋代饮茶是把茶末放在盏中调成糊状，再用沸水冲之。宋徽宗时宫廷斗茶，就是比试点茶的技巧。茶品好水品好是前提，盏面乳花、是否咬盏则是斗茶胜负的关键。斗茶的习俗始于宋初，徽宗朝最盛，南渡后稍衰。清代以来直到现在某些地区仍流行工夫茶，可以说是唐、宋以来品茶艺术的流风余韵，这种饮茶方式讲究品饮工夫，因而称工夫茶。散茶是明清时代的主要茶类。明太祖朱元璋罢制龙凤团茶，令采芽茶以进，促进了散茶的兴起。

中国各地饮茶习惯各不相同。一般说来，北方人爱喝红茶、花茶，南方人爱喝绿茶，边疆各少数民族爱喝紧压茶，蒙古人爱喝奶茶，藏族人爱喝酥油茶。有饮茶谣云：“早茶一盅，一天威风；午茶一盅，劳动轻松；晚茶一盅，提神去痛；一日三盅，雷打不动。”各地的茶馆也各具特色。四川的茶馆集政治、经济、文化功能于一身，苏杭的茶馆以幽静雅致著称，广东的茶馆与“食”结合，北京的茶馆富于文化韵。北京作为古代帝都，历史上的茶馆名目繁多，有大茶馆、书茶馆、红炉馆、清茶馆、野茶馆等，老北京的大茶馆是具有多种功能的饮茶场所。

撵茶图 宋·刘松年

茶文化是介乎物质与精神之间的文明，它以物质为载体，在物质生活中渗透着丰富的精神内容。茶作为一种精神文化，是从饮茶品茗开始的。进入中唐，茶成为日常生活饮料，禅寺茶风的

兴盛推动了文人茶文化的形成，禅寺成为文人茶文化的发源地。“茶会”则成为联结茶与文人的桥梁，一般由僧人邀请文人到寺院中品茶，借此机会赋诗酬唱，进行切磋交流，茶会实际上是品茶会兼赋诗会的一种形式。唐代陆羽组织的大型茶会——杼山茶会，也是一种大型诗会，这种茶会一直到清代都延续不绝。随着文人对饮茶的参与和推动，逐渐形成了独立的文人茶文化。给亲朋寄茶，一般都是茶诗同寄，而收到茶后，也须以诗相谢。茶兴助长诗兴，茶与诗构成了诗酒之外又一种特定的创作形态。唐代杜甫和白居易、宋代苏东坡、元代耶律楚材、明代徐渭等诗词大家给我们留下诸多咏茶佳作。白居易一生嗜茶成癖，留下了50多首咏茶诗。苏东坡咏茶诗有几十首，曾把“佳茗”比作“佳人”，且嗜茶到了梦中也不忘饮茶的地步，成为一段佳话。古人写咏茶诗词，主要是借茶抒怀和明志。南宋爱国词人辛弃疾借《临江仙·试茶》抒发了忧国忧民的情怀：

茶道图 宣化辽墓壁画

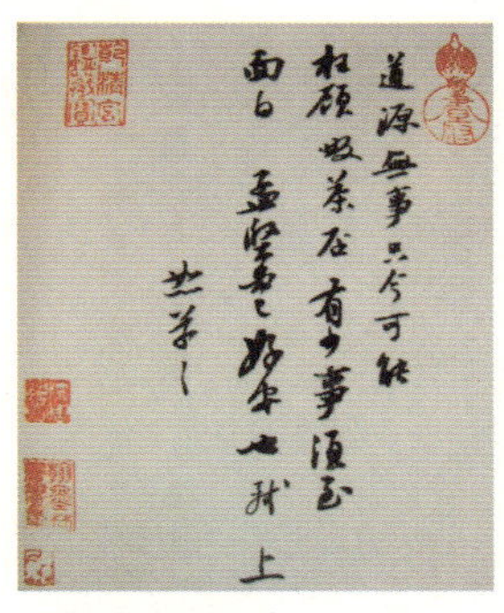

苏轼手迹《啜茶帖》

红袖扶来聊促膝，龙团共破春温。高标终是绝尘氛。两厢留烛影，一水试泉痕。

饮罢清风生两腋，余香齿颊犹存。离情凄咽更休论。银鞍和月载，金碾为谁分。

人们品啜香茗时，往往达到一种物我两忘的人生境界。煮叶索句、乐在清茗的东方饮茶神韵，在一定意义上，不仅孕育着炎黄子孙的生命之躯，还塑造着中华民族的文化品格与精神内涵。

七、饮食礼仪与宴文化

中国是一个有着数千年礼俗的文明古国，饮食礼仪是在饮食习俗的基础上形成的，饮食礼仪可以说是一切礼仪的基础。到了周代，饮食已形成了一套相当完整的礼仪制度，基本保存在《周礼》、《仪礼》、《礼记》中，对后世产生了重大影响。

古时一日两餐，第一顿饭叫“朝食”，又叫“饔”，大约在辰时即上午九点左右。第二顿饭叫“铺食”，又叫“飧”，一般在申时即下午四点左右。

高士图 五代·卫贤

描写汉代隐士梁鸿与其妻孟光“相敬如宾，举案齐眉”的故事

宴饮　东汉画像砖

至今晋、冀、豫等省交界的山区仍保留着一日两餐的习俗。西汉以前，人们基本上是席地而坐，席地而食。汉代流行用矮小的方案或圆案作食案，食案较轻。“举案齐眉”的故事就发生在此时。《后汉书·梁鸿传》载：“（鸿）为人赁舂，每归，妻为食具，不敢于鸿前仰视，举案齐眉。”从此，“举案齐眉”遂成千古佳话。以后餐桌变重，夫妻即使再恩爱，餐桌也难以举起了。自东汉至隋唐，人们开始饮食于床上，坐床而食，仍然要跪坐，此时的床为矮足的床榻，不同于今天的床。唐宋以后，人们使用桌椅进餐。据说椅子是唐玄宗由胡床改进而成，时称“逍遥座”。北宋时，才出现了名副其实的桌椅。

由于时代、民族、阶级、地区、季节、场合、对象以及其他条件的不同，使宴客礼俗千变万化。但总的来说，上古时代等级和规矩森严，人们不敢越雷池半步，后代逐渐宽松，由礼仪化走向娱乐化。宴饮起源于殷商时代祭祀鬼神的活动。商代的贵族经常举行各种名目的宴饮活动，如商王田猎有获举行鹿宴，形成一定的“食礼”。周代形成乡饮酒礼、婚宴礼等。古代朝廷赐宴有鹿鸣宴、琼林宴、庆功宴等，官僚缙绅、士大夫之间有文酒会、游船宴、赏雪宴等，民间则有婚宴、寿宴、接风、饯行等。宴饮者借机畅谈人生、切磋学问、结识朋友、加深感情，促进了人与人之间的交往与沟通。古人社交活动中的宴饮礼仪行为，具有政治性、等级性、交往性、群体性、需求性、娱乐性等诸多特点，逐渐形成中国的筵宴文化。

文会图　宋·赵佶

宴会的礼仪程序是首先发出邀请，确定日期。最早是口头通知，派家人或仆人登门传信。宋元时期开始使用请柬。在客人赴约之前，主人先准备好筵席、酒具、食器等。上古时期的筵、席是两重坐具，筵是蒲草和苇子编成的坐具，面积较大；席是较精细的材料编成的坐具，面积较小。筵在下，席在上，客人身份越尊贵，席加的越多。《礼记·礼器》载：“天子之席五重，诸侯之席三重，大夫再重。”赴宴之时，客人按照不同的身份和地位坐在不同的位置，席上已经摆放好酒具和食器。古代非常重视席位和座次。室内的宴会，如果在墙前铺席，靠墙而坐的人尊贵；在西墙前铺席，坐在席上面向东的人最尊贵，称之为“东向坐”。唐朝以后人们改变席地而坐的习惯，开始使用桌椅、板凳，坐具的改变使原来的席位和座次的规矩被打破。《清稗类钞》载：“若有多席，则以在左之席为首席，依次递推。以一席之坐次言之，即在左之最高一位为首座，相对者为二座……”如今以南向坐最为尊贵，如室内宴会，最北面的桌子为上桌，东西两面的为陪桌。

备宴图 辽壁画

宴会有献宾之礼，先由主人端酒爵到宾客前请进，称为“献”；次由宾客还敬，称为“酢”；再由主人把酒倒入觯后，先自饮而后劝宾客跟着饮，称“酬”，这些礼节合起来叫做“一献之礼”。进餐时菜肴的摆放也要合乎规矩。譬如上菜时，要用右手扶着，而托盘放在左手上；上鱼肴时，如果是烧鱼，鱼尾向着宾客。进餐过程中，也有一套严格的要求。大家一起吃饭，不能吃得太饱。同器吃饭，不可直接用手取食。不要把吃剩下的饭放进锅中，吃饭不要出声，不要啃骨头，吃过的东西不能再放回去，不要当众把骨头扔给狗，不要只吃一种食物，也不要扬汤止热，吃黍蒸的食物不要用筷子，喝汤时不宜太快，更不要当众剔牙齿等。

乡饮酒礼是中国古代民间普遍盛行的礼仪性的宴饮活动，从周代形成一直延续到清末。这种宴饮活动由地方官员举办，主要宣扬尊贤敬老的精神或拉拢地方豪绅。乡饮酒礼对参加宴会者的座次、摆宴方法、饮食种类等有严格规定。如《礼记》云：“乡饮酒之礼，六十者坐，五十者立侍，以听政役，所以明尊长也。”其礼仪充分体现了崇德敬民的政治文化和孝亲尊老的伦理文化。举行乡饮酒礼对教化人民有着重要的作用。至今一些地方仍保留着“古风乡饮之礼”。孔子十分注重饮食中的礼仪礼教，曾说“乡人饮酒，杖者出，斯出矣”。即行乡饮酒礼之时，应让年长者先出，然后自己才出，以示尊老。孔子把礼制思想融入饮食生活中，使普通老百姓在日常生活中就能受到礼俗的熏陶。

古往今来，不同的宴会有着不同的寓意和时代特色。秦汉之际，项羽与刘邦争夺天下，项羽曾在鸿门设宴，邀请刘邦赴宴。刘邦明知宴会暗藏杀机，却又不得不赴。因为当时刘邦与项羽势力悬殊太大，不敢不从。鸿门宴上，项羽的亚父范增主张杀掉刘邦，一再示意项羽发令，但项羽犹豫不决，不下命令。于是范增召项庄舞剑为酒宴助兴，以趁机杀掉刘邦，史称“项庄舞剑，意在沛公”。但是项羽的叔父项伯为保护刘邦，也拔剑起舞。此时刘邦部下樊哙带剑拥盾闯入军门，使刘邦得以逃脱。由于项羽错失除掉劲敌刘邦的良机，结果垓下被围，走投无路，被迫自刎于乌江。后人将鸿门宴喻指暗藏杀机，却又不得不赴的邀约。大唐盛世，各

唐十八学士夜宴图（局部）
宋

种筵宴活动规模盛大，其中“曲江宴”最负盛名。曲江池在长安东南，这里种满了树木花卉，风景优美。曲江池西的杏园是皇帝经常宴赏群臣的地方。在三月的一天，皇帝为了显示政清人和，召臣民一同参加曲江游宴。皇帝为向新进士们道贺举行的宴会，也在曲江池畔。每年进士科发榜，正值樱桃成熟，固而又称“樱桃宴”。刘沧《及第后宴曲江》云：“及第新春选胜游，杏园初宴曲江头。紫毫粉壁题仙籍，柳色箫声拂御楼。”

明代帝后的饮食活动豪华奢侈，是“礼”的典型体现。这种帝后及其家族成员参加的饮食活动，其规模大小、参加的成员及座次、仪礼等均有严格的等级限定，政治色彩浓重。清代的筵宴，宫中以喜庆宴最多，如有皇帝登基的会元宴，改元建号的定鼎宴，元旦、冬至、万寿节（皇帝诞辰）的三大节朝贺宴，皇太后生日的圣寿宴，皇后生日的千秋宴，皇帝大婚时的纳彩宴、大征宴、团圆宴，皇子、皇孙婚礼及公主、郡主下嫁时的纳彩宴、合宴、谢恩宴，各种节会中的节日宴、宗亲宴和家宴，以及由老人参加的千叟宴等等。宫廷内举办的各类宴席的规模、礼仪等，均有严格规定。就所供菜点来看，主要有满席、汉席两种，满席主要由满洲饽饽和干鲜果品组成，汉席主要由菜肴、面食和酱菜果品构成。

中华人民共和国成立后，为招待国家元首、中外贵宾或在重要节日招待各界人士而举行的国家级宴会，称为国宴。国宴一般都设在人民大会堂或钓鱼台，有严格的礼宾仪式、规格和内容，宴会气氛庄严、热烈、隆重。中国每年的9月30日下午6点在人民大会堂召开的国庆招待会是典型的国宴，以国务院总理的名义向来宾发出带有国徽的请柬。国宴基本固定在四菜一汤，是当年周恩来总理规定的标准，延续至今未变。国宴的菜是在各种地方菜的基础上，经几代厨师潜心研究改进而成。国宴的菜系，以咸为主，较温和的味道相辅，清淡软烂，嫩滑酥脆，基本可以适应中外大多数宾客的口味。国宴的进行有严格的礼仪程序，当宾客进入宴会厅时，乐队奏乐欢迎。服务员应站在主人座位右侧，面带微笑，引请入席。国宴一般在晚上举行，时间为一个半小时左右。宴会进行中一般还有小型的歌舞、杂技和戏曲表演。

第三章 历代住居和建筑

居所是人们安身立命之地,住在里面可以使人们得到遮雨避寒、消暑驱潮、防御外界侵扰的便利。自从住居建筑产生之后,人类便摆脱了居无定所的状态,拥有了真正属于自己的生存空间。“住”除了是人类生存的最基本的物质需求以外,不同层次上的“家”的概念也给予了人们莫大的精神慰藉,并且和一个民族的审美观念、思想意绪、社会尚俗以及统治理念等因素密切相关。

中国的住居和建筑构造经历了一个由简单到复杂、由低级到高级的漫长发展过程,并形成了不同时期风格各异、丰富多彩的居住建筑特点。特别是商周以降,居住和建筑风俗与中国各著名流派儒、法、墨、道以及阴阳、五行和风水等思想相结合,以土木建筑为主要表现形式,形成了古代刚柔相济、博大精深的住居风俗文化。

从原始社会的穴居野处,到后来的琼楼玉宇、高台亭榭、巍峨宫殿、四合院民居等,在这漫长的历史长河中,保存下来很多与居住和建筑有关的实物遗迹和文献记载,它们可以分为民居、宫殿、城市等各种不同的系列。民居类如“北京人”的山洞居址、河姆渡的干阑木构、西安半坡的原始村落、秦汉时期的陶屋模型、唐宋时期一些风俗画上的住宅建筑、明清时期的丁村民居和徽派民居等。而关于古代宫殿、城市遗迹的记载更是不胜枚举，如夏代的二里头宫殿、春秋战国时期的高台美榭、秦国巍峨的阿房宫等。城市类则有规模庞大的商代偃师商城、郑州商城，七星伴月的秦汉长安都城，城郭严谨的北魏洛阳城，秦淮纡余的南朝建康城，里坊中正的唐长安都城，繁华拥挤的宋代东京城，讲究道路平直、中轴对称、体现皇权至上的元大都和明清北京城等，它们都体现出各个朝代最具代表性的居住和建筑风俗。

中国幅员辽阔，且属于多民族国家，地质地貌、气候水文条件各异，各民族的历史背景、文化传统和生活习惯更是复杂多样，因而形成各地异彩纷呈、各具特色的建筑风格。但无论大江南北，木构架承重的住宅建筑广泛分布于各民族地区，是中国使用最广、数量最多的一种建筑类型，具有普遍意义，它的产生、发展、变化也就成为贯穿整个古代建筑发展过程的主旋律。同时，室内家具摆设、房屋结构布局、住宅选址定位、村落布局规划等也是探讨住居文化的重要组成部分。

一、建筑的曙光

关于上古之时人们的居住情况，古书中多用“人民少而禽兽众”、“构木为巢”、“穴居而野处”来形容，这代表了人类最初的两种基本居住形式——“巢居”和“穴居”，又称“橧巢”和“营窟”。传说人们是受了鸟巢的启发才开始建造“橧巢”的，佤族的创世纪传说里就提到神创造了人之后，把人放在山洞里，后来人们从山洞出来，看到树上的鸟巢，便开始在树上搭建房屋。

唐代的鸟巢禅师像

关于穴居，则有北京人、山顶洞人等远古人类以天然洞穴为住所的例证。距今四五十万年前的北京人住在一个半山腰的天然石灰岩溶洞里，他们已经懂得用火，这不仅可以冬天取暖、烧烤食物，还可以对猛兽侵袭进行有效防御。在北京人洞穴的最高处有一段空隙，经过十几万年的剥蚀，变成了一个新洞口，大约18000年前的山顶洞人就住在这里，洞穴东半部“上室”是人们生活起居的地方，洞的西半部“下室”则用来埋葬死者，可见当时人们已将洞穴视为生前死后的“永久性”居所了。现在中国已经发现这种天然洞穴50多处，它们大都位于河湖岸边的山坡之上，因此取水和采集食物都很方便，而且洞口也总选在背风的位置。就是这些天然洞穴伴随着山林丘陵地带的人类度过了漫长的岁月。

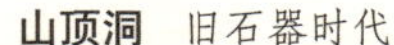
山顶洞 旧石器时代

大约距今1万年时，人类历史进入了新石器时代，这时人们多在靠近水源的物资丰饶之地营建永久性住所，与各地的自然环境相适应，产生了很多结构、形态各异的住居和聚落。居住形式主要有穴居式、地面式和干阑式等。

新石器时代的“穴居”是当时重要的居住形式，即挖地为穴，又称为“掘室”和“营窟”。它和天然洞穴的住居方式应有渊源关系。依据不同的地理条件，人们又创造了横穴和竖穴等不同的挖穴方式。在黄土高原地区分布有很多沟坎或断崖，古人利用黄土松软较黏却不易倒塌的特点，向里横向挖穴作为住所。在宁夏、山西、陕西、内蒙等地的仰韶文化和龙山文化中曾大量发现这类建

原始村落复原图　现代·张孝光

筑，它们往往选建在避风向阳、黄土堆积较厚的半山腰位置，建造时，先挖出崖面子，再由外向内、由下向上分段逐层挖掘，最后修整洞壁和洞顶，还要建造灶坑，修整场院等。竖穴式居所受地形限制较小，多在平原或宽平的台地向下挖坑穴而成。这种住所容易挖掘，但是面积太小，容易灌水且潮湿黑暗，所以到新石器时代中期就很少见到这种房屋了，而逐渐被竖穴变浅、穴顶增高的构筑型建筑——半地穴式住居所取代。

这种下部取土成四壁，上部构筑成墙体和顶盖的半地穴式居所，是竖穴式居所向地面建筑发展的一个过渡形式，它在中国史前时期分布最广、使用最普遍，也奠定了中国土木混合结构的传统基础。随着人们以树干作骨架、以茎叶或草拌泥作覆面技术的不断发展，人们最终可以脱离竖穴而直接构建居所。距今6500年前后，地面式建筑产生。最初的地面建筑多为圆形，而且屋子的顶盖和墙体分界也不是很明显。在西安半坡遗址中已见到比较成熟的地面式建筑，它们多以木骨泥墙为主体，上部加圆锥形屋盖，屋盖大于墙体从而形成“出檐”，居室中央有立柱支撑，屋顶南坡面设有一个排烟和采光的风口，可以视为“囱”的原型。居室中央多有火塘，其周缘还有高出居住面的土楞，可以放置各类炊具等，与后世的锅台颇为类似。还有的居室在门内两侧位置筑起隔墙，从而形成了一些隐蔽空间用来寝卧。这种对房屋空间功能上的分割，有人认为开启了中国传统建筑“前堂后室”、“一明两暗”格局的肇端。新石器时代中后期，长方形的地面居所较为普遍，这种房屋通常设有左右两根对称的柱子，在柱子顶端绑缚上脊檩，形成两坡或四坡的屋顶，类似于以后的悬山顶和庑殿顶。整个房屋主要由这两根木柱和墙四角的粗柱来承重，墙内其他细密的柱子并不承重，只是维持这墙体本身的稳固，这种“柱承重墙不承重”也是中国传统建筑的鲜明特点。房子的墙体结构有木骨草泥墙、垛泥墙、土坯墙、夯土墙及垒石墙等多种类型。到龙山文化时期，还发

干阑式房屋　云南沧源岩画

现很多土台式建筑，它是先分层夯筑起一个台基，然后在台基上挖槽立柱建房。

南方地区则从巢居演生出另一种住居类型——干阑式居所。它是先在地上栽桩立柱，桩架上面架起大梁和小梁来承托地板从而形成一个架空基座，再在基座上建房屋。在浙江余姚河姆渡这个距今7000多年的南方聚落遗址中，就发现大量的干阑式居所。在泥泞多雨的湿热地带，干阑式建筑既可以防止虫蛇猛兽的侵害，又可避潮湿，楼下还可以养家畜、储存杂物等。干阑式建筑的板壁席墙、空廊深檐，掩映在南国湖光绿树之中，尽显南国建筑的空灵通透之美。

在史前社会，人们在营建居室或城郭的前后过程中往往伴有建筑仪式，如正位、奠基、安门等，有的还在门周围埋入驱鬼除邪的“安宅镇物”，或在柱洞下放置大量蚌壳等。新石器时代中后期，有些建筑出现以人牲奠基的现象，这反映了当时人们建房时候的一些宗教信仰。

二、夏商时期的宫殿建筑

夏商时期，随着统治王朝的权力强化以及建筑技术的不断发展，建筑重心迅速转移到与统治阶级生活以及与政治、经济、军事、宗教相关的大型建筑上。贵族们往往居住在规模较大、格局复杂的宫殿建筑里，而平民百姓的居住类型却还是简单的地穴式、半地穴式等。

大约4000多年前，中国进入夏代纪年，从时间和地理范围上看，二里头文化和夏文化大体相合。河南偃师二里头遗址发现的宫殿基址也被认为是夏代的都城宫殿，在这里已经发现了三座建在夯土台基上的大型宫殿基址。一号宫殿基址是一个由殿堂、庭院、廊庑、门墙等组成的完整的宫室单位。主体大殿堂基址可复

二里头遗址复原模型 《中国古建筑》插图

原为面阔八间、进深三间的大型殿堂建筑，殿顶应是最为尊贵的四面坡顶、两重檐的“四阿重屋”形式，屋盖有“人”字木承托檩椽，《考工记》和《韩非子》都记载先商宫殿是“茅茨土阶”，这里没有发现瓦件，所以殿顶应铺有茅草。二号宫殿基址的东廊下还发现有陶质的排水管道。这些以殿堂为主体的夏代宫室建筑，结构严谨，层次分明，已经奠定了中国宫殿建筑的基本格局。

商代的城堡和宫殿建筑比夏代有很大发展，现在已经发现偃师商城、郑州商城、盘龙城以及殷墟等多座城址。商代早期的郑州商城，其外围有城圈，里面有宫殿区、宗庙区、居住区和手工业作坊区等。宫殿基址都用黄土或红土夯筑而成，宫殿台基的表面为白灰面，有的是黄泥地坪，长方形台基表面整齐地排列着间距 2 米的柱穴。它的殿堂是在夯土台基上栽立檐柱，每根檐柱以外栽立两根擎檐柱，中间的位置形成回廊，屋顶为茅草铺盖的四阿重屋结构。湖北黄陂的盘龙城遗址也是商代前期城市的典型代表，城垣四面中部各有一城门。城内现在发现三座坐北朝南、前后平行排列的大型宫殿基址，二号基址和三号基址属于“前堂”、“门厅”之类的建筑，一号基址则是“后寝”部分，已经显现出周代以后“前朝后寝”的宫廷建筑规划的雏形。位于河南安阳小屯村的殷墟是商朝后期都城遗址，它的规模比早期更为宏大，布局显得更为严谨合理。它有宫殿区、王陵区、一般墓葬区、手工业作坊区、平民居住区和奴隶居住区之分，其中宫殿建筑物都建在厚厚的夯土台基之上，有的基址夯土层多达 19 层，在最后的两、三层夯土中，按序埋础立柱，有的还在石柱础之上附加 20 厘米厚的支垫物，其上再覆盖铜踬，最后立上木柱。殷墟宫殿区内还非常讲究排水设施的修建，有的陶质排水管直径有 20 多厘米，也见三通的陶质水管。古代文献中说商纣王的宫殿建筑，装饰华贵奢靡，有“广室高台”，“宫墙文画，雕琢刻镂，锦绣被堂，金玉珍玮”等说法，应当还是较为可信的。

除了这些王都宫殿性质的建筑之外，夏商时期也发现了一些社会中上层及一般平民的居所。他们多住在平地起建房和半地穴式房子里，少数还建在夯土台基上。

商人非常重视占卜，神灵崇拜和祖先崇拜渗透于生活的方方面面。体现在建筑和居住方面最突出的特点是当时的建筑仪式已形成一个复杂有序的系统，它几乎贯穿于营建房屋或城郭的始终，并表现出明显的等级化趋势。在夏代都城的宫室建筑的台基中就多用成年人来奠基；整个建筑组合有序，中轴线与当地的太阳位置相一致，可见夏代的宫室建筑仪式是以奠基、正位为核心的。商

代建筑仪式用人兽奠基的现象更是风行一时，从大到小的各级邑聚，甚至连平民的居室和一些手工业作坊也有奠祭现象。最系统复杂的建筑礼仪一般有相地、卜宅、正位奠基、置础、安宅、落成等程序。

从甲骨文的一些字形来看，商代的室内家具有席、床等，如“席”字表现为一个长方形有人字纹的席，“床”字表现为有床腿支撑的床面。和席配套使用的是“凭几”，即席地而坐时或扶或倚的低矮家具。除此之外，在一些商墓中曾出土一些石质或铜质的“俎”，又称“案”，它们多是食案。

太保相宅图

三、西周时期的宫室建筑布局

周人受殷人影响，也有卜宅的风尚。早在古公亶父时代，周人为了远离北方游牧部落的侵扰，举族迁徙到岐山之南的周原地带，并在这里大兴土木建造房舍居邑。从周族的史诗中“爰契我龟”等诗句可以看出当时建筑宫室的选址是通过龟卜来确定的。选址之后还要具体测量，并用绳子来划定直线，用版筑法来筑墙，由于参加构筑城墙的人很多，场面非常壮观，人们发出的声音都能把擂鼓的声音比下去。

重环纹瓦当 西周

岐山与扶风两县之间的周原地区是周代发祥地和早期都城所在地，了解这里的建筑特点无疑对我们认识当时的居住风俗有重要意义。现已发现岐山凤雏和扶风召陈两处大型建筑基址，凤雏建筑基址由甲、乙两组构成，其中甲组建在一个1米多高的夯土台基上，坐北朝南，整个建筑结构严谨，布局合理，组成一个前后两进、左右对称的“四合院”式的封闭院落。沿中轴线自南而北先是影壁，即后世所谓的“屏”，其北正中位置和影壁相对的是门道。门道的两侧有东西两个门房，即所谓的“塾”。门内堂前为中庭，庭院两侧通过两个台阶连着东西两个厢房，庭院的北侧通过三个斜坡状台阶可升达前堂。前堂是整个庭院建筑的主体部分，其台基高出周围平地三四十厘米，前堂东西有七排柱子，南北有四排柱子，这样前堂就是面阔六间、进深三间，它的柱穴都以砾石为柱础。前堂后面是后庭，

周王城图 明《永乐大典》

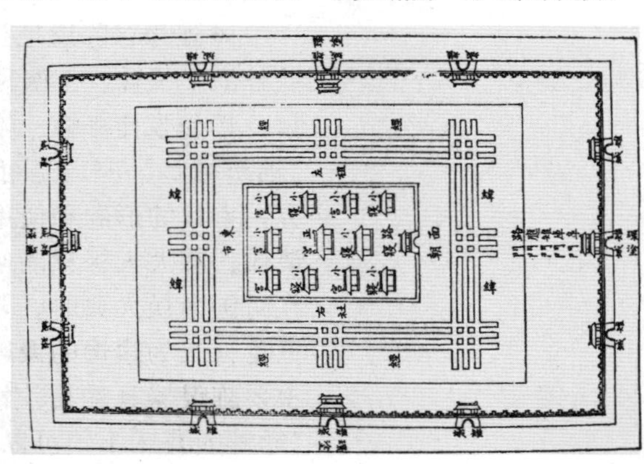

凤雏建筑遗址复原图
现代 · 傅熹年

可以通过后庭中间的过廊到达后室，过廊将后庭分隔成东西两个天井，它们北侧各有一个台阶也通往后室。后室东西共有五间成排的房屋，东西两端房屋的后墙上各有一门通向室外。后院的东西两侧有厢房，东西各八间，大小不等，后室和东西厢房都有走廊相通。墙壁与室内地面均抹有以细砂、白灰、黄土混合而成的“三合土”，表面光洁，平整坚硬。从基址上的堆积物推测，屋顶结构可能是采用立柱和横梁组成的框架，在横梁上承檩列椽，然后覆盖以芦苇、草秸泥等形成屋面，其中殿堂和房屋的屋脊用瓦覆盖，这是建筑技术方面的一个重要进步。凤雏宫殿是中国已知最早最完整的四合院，这种四合院式的建筑形式规整对称，中轴线上的主体建筑具有统率全局的作用，东西厢房成两翼，并有回廊连接其间，从而形成一个有机整体，已达到相当成熟的规划水平，中国古代“前堂后室”、“前朝后寝”式宫庭建筑格局基本定型。这种把建筑单体组合成大小不同的群体的连贯布局，给人以安定平和的感受，体现出中国古代建筑最重要的群体构图方式。

陕西西安附近的沣西和沣东也发现了一些西周时期一般平民的居住遗址，它们多是长方形半地穴式房屋。另外，南方地区还见干阑式建筑。桂北、湘西和黔东南地区的吊脚楼式住宅多是依山傍水而建，前部立柱架空，后部落地层层加高，与山峦相映成趣、和谐统一。江南水乡的村寨多是沿河流而建，住宅也多是沿河流布局，桥作为沟通河流住宅之间的纽带而成为村落中重要的组成单位。

凤雏和召陈遗址显现出当时宫室布置并不奢华。遗址中见一些蚌泡、玉珠、玉佩和玉鸟等装饰物，一些殿堂的前檐都是大敞口，必会张挂帐幄、帷幔或壁衣之类的装饰，可见“金玉珍玮”、“锦绣被堂”应当是可信的。周王朝建立以后宫殿内的布置很讲究，家具的形制和使用都有严格的等级，如天子可以用玉几，而诸侯、卿大夫等只能使用雕几、彤几、漆几等。又如席，周天子在封国命侯大典时，要坐三重席，分别为以丝带为边的莞席、以五色云气为边饰的缫席和有黑白相间花边的次席等。当时室内的主要陈设器具是几、案、俎等，席和床是主要卧具，从《诗经》中“蟋蟀入我床下”可以看出，一般平民家里也用床。

四、东周时期的居址选择和亭台楼榭

母子鹿纹瓦当 东周

树骑马人物纹瓦当 齐国

云纹瓦当 秦国

春秋战国（东周）时期的城市选址有了新的发展，龟卜法渐渐衰亡，而一些重视地利、追求经济效益的建筑环境整体经营理念开始出现。《管子》中曾明确提出，凡是兴建都城，位置不是在大山之下就是在大河近旁，高不能干旱，低不可水患，平稳可靠的肥沃之地是理想选择。从建居时间的选择看，周代最有特色的是“月令”，月令中很多都和建筑有关，如夏历四月不能征发庶民大兴土木，也不能砍伐大树；夏历六月农忙之际也忌兴建土木；夏历七八两个月，可以修补城郭、建都置邑、修建仓廪等；夏历十月要加高城墙、修护门的鼻栓、维修要道、堵塞小道等；夏历十一月是帮助上天闭塞的时候，所以要涂塞宫阙门户、修建监狱等。春秋时期还出现“西益宅”等观念，即不能向西边扩展住宅等住房禁忌。

春秋战国时期，城市大规模兴起，商品经济的发展增强了城市规划中经济因素的考虑，城内的闾里和工商业用地迅速增加，而宫室用地则相对减少。城郭的构建不必拘泥于方圆规矩，城市的道路也不必中直整齐。城内官吏的居住区多靠近宫廷区，平民和农民要住在靠近外城的地方，手工业和商人要住在靠近市场的地方。近几十年来，在一些城市中发现了许多东周宫殿遗址，这些宫殿主体建筑往往坐落在高耸的大台基上，其他建筑左右对称地排列在主体建筑的周围，主次分明，组合有序。这些宫室都属台榭式建筑，即先以夯土建成平台，再分数层呈阶梯状向上逐层收小，以此为核心，再在阶梯各面分层建造木屋，台顶再耸起中心建筑，外观有如多层楼阁，十分壮观。古代有“堂高数仞”一词，一仞为八尺，数仞高的堂基说的应该就是“台”。春秋战国时期筑台之风非常兴盛，河北易县燕国下都城的城内共有大小夯土台址50余处，如著名的武阳台、老姆台等。赵国邯郸故城的宫城内也保留着高台十几座。文献中也常提到这些高台建筑，如楚国的章华台又称“三休台”，意思是说因为它

战国中山王墓复原图 现代·杨鸿勋

伎乐铜屋　春秋晚期

后世的陶水榭

的高大需要经过三次休息才能登上；齐国的路寝之台也很高，齐景公也要几经休息才能登上。这些“高台榭，美宫室”建筑有的为四阿式屋顶，周设回廊，出挑飞檐，方砖铺地，瓦铺屋面，代替了以前的“茅茨土阶”面貌，从而为当时各国贵族竞相建造使用，成为财力和权势的一种象征。台上的宫室楼阁也很讲究，如秦都咸阳的宫殿遗址就发现了很多瓦当和砖等，有的砖面上还刻有龙凤纹饰，从色彩鲜艳、内容复杂的古壁画中更可以看出当时宫室的华贵富丽。这时的宫室多附带有苑囿，如楚国的“章华之宫”就是一个由层台累榭组成的大型园林建筑群。据传鲁襄公见到楚国的豪华宫室之后，艳羡不已，在楚国一住数月，流连忘返，回国之后立即动手修建“楚宫”。以上这种台榭楼室多为王室贵族所有，具有强烈的时代特色。

《宴乐图》中的亭台楼榭　战国铜器

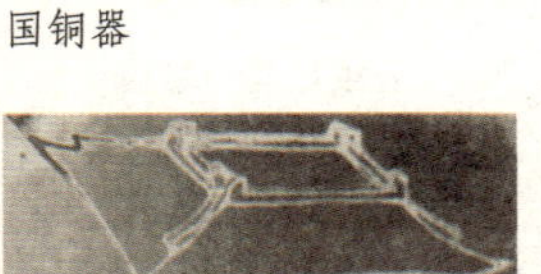
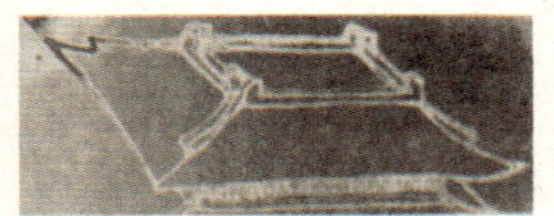
四阿式屋顶

当时大众的居所多见平地宅第和穴居。大型宅院一般由院墙、大门、中庭、前堂、后室构成一个全封闭式的院落。从建筑装饰和形制上说，重要建筑物的正脊上见鸟形脊饰的做法在战国时期已经出现并流行起来。这个时期的屋顶多为四面排水的“四阿式”，又称“庑殿式”，此外，还有两面排水悬山顶，它可以使屋顶伸出山墙外以防雨水冲刷。战国时期，屋面已大量用青瓦覆盖，各国还形成了各有特色的瓦当。这些由板瓦、筒瓦、瓦当、瓦钉等所建造的屋顶是商和西周时期的“茅茨”所远不能及的。墙壁和地面有涂墁现象，除了天子可以涂成红色之外，一般都是涂成黑色。

黑漆大床　战国

栅腿几　战国

漆木工艺在这一时

彩漆木雕小座屏　战国

期得到迅猛发展，品种有漆俎、漆几、漆大床、漆衣箱、漆案等，装饰技法有彩绘和雕刻等。河南信阳长台关楚墓曾出土250余件保存完整的漆器。其木床周围有栏杆，还有上下床所用的出口，床在黑漆之上绘有红色方形云纹，还配有竹编的床屉和竹枕等。由于当时还没有出现桌椅，所以人们可能席地而坐或者坐在矮床上。较富有的家里席前多设几作为凭靠之物。除了几之外，案上也可以放置物品。

五、秦汉住居与家具

汉代陶住宅模型、画像砖和画像石上的图像说明汉代是中国建筑史上的一个高峰期。这时人们还是选择秋季为建筑房屋的主要季节，人们依然将建筑时间、地点和方位等因素与生活中的吉凶问题紧密联系起来。秦汉时期有“宅音”说，就是以宅音和宅主人的姓之间所对应的“五声”是否相合来确定建筑地点和朝向等。在住宅建成以后，人们还要请专门的巫师举行仪式，向“土神”表达谢意，称为“解土”。

花纹砖　秦

文献和出土实物说明秦汉时代的住宅有院落式、楼阁式、干阑式等主要类型。院落式住宅的形状多种多样，既有方形和长方形之分，也有一字形、曲尺形、三合式、四合式、日字形的差别，

堪舆式盘

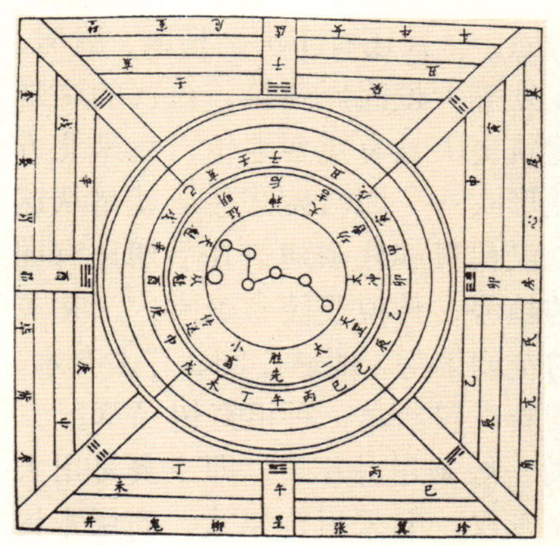

铜屋　西汉

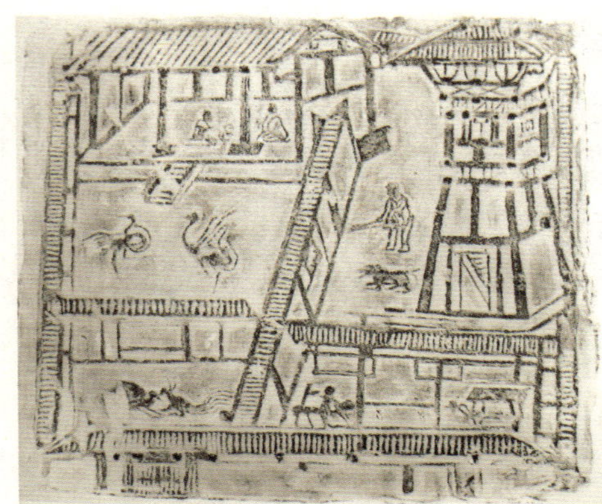
庭院　汉画像

陶猪圈　东汉

陶城堡　东汉

但是“一堂二内”，即一间堂室、两间卧室，是当时的常见形式，而且还多带有庭院。曲尺形住宅的整体平面呈方形或长方形，前面两幢房子组合成曲尺状，大门位于正面，有的正侧两面开有辟门，厕所一般位于屋内后侧，后院是饲养家畜的圈栏。三合式住宅是由三幢房子组合成一个凹字形平面，河南刘家渠汉墓中出土了一件陶屋明器，它平面呈长方形，由前后两进平房、厢房及院墙组成，大门在前一幢房的右侧，穿过它进入中间的庭院，院后部为正房，房内由隔扇分为一堂一室，其右侧是一个坡顶的侧屋，应是厨房。一些富贵人家的院落住宅规模较大，结构也较为复杂，四川成都出土的画像砖描绘了一大型院落住宅，它四周有围垣环绕，在南墙西侧开有一大栅栏门，内分左右两大部分，其间有长廊相隔。左侧为住宅主体，有前后两院，均有回廊环绕，后院是面阔三间的房屋；右侧是附属建筑，也分回廊环绕的前后两院，前院有厨房、水井以及奴婢的住处等，后院是一方形的高楼建筑，还有一奴仆正在洒扫庭院。这应该代表了一座完整的地主居住的庭院。郑州还出土一些规模较大的陶屋模型，有的由阙、门厅、仓房、正房、厨房、厕所、猪圈等组成一个功能完备的建筑组合。当时富豪、贵族的宅第规模则更为庞大，结构更为复杂。和他们“家累数千万，食客日数十百人”及“家童八九百人”相适应，其住宅不仅有可供车马出入的大门、留居宾客的门庑、用于宴饮的前堂、供主人一家居住的房屋，而且还有车房、马厩、厨房、仓廪及奴婢的住处等大量附属建筑。汉代的廊院制建筑在住居建筑史上具有重要地位，后来北方居民主要的居住形式——四合院式住居就是从这里发展而来的。汉代贵族住宅建筑在后期还有向苑囿方向发展的趋势，传说茂陵富豪袁广汉在茂陵北山下所建的花园第宅，地域广阔，有山有水，重阁回廊，还饲养奇兽珍禽，种植奇树异草。

西汉的楼阁一般采用井榦式，即主要是用大木实叠而成，而东汉一般采用构架式，高层木构

陶楼 汉

干阑式建筑 汉画像

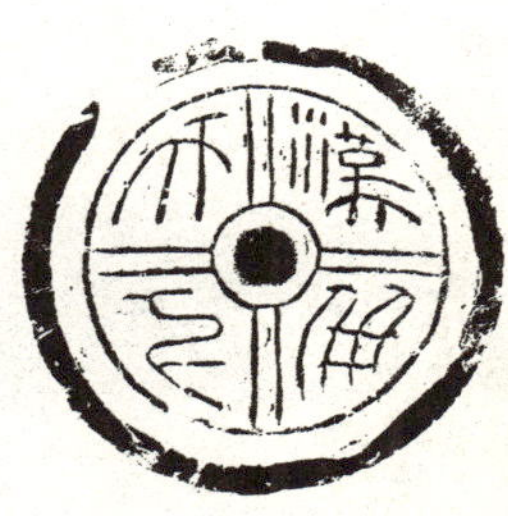

几种汉瓦当纹

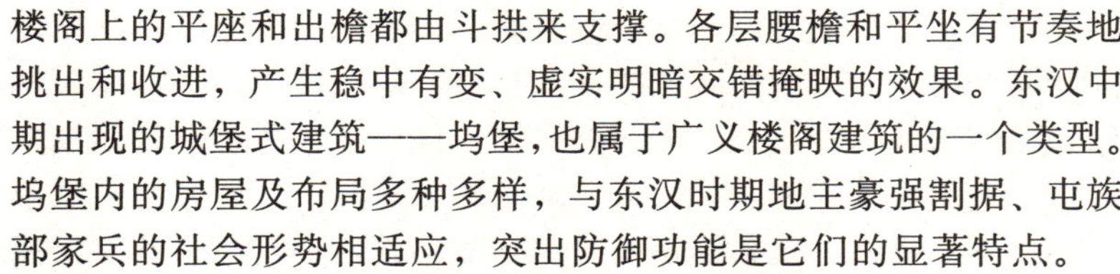

楼阁上的平座和出檐都由斗拱来支撑。各层腰檐和平坐有节奏地挑出和收进，产生稳中有变、虚实明暗交错掩映的效果。东汉中期出现的城堡式建筑——坞堡，也属于广义楼阁建筑的一个类型。坞堡内的房屋及布局多种多样，与东汉时期地主豪强割据、屯族部家兵的社会形势相适应，突出防御功能是它们的显著特点。

干阑式建筑在南方地区仍多见，它们多为上下两层结构：下层四周用矮墙围绕，构成一个方形的“基架”，有的有斗拱，有的在正面有楼梯，整个底层用来作饲养家畜的圈栏；上层的面积较下面要小一些，平面有横长方形和曲尺形两种，屋顶一般都是悬山顶，正面居中或一侧开有大门，门旁有直棂或菱形的窗户，屋后设有小窗。

就住宅内的组成部分来说，当时的房子顶部是用柱、梁、椽等组成木构架来承托的，穿斗式木构架已相当成熟，抬梁式木构架趋于多样化，井榦式结构不仅直接建于地面，而且还建于干阑式木架之上，砖石建筑和砖券结构也发展起来；屋顶有庑殿、歇山、悬山、囤顶、攒尖等多种形式出现，楼阁、门阙等多层建筑的层叠屋顶，或用悬山式，或用四阿式，或两者结合，构成富于变化的重檐建筑。汉代的瓦当流行著名的玄武、青龙、白虎、朱雀四象瓦当和“汉并天下”瓦当。当时房屋的采光问题主要靠窗牖和门户来解决，少数贵族住宅中的窗户已采用玻璃装饰，此外使屋檐结构向上反翘也可以增加室内光线。室内有的用泥抹壁，并施以白垩，贵族中还使用蚌壳烧成的蜃粉，和胡椒以及椒粉来涂墙，它们对房屋均具有美化和防潮双重功能。有的建筑物在不同位置上还绘有各种图画，如人物、动植物、神灵怪异、几何纹等纹样，颜色以红色用的最多，位置多包括墙壁、地板、门扉等。住宅的门多是长方形的板门，主要有单扇门和双扇门，也见带轮

门第　汉画像

子的拉门，也有向左右拉启的活动门扇。锁和钥匙在秦汉时期已普遍使用，汉代贵族和富人住宅的大门或窗上通常设门环和衔环铺首。铺首一是为了便于开拉门户，二是为了客人来访时叩门之用。铺首多是金、银、铜质的龟蛇兽形。

秦汉时期的室内布局和家具陈设较前代又有了很大发展。因为当时人们的起居方式仍然是席地而坐，所以低型家具仍然处于发展高峰时期，床和榻的使用非常广泛。汉代的床和榻都比较低矮，一切活动，如读书、待客、宴饮、议事等，都可以在床榻上进行。关于床的朝向，汉代人以北首为禁忌。汉代的案已渐宽渐长，且有方有圆。几案式家具是与床榻相配套使用的，几在汉代是等级制度的象征，皇帝用玉几，公侯用木几或竹几，几置于床前，在生活、起居中起着重要作用。案的作用相当大，上至天子，下至百姓，都用案作为饮食用桌，也用来放置竹简，伏案写作。东汉中后期，可以折叠的坐具——胡床开始传入中原并且流行开来，与胡床相配套的可以折叠的小椅子——胡坐也在中原开始使用。更为重要的是，这些家具的出现，最终导致了传统跪坐姿势的改变，从而为后来人们“垂足而坐”奠定了基础。汉代的枕多是马鞍或马蹄形的木质枕，有的木枕还用竹篾编成枕面，或镶嵌琉璃片。除了木枕之外，贵族家中也使用琥珀、玉枕、草芯、绣枕、铜枕和彩绘石枕等。屏风是社会中上层使用的高档家具，它多为木质的板屏，上面多绘有彩画或饰以锦帛。屏风不仅用来避风，也可以起到分割空间、装饰美化的作用。漆木家具在汉代达到了高峰兴盛期，以黑、红两种强烈夺目的颜色为主，有的还加上金银片装饰，花纹多用云气纹，配上光亮照人的漆质，更是华丽无比，尽显大汉的风采与辉煌。

宴饮　汉画像

陶案　汉

六、魏晋南北朝建筑

魏晋南北朝时期是中国历史上民族大融合的重要时期，其建筑不但继承了秦汉时期雄浑朴拙的风格，还大量吸收外来文化和少数民族地区的建筑风格，因而形成了很强的时代特色。北朝建筑在前期粗犷中带有稚气，后来发展为宏伟略带精巧，刚柔并济；而南方建筑总体上显得秀丽精巧。

战国以来都城和宫殿的规划都是简单的棋盘形格局，魏晋南北朝后，这种相对封闭式的轴线对称格局开始发生显著变化。北方的都城由于战乱不已，甚是萧条，直到北魏统一了北方后，城市才逐渐复兴起来。204 年，曹操占领邺城，将其逐步营建为魏都。这是一座有着严格规划的新城，平面长方形，“东西七里，南北五里”。四面开七门，一条东西大道将邺城一分为二：南部是外城，是手工业者、商人和平民的居住、贸易之区。北部南北中轴线上坐落着宫城，宫城南半部是官署衙门，北半部是宫室，反映了传统的“前殿后寝”的设计原则。宫城西边是王室专用的铜雀苑，苑内建有冰井台、铜雀台、金虎台。高大雄伟的台阁，既可以用于登高远眺警戒全城，又可以储存冰、盐、粮食和军械等，还是贵族阶层宴饮娱乐的场所。邺城开创了中国古城规划的新格局，它通过东西干道将整个城市分成两个功能区，将统治者和普通百姓严格区分开来，改变了汉代宫坊相参或里坊包围宫城的格局。

“传祚无穷”瓦当

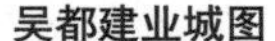

吴都建业城图

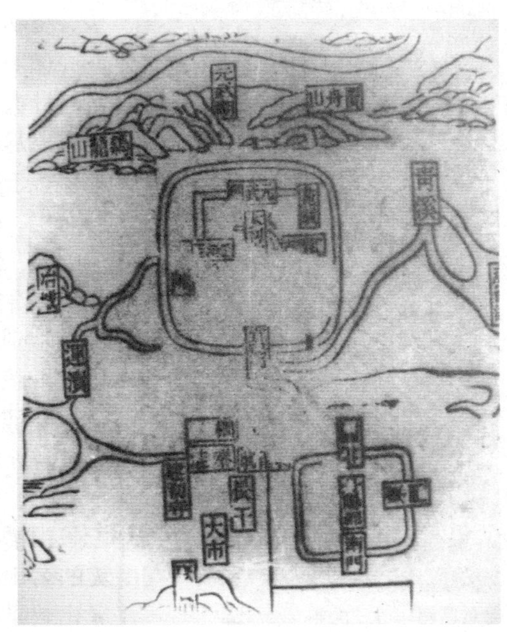

南方都城主要是建康。229年孙权称帝，定都建业，后来改名建康。建业城初为土筑城墙，竹篱城门，宫城在城中偏北。经过东晋、刘宋、南齐的不断修建，到梁武帝时期，建康城达到极盛。宫城城墙增至三重，宫城内扩充太极殿，中轴线的布局渐趋严格。以南北大街为中轴线，两边建筑物对称，设东西二市，宫城前的东西横街和南北大街相交形成“T”形，这种布局一直影响到后来北京城的建设，可谓意义深远。

民居建筑在魏晋南北朝时期更加多姿多彩。各民族、各地区因为不同的生活习俗，逐步形成各具特色的建筑形式。汉族民居大多采用木构架房舍，墙壁为干打垒的土墙，屋顶为悬山

陶庭院 吴

女史箴图（局部） 晋·顾恺之

青瓷羊圈 晋

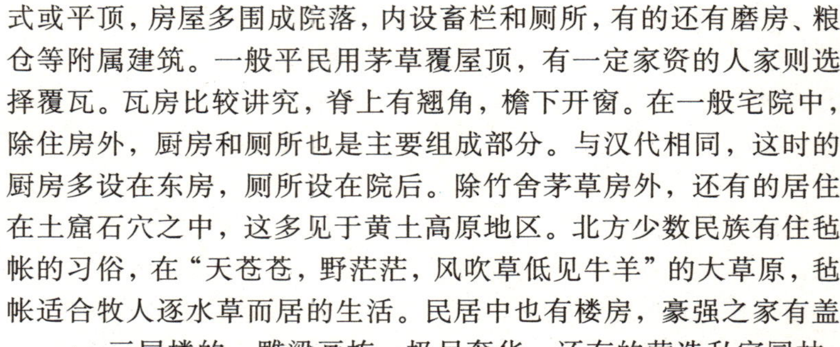

式或平顶，房屋多围成院落，内设畜栏和厕所，有的还有磨房、粮仓等附属建筑。一般平民用茅草覆屋顶，有一定家资的人家则选择覆瓦。瓦房比较讲究，脊上有翘角，檐下开窗。在一般宅院中，除住房外，厨房和厕所也是主要组成部分。与汉代相同，这时的厨房多设在东房，厕所设在院后。除竹舍茅草房外，还有的居住在土窟石穴之中，这多见于黄土高原地区。北方少数民族有住毡帐的习俗，在“天苍苍，野茫茫，风吹草低见牛羊”的大草原，毡帐适合牧人逐水草而居的生活。民居中也有楼房，豪强之家有盖三层楼的，雕梁画栋，极尽奢华；还有的营造私家园林，亭台楼榭，假山池沼，主人在其中与宾朋宴饮作乐。

金谷园图 明·仇英

园林的兴起，一部分受到皇家苑囿的影响，另外也有当时社会风气的原因。士族门阀制度的兴盛让一批有闲阶层可以尽享人间快乐。这些人的审美观念趋向自然，追求脱俗，于是，一批“虽为人工，宛若天成”的山水园林应运而生。在城市中空间狭小，因而形成了与住宅相结合的“宅园”。园林中注意营造山水，绿化点缀，亭台楼阁杂处其间，讲究借景换景，注重写意，强调自然之趣。另一类园林是别墅园，多建于郊外，与庄园相结合，有时还进行花木果蔬的栽培生产。这些别墅园依山傍水，因自然地形略加整理即成，重在借景，得尽天然，代表作是西晋石崇的金谷园。

佛、道二教的兴起，带动了寺观建筑的大发展。“天下名山僧占多。”由于佛道二教大多选址于城市外风景绝美的名山幽谷之中，并且其建筑样式也多宏伟高大，重视绿化效果和依据自然地形安排殿宇僧舍，使得寺观更容易

与周围环境融合到一起，形成天然园林。如云冈石窟就采取了园林形式，具有“山堂水殿，烟寺相望”的秀美景致。

七、隋唐五代的住居建筑

隋唐五代是中国古建筑体系的成熟时期，各种风尚习俗业已形成，并对后代产生了深远影响。唐长安城和洛阳城是中国封建社会都市建筑的典范，城市布局和建筑规模宏大，气势雄浑。长安城从隋代大兴城发展而来，它的设计规划是以方整对称的原则为指导，14条东西向与11条南北向的街道形成了棋盘式布局。贯穿南面三座城门和东西两面六座城门有六条主干道路，最宽的朱雀大街是全城的中轴线。北部的宫城和皇城，占地16坊，东、西二市各占两坊，城东南角的曲江池及相邻的园林至少占地两坊，剩余的108坊为居住用地，两旁植树的宽街将这些坊分隔开来，这样的城市布局在中国历史上是独一无二的。长安城的东北部为大明宫，气势雄伟厚朴，反映了中国封建社会鼎盛时期的建筑风格。长安城的规划疏密得当，错落有致，总体布局气象万千，展示出寰宇一统、富有天下的意境，是中国古代建筑艺术的典范。

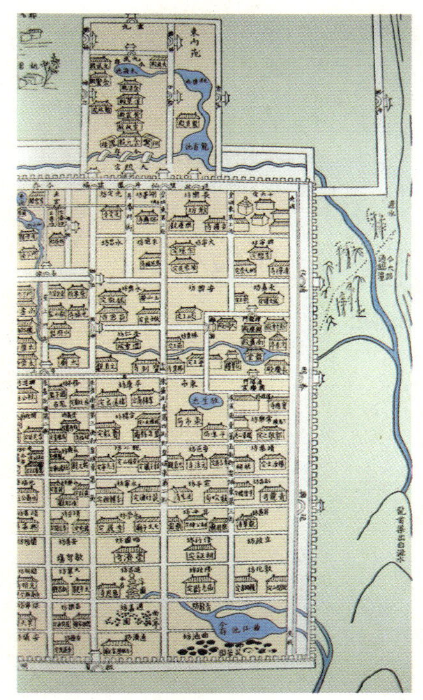

唐长安城东部示意图　清·王森文

就民居住宅建筑形式而言，大多采取有中轴线和左右对称的平面布局。住宅或为狭长的四合院，或为前后二院，或为多重院落，但总体而言，大都属于四合院的模式。根据主人不同的等级，其门厅的大小、间数、架数以及装饰、色彩等都有严格的规定。在官僚宅第中有两种突出的等级习俗，即门前列戟和施行马。隋制规定，“三品以上，门皆列戟”。唐玄宗天宝年间，更对这一制度作了具体规定：一品列16戟，二品列12戟，三品列10戟。列戟由官方供给，本人去世或被贬，由政府收回。除了城内宅第以外，贵戚官僚还多在郊外营建别墅式园林，形成一种风气。贵族官僚的园林偏向于雍容华贵，而一般文人官僚的园林则侧重清新雅致。这一时期平民的住宅和这些达官贵人相比，不啻有天壤之别，大都居住在不避风雨的茅草屋中。

唐三彩住宅

阳宅风水在这一时期获得完全发展并形成了完整

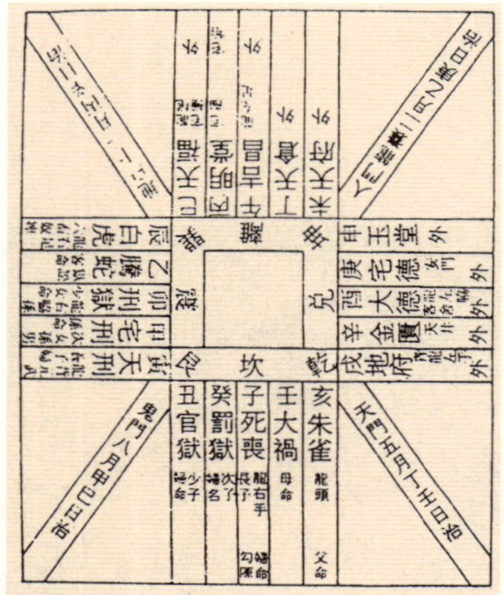

阳宅图

五代住宅 敦煌莫高窟壁画

的理论体系和方法。当时从皇家宫殿、贵显宅邸到民间住房的修建，都受到风水学说的影响。有山有水、风顺气爽之地是理想的建宅之所。传统的三合院和四合院等，大都是坐北朝南，四周有房屋，外有围墙，前低后高，中间空虚，从而形成藏风聚气的和谐空间。敦煌遗书《宅经》残卷中就有五实五虚的住宅理论，即宅大人少，一虚；宅小门大，二虚；院墙不完，三虚；井灶不全，四虚；宅地多屋少，五虚。宅小人多，一实；宅大门小，二实；院墙完全，三实；宅小六畜多，四实；宅中水渎东南流，五实。其中五虚就是人们在筑宅过程中应避忌的方面。从今天的观点来看，五虚也给人一种易遭盗窃、空荡、家业败坏之相。而五实则保证了民宅建筑与周围环境的和谐。

宅第建好之后，人们要以各种形式来镇宅，以求镇鬼压灾、祈福佑安。其中常见的方式有放置镇宅文、各种符咒、石敢当等。新屋建成后，要请道士把不同的神符贴在不同的方位，如镇四角神符，要置于房屋的角落。在各种镇宅实物中，最易流传下来的就是石敢当，以石镇宅在当时较为流行。

镇宅符八种

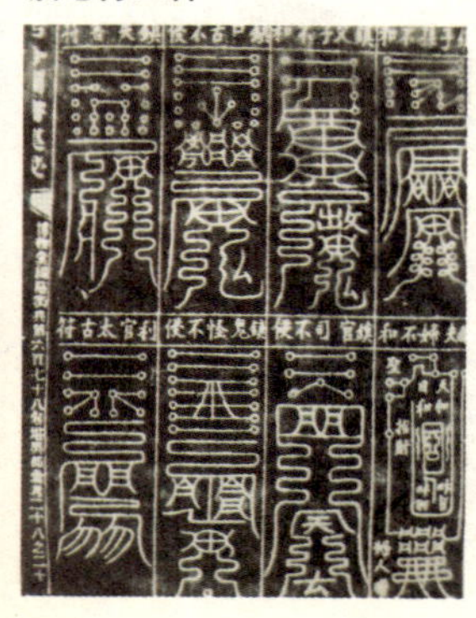

隋唐五代时期，是室内陈设和家具形式大变革的时期，融会各民族文化，大胆吸收外来文化，创造出不少新型家具。伴随着人们传统的席地而坐的起居习惯变为垂足而坐，高足家具逐渐发展起来，并在盛唐五代时期成为屋室家具的主要样型。当时的家具分为坐具、卧具、承具等几类。坐具种类很多，主要是胡床、凳类及椅类。凳类数量较多，在《宫乐图》和《纨扇仕女图》上都能见到一种平面呈半圆形的“月牙杌子”，这种杌凳装饰华丽，美

宫乐图

方桌 敦煌莫高窟壁画

观又实用。椅子是唐代出现的新的家具种类，最初用于寺院。卧具主要是床和炕，普通的四腿床是下层人士普遍使用的卧具，有一种壶门床，雍容华贵，是隋唐五代家具的代表类型。黄河以北，特别是东北，由于天气寒冷，人们的卧具主要是炕，而不用床。这时的承具出现了高足桌案。屏风是古代最重要的家具陈设之一，最流行的是矩形屏面以多扇横联的折叠式，多为六扇折屏，六扇又称“六曲”，是唐代折叠屏风最常用的数目。屏风上画的内容也颇为丰富多彩，有人物、山水、鸟兽、书法等。

银案 唐

八、宋代住居建筑

汴京图 《事林广记》插图

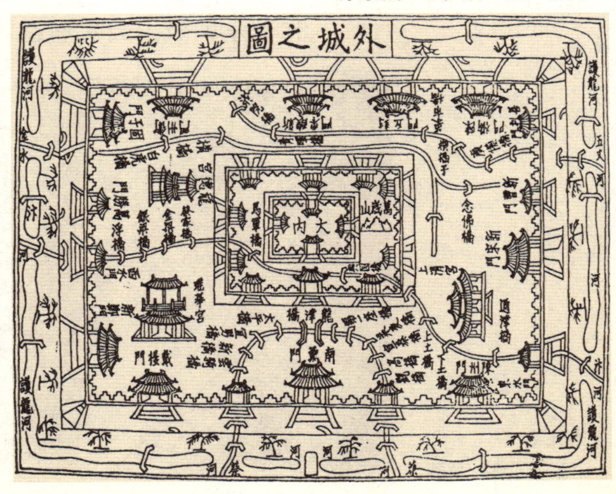

北宋都城汴梁和南宋都城临安是这一时期城市规划和建造的典型代表。汴京古都的外城近似方形，共有13座城门和7座水门，城外有著名的“护龙河”壕沟。内城又名“里城”，其中有宫城，又名“皇城”。这种由外城、内城、宫城三重城构成的都城布局为元明清都城所仿效。同隋唐都城相比，汴梁城布局的最大特点是废除了里坊制，从而使许多繁华的商业街区开始出现。从张择端的《清明上河图》中，我们依稀能够看到废除里坊制后的繁华程度。

宋代花砖

农村住宅　宋《清明上河图》局部

宋人选择住居时看重风水，即力图沾染山水之灵气，达到人与环境的和谐统一。居址选定后，宋人在建房过程中也有一整套的风俗仪式，如选址中的定向、备梁时的断木墩和开木墩、破土时的祭土、砌墙时的石敢当、上梁时的抛梁、园屋后的宴请、做脊时的植葱、盘灶后的起火、入宅时的次序、装龙板时的收予告、诸亲好友的馈赠、村民们的互助等等。宋人选择房址和定向主要是根据环境进行的，选择房址要在高岗干燥之地以免房屋受潮，住宅要建在向阳处，房屋一般坐北朝南，使其享有充足的阳光，并可以达到冬暖夏凉的目的。宋人也很看重上梁，要念唱上梁文，以求吉庆，这种上梁文在文献中保存较多，如王安石的《英宗殿上梁文》、罗愿的《爱莲堂上梁文》等。宋人也常用石敢当避邪，不仅用于房屋，也用于河岸桥头、村落入口等。除石敢当外，避邪之物还有鸱吻和兽头。鸱吻始于何时，大家看法不一，但至迟在宋代已有了明确的鸱吻形象，一般用于宫殿建筑。

泰山石敢当碑图　《鲁班经》

宋代对官宅民居有着明确的规定，当时贵族官僚的住宅居室由厅堂、卧室、大门、二门、廊屋、照壁以及浴室、井、厕所等构成。人们还往往在家中设有道室、佛堂和神祠。另外，由于宋代理学家极力鼓吹孝道，在贵族士大夫家中常设有家庙。平民住

城市住宅
《文姬归汉图》局部

《十八学士图》中的家具 宋

村塾中的布置

宅主要有瓦房和草房两种。《清明上河图》中描绘了农村草舍、城市瓦房的各种样式。瓦房的主人一般来说是平民中的富有者。从保存下来的宋代画作中，我们能够看到这种瓦屋的布局和结构大多采用长方形平面，梁架、栏杆、棂格、悬鱼、惹草等部件形体灵活，不拘一格，屋顶多用悬山或歇山顶。草房的居住者一般是劳动人民，也有一些隐士或僧道。这种茅屋极为简陋，房架由梁、檩、椽组成，顶部覆以稻草或麦秆、芦苇等。当然，平民还有以竹楼、木船和洞穴为住宅的。

宋代居室器物呈现出时代变化，如唐代以来室内用品的增高趋势，至宋代基本定型。宋代家具有床、桌、椅、凳、高几、长案、柜、衣架、屏风、巾架、曲足盆架、镜台等，大致可归为坐具、卧具、承具、屏具、庋具等。坐具的种类很多，主要有凳子、椅子等。宋代凳子的使用比过去更为普遍，且结构更加合理，造型更加优美。其品种包括圆凳、方凳、长凳、矮凳、条凳及墩子等。宋代的椅子种类很多，从材料上来说，有木椅、竹椅、藤椅、石椅等；从形式来说，又有交椅、靠背椅、排椅等。其中最为后人所熟知的“太师椅”就是交椅的一种。

九、异族风情的蒙元住居建筑

元代是中国历史上由蒙古族建立的朝代，它势力强大，地域辽阔，民族众多，社会生活各方面包括居住与建筑习俗都体现了明显的民族性、阶级性和历史性。

蒙古高原气候干旱寒冷，是游牧狩猎的天然之处，因此便形成了与中原内地农耕文化迥异的游牧文化。蒙古人传统上多住毡帐，又称穹庐、帐幕、毡房等，即现今人们习称的蒙古包。蒙古人一般在河流和湖泊旁扎帐蓬，这样可以解决取水这一大问题。由于戈壁滩上水源缺乏，冬季主要靠化雪来取水，这些困难往往决定了他们难以在一个地方常驻。蒙古包为圆形，其骨架多由柔韧的树枝扎成，顶部用白毡覆盖，其上还留有小天窗等。毡帐有两种：一种是作临时住所用，形体较为低矮窄小，但它的优点是比较轻便，还能折叠移动；另一种是不能折叠的，需用车辆搬运。蒙古人信萨满教，所以他们信奉的天神和地神的神像和供品，也就成了毡帐的装饰。贵族和富裕之家，帐中一般都设有床塌；而贫苦的牧民只能在地上铺毡而卧，也有的用随身穿的皮袍等衣物做寝具。帐篷的中央位置多为火塘，其燃料是晒干的动物粪便。火在蒙古人心目中具有特殊的意义，即认为火可以驱邪避灾。

成吉思汗时开始把四大斡耳朵作为大汗和后妃的居住场所，它们比一般牧民的毡帐要大得多，后来元代沿承了这一做法，并形成一套较为正规的斡耳朵宫帐制度。斡耳朵是蒙古语“ordo”的音译，有宫帐或行宫的意思。斡耳朵为圆形建筑，一般形体较为庞大。其外部的搭盖一般由白毡或白天鹅绒做成，也见红色天鹅绒或者多种颜色相间的条纹兽皮搭盖。帐顶与四壁的里面一侧，则覆以貂皮或者织锦。地面往往铺着厚重自织的地毯，里面放有皇帝、皇后、皇子、重臣等各具特色的座位。斡耳朵可分为迁徙的和固定不动的两种形式，一般后者的规模要大一些。周围环绕有庞大的毡帐群，绵延数里，规模可观，宛如一座大城市。迁徙斡耳朵的行为，称为起营；

文姬归汉图

选定一个地点扎帐安居下来，则称为定营。迁徙的时候，专职的占卜术士往往走在车队的最前边，选择新的扎营地点，并负责为主人举行定营后的宗教仪式等工作。因为冬季寒冷，所以斡耳朵冬季一般不起营，开始移动的时间多选在初春进行。后来营建的大都城，虽然承袭了中原传统的宫殿建筑风格，讲究对称和装饰，以木结构建筑为主，普遍采用色彩绚丽的琉璃装饰等等，但亦有一些宫殿别具匠心，体现了少数民族的建筑风格，如将正殿与寝宫用柱廊联结，形成“工”字形建筑布局，显然是受到斡耳朵形式的影响。

卢沟运筏图（局部） 元

元代宫殿内的摆设大体相同，一般正殿均设御榻、坐床和酒具等，寝宫比较简朴，普遍使用壁衣和地毯，明显是照搬斡耳朵的内部陈设，具有鲜明的蒙古特色。蒙古皇帝与贵族群臣在会面、聚饮等场合，一般不用桌椅，而是直接分坐在御榻、坐床和地毯上。但皇帝在批改公文、册立皇后、封太子等仪式中会用到桌椅。宫廷中的椅子多为“金红连椅”，是一种用金银来装饰的交椅，另外与之配套的还有“金脚踏”等矮凳子。皇帝寝宫中摆设着白玉和名贵木料制成的“御床”、“龙床”，嫔妃的床则为“银床”或“牙床”，床前往往设金屏障等。

十、明代的都城、民居和家具

《阳宅十书》书影

明代初年至清代的康乾时期，形成了中国继秦汉和唐代以来的第三次建筑高潮。由于当时社会经济不断趋于繁荣，明代在居住和建筑习俗方面，出现了异彩纷呈的景象。

明清两代的都城仍选定在北京，在基本格局上仍然延续元大都的规整对称特点，用突出中轴的方式来大力渲染皇权的威严。紫禁城堪称为北京城的心脏，它既是都城的精华所在，也是中国古代建筑结构和理念的核

皇城图 明

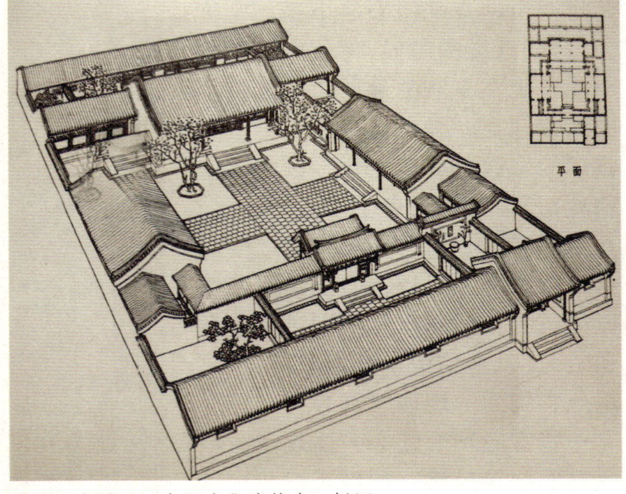

典型四合院 《中国古代建筑史》插图

心所在。紫禁城呈南北长的矩形，城墙外有护城河，城墙四面各开一门，四角各有一个角楼。皇城和宫殿建筑都遵从着礼制的基本理念。如沿袭“左祖右社”的制度，社稷坛和太庙分别位于宫城前面的西东两侧；前三殿和后三宫更是体现了“前朝后寝”的礼仪制度和礼制规范。可以说，北京城内的一殿一楼，一山一水都独运匠心，精雕细琢，充分展现了中央集权这一封建帝国的政治伦理。建筑的组合是中国古代建筑的一个重要特点，不同类型和规模的建筑大都是由四合院这种最基本的单位组合而成，这样紫禁城就成了规模最为宏大，形态最为复杂的四合院群体。

在明朝，乡土建筑也发展到了它的成熟阶段，形式上趋于丰富多彩。尤为引人注目的是，随着东南沿海地区的进一步开发，商业繁荣发展，一些富绅大户的住宅成为规模庞大、结构复杂、装饰华丽的建筑群落，如安徽徽商的住宅可以算是当时的典型代表。这一时期，北方民居的

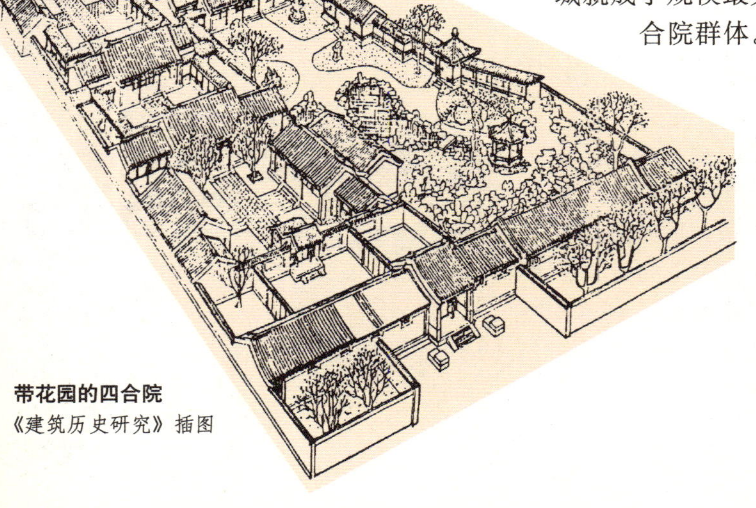

带花园的四合院
《建筑历史研究》插图

明式家具

典型代表是四合院住宅。这种民居严格按照南北中轴对称的原则来布局房屋和组织院落。它一般由大门、影壁、倒座、二门、东西厢房、正房、罩房、多进院落组成。大门位于东南角，大门门框下多设有门鼓。门内正面建有影壁，功能是遮挡过往行人的打扰，使房内显得安静，影壁墙面上有的装饰浮雕砖，正中还书写吉庆文字。由此向西至前院，南侧作为客房、书塾或男仆的住所之处（称为倒座）。其北侧的中轴线上设有“二门”，二门的装饰一般颇为讲究，门楼下多垂吊着两个垂花柱，所以“二门”又有“垂花门”的别称。从二门进入面积较大的后院，后院是整个四合院的核心部分，院北的正房一般供长辈居住，又称“上房”，东西厢房多为晚辈的住处或用作书房、饭厅之所。厢房的南北两侧多用来作厨房，或者建厕所，称为“耳房”。正房和厢房都有前廊，与院子四角的游廊相连，形成迂回相连的空间。在较为富足的家庭中，有的还在二门内建两个或两个以上纵向排列的多进式四合院，有的还在左右另建别院，更有甚者则在左右或后部营建花园。四合院住居结构严谨、布局规范、排组合理，除了显示出浓厚的封建礼教、宗法观念之外，还充满着富有东方韵味的人伦气息。

南方地区的民居建筑，式样更是丰富多彩，有院落式民居、天井式民居、竹木楼和自由式民居等。河南、山西、陕西、甘肃等省的明代民居，和前代相似，多以窑洞式与拱券式为主。

明代和清代前期也是中国传统家具发展的高峰时期，可以称为明式家具。明代家具种类繁多，依据其使用功能可以分为坐具、卧具、承具、屏具、架具、庋具和杂项七类。明代家具造型完美，比例协调，刚柔相济，线条流畅，雕饰繁简得当，髹饰精美光洁。其原料颇为考究，一般选用纹理优美、色泽光润、质地纯净、手感细腻的高档硬木料为主，并运用攒接、斗簇、雕刻、镶嵌、铜饰、髹饰等诸多装饰手法。明式家具并非单独使用，已显现出成套化和配套化的鲜明特征。明式家具

明式家具

清样式雷绘《东陵风水形势图》

在陈设上也讲究灵活多变、搭配和谐。除了褐色家具及粉白墙面的主流配合之外，再附加书画、挂屏、文玩、器皿、盆花等附属陈设品，这些点缀使整个室内陈设错落有致，动感十足。明式家具造型和装饰除了注重美观以外，更体现出中国传统伦理观、自然观和审美观的和谐统一，显示出极高的文化品味和精神蕴涵。

十一、清代住居与建筑习俗

清代建筑仍然沿着中国古代传统建筑的发展道路继续发展，并且产生了不少代表性作品。满族祖先多以山洞或帷帐为室，居住条件甚为简陋。明末，受汉族人影响才开始构筑泥墙草房。富足的人家以石头砌筑墙壁，建成四合院式的结构。由于民族自身文化积淀时间的相对短暂，以至于在清建国后，建筑上尤其是宫廷建筑多仿照前朝的建筑风格。清代北京城，选址与规划基本上继承了明代的传统，特别是明代永乐年间以后都城构建的风格，并在这一基础上有所改进。这一时期，上自王公贵族，下至平民百姓，对于住宅的选址都非常重视，也因此形成了一套风靡一时的风水理论，即向阳择高而居，在具体施工过程中，尽力遵循“因地制宜”、“依山傍水”、“趋吉避凶”等原则。满族人对北京城的规划就基本上遵循了前朝后寝、左右对称、“左祖右社”、面朝后市等建造原则，全盘接受了汉族的宫廷建筑艺术思想。

但就具体的居住习惯而言，清朝与明代相比，又有明显的不同。如清宫的冬季取暖与夏季避暑的措施充分体现了满族人的生活习惯。冬季，明

乾隆时的北京城　清徐扬《御制生春图》

故宫养心殿东暖阁

宫的取暖方式主要是在宫殿中生炭火盆，在此基础上，清朝内宫又创造了在后庭筑火道和搭火炕的取暖方法，这是关外人在冬季取暖的普遍方式。清代皇帝及后妃们日常居住的宫殿均改床为炕，并在地下修筑火道，这种居住方式在时间与地域上影响甚远，现在北方的大部分农村仍在沿用此法，是一种非常有效的取暖方式。清宫夏季降温使用窖冰是一大特色，这些冰是由工部在冬季储备好的，以供内宫夏季冷冻食品和降温之用，冰块的分配数量依人的等级高低而递减。

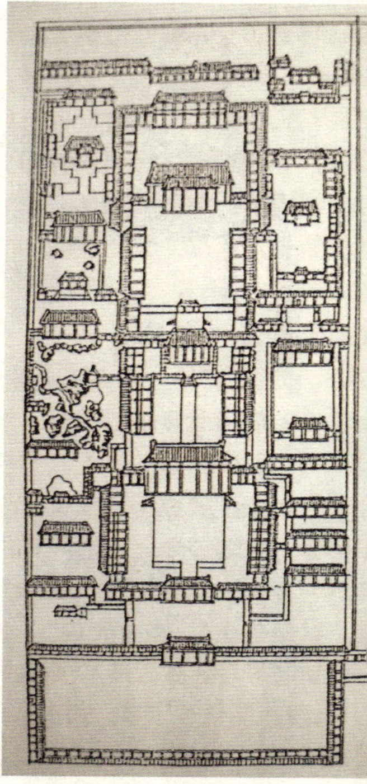
礼亲王代善府 《乾隆京城全图》

清代四合院以京师的四合院最具特色，也最为典型。北京四合院的主要特征就是对称式的布局和封闭式的外观。在院落布局上，以南北中心线为纵轴，对称建造房屋，中部的空间形成庭院，大门内迎面建有一影壁；因受“风水”理论与清规戒律的影响，为趋吉避凶，大门一般不开在“轴线”上，而是按照易学阴阳八卦之理安排在“巽位”，即开在院子的东南角上，所开之门必须为阳门，而不能开到阴门的位置，才有利于生计发展。四合院由房屋和垣墙包绕，房屋面向内院，对外多不开窗，是实体墙。老北京人有称赞四合院“天棚、鱼缸、石榴树”的评语。庭院中树木品种很多，但不种松柏和杨树，因为这些是属于阴宅（坟地）的树木。四合院的建筑色彩多采用材料本身的颜色，即使是富贵人家也只在门房、走廊等处加以简单的朱彩或金色装饰，并且这些装饰也是多侧重于主人权力地位的表现。四合院这一建筑整体青砖灰瓦，墙体磨砖对缝，建筑工艺非常考究，虽是泥土之物，却似艺术佳作。

南方地区民居应属徽州民居最具特色。皖南赣北古称徽州，当地多山，地狭人稠，仅靠农业不足以谋生，所以当地居民较为重视土产和手工业。在晋宋南渡之后，大部分徽州人又转而从事航运经商之业。明清时期的徽商最负盛名，此时当地的经济已比较发达，在住居建筑上十分讲究，形成了中国古代建筑艺术史上具有特色的徽派建筑。一提起徽州文化，人们就很自然地联想到马头墙和蝴蝶瓦，还有“美人靠”。旧时徽州城乡住宅大部分采用砖木结构，楼房较多。明代楼上建筑十分宽敞，清代以后，多为“一明两暗”或“一明四暗”的多进式房屋建筑，也很宽敞，设有厅堂、卧房和厢房。大门则以山水人物的砖石雕刻为装饰，门楼则飞角重檐，多进院落均设有天井，利于采光通风。雨水经水枧流入阴沟，俗称“四水归堂”，有“财不外流”之意。各进院落以隔墙划分，四周高筑防火墙（马头墙），一般一家住一进，中门关闭，各家独户过日子，并不会互相影响。但到祭奠祖先之时则要

徽州民居

紫檀描金太师椅　清

紫檀墩　清

中门大开，一门进出。

徽州住居还有一些重要的习俗风尚，如朝北居，如果不是地形所限，房屋均朝北而建，这是徽州民居的最佳朝向。这一习俗应源于五行八卦中水火相克之理，南方属火，火克金，不吉利，所以，徽商们回家筑房的时候一般不朝南，而选择朝北筑屋。又如屋套屋，徽州宅居很深，从一进门开始其布局依次为前庭、天井，后边才是厅堂，为人们的起居生活之所，其后还设有一道封火墙，靠墙设天井，厢房分别建于两侧，这是第一进；第二进的结构仍是这种前堂后室的基本建筑格局，前后均设有天井以采光通风，各种建筑间均以隔扇隔开，形成多个卧室、厅堂等部分，各处互不影响；多进亦是如此，进进相套，形成“屋套屋”。再如“满顶床”和“压画桌”，这两件家具是徽州民居中较具特色的室内陈设。前者是徽州人的传统床具，因床顶、床后和床头均用木板围成而得名；床前挂帐幔，床柱多用榧木制作，有四世同堂和五代昌盛的含义。“压画桌”亦是徽州宅居中的传统陈设，徽州民居正堂墙壁之上多挂着已装裱成卷轴的中堂画或是对联等物，卷轴下垂，为使画幅平稳，当地人特在卷轴之下放置一长条桌，桌面上放有两个马鞍形的画脚，卷轴向下展开插入画脚的“马鞍”内起到固定画幅的作用，此长条桌便称“压画桌”。

仕女围棋图　清·陈枚

清代建筑经历大发展的同时，家具陈设的发展也具有鲜明的时代特色。在康熙帝以前，清代家具大体保留着明代的特征。随着清初手工业技术的恢复和发展，到乾隆时期已发生了极大的变化，家具生产达到了高峰，形成了清式风格，材质优良厚重，装饰华丽，做工细腻，造型稳重，与明代家具的用料合理、朴素大方、坚固耐用的特点形成鲜明的对比。清代家具的制作不惜耗工费料，剖用大材，注重装饰，表现出强悍与富贵的气派。

第四章 古代行旅文化

衣食住行是人类生存的基础。为了生产生活，人们必须出行。自从人类在地球上出现，就开始奔走不停，陆行乘车，水行乘舟。随着交通工具的不断进步，人们出行游走的天地愈来愈宽广。从远古时代的徒步旅行，到喷气时代搭乘各种宇航器飞行，极大地提高了人际间交往的频度，拓展了人际间交往的范围。

人类最古老的交通工具是木杖，此后是畜力的使用，包括了从牛、马、羊、骡、鹿、驴到牦牛、骆驼等各种畜力，由坐骑到车轿，形成了各种关于畜力使用的社会习俗。畜力的使用以马类为主，随着社会的发展，人类对马匹的驯化及使用越来越重视，逐渐成为历朝各代最重要的交通工具和战略物资。春秋战国时期，人们以拥有马拉战车的数量“车乘”来衡量一个国家的大小强弱，有万乘之国、千乘之国、百乘之国的区分。骡、驴、牛等畜力则多用于农村，北方有“脚驴”、“赶脚”的行业，是早期的运输业。新媳妇骑毛驴儿回娘家，更是北方一大风俗景观。

陆地交通工具多使用车，据说车是黄帝轩辕氏发明的。早在殷商时代，造车技术已经具有相当高的水平。马车盛行于春秋战国，既是重要的交通工具，又是社会地位和权力的象征。中国历代史书上开辟了专门的“舆服志”，详细记载了各朝各代用车、服饰的标准规格。古代马车一般分为轿式和敞篷式两种，又因使用材料、用途的不同而具体划分为战车、辎车、辒车、安车等。王公贵族骑坐高头大马，香车宝马，帝王将相更有威严壮观的车马仪仗，普通人则使用牛车劳苦耕作。

中国人使用舟船的历史，大约在5000年前即已开始。最早的船是独木舟，夏代出现了木板船，传说战国时期，吴越之地有专门造船的工场及“船官”，当时的船不只是用来作交通工具，还作为战争工具。至宋代，船舶已经普遍使用罗盘针，出现了领先世界的十桅十帆的大型船只。舟船作为水上交通工具，以江南水乡地区使用最为普遍，有所谓“南船北车”之说。舟船种类繁多，用途各异。用于战争的，谓之“战船”；用于娱乐的，谓之“游船”。龙舟、游舫、舢板即是人们游乐、竞技的工具。

轿子是中国古代特有的交通工具，又称为“步辇”、“肩舆”等。轿子是由人力拉挽的辇车辇车演变而来。从使用工具、牲畜到使用人力，表明了封建统治者对人的轻视。古代的轿子分为二人轿、四人轿、八人轿、十六人轿等，坐轿成为社会地位、身份等级的象征。普通百姓在迎亲送娶的喜庆节日，往往也是用轿子，以示隆重，至今在一些地区仍流行“花轿迎亲”的习俗。

随着社会的发展进步，车船的动力开始变为电力、蒸汽、柴油、汽油等，步行为自行车所取代，骑马为摩托车所取代，人力三轮车为机动三轮车取代，畜力车为轿车、轮船、飞机取代，交通工具有了质的飞跃。然而考古发掘与研究成果表明，迄今为止的人类发展史至少有99%以上的时间是属于徒步行走的历史。人们为何要出行，出行之前和行旅途中有哪些禁忌，借助什么交通工具、各有什么送迎仪式等，在不同时期、不同地域、不同民族，形成了哪些丰富多彩的交通习俗和行旅文化？本节将给出一个简要的回答。

一、出行

在古代，出行是一件大事，行必有因。一般百姓分为士、农、工、商四个阶层，农工阶层为了服役要出行，士人为了求知要游学，商贾为了赢利要外出经商，而达官贵人乃至帝王要巡游，由此构成了富有中国特色的行旅文化。移民、服役、游学、经商、出巡、做官等成了中国人出行的几种重要原因。

由于各个地区自然环境不尽相同和经济发展的不平衡，人口分布差别很大，因此各朝代为了解决这一问题都进行了移民垦殖活动。这些移民活动，既有民间自发组织的移民，也有政府组织的官方移民。北方人经常提到的“闯关东”、“下关外”、“去内蒙”等就是民间的移民活动。在官方移民史上，以清初的“湖广填四川”持续时间最长，影响最大。明末清初，四川省因为天灾频仍，连年战争不断，张献忠的“屠川”使得“天府之国”四川“靡有孑遗”，“鸡犬不留”，全川人口仅存50万人，跌落到了历史最低点。于是在顺治、康熙、乾隆三朝，大量湖广籍移民被连绵不断地迁进四川，前后达一个多世纪之久。在当代，三峡移民也是一项工程浩大的移民活动。

统治阶级以发动战争或者充实边防力量等理由，迫使百姓跟随军队修筑工事和运送粮草，因此服徭役是古代劳动人民不得不背井离乡的又一个重要原因。为了完成劳役任务，广大百姓整年忙碌，正如《汉书·食货志》所记载，百姓们“春不得避风尘，夏不得避暑热，秋不得避阴雨，冬不得避寒冻，四时之间，无日休息”。在服劳役的过程中，百姓或者客死他乡，或者不堪忍受而揭竿起义，陈胜、吴广就是在服役途中振臂一呼，开创了农民起义的先河。

行人上路

古人读书做学问大都以“学以致用”为宗旨，非常强调“实践”，提倡“读万卷书，行万里路”。汉代官学和私

秦始皇出行时所乘车模型

康熙南巡图（局部） 清

学蓬勃发展，离开家乡到京城或其他地方游学成为一种普遍的社会现象。东汉著名学者授徒，各地求学者不远万里前来学习。隋唐科举制兴起后，更有大批书生士子背井离乡去省城、京师赶考应试，博取功名。近代以来，仁人志士为了学习救国强兵之术，纷纷负笈出国求学，游学的范围扩展至世界各国。而科学技术日新月异的发展，使得人们出行的范围超出了地球，登月计划的实现是人类出行史上新的里程碑。

由于中国是农耕社会，历朝各代均以农为本，视商业为末业，制定了“重农抑商”的国策，使得商业及商人社会地位低下。白居易《琵琶行》中有“商人重利轻别离”之句，既点出了商人逐利的本性，也指出了古代商业活动需要经常出行这一特点。

关于古代帝王出行的文献记载很多，中国历史上的第一个皇帝秦始皇，一统天下之后，东封泰山，登山入海，寻访仙人。汉武帝、光武帝、唐高宗、武则天、唐玄宗、宋真宗等帝王，也巡游泰山，祭祀孔子，中国一部封禅史，其实就是一部封建帝王的旅游史。在帝王巡游史上，以隋炀帝杨广出行的次数最多，明代永乐帝朱棣也多次出巡，清康熙、乾隆也都多次下江南巡游。另外，封建统治者为了防止地方官吏结党营私，专门制定了官员升迁谪罚制度，官吏升迁调动到富庶之地，或受到惩罚被贬到边远地区。而且还规定政府官员担任地方官时，一般遵循“异地为官”的原则，从而使得政府官员这个群体有着较高的出行频率。

二、出行禁忌

也许是农耕国家的民族对土地、家园总怀有一种特殊情感的缘故，中国人自古对出行总有一些不情愿和畏惧。从咏行的诗词名句譬如 “黯然销魂者，惟别而已矣”；“离恨恰如春草，更行更远还生”；“慈母手中线，游子身上衣，临行密密缝，意恐迟迟归”；

"断肠人在天涯"；等等都可看出在古人的记忆里，总有一种无奈与凄凉的恨别思乡情结，萦绕在他们出行远游的旅途上。在古代交通工具不发达，道路设施落后的背景下，远行、游学的途中，往往是前程叵测，道路险恶，甚至意味着生死离别，因此先民视出行为畏途就不难理解了。这与现代人把旅游出行视为一种人生享受，简直有天壤之别。古代先民因为种种原因而被迫出行，为了祈求行程顺利又产生了种种出行禁忌，形成了具有民族特色的行旅习俗。出行禁忌的产生，主要在于出行时安危难测，为了减少出行的危险和意外伤害，人们只好祈求某些神灵和巫术的保护。久而久之，便形成了一些出行的禁忌和信仰，构成了中国人独具特色的行旅文化。

在古代，已经有了一些不太具体的交通规则，约定俗成，为人们所遵奉。秦汉时期建有驿道，通达四方的馆驿制度就是当时交通发达的标志。古代出行途中，由于各自的身份、官职等大小不同，必须严格地在一定的道路上行驶。狭路相逢，车辆避让均有规定。如隋唐五代时期，不同等级的人在路上相遇，有一些不成文的礼俗，但相遇时如何行礼没有具体的规定。正因为如此，唐代发生了不少由于路途相遇时不知如何行礼而引起冲突的事件。《唐国史补》卷上记载，陆象先任同州刺史时，他的家童在路上与州参军相遇却没有下马行礼，参军因此大怒，将家童的背鞭打出血，并对陆象先说，因为他的仆人没有下马，冒犯了自己，所以要求辞官。陆象先回答："奴见官人不下马，打也得，不打也得；官人打了，去也得，不去也得。"听了这番话，参军"不测而退"。宋代除在官方驿路上有交通法规外，还有明确的公共交通规则，即"贱避贵，少避长，轻避重，去避来"。当时的交通规则制定得非常详细，甚至对妇女出门如何行走都有规定。按照儒家礼仪，妇女必须笑不露齿，行不露足。为避免妇女举步时裙幅散开，有碍观瞻，所以要用金玉等饰物压住裙角，称为禁步。一般佩挂两个，两边各有一个。《快嘴李翠莲记》曾作这样地描写："金银珠翠插满头，宝石禁步身边挂。"

水神等

船在出行之前有许多的忌讳。由此形成了水神崇拜的交通习俗。比如新船造好之后，船工必须把酒菜摆放在船头，并点燃香烛，祈祷拜谢鲁班，然后放鞭炮送神，新船才能下水，这种仪式叫"做顺风"。此外，新船装好货物后也要举行这种仪式才能启程。船下水前，要把用彩色条布或木头做的船眼用银钉钉在船

头，称为“开眼”，由此就能看明航向，或者说船就可以像大鱼一样航行。船只启航时，各船之间须保持静默，不能打招呼，以防说出不吉利的话冲犯了水神。除夕夜，船工要在船篙、船篷和船桅上贴红纸，燃香烛，放鞭炮，以求吉庆。正月里初次开船要选初三、初六或者初九，认为这几天开船吉利，船工家人还要到寺庙烧香拜佛，以求船工来年一帆风顺。正月里船工不能吃蛋，认为蛋光滑，吃蛋后一年到头钱财两光。十二月行船时不能搭载和尚，认为和尚剃光头，搭了和尚下一年钱财也会两光。

乘船的时候也有很多忌讳，如谚语“黑龙江的渡船，没有山东人不开”，就是行船的一条禁忌。一般开船之前，要祭祀水神，祈求顺风平安等。水神有很多，河有河神，湖有湖神，海有海神，这些水神各司其职，有时也混淆职责，或者兼职。船神便是专门保护水上行人安全的。《北户录》卷二“鸡骨卜”中记载，唐人段公路提到船神名叫 “孟公孟姥”，当时舟人水上出行之前要占卜，“即以肉祠船神”。宋代交通风俗中还有祈风等仪式。《湖海新闻夷坚续志》后集卷二《诗退风涛》记载：“江古心出任吉州知州兼提举时，就任途中，改任江西漕使，船在路过临江慧力寺前时，风涛大作，舟人十分恐惧，请他帮忙烧香许愿。江古心在船头坐下，要来纸笔赋诗一首：‘万里为官彻底清，舟中行止甚分明。如今若有亏心事，一任碧波深处沉。’诗刚刚投入江中，立刻就风恬浪静了，一路直到洪都。”此外商人乘大船出海贸易时，还有祈舶趠风的风俗。

路神

五路之神

古人认为“走马乘船三分险”，尤其是乘船，风恶浪凶，经常出现船毁人亡的悲剧，为此产生了诸多乘船忌讳，不但在出发前要祭神择定吉日吉时，返回后还要感谢水神庇佑，在乘船过程中也有许多言语、行动方面的忌讳，如忌讳说“翻”、“沉”等。在行船途中，最忌讳有病死的人。一旦发现病人病重，船家往往将病人抛到水中。《萍洲可谈》卷二记载：“舟人忌讳病人死在船上，往往病人还未断气便用席子卷起，投入水中，为了使其迅速沉下去，还把几个瓦罐装满水绑在席子上，然后才投入水中，鱼群连席子一起吞下去，很快就消失在水中。”

陆路出行虽然相对较为安全，但也

有许多讲究。古人十分迷信，甚至连出行时间、地点、路线，也要用预先占卜的办法来确定。殷商时期商王每次出行前都要进行占卜才敢确定出行的时间、方向，这在甲骨文中有许多记载：如卜问商王是否从雀道出行，得到“乙丑王不行自雀”的卦辞。再如卜问出行时的气象变化，得到“丁巳卜，小雨，不行”。秦汉时期的人格外看重出行时日的确定。睡虎地秦简《日书》甲种对出行日子就有十分具体的限定，如“丁卯日不可以船行”，正月丑日、二月戌日、三月未日、四月辰日等“凡此日不可以行，不吉”。在出行形式、出行方向以及行程方面，古人也有禁忌。《后汉书·郭躬传》记载了陈伯敬这样一个人，出行时一旦占卜结果是凶，便下马止步，回来时如果犯忌，则在乡亭中投宿，不急于回家。

易水饯别　《马骀画宝》

先秦时期，出行前一般要祭祀路神，通常包括确定出行方位，祭祀酒食和祝辞三部分，祭祀的对象是三土皇。秦汉时期，祭祀路神仍是出行前的必要程序。这一时期最有影响的路神是祖。祖的来源有两种说法：一说是共工之子，《风俗通义·祀典》记载：按照《礼传》所说，“共工的儿子叫脩，喜好远游，舟车所至，足迹所达，没有不去的地方，所以祀以为祖神”。一说是黄帝之子，《四民月令》“正月”条注解为：“祖，道神，黄帝的儿子叫累祖，喜好远游，死在旅途中，故祀以为道神。”随着宗教信仰观念的变化，古代先民开始寻求人格神的保佑，由此也附会创造出了路神。古人认为如果怠慢了路神，就会带来不幸，导致旅途不顺，甚至带来危险，因此对路神的祭祀十分认真虔诚。在祭祀路神的活动中，人们为了取悦路神，使行人平安，通常在出行之日，烧香祭祀，这种活动又称之为“祖”或“祖道”。《史记·刺客列传》记载，荆轲从燕国出发行刺秦王嬴政之前，“至易水之上，既祖，取道”。魏晋南北朝时，出行前要选择吉日，拜求路神，祈祷一路平安。不过这时祭祀的不再是祖，基本上各地都有了自己的路神，旅人每到一地都要祭拜当地的路神。宋代行前祭神的习俗，也称为“祖道”。祖的地点在大门之外，犹如现代送客一定要送至大门外，所用祭品通常是黄羊或黄狗。宋代的行神有陆地行神和

天妃

梓潼君

水上行神两种，其中陆地行神有梓潼君、五通神、紫姑神等，水上行神有天妃、龙王等。《夷坚三志辛》卷五《吴长者》记载了这样一件事："乐平老人吴曾，洁处重义，乡里都尊称他为长者。曾经有异乡人客居旅舍，把伞放在房门外，结果丢失了。于是来见吴长者说：'小物件不值得可惜，但是内有五通神像，奉事多年，一旦被别人拿走，旅途上无所依靠。知道您是长者，能为我访索到吗？'"可见当时人把五通神也奉为行神。

宋代海上航行的保护神众多，其中影响最大的是妈祖。海神妈祖是发祥于宋代福建莆田的一位民间女神，南方多称为"娘妈"、"妈祖"等，北方则多习惯称为"娘娘"、"天后"等。据文献记载及民间传说，妈祖最初是莆田湄州的一位民间女巫，死后被当地奉为神灵，祈求航海保护。元明以来被附会为都巡检林愿的季女。因其救护人们航海，为人尊崇，又称为"龙女"或"神女"。至今山东蓬莱一带仍有"妈祖是龙女转世"的传说。妈祖生前喜欢穿红衣、梳帆髻，后人便在其去世后穿红衣、梳"妈祖头"以示纪念。北宋宣和四年（1122）八月，路允迪前往高丽册封途中，海船遇大风，只有一船幸免返回，后奏报朝廷，宋徽宗赐庙额为"顺济"，因此顺济庙是最早的妈祖庙。有宋一代，妈祖由"夫人"而"妃"，四次受到册封。入元以后，漕运成为关系国计民生的大事，对海神妈祖崇拜更盛，妈祖被封为"天妃"。明清以来又受封为"天后"，"天上圣母"等，地位格外尊贵，妈祖由一位民间女巫发展成为全国性的海洋女守护神，被列入国家祀典。官员出使，商人出海经商，渔民下海捕鱼等，在行前返后均要祭拜妈祖。

清代上自帝王下至百姓，出行前也有"卜行择吉"的风俗，选择良辰吉日出门，以求平安与顺利。山东一带，民间俗忌正月初五出行，因为俗称此日为"破五"，害怕不吉利。而每月的初五、十五、二十五日，因为是"黑道日"，也忌出远门。山东西南、河南虞城县民间至今仍有"三六九，往外走。二五八，要回家"的谚语。

三、送别

出行前一般会有亲朋好友前来为出行者送别。在为远行之人祖道送别时，一般要举行宴会等活动。在"劝君更尽一杯酒"的

柳永《雨霖铃》词意

妻不下机 明 · 谢时臣

依依惜别之际，文人骚客总要吟诗作赋，踏歌高唱，以抒离别之情。江淹《别赋》、柳永《雨霖铃》都是传颂古今的送别佳作。这些文学活动为祖道祭神的迷信仪式平添了许多文化气息，催生了中国人的行旅文化。

家门、城门、河畔、桥边、驿亭是举行祖道活动的地方。《古诗类苑》卷八四引古诗："步出城东门，遥望江南路。前日风雪中，故人从此去。"祖道这一活动不但具有相当的交际意义，还是身份等级和社会地位的象征，参加祖道的人数是出行者地位和影响的最直接反映。战国时期著名的纵横家苏秦没有发迹时，不消说无人送行理会，就是父母、兄嫂、妻子也不屑于前来迎接他。苏秦发奋读书，头悬梁锥刺股，最终六国拜相，声名显赫，再次回归故里时，不但有规模庞大的欢迎仪式和队伍，而且在距家乡十里之外的道路上，父母、兄嫂、妻妾、亲朋等都殷勤地前来迎接。因此"衣锦还乡"成为中国人梦寐以求的荣耀。在送行的同时，送行者通常不会空手而来，往往会有一些礼物相赠。《汉书 · 萧何传》载，刘邦因徭役赴咸阳，"吏皆送奉钱三，

衣锦还乡

洛神赋图（局部） 东晋·顾恺之 宋摹本

（萧）何独以五”。

分别之时执手相送，这是古人送别亲朋时依依不舍之情的真挚流露。《楚辞·九歌·河伯》云：“子交手兮东行，送美人兮南浦。”朱熹《集注》中说：“交手就是古人分别时，互相握着手，以此表现不忍分别之意，晋、宋之间仍然是这样。”所以，分别的更通俗的说法和现代人一样，就是分手。魏晋南北朝时的人还把分离称作“分张”，《颜氏家训·风操》载梁武帝的弟弟到东郡为官，与武帝分别时，梁武帝就说：“我年已老，与汝分张，甚以恻怆。”不过人们在分手时心情虽然愁闷，但是为了追求名士风度，也要注意自己在分别时的言谈举止。比如分别之际人们一定心里难过，难过就会流泪，随时间和风俗发展，送别时流泪就成了礼节的规定。《太平御览》卷四八九引《语林》说，有人到谢公处告别，谢公泪流满面，不能自制。客人走后，左右说：“向客殊自密云。”谢公说：“非徒密云，乃自旱雷。”密云是晋代的俗语，指的是脸色阴沉好像天上布满乌云，但是只听雷声不见下雨，没有眼泪流下来会令人耻笑。当然好的行为也会受到人们的推崇和学习。《南史》卷三二《张邵传》载张敷声音仪表都非常优雅，说话做事慢条斯理。与友人分别时，往往握住对方的手说：“念相闻。”余音久久不绝。张家的后生子弟都以他为榜样。

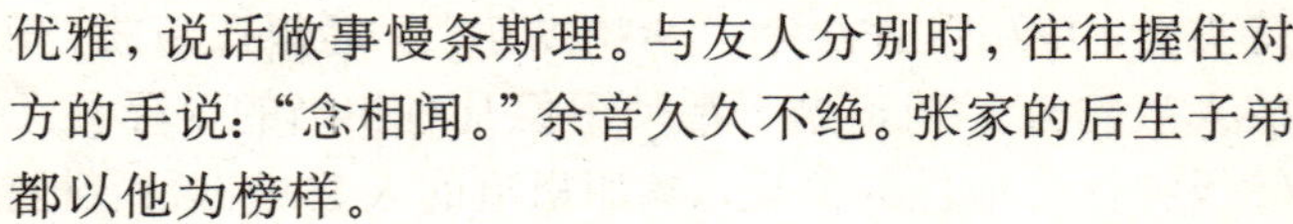

东山携妓图 明·郭诩

送别本是一件令人伤感的事情，祖道饯别也是令人伤心的时刻，“执手相看泪眼，竟无语凝噎”。但是，在东汉以来士族名士追欢逐乐思潮的影响下，祖道饯别的气氛也由沉重、悲伤转而变得幽默轻松，在当时人们的眼中，祖道已成为行乐的机会，饯别之会变为宾主玩乐的场所，如《晋书》卷九二《文苑·袁宏传》记载：谢安出任扬州刺史时，袁宏由吏部郎出任东阳郡长官，于是祖道于冶亭。当时名流都来参加，谢安想捉弄袁宏，于是临别时执着他的手，回头向左右要了一把扇子，递给袁宏说：“作为临别赠礼吧。”袁宏应声答道：“我一定会奉扬仁风，抚慰黎民百姓。”当时人都感叹他的机智。这一场祖道之会，则成了谢安和袁宏借机一展文采，扬名天下的斗智表演。

不同历史时期有不同的送别仪式、饯别特色，甚至送别时吟咏的文学体裁也不尽相同。东汉后期，作赋写诗抒发难分难舍之意、生离死别之情成为士人的风尚。当然，这些送别诗赋多是应景之作，很少有什么真情实感。但也有些送别之作表达了亲友之间的真实情义，成为传诵一时并流芳千古的佳作。曹植的《送应氏诗》就是咏怀送别的经典之作：

清时难屡得，嘉会不可常。天地无终极，人命若朝霜。
愿得展嬿婉，我友之朔方。亲昵并集送，置酒此河阳。
中馈岂独薄，宾饮不尽觞。爱至望苦深，岂不愧中肠。
山川阻且远，别促会日长。愿为比翼鸟，施翮起高翔。

魏晋南北朝时期，作赋送别已为作诗送别取代。人们祖道、别离之时，亲朋好友长相送，互相赠言赠诗，互相勉励，互道珍重，这是当时风雅文人或附庸风雅之士间流行的风俗。梁徐陵《别毛永嘉诗》：

愿子厉风规，归来振羽仪。
嗟余今老病，此别空长离。
白马君来哭，黄泉我讵知？
徒劳脱宝剑，空挂陇头枝。

远行者也有诗与亲朋互相赠答，如谢灵运《邻里相送至方山诗》：

祇役出皇邑，相期憩瓯越。
解缆及流潮，怀旧不能发。
析析就衰林，皎皎明秋月。
含情易为盈，遇物难可歇。
积疴谢生虑，寡欲罕所阙。
资此永幽栖，岂伊年岁别。
各勉日新志，音尘慰寂蔑。

谢灵运像

既感谢了邻里相送的美意，又表达了自己的离情别绪，这首诗是历代送别之诗文中不可多得的佳作。唐代大诗人李白的《黄鹤楼送孟浩然之广陵》更是传诵千古的名诗：

故人西辞黄鹤楼，烟花三月下扬州。

孤帆远影碧空尽，惟见长江天际流。

宋代流行诗词送行。周密《齐东野语》卷一一《蜀娼词》记载了蜀地一位歌妓写的送行词：“欲寄意，浑无所有，折尽市桥官柳。看君著上征衫，又相将放船楚江口。后会不知何日又，是男儿，休要镇长相守。苟富贵无相忘，若相忘有如此酒。”宋代人出行时除了祖道、宴饮之外，还有设酒壮行之俗。如《湖海新闻夷坚续志》后集卷二记载了送夫入学的故事，说宋嘉熙戊戌年，兴化人陈彦章参加考试，第二年正月考进太学，那时他刚刚成亲，他的妻子作《沁园春》一首为他壮行：

《黄鹤楼送孟浩然之广陵》诗意 清·石涛

记得爷爷，说与奴奴，陈郎俊哉。笑世人无眼，老夫得法，官人易聘，国士难媒。印信乘龙，夤缘叶凤，还与扬鞭还得来。果然是，西雍人物，京样官坯。送郎上马三杯，莫把离愁恼别怀。那孤灯只砚，郎君珍重，离愁别恨，奴自推排。白发夫妻，青衫事业，两句微吟当折梅。彦章去，早归则个，免待相催。

这成为传颂一时的佳话。

以诗饯行是清朝人出行礼仪中的重要组成部分。清朝时人们饯行多在城外的郊亭举行，或是酒宴，或是茶宴，以此表示主人对出行客人或亲友的惜别、祝福之意。至于赠别，则多在宴席之后，主人或是赠送旅费银两，或是赠送旅途所需衣物，有的甚至赠送车辆、马匹、童仆，当然还要赠诗文以示不舍之情。

江域送别图

四、必备物品

钱庄 清《盛世滋生图》局部

出行之前通常要准备好一些物品以供旅途之用，这些出行必备物品包括旅费、证件、地图、日常物品等。旅费，古人一般称为“盘缠”，既包括银钱，又有米、绢等实物。由于携带不便，无论是官吏，还是平民百姓，在旅费的数量上都差不多，数千钱、数斛米、几两银、几匹绢是当时通行的旅费标准。《晋书》卷二六《食货志》上说，晋惠帝曾“囊钱三千，以为车驾之资焉”，一国之君的旅费也不过三千钱而已。长途旅行所需的路费数目较大，平民百姓出行前通常需要经过一番筹备。有的要典卖田地房产，有的向亲友求助，有的甚至要向富人借高利贷。

药品也是人们出行时必备物品之一，有人专门著书说明旅行所需的药物。如宋代的董汲著有《旅舍备要方》，其所录的药品有治疗斑疹的神仙紫雪，治疗痰症的小半夏汤、枳实丸，治疗霍乱的丸方及厚朴汤、龙骨汤、大豉汤，治疗腰痛的药棋子、神功丸，治疗妇人疾病的万安丸以及治疗耳、口、牙齿等病的赴筵散、细辛散等等。一般出行携带的药品为治疗伤寒、疟疾、腹泻等的药物，以备不虞。

伍子胥微服过昭关

人们出行时为防天气突变，必备之物还有照袋、行李、雨具等。据说照袋用马皮作成，呈四方形，有盖和襻。方便囊是随文人雅士喜好出游的风气而出现的，据说唐朝末年的王公贵族、达官显贵竞相制作方便囊。方便囊通常用上好的丝锦制成，出行时里面可以放衣服、手巾、篦子、铜镜等随身物品。所谓的“照袋”与“方便囊”，和现代的旅行袋差不多，只是由于时代的差异，盛放的东西已经大不相同了。如果要远行，还需要准备“被袋”，装有四季更换的衣服被褥等。行李一般是换洗的衣服针线之类日常用具，洗刷用品等。

雨具也是古人出门必备的用品，油帽、油衣、雨伞是古人常

李白出行 明·崔子忠《藏云图》局部

用的雨具。如果出行不带雨具，若遇雨雪天气必狼狈不堪。围绕借还雨具这一事情，还有许多奇谈趣闻发生，如许仙断桥上向白娘子借伞而缔结一段姻缘的传说。《北梦琐言》卷十记载了一则“孔侍郎借油衣”的故事，孔拯下朝回家，途中遇雨，但是没有携带油衣雨具，只得就近在一老翁家避雨，并向他借油衣。老翁说：“我寒不出，热不出，风不出，雨不出，从未购置油衣，但是已让人去买，可以借给你。”据说孔拯听了这番话后，羡慕万分，顿时忘却功名利禄之心。古代油衣或雨衣用油绢制成，名字也很有诗意。据《清异录》卷三“雨仙”记载，张崇在广州为官时，横征暴敛，随从有数千人之多，每到雨雪天，都带莲花帽、穿琥珀衫，这都是当时人常用的雨具，他们所浪费的油绢不计其数，因此当时人称之为“雨仙”。伞当然也是必不可少的。行人带伞，或是为了防雨，或是为了防晒。因此出现了以制作雨伞为生的工匠。五代南唐人周则年轻时贫贱，以造雨伞为业。平常每天制作两把伞出售，到了梅雨季节，生意就兴旺了，于是靠制伞而创下了富贵家业。南唐后主李煜曾戏称说是因为下雨周则才有了现在的地位，于是将他封为“高密侯”。

证件是出行的另一必备物。战国时期各国普遍实施关禁制度，经济上是为了征税充实国库，政治上是为了防备外敌潜入。秦朝建立以后，为了防备关东旧贵族实力坐大，扩大和强化对百姓的控制，在全国范围内实行关禁，任何人都不得随意出行。西汉初年，关禁不再严格，七国之乱发生后，汉景帝又恢复了关禁制度，并在汉武帝时得到加强。从此普通百姓出行必须有出入城门关口的通行证——“传”，又称“符信”或“过所”。入关时由关吏发放，必须凭此“传”才能出关。

出门在外，地形不熟悉会给出行者带来很多不便。为了出行方便，人们需要了解各地山川道路的情况，于是地图应运而生。西晋人裴秀是中国地图学的奠基者之一，他考察了《禹贡》中山川河流的记载，结合古代的九州和当时十六州的郡国县以及陆路水道，最终绘制成地图十八篇，称为《禹贡地域图》，这可以算是最早的地图。宋代是地图大发展的时期，特别是大量印行的城市地图为人们出行提供了极大的方便。《古杭杂记》中就有关于城市地图的记载，据说驿路上有白塔桥，那里印卖《朝京里程图》，士大

夫去临安时，一定会买来做指引。于是有人在墙上题诗讥讽道："白塔桥边卖地经，长亭短驿甚分明。如何只说临安路，不较中原有几程。"

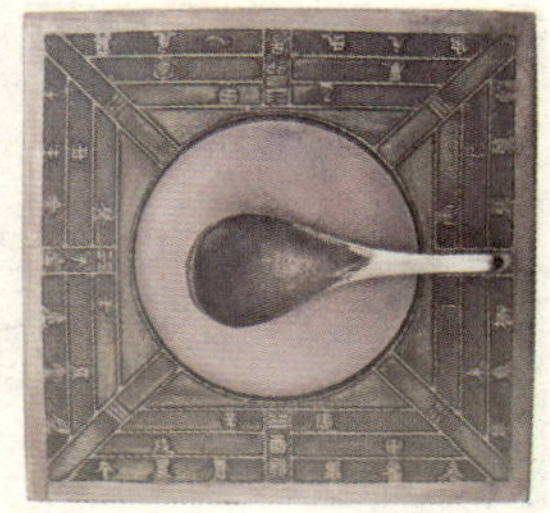

司南模型　汉

拄杖与地图一样，也是古人出行时比较常见的辅助用具。夸父追日时手中就有一根手杖，后来化为一片桃林。拄杖以四川所产的筇杖最为著名，许多人出行甚至平时游园时也喜欢持杖，如《司马温公文集》中提到司马光"平日游园，常策筇杖"。海上航行必须依赖指南针，指南针是中国人对世界旅行史的最大贡献。大约在北宋中后期，指南针已被应用在航海中了。徐兢在宣和五年所著的《宣和奉使高丽图经》中说："惟视星斗前迈，若晦冥则用指南针以揆南北。"到南宋时，指南针的使用更为普遍。船舶不论官私，都配备了指南针。赵汝适《诸蕃志》卷下《海南》篇中说："舟船往来，只以指南针为航向准则，不分昼夜都小心观察，毫厘之差，生死系矣。"

五、陆路交通

出门远行不可能总是安步当车，必须根据不同的出行方式选择不同的交通工具。在陆地上，最主要的交通工具有车、轿等。中国"车"的历史悠久，最古老的车子相传是黄帝轩辕氏发明的。《世本》上有"奚仲作车"的记载。《山海经》则认为是奚仲的儿子吉光发明了车。

根据牵引力不同，古代车可分为畜力车和人力车两类。畜力车是牛、马、羊、鹿、狗等牲畜拉的车。商朝有服牛乘马的习俗，这时期的马车是十分高级的交通工具，是贵族们的专用车，一般的中、小官吏以及平民是不能使用的。这时的马车，主要用于统治者的出行游玩、田猎或是对外征战；作为交通出行工具，只有极少数人可以使用，但是所能到达的地域，却相当遥远，这是因为当时有从王邑通向四方的发达的交通干道。马车除了王邑内达官贵人使用之外，各地的部落方国首领、贵族，一般也能享用。《诗经·商颂·那》中有这

先秦车马形象　南宋·马和之《鹿鸣之什》局部

秦始皇陵铜车马

样的记载："约軝错衡，八鸾鸧鸧，以假以享。"可见当时的方国诸侯都乘坐豪华漂亮的马车到王邑来献享。

马车在春秋战国时期最盛行，通常用四匹马驾辕，因此古人常用"驷"为单位计算车辆，后人常用"驷马难追"来形容其车速之快，并按车乘多少区分国家大小，如天子为万乘之国，诸侯为千乘、百乘之国。当时的马车不仅是重要的交通工具和战争武器，还是权利和地位的象征。古代史书中的"舆服志"，记载的就是用车及服饰方面的等级规定，如帝王之车可绘龙，司徒之车可绘瑞马，兵部尚书之车可绘猛虎，御史大夫之车可绘獬豸。古代马车分为轿式和敞篷式两种，又因车子的构造材料与用途不同而有多种名字，如栈车、辎车、辒车、安车等。

轺车图　汉画像石

秦汉人们出行时使用的陆路交通工具主要有安车、立车、轺车、辎车、軿车、容车、辒车、辌车等几种。其中安车是有座位的车，并且有低矮的车盖，只能坐在车上，较小，四面敞开，可以向四周远望。軿车、辎车在外形上有些相似，都是一种封闭型的车辆，所以在汉代辎、軿车通常并提，但两者并不完全一致。前者是牛车，主要用于乘载妇女；后者既能载人，也能载物。容车设有可以遮盖乘客的帷帐，因此妇女偏爱乘坐这种小型车辆。辒车和辌车均可以躺卧于其中，其外形相仿，区别只在于辒车关窗，辌车开窗，所以汉代文献中常并称为"辒辌车"，乘坐此车出行也比较舒服。《太平御览》卷三九四注引《楚汉春秋》载，刘邦患病，于是卧辒车中出征。追锋车是魏晋南北朝时期一种速度极快的军用车辆，二马驾辕。史载三国魏明帝临终前，司马懿受命从辽东返回洛阳，他乘坐追锋车，昼夜兼程，一夜竟走了四百多里路。

辎车图　汉画像砖

牛车是中国古代社会重要的交通工具，大概在夏商时期已经出现。《尚书·酒诰》有利用牛车进行运输和交易活动的记载，说明了殷商时期中下层民众在陆路交通工具利用牛车通行的习俗。汉初开始流行，魏晋时乘牛车成为社会时尚。牛车通常两轮或四轮，由一牛或数牛挽拉；车速虽慢，但远比马车能负重，而且平稳，在广大农村使用普遍。秦至东汉前期，人们较为看重的是由马驾的车辆，而牛车则通常只被用来运输货物，所以仅为普通百姓所使用，这就是《后汉书》上所说的“乘牛车者齐于编人”。通常只有在战乱之后民生凋敝的情况下，贵族官员才会使用牛车。但是由于牛车行进速度徐缓，不像马车那么颠簸，而且乘牛车不必讲究乘车时的仪态，所以从东汉后期开始，牛车地位上升，讲究舒适的豪门士族不再以乘坐牛车为耻。如“家世丰产”的颍川名士刘翊乘牛车出行，在路上碰到生活困顿的好友，不忍心就这么离去，因此杀掉驾车的牛来帮助他。可见牛车已成为社会上层人士日常出行时的主要交通工具。牛车也有不少车型，用云母装饰的车称云母车，只有得到皇帝特别恩准的王公大臣才有资格乘坐；皂轮车，只有诸王三公中有勋德者才可以乘坐；油幢车，有勋德的王公大臣可以乘坐，此外还有通幰车、油幢络车等。

陶牛车 东晋

牛拉车俑 唐

牛车的速度并非如我们今天想象得那么慢。南朝宋孝武帝时，有个叫刘德愿的人驾车技术十分高明，“尝立两柱，使其中仍略通车轴，乃于百余步上振辔长驱，未至数尺，打牛奔从柱间直过。”孝武帝听说后，专命刘德愿为他驾车出游。牛车在隋唐仍是主要的交通工具。贵族乘坐的牛车非常考究，如唐玄宗前往华清宫时，杨贵妃姐妹攀比车辆服饰，“为一犊车，饰以金翠，间以珠玉，一车之费，不下数十万贯。既而重甚，牛不能引，因复上闻，请各乘马。”因为饰物太多，竟使牛车拉不动了。

据说商代的畜力牵引技术即已达到了相当的水平，但由于人们的身份、地位、等级的差别和经济状况的不平衡，在畜力交通工具迅速发展的同时，也并存着一些靠人力推拉的车。商代的人力车现知的主要有两种：一是辇，即由两个人挽拉的人力车，商代铜器上铭刻的辇字，酷似两人挽车之状，有人认为是商代辇车的真实写照；此外还有独轮手推车，近现代南北方都有这种车子的沿用，又称鸡公车或羊角车。周代称人力挽拉之车为栈车，《诗经·小雅·何草》记载着：“有栈之车，行彼周道。”

秦汉时期也有辇车、鹿车等人力车。这时的辇车为双轮车，鹿车是独轮车，因其面积较小，与鹿身宽度相仿而得名，能在狭窄的道路上行进，既可载人，也可载物，因此成为汉代普通百姓经常使用的交通工具。不过贵族乘鹿车出门则有伤体面。三国时董

班姬辞辇 北魏

木牛模型 三国

允因为其父亲命其乘坐鹿车去参加他人的葬礼而“面有难载之色”。三国时期，诸葛亮发明的“木牛流马”是经过改进的鹿车，不但能在险窄的山地上行进，载重量也提高到250公斤左右，是蜀军运送粮草的重要工具。

拖床

独轮车 东汉

直到清代，还盛行独轮车，不过这时称之为羊角车，一人在前面挽车，一人在后面推，也有没人挽而自己一个人推的。车两旁是乘客的座位，山东一带有的车上还铺着垫子，为的是坐在上面更舒服。此外，还有塌车、冰车等。塌车面积比较大，用一寸多厚的木头做板子，专门用来承载货物，负重可达数千斤，前面有人挽车，后面有人推车，拉车人数多少视货物的重量而定。冰车，又名拖床、冰排子，在京津一带较为常见。冰车形状是长方形的，类似于床，可以容纳三四个人坐在上面，只有半尺多高。上面铺着草帘，下面嵌着铁条，为的是减少摩擦提高速度。人坐在上面，一个人撑篙，好像江南水乡船夫撑船一样，行进起来又像骏马一样飞驰。在山道险阻之地，多用“滑竿”作为主要交通工具，抬滑竿的人俗称“云抬师”。

轿子从辇车发展而来，民国后绝迹于城市，但在广大农村山乡，迎亲乘轿则作为一种民俗保存下来，成为迎娶仪式的一大景观，俗称“坐花轿”，至今尚流行“新娘子坐轿头一回”的歇后语，可见这一习俗在民间

影响之深。轿子在过去是民间最流行的交通工具，最初称为肩舆，宋代又称为“肩舁”或“檐子”，民间俗称为“篮舆”、“担子”、“兜笼”。轿分为官轿、民轿两类。官轿等级森严，是权利与尊严的象征，乘官轿出府要鸣锣开道，前呼后拥，百姓路遇官轿必须肃静回避。民轿多为二人抬的小轿，民间结婚时流行“花轿”、“喜轿”迎亲，花轿一般二顶，讲究“红女绿男”——新娘坐红花轿，新郎坐绿花轿。

清明上河图（局部）

轿子按其用途划分，主要有以下几种：一是“彩轿”，又称为“花舆”或“花檐子”，即后人俗称的花轿，因其用各种彩色饰物装饰而得名，用于婚庆、节日等隆重热闹的场合，以增添喜庆气氛。二是暖轿，这是一种四周垂帷的轿子，因坐在轿子中比较温暖而得名。通常用于官宦之家出行，乘坐较舒适。三是龙肩舆，据《宋史·舆服志二》记载，一名“棕檐子”，一名“龙檐子”，用朱漆红黄藤编制而成，百花龙纹帷帐作屏障，红色门帘，朱漆藤座椅，下面设有踏子，上垫红罗茵褥，还有软屏、夹幔。供富豪人家及女眷游玩时乘坐。四是檐子，指东京盛行的一种非常豪华的大型轿子，据说可以容六人，供贵族妇女使用。五是山舆，又称为山轿，是一种形制比较简单、专供走山路时所用的轿子，与滑竿类似，但结构较复杂。南宋杨万里的《过白沙竹枝歌》中写道：“绝壁临江千尺余，上头一径过肩舆。舟人仰看胆俱破，为问行人知得无。”六是竹舆，这是一种以竹为主要材料编制而成的轿子，多用于南方山区爬坡登山时乘坐，与山轿相似。宋代抬轿之人多少不一，一般多的有六人，少的有两人。清代对轿夫人数作了规定，以此来显示乘坐者的身份和地位。其中八轿又称为八抬大轿，因为有轿夫八人而得名，轿的四周多围绿呢。徐珂《清稗类钞》记载，清代“京官无坐八轿者。外官多为督抚、学政，可于大典时乘坐，将军、提督亦偶有乘之者”。四轿，有轿夫四人，四周围蓝呢，多为京官乘坐。一般官员外出长途跋涉时，则乘“眠轿”，可将日常所用的衣物放在轿中，

佛陀出行图　清·任熊

西汉骑士俑

唐骑马女俑

也可以在轿中躺卧休息。宋代湖南长沙一带，民间多乘“响轿”。清代前期，北方地区民间的路上交通工具多为骡轿。

结婚喜庆时专供新娘乘坐的轿子，装饰讲究、色彩鲜艳，大都是从彩轿行租来的。其中杭州花轿最为讲究，连顶高约三米，周围均用红绸扎结成各种凤鸟、牡丹、花卉式样，四角挂琉璃连珠灯，下坠大红彩球。夜里四角则换成四面玻璃灯，每面可燃烛十支，连顶及四周可以点蜡烛一百多支，光辉灿烂，十分耀眼。抬花轿的轿夫通常穿红扎绿，腰系红绸带。

骑乘也是古代出行方式之一。至周代，骑马出行已广泛见诸社会生活的方方面面，马鞍的普遍使用为乘马外出提供了便利，但是直到汉代尚无马镫出现。马镫出现于魏晋南北朝时期，是骑乘史上的突破，双马镫最早见于十六国后期。唐代普遍以马作为出行工具。当时社会风俗的一大景观是女子骑马。《旧唐书》卷四五《舆服志》记载，唐初武德、贞观年间，唐朝依齐、隋旧制，宫女骑马出行时，要蒙住全身，以免路人窥视。到开元年间，随驾宫女骑马时，都戴胡帽，靓妆露面，没有遮颜的东西。于是士人百姓群起仿效，戴帷帽的制度渐渐被废除。后来又露着发髻纵马驰骋，还有穿男式衣服的，由此男女的尊卑内外之别就看不出来了。 据《明皇杂录》卷下记载，盛唐时女子骑马的风俗以虢国夫人最为张扬。虢国夫人“每入禁中，常乘骢马，使小黄门御。紫骢之俊健，黄门之端秀，皆冠绝一时”。盛唐时的长安还流行一种“卜行马”的风俗，即以马行的快慢，来预测新上任的京兆尹处事的善恶。每有京兆尹新上任，府吏都在石桥上看其行马，以此占卜其行事风格。如果上桥时马行迅速，这个京兆尹一定行事善良；如果马行滞涩，这个官员一定严厉苛刻，据说这方法很灵验。“千古腐儒骑瘦驴”，是对唐代知识分子偏好乘坐驴子的概括，如杜甫、贾岛、李贺等皆骑驴，这是唐代行路的另一道风景线。驴作

虢国夫人游春图 唐·张萱

灞桥诗思 近代 · 吴友如

赶脚图 北京民俗画

为这一时期最普遍的交通工具，骑乘者多是下层民众，因此多以“驴”为戏谑。《朝野佥载》卷四记载了这样一件趣事：瀛州刺史权龙襄粗鄙无文，在审理牒文时，将自己的姓名署在末尾，属下告诉他：“比来长官判事，皆不著姓。”权龙襄回答说：“余人不解，若不著姓，知我是谁家浪驴也！”

六、水路交通

陆行乘车，水行乘舟。水路是船行之路，必须以舟船的发明利用为前提。水路与陆路不同，一般不用人工开辟，只要有江河湖海等水资源，便可以形成水路。中国水路的开辟经历了由河运至海运这样一个发展过程。先秦时海运航路即已开辟，汉唐时曾利用海运从南方运送稻米供给北方，并开辟了海外航线。宋元以来，海运发达，对外贸易频繁。明清时，虽曾实行“海禁”政策，但开禁后仍促进了海运的发展。特别是鸦片战争后，中国人的海洋意识加强，拓展海外贸易的能力有了较大的提高。明代郑和下西洋是中国航海史上的一大壮举。宋代指南针的发明是中国人对航海事业的巨大贡献。

河伯出行 汉画像石

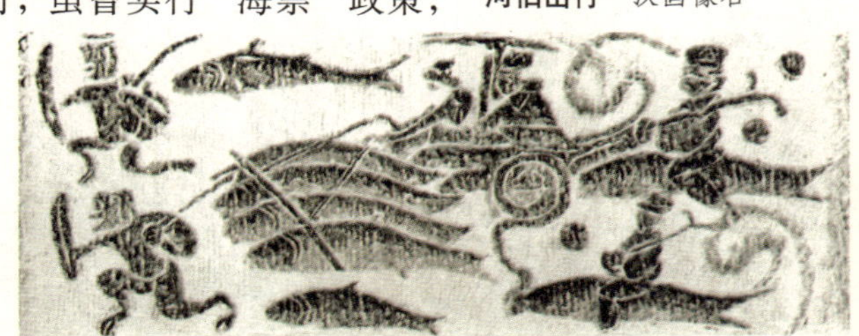

陶船　东汉

水路的出现与舟船的发明密不可分。从河姆渡文化时期出现舟船以来，便开始出现所谓的水路，河姆渡文化至良渚文化时期所使用的水上交通工具，都是独木舟或小型的竹、木筏。那时的水路路线很短，范围极窄，仅限于居住部落周围的江河水道和湖面。

实际上，人类在水上最早使用的交通工具，应是漂浮器具。原始社会生产力低下，人们还不会制作独木舟、木筏之类。漂浮工具有以下几类：一是“葫芦”。葫芦在先秦是重要的水上工具，《国语·晋语》云：“夫苦匏不材，于人共济而已。”陈世俊《番俗图》有一个渡溪场面，有人拉着牛尾巴过河，有人挟着一个大葫芦过河。二是“皮囊”。游牧民族往往利用皮囊过河。过河前先把衣物绑在头上，然后在腹部或胸前系一羊皮囊，下水后手划脚蹬，就可以轻松地过河。皮囊的具体制作方法为：在宰羊的时候，从头部开始，小心地把整张羊皮揭下来，把四条腿和头部用绳扎紧，向里面吹气，使它像气球一样膨胀起来。三是羊(牛)皮筏子。古代文献中对皮筏子的记载很多，不仅原始人使用，直到宋代、西夏人仍在使用。他们利用当地出产的牛羊皮，充气之后，制成轻而坚固、浮而不沉的皮囊，一般多用羊皮，然后把类似的几只“浮筒”捆在一个扎好的木架子底下，这样就制成一只小羊皮筏子了。浮筒的数量视承载的重量而定，以双数递增，一般两驮货物要捆八个皮囊。通常羊皮筏子可以运载六七百斤重的东西或坐上七八个人。用牛皮做的筏子，比羊皮筏子大得多，浮筒里装的不是空气，而是羊毛。它迅捷快速，军民深得其便。

洛神赋图（局部）

舟楫的发明大概出现在原始社会晚期，发明者的传说有很多，附会进去的古人主要有黄帝、黄帝臣共鼓或货狄、尧工官巧垂、帝俊时人番禺等等，未必属实。不过在中原地区，夏代有舟应该可以确定。因为《帝王世纪》记载，夏桀“与妹喜及诸嬖妾同舟浮海，奔于南巢之山而死”。夏、商、周时期造船业虽比新石器时代在技术上有所提高，但总的来说，船体最大者也不过载数人而已，仍以独木舟为主，因此这时的水路“开辟”也与前段时期差不多，路程不可能太长，船行的范围也极其有限，基本上是在部落周围或邻近的几个部落。夏代贵族乘坐的舟，有可能已是船体较大的木板船。但是在民间，直至周代，独木舟仍是主要的水路交通工具。

秦汉时期官府在江河水流缓和处通常设有渡口，黄河两岸渡口分布较为稠密，文献记载的黄河渡口有近30处。在津渡附近都有船只运送行人，还有人专门以摆渡为生，漕运业开始萌芽。船行迅速便利，得到了人们的肯定，因此东汉李尤写道：“舟楫之利，譬犹舆马。载重历远，以济天下。”当时最大的船是楼船，主要用作军事用途，是汉代水军的重要装备。汉武帝时建造的楼船“高十余丈，旗帜加其上，甚壮”。不过上层社会把楼船作为生活用具。《后汉书·公孙述传》载，公孙述曾建造豪华壮观的“十层赤楼帛兰船”，专供其出行游乐使用。古代造船水平不高，为弥补技术上的局限，人们想出了各种解决办法，例如为增加船只的稳定性，人们常将两只船连在一起，称为舫、航或方舟。在需要提高速度时，就将船解开，这时称之为单舸，可以快速前进。船对南方人更加重要，不少人以船为家。《太平广记》记载，南朝齐时张融请假，回京后皇帝问他住在何处，张融开了个玩笑说：“臣陆处无屋，舟居非水。”皇帝不明白，就问其堂兄张绪，张绪说：“融近东出，未有居止，权牵小船上岸住其间。”皇帝大笑。

开皇八年，隋文帝发兵征讨南方的陈朝时，命杨素在长江上游建造舰船，有五牙、黄龙、平乘、舴艋等规格不一、用途各异的战船，据《隋书》卷四八《杨素传》记载，五牙舰“上起楼五层，高百余尺，左右前后置六拍竿，并高五十尺，容战士八百人，旗帜加于上。次曰黄龙，置兵百人。”征伐高丽时又再次调集大量人力物力修造船只运送军需、粮草等，海运规模相当大。唐代造船技术得到进一步发展，稳定性大大增加，航海性能也得到了提高。唐太宗征高丽时，海陆并行，其中海运规模之大不亚于隋炀帝。唐代船只的规模也相当可观，李肇在《唐国史补》卷下中称：在大历、贞元年间，俞大娘的航船极大，居于船上者养生、送死、嫁娶都在其上，开巷为圃，操驾的人数

《琵琶行》诗意

百，南至江西，北至淮南，一年往来一次，其利润甚大。

舟船是水上的重要交通工具，用途繁多，或作战，或载货，或竞技，或游玩，或作为普通交通工具。泛舟出游是古人的雅兴和嗜好。唐代的陶岘家在昆山，富有田产，他将家业交付家人照料，自己泛舟江湖，遍游美景佳处，逍遥度日。陶岘有三条船。“一舟自载，一舟置宾，一舟贮炊馔。”清客中有进士孟彦深和孟云卿、布衣焦遂，都带着各自的仆妾一起游玩。陶岘还有女乐一部，能演奏清商曲；遇到有趣的景观一定会追根溯源，兴尽而归。当时吴越的士人送他一个雅号叫“水仙”。卢简辞在伊水畔有一所别墅，一次他与侍从及子侄们倚栏眺赏嵩洛美景，不由回忆起在金陵时“每见居人以叶舟浮泛，就食菰米、鲈鱼”的水乡胜景。这时忽然看到两个人穿着蓑衣、戴着斗笠，沿着河岸牵引蓬船走来，船头上覆盖着黑色的幕布，里面有一个白衣人和一个僧人对坐。船后有个小灶，童子正在用铜甑烹鱼煮茶。他们逆流经过栏杆前，听到舟中吟诗弄赋的声音，卢简辞抚掌惊叹。后来才知是白居易与僧人佛光一起自洛阳建春门前往香山。

宋代的水上交通工具也以船为主，按其活动范围可分为海船、江河船、湖船三大类。其中远洋船又是规模较大的一种海船。北宋神宗时，明州建造的“神舟”，规模宏大，在当时世界上无与伦比。元丰元年，安焘、陈睦两学士出使高丽，乘坐的就是两艘这样的船。当他们到达高丽时，高丽人“倾国耸观，而欢呼嘉叹”。这时远洋海船的工艺水平已达到很高的程度，具有快速、抗沉、平稳等特性。摩洛哥旅行家伊本·白图泰在《异域奇游胜览》中描述了在广州建造的远洋海船：“船上造有甲板四层，内有方舱、官舱和商人舱。官舱内的住室附有厕所，并有门锁。旅客可以携带妇女、女婢闭门居住。有时旅客在官舱内，竟不知同舟者为何人，直至抵达目的地相见时为止。水手们则携带眷属子女，并在木槽内种植蔬菜、鲜姜。”

清明上河图（局部）

宋·张择端

江河船一般可以分为客货混装船、货船、客船、家船、贩米船、寺观庵舍船只、粪船、渔船、红座船、撩河船等。湖船指湖上使用的船只，多是游船。出租用的大型游船服务十分周到，所用的器物，船上一一齐备，不必自己劳心费力。

车船在宋代已出现。杨么起义时，曾用车船大败官军。当时他们所用的车船，大的有三四十车，如杨么用的“和州载”，长90多米，宽10多米，装有24个车轮，每个车轮有12个人踩踏。它的上层建筑就分为3层，高达30多米，据说可以载1000名士兵，可能是当时最先进的船型。

撒网艇 清

清代江南水乡船只更是必不可少的交通工具，据徐珂《清稗类钞》第十三册记载，有专供航运的船叫“无锡快”，无锡快是无锡人所使用的船，往来于江苏的苏州、松江、常州、镇江、太仓，浙江的杭州、嘉兴、湖州一带。还有捕捞用的“网船”，比渔船大，比无锡快小。在城乡之间短途往来的旅客都乘坐这种船。此外还有撑船、航船、货船、香船、游船、鲜船、搭便船、竹排等等。在湖州地区，农家有大船、小船两种。用来迎亲的大船叫“花船”，用来运丝往返于沪杭的叫“丝船”，收租的叫“账船”；打鱼的小船称“渔船”，载鸬鹚捕鱼的称“木鸭船”，放黄鸭的称“黄鸭船”，以乞食为主的称“敲梆船”，等等。

七、旅舍和题记

出行在外，食宿问题是件大事，历朝政府对此都非常重视。殷商时代，在王邑的主干道上，国家直接设有食宿交通设施，专供达官贵人过往寄宿。秦汉时期政府在道路沿线设有不同类型的旅舍，主要有传舍、邮和亭舍。传舍是邮传制度的组成部分，据文献记载，传舍除具有传送各种公文的职能外，还要为官吏以及朝廷征聘的贤人无偿提供食宿。传舍中有喂养牲口的厩置，并且养有马匹，为官员提供交通工具。传舍具有浓厚的官方色彩，只有政府官员和皇帝征聘的人才有资格入住传舍，而且必须有传信或其他官方证明才能入住。不过政府高级官员的家属出行也能得到传舍接待。邮也是传递政府公文的机构，和传舍一样负有为政府官员提供食宿的职责。亭以“司奸盗”为基本职能，但同时也是旅舍。逆旅或私馆是私人开办的旅舍。汉代的私人旅舍有两

驿使

敦煌壁画

种：一种是非赢利性质的，由有钱而又好养食客的达官贵人开设，这类宾馆在先秦即已存在，如战国四公子都专门盖有这样的客馆。更常见的则是收取费用的私馆，开设者既有一般百姓也有达官贵人。东汉中期，张楷在河南郡梁县讲学，来听课的人很多，富豪贵族人家见有利可图，就在街边盖起房子，作为饭馆旅社。

魏晋南北朝时期的旅舍主要有三种：一是政府主办的传统的传舍驿亭，二是私人开设的逆旅客舍，三是遍布各地的寺庙。传舍驿亭供官员出行及官府文书传递人员使用。《晋书》卷五五《潘岳传》记载当时私人开办的逆旅“冬有温庐，夏有凉荫”，住宿环境舒适，服务十分周到，投宿离店都很方便，分布也很广泛。这一时期，佛教兴盛，寺院的规模和经济实力都很强，而且环境清静、文化气息浓厚，十分符合士大夫们的口味，因此直到清代投宿寺庙都是许多出行在外的读书人的首选。旅行饮食主要通过两种方式解决：一是自带干粮；二是到旅舍和各类饮食店购买。自带的干粮主要是炒面、锅巴、面饼等。炒面是一种炒熟的面粉，用水冲泡即可食用，是一种传统的旅途食品。锅巴是煮饭烧焦的食物，可能不是很普遍。面饼则更常见、更方便，随时随地都可购买食用。副食主要是肉干、鱼干等便于携带且不易变质的食物。私人开办的逆旅、客店为出行者供应食物，也可以提供炊具，由旅人自己烹煮。

关山行旅图（局部）
明 · 戴进

宋代行旅者在旅途中用餐，大致也是这两种解决方法：自带干粮和在外面饮食店或旅馆中饮食。值得一提的是，宋代地方官员对主要道路上的行人饮水问题非常重视。如丹徒县令蒋圆便组织人力，在辖区道路两旁开凿了九十二眼井泉，后人感激他，称之为蒋公泉。宋代路边的饮食店非常发达，为行人提供了方便，即使是在荒山野岭，也有为旅客提供服务的无名小店。陆游在《十一月上七日蔬饭骡岭小店诗》中写道：

新粳炊饭白胜玉，枯松作薪香出屋；
冰蔬雪菌竞登盘，瓦钵毡巾俱不俗。

晓途微雨压征尘，午店清泉带修竹。
建溪小春初出碾，一碗细乳浮银粟。
老来畏酒厌刍豢，却喜今朝食无肉。
尚嫌车马苦縻人，会入青云骑白鹿。

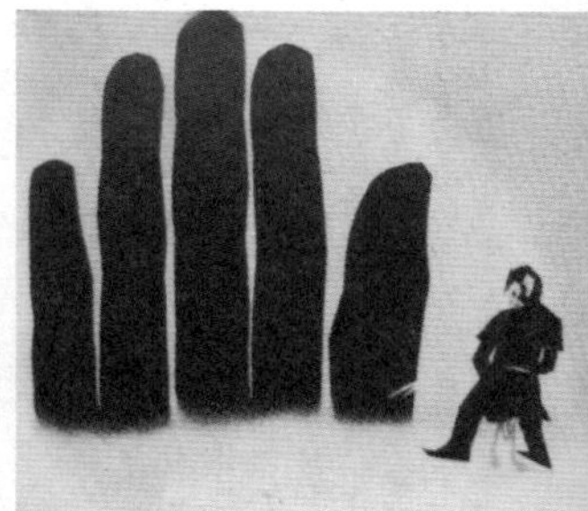
孙猴子以为到了天边，便在五行山下撒尿作标记

清代官员与百姓外出时，若要住宿，分别有驿站、旅舍供其休息。旅舍门前有圆形或方形的灯笼悬挂，用“未晚先投宿，鸡鸣早看天”之类的幡联招徕过往客人。客栈内、旅馆内有值更守夜的更夫敲梆报时，而且沿路招呼住宿者“小心火烛”、“收好财物”。

在外出旅行时，人们往往喜欢题写字句乃至诗篇以志纪念，如“某某到此一游”。吴承恩《西游记》中有这样一个细节：孙悟空大闹天宫时与如来佛斗法，跳到如来佛的手掌上驾起筋斗云，以为来到天边，便在如来佛的中指下撒尿，并题写了“老孙到此一游”的字样。这也是文学作品对现实出行旅游题记之风的艺术反映。

魏晋南北朝时期最有名的游记是北魏郦道元所著的《水经注》。郦道元是古代著名地理学家，宦游踪迹遍布天下。他每到一地，都要考察当地的风土人情、山川风物，因此给后人留下了一部包罗万象、知识丰富的《水经注》。《水经注》以水道为纲，述其源流，考其变迁，并对相关的城邑沿革、名胜古迹、山川风物、民间传说都作了详细记载，历史和文学价值都很高。汉魏六朝的文人在游山玩水感受大自然美感之余，往往用书信的形式把自己的所见所闻所想与友人、亲人分享。梁朝吴均的《与宋元思书》便是其中的佳作：

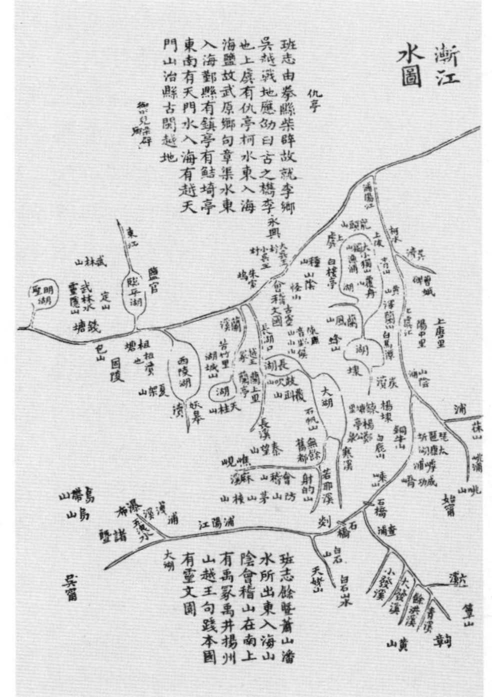

《水经注》插图

风烟俱净，天山共色。从流飘荡，任意东西。自富阳至桐庐，一百许里，奇山异水，天下独绝。水皆缥碧，千丈见底；游鱼细石，直视无碍。急流甚箭，猛浪若奔。夹岸高山，皆生寒树，负势竞上，互相轩邈，争高直指，千百成峰。泉水激石，泠泠作响。好鸟相鸣，嘤嘤成韵。蝉则千转不穷，猿则百叫无绝。鸢飞戾天者，望峰息心；经纶世务者，窥谷忘反。横柯上蔽，在昼犹昏；疏条交映，有时见日。

峰下醉吟图(局部)
明·徐贲

题壁古已有之，但以唐朝最盛。官府衙门、庙宇寺观、酒家娼肆，甚至寻常人家的墙壁、岩石、树木，都有人在其上留“墨宝”。唐宪宗元和四年，元稹以监察御史的身份出使东川，途中投宿骆口驿，见房间东壁、北壁上有题名、题诗，于是作诗记此事曰：“邮亭壁上数行字，崔李题名王白诗。尽日无人共言语，不离墙下至行时。”白居易知道后唱和道：“拙诗在壁无人爱，鸟污苔侵文字残。唯有多情元侍御，绣衣不惜拂尘看。”其实唐代所谓题壁并不是题写在墙壁上，而是先写在“诗板”上，然后在墙壁上挂起来。馆驿和寺观往往备有诗板，供往来文人题写。题记多了也有不少笑话，如沈括《梦溪笔谈》卷二三《讥谑》记载：“有一故相远派在姑苏，有嬉游，书其壁曰：‘大丞相再从侄某尝游。’有士人李璋，素好讪谑，题其傍曰：‘混元皇帝三十七代孙李璋继至。’”清代，上自帝王，下至官员文士，也喜好用诗文或题记、对联，作为行旅的纪念。康熙皇帝在游览少林寺后，曾御书一联：“大地山河归宝掌，中天日月绕金轮 。”乾隆皇帝更是到处题字赋诗。刘锷的《老残游记》则是晚清的记游佳作。

出行归来，亲朋家人往往设宴庆贺，表示“洗尘”，这是行旅文化中的最后一个重要习俗。在唐代，送人出行为饯别，而接风洗尘则称为“软脚”或“软脚局”。所谓软脚就是摆酒设宴款待经过长途跋涉到达目的地的行人，使其疲惫的双脚得以放松休息。在敦煌写本中，就有“归宅亲故来软脚，开筵列馔广铺陈”的句子。在宋代，当行人到达目的地后，也有软脚和洗尘的仪式。如陈与义《赠漳州守綦叔厚》的诗中写道：“绳床相对有今日，剩醉斋中软脚春。”并解释说：漳州守綦叔厚冒着霜雪于十二月到郡，恰好公库所造的腊酒酿成，于是命名为“软脚春”。洗尘又称洗泥，与软脚一样，也是设宴招待远方的客人。子曰：“有朋自远方来，不亦乐乎！”往往设酒杀鸡，准备酒食招待客人，为客人接风洗尘，庆贺旅途的顺利结束。因此归心似箭的游子们，往往会醉倒在家门口。

第五章 生产经营习俗

生产经营风俗是社会风俗中的一个重要内容，习惯上划分为农业、畜牧业、渔林业、手工业、商业等。这些各具特色的生产经营，共同构成了一幅绚丽多彩的中国社会风俗画面。

中华民族的农业风俗源远流长。原始农业以种植业为主，南方种植水稻，北方种植粟黍，黄河长江流域是中国农业文明的摇篮。牛耕在北方最早出现，耦耕在西周已成为普遍的耕作方式。秦汉时期实行“重农抑商”的政策，形成了各种农事风俗，出现了农业神崇拜、农业生产禁忌以及对自然灾害的趋避之俗。魏晋南北朝时期出现了对农业生产经验的理论总结著作。隋唐五代时流行“占卜年成”的农业风俗，宋元时期耕耘风俗有了新的变化，民间流行祭祀田神、春祈秋报等习俗。明清时期的农事活动安排更为科学合理，出现了农副业一体化经营的趋势。

驯化动物是畜牧业的发轫，原始先民依次驯化了犬、猪、牛、马、羊、鸡、鹿、象等。夏商周时期还设立了专门的畜牧管理机构及官员。秦汉以降，中原地区的家庭畜牧业迅速发展。唐朝牧马业最发达，总结出了一些经验。明清时期大牲畜的饲养量减少，南方以牛、鸡、鸭等为主，北方以猪、牛、马等为主。

先秦时期的渔业主要分布在沿海和江淮以南。捕鱼工具有罾、罩、网、弓、矛等，捕鱼技术有钓、罩、网、刺、射等。隋唐时期形成了一整套鱼类繁殖、饲养、储藏、出售的习俗。清代太湖、杭嘉湖区、珠江三角洲等地成了最重要的淡水养殖区，沿海一带则有天然的海洋渔场，定期捕捞。

原始的手工业，只能制造一些简陋的石器、木器、陶器等，随后玉器、壳器、骨器、角器、牙器、铜器制作等相继出现，人工冶铁出现在商代晚期，春秋战国后银器制作较为普遍。先秦时期，能工巧匠辈出，但工商业者被官府控制。秦汉时期，手工业被视为“末业”，但在许多行业中出现了一些富可敌国的大商人。魏晋时期，官方垄断了一些关系国计民生的重要行业，手工业者称为“百工”。隋唐时期，商人地位呈上升趋势，民间手工业规模大，做工精，垄断技术，世代相传。宋元时期，海外贸易较为发达。明代行业神崇拜日渐隆盛。至清初由于匠籍制度的废除，手工业者得到解放，民间拜师祭祖习俗流行，但在技艺传授方面仍未摆脱家长制、师徒制、传男不传女等陋习。

一、三业溯源

中国是个农业国家，远古时代农业的出现，开辟了人类生产发展史上的新纪元。国家产生以后，“重农”、“以农为本”很自然地成为历朝历代的根本国策。远古至三代，中国人的生产活动大致形成采集、狩（渔）猎、农业、畜牧业、手工业等五大形态或习俗倾向，其中以农业、畜牧业和手工业三大行业为主。

稻粒 新石器时代

中国原始农业早在距今八九千年以前就在某些地区产生了，水稻、黍、粟等许多农作物都是中国人首先栽培的。原始农业以种植业为主，南方大多种植水稻，北方大多种植粟、黍，黄河流域则是中国农业文化的摇篮。中国原始农业的起源，是在采集、培育野生植物的过程中逐渐形成的。在一些少数民族地区，尚可发现女性作为农业发明者的社会痕迹。如云南芒人在收割时，必须由妇女首先开镰。佤族收割后尝鲜，必须由老年妇女首先动筷子。不过在远古传说中，农业的发明者不是妇女，而是一些男性，一说是后稷发明了农业，一说是神农氏尝百草发明了农业。原始农业产生之后，耕作技术水平逐步提高，农作物的品种也日渐繁多。到了商朝，农作物种类已很丰富，大致有黍、稷（粟）、麦（大、小麦）、菽（豆）、麻、稻等。此外，还出现了桑、檀、松、桐、梓、漆、棘、桃、樱桃、梅等树种。随着农作物栽培经验的积累，用于指导耕作的农事节令也开始出现。人们“日出而作，日落而息，凿井而饮，耕田而食”，在农业生产的实践过程中，出现了一定的生产风俗与信仰，其中有天文历象之说、年岁与四时耕作的季候关系、禳灾求雨等古老的农业祭祀典礼等。干支纪日的发明是农业生产活动史上的一个重大进步。当时已经把一年分春、秋两季，产生了“日”、“夕”两个时间单位，采用“干支纪日”方法来配合农业生产。“干”有甲、乙、丙、丁、戊、己、庚、辛、壬、癸十个，“支”有子、丑、寅、卯、辰、巳、午、未、申、酉、戌、亥十二个，甲骨文中已出现干支表。这种“干支纪日法”后来也广泛用于纪年，如甲子年、岁在庚午等，称为“干支纪年”。至今一些书画家题款仍习惯采用干支纪年法。

神农教民种五谷

云南沧源新石器岩画

早在约一万年前的新石器时代，我们的祖先就开始驯化家畜，这是畜牧业的发轫。传说伏羲氏是驯化动物的第一人。新石器时代中期以后，家畜、家禽饲养蔚然成风，至夏、商、西周时期，畜牧业发展水平已相当高。最早驯化的动物是犬，其后依次是猪、牛、羊、马。狗可能是从驯养幼狼开始的，久之成为了家犬，在中国整个新石器时代，南、北方养狗之风形成。二里头文化遗址曾发现陶塑家狗和殉狗，表明夏代存在养狗习俗。商代养狗也与日常生活之需以及殉葬、祭祀密切相关。猪为五畜之首，中国是最早驯化猪的国家。据考古发掘证实，距今约六七千年乃至一万年以前即有猪的饲养。距今6000多年的浙江河姆渡遗址曾出土了一个刻有猪纹的方陶钵，表明养猪在当时已较为普遍。河姆渡文化中也有饲养水牛的习俗。据大汶口遗址出土的家牛骸骨看，当时已出现了饲养黄牛的习俗。养牛习俗形成于夏代，商代已开始利用牛作为畜力。西周时期出现了官营的养牛业，还设“牛人”一职，专门负责管理养牛业。这时牛的用途极为广泛，凡祭祀、飨食、宾射、军事、丧事、会同、军旅、行役等，均需要用牛，由“牛人”供给。

猪纹陶缸　河姆渡出土

距今4000年左右，中国北方地区已普遍驯养马。相传“相土作乘马”，相土是商代始祖契的孙子，是商族的第三世祖先，在夏朝时已经用马驾车。相传“奚仲作车”，奚仲是夏朝的“车正”，负责制作马车，是马车的始创者。马车是家马和木车的结合体，奚仲制造马车，必须要有大量的家马驾车来作保障，由此可见夏朝的养马业具有一定的规模，养马的习俗也应当较普及。西周的养马业十分发达。《汉书·刑法志》说西周时期的百乘之家（乡大夫一级）有“戎马四百匹，兵车百乘”，千乘之家（诸侯级）有“戎马四千匹，兵车千乘”，万乘之主（天子）有“戎马四万匹，兵车万乘”，足见当时养马的规模之大。

青铜马　战国

中国养羊的历史，可上溯至新石器时代早期。商朝人对羊似乎“情有独钟”，诸多铜、玉、石、骨等艺术品都有羊的造型。这大概与姜嫄是周始祖后稷之母有关，其姓从羊女，表明她本是牧羊人部落或以羊为图腾的氏族部落的后裔。中国人最早开始养鸡，夏代已有养鸡的习俗。《周礼》的春官设有“鸡人”一职，专门负责掌管家鸡祭祀和报晓事宜。

象形铜灯 战国

我国驯象也有较长的历史。舜生活在原始社会晚期，舜死后，民用象耕田以示报答。商朝人已有驯驭象的社会风气。殷墟出土的甲骨文中有获象、直象、省象、令象的记录，获象是猎获大象，直象是赏赐大象，省象是巡看大象，令象则是驯服大象。鹿一直是古人最重要、最惯常的狩猎对象之一，"逐鹿"后来便引申为争夺天下之意。人工养鹿在西周已十分流行。

铜卧鹿 战国

石器是最早的手工制造产品，石器制造分为打制、磨制两个阶段，打制石器出现较早，只是对某些石块稍作简单加工；磨制石器始于新石器时代早期，距今已有近万年的历史。整个中国新石器时代，是磨制石器习俗发展传播的时代。夏商周三代，铜器制作工艺获得空前的传播发展，但传统的磨制石器仍然不可取代。最早的简单木器工具如木棍等，应当是适应当时采集和狩猎的需要而出现的。中国新石器时代已有木器制作业，早期的木器加工主要是用于制作农具如耒、耜等，以辅助生产。河姆渡遗址还出土一件木碗，上有生漆，这是中国迄今发现最早的漆器。后来，木器加工业又进一步发展为制造车、船等复杂的交通工具。

鱼纹彩陶盆 半坡出土

中国陶器制作技术可上溯到新石器时代早期，那时主要盛行红（砖红色）陶器或自彩的彩陶，晚期则主要流行灰陶、黑陶和蛋壳陶等。商周时期还出现了白陶和釉陶的生产工艺，釉陶又称为"原始瓷"，为后来瓷器的发展奠定了基础。大约在新石器时代中期，中国出现了制玉工艺。夏朝玉器制作业相当发达，夏后氏制作的"玉璜"堪与后来的"和氏璧"媲美，被视为至宝。殷商时代尚玉之风颇盛，上至王公贵族，下至平民百姓，生前佩带玉器，死后玉器殉葬。仅妇好墓陪葬玉器就有755件，殷墟发掘的平民墓也有许多殉玉，说明殉玉的风气在殷代非常盛行。西周时期玉器的种类已经比较丰富，《周礼·春官·大宗伯》记载："以玉作六瑞，以等邦国：王执镇圭，公执桓圭，侯执信圭，伯执躬圭，子执谷璧，男执蒲璧。"这表明当时玉器制作工艺已达到很高的水平。此外，中国人制作壳、骨、角、牙器的时间也很早，流行时间相当长。

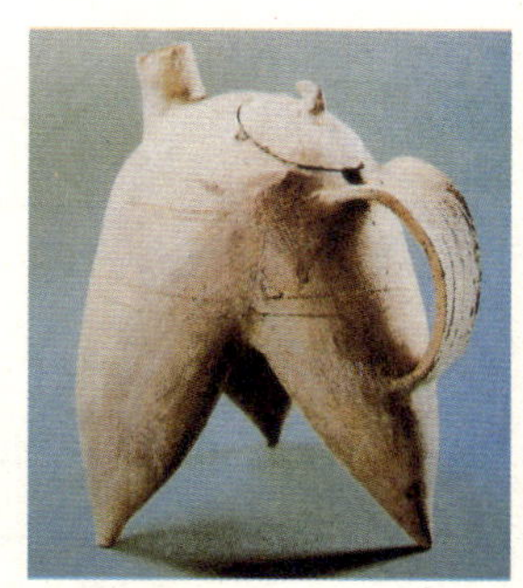

陶盉 夏

玉璜 西周

铜器制作经历了利用自然铜锻打成器和冶炼天然铜矿石锻铸

四羊铜尊　商

成器两个阶段。二里头文化发现的铜器均是青铜器，说明青铜器冶铸技艺至夏代已获得迅速的发展。商代青铜器制作已基本步入一个专业化官营的阶段。妇好墓一墓内便随葬青铜器468件，由此可见商代青铜制作业的盛大规模。中国在商代已有陨铁制品，到了西周才出现块炼铁制品。春秋战国又发明了生铁冶铸工艺、块炼铁渗碳制钢和生铁柔化处理技术，从而使铁制品迅速增加，并成为手工业中的重要部门。中国古籍所说的"金"，通常是对"铜"等金属器的泛称，有时也将黄金包括在内。传说"五帝"时期已使用黄金。银器在夏禹时使用，春秋战国后，银器制作习俗才变得较为普遍。中国的铅器制作不很发达，仅限于浇铸小件饰物，供祭祀和奉献之用。

金盏　战国

二、秦汉的农事

秦汉时期的农业是当时国家的基本产业，围绕着农业生产活动形成了富有时代特色的农业习俗。秦帝国统一后确立了封建土地私有制，促进了农业生产的发展。西汉时铁制农具普遍使用，牛耕方式广泛推广，东汉则以豪强地主的田庄经济为农业生产的主要特色。"重农抑商"是秦汉时期四个多世纪的基本国策，统治阶级认为"农安则四海安"。除在政策上对农业予以支持外，还通过行政手段对农民的生产活动进行直接指导和干预，并利用礼仪、风俗对农民进行教化，在社会上形成了"以农为本"的观念。

统治阶级对农业生产的重视，反映在农业生产习俗的引导上，具体讲，就是对立春等春耕仪式的重视上。"一年之计在于春"，秦汉人对立春节气十分重视，通常要举行隆重的迎春仪式。这一仪式被后代王朝所继承，成为一项重要的国家仪典。当然在具体的迎春礼节规定上，历朝各代有所损益。《汉书·礼仪志上》记载，立春这天早晨，京师百官穿上青衣，郡国以下的官吏头戴青帻，竖起青幡，把土牛和耕人排列到城门外，表明已到了立春的节气。皇帝还要"大赦天下"，令各级官吏谨慎从事，不要扰民

播种

和妨碍农时，刑事案件除死罪外，均要等到麦收后处理。耕人据说为男女二人，一人手中握着耒，一人拿着锄，通过举行这一仪式来“率下”劝耕，其意在于通过隆重热闹的宣传活动，提醒人们春耕开始。立土牛仪式这一春耕仪式，是官方进行劝农耕作的一项国家典礼。先秦时已经出现了立土牛的习俗，到东汉时仍存在这一风俗，河南南阳出土的“东汉桓帝延熹二年张景碑”的碑文就曾记载了这一风俗。

打春牛 《清俗纪闻》插图

籍田仪式是帝王百官为天下百姓作出农耕表率的表演仪式。官方在每年正月要祭祀农业神先农氏（即神农），祭祀结束后，皇帝率领百官到郊外来到专门的“籍田”上举行耕籍田的仪式。皇帝象征性地用耒耕三下，然后是百官按照官职的高低顺序依次耕作。籍田要播种百谷，谷物收获后要贮藏在专门的“籍田仓”里，专用于祭祀。这一仪式结束后，国家便颁布春令，督促农民及时耕种。东汉制度规定，郡国的守相在颁布春令的时候，要鸣钟作乐，大张旗鼓，意在增加宣传的力度。

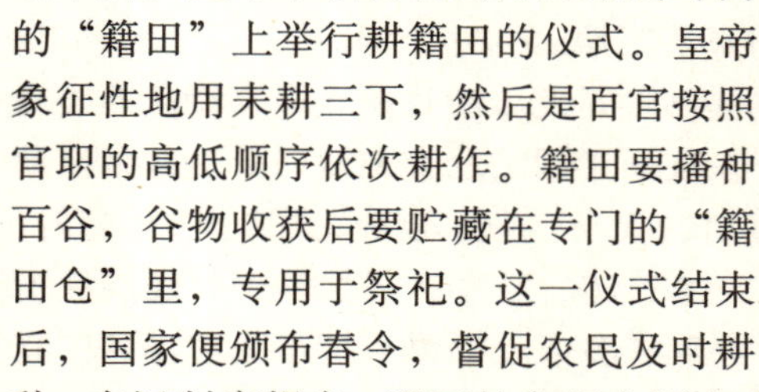

清雍正皇帝在先农坛行耕籍礼时祭祀神农

普通农家在正月也举行祭祀先穑和祖先的仪式，祈求丰收，准备开始春耕。当时南方实行“火耕水耨”的耕作方法，北方则推广了“代田法”。

三、魏晋的畜牧蚕桑

魏晋南北朝时期，是少数民族大量入迁中原、北方人民大举进入江南的一个重要历史时期，农业生产遭到前所未有的历史挑战。“逐水草而居”的游牧生活方式，给北方地区以农耕为主的生产生活方式带来了巨大冲击，产生了深远的影响。传统的“重农”开始向“重畜牧业”倾斜。

在北朝的畜牧业经济中，马、牛、羊是最主要的牲畜。少数民族行则乘马，居则穹庐，畜肉为食，奶酪为饮，毛毳为衣，畜

牧羊图 魏晋墓砖画

牧马图

狩猎图

采桑图

群和皮毛成为是他们的重要的生活依托。在日常生活中更是一日不可脱离畜牧业。缔结婚姻时男女双方都以马、牛、羊等牲畜作为聘礼。办丧事时则将死者生前的乘马、爱犬等随葬，犯了死罪也可用牲畜来赎命。牲畜如此重要，以至于北魏王朝建立后，对外战争的目标之一便是掠夺牲畜。河西牧场是北魏最大的官营牧场。孝文帝时，北魏朝廷将汉族人世代耕种的良田旷为牧场，这对中原地区的农业经营活动造成了巨大损害。这种变化给北方带来了以畜牧生活为主要内容的生活方式，胡服、胡食、胡骑、胡舞、胡曲广为流行。至今盛传不衰的《敕勒歌》："敕勒川，阴山下，天似穹庐，笼盖四野。天苍苍，野茫茫，风吹草低见牛羊。"就是当时畜牧业生产兴旺发达和北方人民放牧生活方式的真实写照。

围猎活动是北方游牧民族最富特色的娱乐活动。在牧场辽阔的北方地区，骑射狩猎活动最受人们的欢迎。匈奴人崇尚武力，长于骑射，鲜卑、乌桓、羌、敕勒、柔然等少数民族莫不如此。史载许多帝王都曾举行过大规模的围猎活动，参加围猎的人数由数千到数万不等，围场范围广达数十里，甚至数百里；时间上也是数日到数十日不等。围猎先由铁骑健儿驱动鹰犬合围，将猎物驱赶到预定的猎场中，参加者同时围猎，或射或刺，将围场中的猎物一网打尽。皇家围猎的主要目的是为了训练军队，操练将士，宣扬军威，猎物则在其次。围猎在北魏贵族阶层中盛行一时，北魏诸王贵族围猎行乐的记载不胜枚举。在南方，狩猎也是一种常见的娱乐活动。如孙权专门制作了射虎车外出狩猎，南梁大将曹景宗最喜欢追奔逐鹿。

魏曹以来的封建王朝，先后实行屯田制、占田制来发展农业生产，户调式的征税标准是丁男每年要交纳调绢三匹，棉三斤。调的征收主要以丝织品为主。政策上的刺激促使民间的丝织业得到较快发展，供应丝织原料的种桑、养蚕，亦随之得到了政府、民间的高度重视。南北各政权的统治者都有督

民种桑的诏令，在出土的魏晋画像砖上就有女子采桑图。为了加强对养蚕的重视，封建政权不时举行各种仪式，以加强宣传力度，如由皇后亲自主持的“亲桑之礼”，就是用来强化各级官吏和百姓对种桑养蚕的重视。据载南朝大明三年（459）十一月，专门在建康城的西郊建造了一座皇后亲蚕之宫，次年三月，皇后率六宫嫔妃在亲蚕之宫举行了亲桑之礼，皇太后也参加观礼，孝武帝特为此下诏鼓励养蚕。母仪天下的皇后以身作则，对蚕桑事业的发展起到了积极的推动作用。

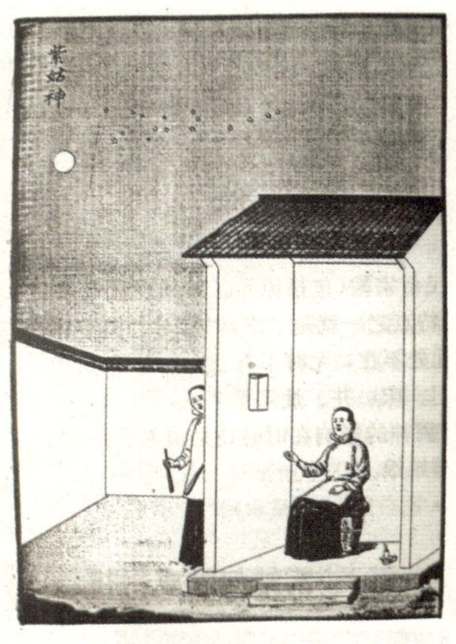

厕神

东晋南朝时期，纺织业比较发达。在民间蚕桑业不断发展的情况下，一些独特的祭祀蚕神风俗得以形成。如荆州一带正月十五有祭门户之俗。《齐谐记》说：“正月半，有神降陈氏之宅，云：‘我是蚕神，若能见祭，当令蚕桑百倍。’”“其法，先以杨枝插于左右门上，随杨枝所指，乃以酒脯饮食及豆粥、糕糜插箸而祭之。”吴地有“白膏粥”的风俗。《续齐谐记》说在正月十五那天，“作白粥，泛膏于上”，用它祭祀蚕神，可保佑蚕桑丰产。这一传说的流传范围很广，影响也比较大。流传到荆楚一带后，又演变成“为蚕逐鼠”的仪式。山东地区则在正月初八或十五蒸面茧祭蚕神。

紫姑也是蚕神之一，荆楚一带有正月十五晚上迎紫姑以卜蚕桑是否兴旺的风俗。据《异苑》载，紫姑是大户人家的小妾，“为大妇所妒”，被逼而死于正月十五。人们对紫姑的不幸给予了无限的同情，赋予她神奇的法力，从而使紫姑成为保佑蚕桑兴旺、万事顺遂的神灵。由于她死在厕所内，后来紫姑又演变成了“厕神”。

四、唐代百工

隋唐时期无论官营私营的手工业都门类全、分工细，达到了相当高的水平。官方手工制造业主要由少府监和将作监负责，少府监总管百工，其下又有详细分工，如少府监的尚署负责各种乘舆器玩、中宫服饰等制作，左尚署负责制造车辇、器仗、弩戟、蜡烛等，织染署负责皇宫以及百官的冠冕，掌冶署负责冶炼熔铸铜铁器物，铸钱监负责熔铸钱币。据记载，仅在纺织业“织衽之作”中的“练染之作”，就有青、绛、黄、白、皂、紫六种分工。官营手工业是封建作坊性质，产品不出卖，主要是供给宫廷贵族、官府等消费与使用。民间私营手工业非常繁荣，技术高超，规模也

阿拉伯金币 西安出土

商人遇盗图　唐敦煌壁画

较大。如定州的大富豪何明远从事丝织品的生产，家里绫机就有500张。琼州刺史韦公幹家里开办了拥有400女奴的手工作坊，不但门庭若市，分工细密，而且有严格的考核制度，史载“其家如市，日考月课”。以车工为例，制车工艺纷繁复杂，分工细密，轮、辕、辐、毂等各由专人负责，各有定价。制造业的兴盛，促进了这一时期的商业繁荣。当时各大都会如长安、洛阳、扬州等，都是闻名世界的大城市。唐代的纺织、冶铸、瓷器业比较著名。手工业者的社会地位也得到了空前提高，礼部侍郎薛昭纬曾在一首诗中写道：“早知文字多辛苦，悔不当初学冶银。”特别是江淮一带，从事工商已成为一种风气。诗人姚合在诗中也记述了这种“从商热”风俗：“客行野田间，比屋皆闭户。借问屋中人，尽去作商贾。”商业的繁荣，促进了对外贸易的发展，其中陶瓷器为海外贸易的主要物品。扬州考古发掘中，陶瓷器出土最多，并在扬州古河道发掘出来两条唐代古船，中间有隔仓，舱内残留漆器、碎瓷器等。这些瓷器主要是碗、盏、盘、罐等日用器皿，多数产于民窑，官窑的瓷器很少，这反映了当时民间手工业的发达。

青釉凤头龙柄壶　唐

工商制造业是家庭或家族式的垄断经营方式。民间和官营手工业作坊内，都是如此。北海人李清世代从事印染业，后来他离家去学道，66年之后回到家乡，发现他的后代们仍然在从事祖传的印染业。亳州只有两家人能够生产一种轻纱，为了防止技术外传，这两户人家300多年世代缔结婚姻。诗人元稹曾亲眼见过工商业户家里有终身不出嫁的老姑娘，并在《织妇词》里感慨道：“东家头白双女儿，为借挑纹嫁不得。”即使凿井这类的工匠活，也是父子相

捣练图（局部）　唐·张萱

银茶碾子和银茶罗子　唐

传。百工技艺的传授，除父子相传之外，还有师徒相授的传授技艺方式，从事学习的时间长短不一，但总不会轻易外传，而且师傅在传授技艺时总要习惯性地留下一手绝活作为防身养老之计。“教会徒弟，饿死师傅”的民谚大概这时已广为流传。但也有一些手工技术很快得到传播，如唐玄宗的姬妾柳婕妤之妹有“夹缬印染”工艺，柳婕妤在一次过生日的时候，把妹妹送给她的这种布匹献给了王皇后，玄宗大为赞赏，便命令宫中按照其法制作，后来这种技术泄露出去，很快传遍天下。薛兼训担任江东节制的时候，为了学到北方的纺织技术，便招募军中没有结婚的士兵，暗中命令他们到江北地区专门娶那些“织妇”回来，一年之间就娶得北方“织妇”数百人，越人不善于机杼纺织的历史便很快结束，后来成为纺织业发达的地区之一。

当时在手工业中还盛行一种“物勒工名”的风俗。所谓“物勒工名”就是把工匠的名姓题写在他所制造的物品之上，以作为检查、复核的凭证。物勒工名之俗，是中国手工业生产中出现较早的一种习俗，秦汉之前即已出现。唐朝制度明确规定，制造弓矢、长刀，官府预先做好样式，但仍题写制造工匠的姓名，听任买卖。兵器以外的手工业产品，都要题写工匠的名姓。物勒工名，既可以宣传工商业者的名号，防止侵权，又是对工商业者劳动成果的一种社会尊重，类似今天的专利。法门寺地宫金银器中，银茶碾子和银茶罗子上都有工匠的姓名。西安南郊何家村窖藏出土的高足杯上刻有“马舍”，陕西耀县柳林背阴村出土的银碗和银碟上也都刻有姓名。

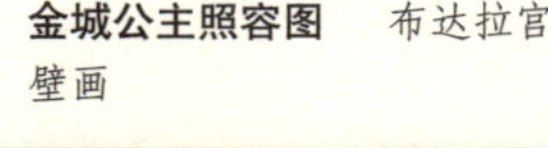

金城公主照容图　布达拉宫壁画

这时候许多手工艺者的技艺已达炉火纯青之境界。南海郡贡岭南有一个14岁的卢眉娘，微雕技术精巧无比，能在一尺的绢上绣《法华经》。卢眉娘后来成为女道士，号称“逍遥大师”，《全唐诗》卷八六三中收录了她的三首诗。唐朝最著名的工艺家当属东海人马待封，约生活在713—741年间，有“唐代鲁班”之誉。他曾改造了皇帝法驾使用的指南车、记里鼓、相风鸟等，还制造了酒山、扑

满、欹器，备极工巧。酒山机关遍布，能自动斟酒，如果饮酒者迟缓，就会有一位木刻的酒使者从阁门里面走出来催酒。

唐代私营手工业的发展受到官方的压制和阻碍。在工商业各部门之间，还出现了各种行会组织。行会有行头、行首等，负责规范和监督本行“行人”的交易行为，维护合法的交易秩序。唐宋以来许多手工业如木作、砖瓦作、石作、竹柳作等，都有自己的行会组织。这种行会到明清时转化为行帮，行业神祇也应运而生。每一行都有自己的祖师即行业神，如木、石、泥瓦行奉鲁班为祖师，酒业奉杜康为行业神，茶业供奉陆羽，菹（醋）业奉祀蔡邕，蔬菜种植业奉祀的是“紫相公”。甚至在妓女行业也有行业神。据说管仲是娼妓制度的创始人，后来娼妓都把管仲尊奉为自己的行业神，虔诚供奉，以保佑自己生意兴盛，门庭若市。妓女们奉祀的另一个神叫“白眉神”，又叫“百眉神”、“袄神”，相貌十分魁武，长髯飘飘，骑马挎刀，白眉毛，红眼睛，妓女们都虔诚敬奉。据说妓女们第一次接客，必与嫖客同拜此神，然后定情，这个风俗无论南京、北京都有。妓女们还崇拜“五大仙”，被尊崇为“仙家”的五种动物是：刺猬、老鼠、鳖、黄鼠狼、蛇。“五大仙”由妓院老鸨专门设一个密室敬奉。妓女和老鸨都认为生意的兴衰、个人的平安吉凶都由“五大仙”来决定。

五、两宋的服务业

指南针、印刷术、造纸是宋代手工业高度发达的文明标志。宋代工商业的发达，促进了城市的繁荣，为市民生活消费服务的各项服务业也很快发展起来。宋代的所谓“服务业”，当然与现代服务业有很大区别，大体是指饮食业、运输业以及各种为生产和生活服务的行业。宋代是封建社会里商业经济发达的一个时期，两宋的服务业不但生意兴隆，习俗也别具特色。

饮食业是宋代城市的发达行业之一，门类繁多，服务规范，而且日趋专业化，穿着职业服装，各有行规，各有行业特色。食店规模较大的名为“分茶”，供应的食物品种丰富，各店有前后庭院、东西廊厅。客人坐定，即有一店仆拿着纸单（犹如今之菜单），请客人点菜。店仆记下后，走到厨局内，“从头唱念，报与局内”。掌勺者称为“铛头”、“着案”，一会儿便将各种菜肴做好，由“行菜者”将菜端给客人。如果送菜出错，主人对“行菜者”轻则责骂，重则罚工钱、驱逐出店。酒店内大多张帖悬挂一些名人字画，供

客人消遣。

酒肆以卖酒为主，也兼营佐酒食品，酒菜甚佳。《梦粱录》卷十六记载，酒肆百物俱备，宾至如归。大型酒店称为“正店”，自己造酒、卖酒，甚至通宵营业，北宋东京有名的正店有72户，都集中在城市。小酒店有“脚店”、“拍户酒店”，比比皆是。京师高档酒店多为装饰豪华的酒楼，门口皆设有彩楼戏门，进去是数十步的长廊，南北两廊都是小酒阁，晚上灯烛辉煌，浓妆妓女聚集在主廊，等待酒客呼唤。北宋时流行“以妓卖酒”之俗。在王安石变法时，分领到“青苗钱”的百姓往往禁不住酒店门前卖酒妓女的诱惑而去饮酒。南宋时妓女坐店作乐卖酒更成为当时风俗时尚，几乎所有的官营酒肆门前都有妓女在招徕顾客。

清明上河图（局部）
宋 · 张择端

茶坊与酒肆一样遍布城乡，上自官府，下至民间，都喜欢饮茶。据《都城纪胜》、《梦粱录》记载：大茶坊张挂名人字画，文化气息浓郁，摆放四时花卉，美化环境。茶坊有着消闲、娱乐、聚会、交流信息的综合功能。大凡茶楼的主顾，多为富家子弟、诸司当差人员，他们在此习学乐器、唱叫、会聚，称为“挂牌儿”。有一种“花茶坊”，楼上设有妓女，专门为茶客服务。清新雅洁的茶坊，是一些士大夫邀朋约友、休闲娱乐的会聚之处。都市中还有提着茶瓶器皿沿街叫卖的卖茶者，他们负责传递市情消息等。如果邻里有吉凶之事，他们为其“往来传语”，量力帮工协助，或帮助凑集人情份儿。

鲁智深拳打镇关西

与市民饮食生产息息相关的肉、鱼、米等行业也很兴旺。东京肉行服务周到，生肉、熟肉“从便索唤”，不论顾客需要多少，即使不过数钱，也要认真按数割卖，非常敬业。案前操刀者大都有几人，顾客随便点要，虽然肉市人声喧哗 ，但卖者“听其分寸，略无错误”。从《水浒传》中“鲁提辖拳打镇关西”的精彩描写，可以看出号称“镇

货郎图（局部） 宋·李嵩

关西”的郑屠夫切肉的刀技确实非凡，无论精肉、肥肉，他都能够切成细密如雨丝的臊子。东京的鱼行也非常热闹。据《东京梦华录》记载，卖生鱼者则用浅抱桶，以柳叶串浸于清水中，有的按固定的街道路线叫卖，有的走街串巷吆喝，非常方便。每天运进的鲜鱼就有数千担。冬天从黄河等远处运鱼来，称为“车鱼”。杭州鱼铺不下一二百家，备有各类鲜鱼及鱼制品。

南宋杭州城“米市”的生意最为兴隆，这些米都由铺户发售。铺户之米由米行转发，米行负责为铺户与贩米客商“做价”，铺家约定日子，支付米钱。其他如药店、邸店、塌房、书肆、金银铺、水果行等各有本行业的经营习俗，诸行各有自己的民俗标志，人们根据买卖人的衣着打扮和商业标识，便知其人从事的行业，如货郎鼓是沿街叫卖日常百货的小商贩的标识。

北宋东京、南宋临安的城市人口都超过了100万，火灾是威胁城市居民的第一大隐患。为了防止火灾和救助受灾者，宋代大城市中都有相应的防火俗规和防火措施，消防器材较为完备，有专职的消防人员，专门的消防机构。东京组织了“潜火队”（即消防队），救火人员由军队充任，一有火情全体出动，扑灭为止。在城中高处建“望火楼”，楼上常有人瞭望，楼下屯驻救火人员，备有救火工具，如大小桶、洒子、麻搭、斧锯、梯子、火叉、大索、铁猫儿之类。城内设有专门报火警的快马，称为“望火马”，为了防止火灾发生，京师有严格的灯火管制习俗，临近半夜，即要求熄灭灯烛，如果士庶人家要作斋醮或进行祭祀活动，需预先告知厢吏，以便有所防范。万一发生火灾，救火队伍可以不给官吏让道，以便快速赶到现场。

宋徽宗私访名妓李师师

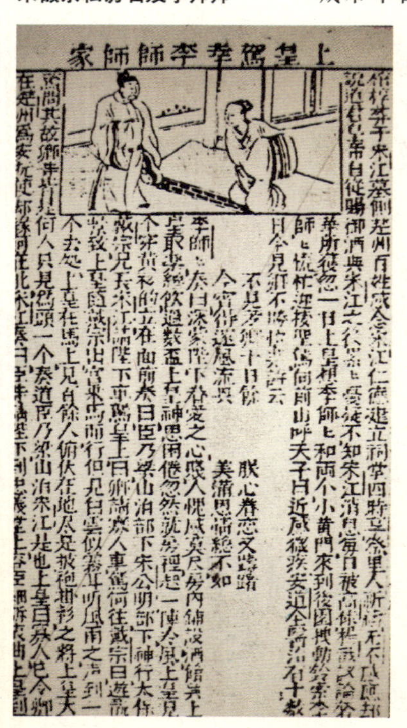

上皇幸李師師家

两宋京城已出现了专门帮办礼席的服务机构“四司六局”，犹如今天的“红白理事会”，城市乡下均可雇请这种特别服务机构。当事人家每遇喜事或丧事，就出钱雇请“四司六局”的人员来帮助处理一应事务，雇主不需要劳神费脑，经济实惠，十分方便。四司六局服务人员，各有分工，各司其职，收费公平合理。事情顺利办完后分赏时，有一定的领赏次序，如先厨子，次茶酒，再次是乐人。四司六局上门服务，便利了京城居民，是宋

眼药酸 宋杂剧绢画

大相国寺听评话

代服务业发达的产物，故当时京师有一句俗谚：“烧香点茶，挂画插花，四般闲事，不宜累家。”

城市的雇佣业也较发达。牙行是宋代城市出现的劳动服务中介行业，专门介绍佣工。牙行将零散的劳动人手加以统一安排，凡需要雇请人力及差役的店铺、贵家、官员、诸司部门均与有关牙行接洽，牙行为其提供雇工来源。牙行提供的人力较为可靠，雇主信赖牙行，如出现雇工携物逃跑等不轨行为，牙行与原地脚保负责找寻，并负责赔偿雇主的损失。

后世的夜市

娱乐服务是城市生活中的重要服务行业。《东京梦华录》卷五记载，伎乐服务在京师颇为走俏，瓦舍勾栏、酒楼茶坊、花街柳巷，无处不鼓乐歌唱。教坊是官办伎乐服务机构，分部、色管理，诸部分别穿紫、绯、绿三色宽衫。小儿队、女童采莲队等，既在节日表演，也为官府大礼、庆典活动服务。伎乐杂剧作一些搞笑的表演，供市民取乐。有时伎乐人员在皇帝面前表演，还婉转规谏，成为一种特别习俗。城市妓女往往色艺双全，分为官妓、私妓，充斥京师。名妓李师师声动京师，甚至连宋徽宗也出宫来与她约会。此外还有“百戏踢弄家”、“说话者”等，为城市居民提供经常性的娱乐服务。

宋代城市商业发达的标志之一是夜市。夜市不仅时间长，而且规模庞大，交易内容丰富，成为都市民俗的一大奇观。庙市是伴随着庙会活动而形成的交易习俗，在各地都有规模不等的庙市存在。东京寺院、道观经常举办一些祠祭活动，为庙市提供了交易时机和交易场所。东京庙会，以相国寺庙会为最。相国寺地处闹市中心，为东京第一大寺，寺内场地宽阔，每月朔（初一）、望（十五）、三（初三、十三、二十三）、八（初八、十八、二十八）日开放。相国寺成为定期性的商业市场，不仅出售各类工商业者提供的日常用品，而且也出卖罢职官员的家藏物品，自由买卖，公平交易。当时的相国寺因此号称“破脏（赃）所”。众多的庙会以传统的民俗节日为依托，形成了专门的交易市场。届时，人头攒动，车水马龙，娱乐、交易同时展开。

春牛图 山西新绛年画

六、元代的农牧业

二十四节气是指导农业生产的科学依据。元代民间也流行以时序节令来安排农业生产，王祯《农书》对这些农事安排有详细的记载。立春日举行的一项活动是打春，又叫“鞭春”，即以鞭打土牛象征迎春，祈祷丰收。

农业娱乐风俗最重要的是春社、秋社两个节日。春、秋社祭祀牛王的活动，是社日活动的重要内容。有一首散曲描写道：“庆新春齐敲社鼓，赛牛王共击铜锣。”“牛王”指牛王庙中供奉的神牛，“赛牛王”就是农民集会祭祀牛王神的一种民间娱乐习俗。浙东的农村儿童，在春天吹梧桐叶卷成的号角，声音传遍田野，象征春天来临，春耕开始。“村南村北梧桐角，山后山前白菜花”，就是描写这时的景象。

农牧争地一直是元代的重要问题。游牧和狩猎是蒙古人的主要生产生活活动，游牧生活和四季变换有密切关系。赵珙《蒙鞑备录》记载说，在草原上，每一个首领根据他管辖人数的多少，划定他的牧场界线，并知道四季到哪里去放牧。随冬夏季节而迁徙的流动生活，是放牧的需要。即使后来一部分蒙古人内迁到农业区以后，仍然保持着这种习俗。蒙古人长期从事游牧活动，积累了丰富的放牧经验，形成了独特的习俗。如骑乘时严格控制马的饮食，行路时不许其吃水草。蒙古人是在马背上长大的民族，骑马驾驭本领高强。小孩刚刚两三岁的时候，就

牧马 元

开始学习骑马，大人把特制的小弓给他们，教他们拉弓、射箭。妇女也都习惯于马上生活。

“马背上的民族”的最大爱好就是狩猎。成吉思汗就极其重视狩猎，他经常举行围猎，认为狩猎是人生的一大乐事。窝阔台汗也十分热衷围猎，在病重时还要出猎，竟因此死亡。元朝皇帝每年都要举行几次大规模的围猎活动，为此还建立了三处称为“凉亭”的狩猎区，把狩猎、军事和宴饮并列为国家的三件大事。蒙古人狩猎是季节性的，避免春天狩猎，以保护动物繁育，主要在秋冬时节举行。忽必烈时禁止在春夏捕猎，即使狩猎也是规模极小。狩猎多以集体形式举行。大规模的狩猎非常壮观，猎场面积广袤，参与的人数众多，时间持续很久，猎获物数目惊人，人欢马叫，一派节日气氛。蒙古族小孩第一次打猎时，要在大拇指上涂抹肉和油脂，还要举行一定的仪式。狩猎主要依靠弓、马，同时也使用其他辅助工具。蒙古人一般都热衷于养鹰，据说一只鹰捕获的猎物就可以足够一家人的食用。鹰分为白隼、黄鹰等，最珍贵的一种称为“海冬青”，只有贵族才能豢养。豹也是狩猎的重要工具。现存元代画家刘贯道所作《元世祖出猎图》，忽必烈的侍从，有的臂上擎鹰，有的与猎豹同骑马上。

元世祖出猎图 元 · 刘贯道

七、明代的农谚歌谣

明代农业生产水平有了较大提高，流传于当时民间的一些农谚歌谣，是农业生产活动的经验总结。如二十四节气歌谣和一些“杂占”歌谣，反映的往往是与农事活动紧密相关的农事耕作习俗，贯穿于农业生产活动的全过程。

二十四节气图

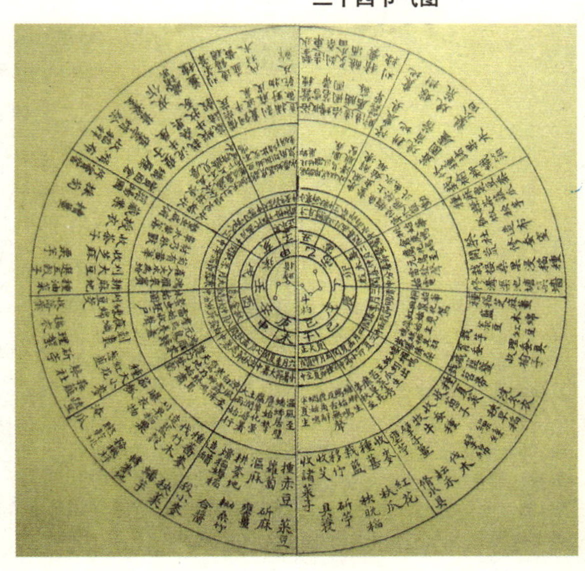

二十四节气歌谣，在明代各地区的农事耕作活动中具有重要的指导作用。人们通过节候、气象、雨雪、地温、湿度以及各种生态、物象的变化来掌握农时，进行耕耘、播种、管理、收割、贮存、运输、加工等活动。一首二十四节气歌谣，

元人笔下的耕织图

实际上描述了当时农事耕作活动的生动情景：

立春阳气转，雨水落无断。
惊蛰雷打声，春分雨水干。
清明吐麦穗，谷雨浸种忙。
立夏鹅毛住，小满打麦子。
芒种万物播，夏至做黄梅。
小暑耘收忙，大暑是伏天。
立秋收早秋，处暑雨似金。
白露白茫茫，秋分秋秀齐。
寒露育青秋，霜降一齐倒。
立冬下麦子，小雪农家闲。
大雪罱河泥，冬至河封严。
大寒办年货，小寒过大年。

明代的江南地区，还有一些结合阴晴气象等来占卜季节农事、种植、收获等的歌谣，如："雨水甘蔗节节长，春分橄榄两头黄，谷雨青梅口中香，小满枇杷已发黄，夏至杨梅红似火，大暑莲蓬水中扬，处暑石榴正开口，秋分菱角舞刀枪，霜降上山采黄柿，小雪圆眼荔枝配成双。"《升庵外集》卷十一对南方地区的农事耕作与节气习俗作了理论总结，如"霜降前一日见霜，则知清明前一日霜止；霜降后一日见霜，则知清明后一日霜止；五日十日而往，前后同占，欲出秧苗，必待霜止，每岁推验，若合符节"。在民间也有一些"杂占"的歌谣之类，可预测该年的农事耕作、收成、灾害。如"正月一鸡、二犬、三猪、四羊、五牛、六马、七人、八谷，其日晴主物育，阴则灾"；"惊蛰不杀虫，寒到五月穷"，"南风吹过北，有钱籴无谷。北风吹过南，无钱也去担"；"夏至在月头，一吃一边愁。夏至在月中，愁杀粜谷翁。是日又宜雨，为秋熟之兆"；"雨打元宵灯，早禾一束稿"；"其年三白，来年多丰"等等。这些杂占民谣，是对农事耕作生产习俗的规律总结，广大百姓对此世代口碑传承不替，深信不疑。它对农事也确有某种指导意义。

琅琅上口、通俗易懂的农谚，不但在明代广泛流行于民间，而且大部分流传至今，对今天的农事活动仍具有指导和借鉴意义。《便民图纂》卷一中的《农务女红竹枝词》，是最具典型的一部"农谚大全"，其文如下：

三月清明浸种天，去年包裹到今年；
日浸夜收常看管，只等芽长撒下田。浸种。
翻耕须是力勤劳，才听鸡啼便出郊；
耙得了时还要耖，工程限定在明朝。耕田。
耙过还须耖一番，田中泥块要匀摊；
摊得好时秧好插，摊弗匀时插也难。耖田。
初发秧苗未长成，撒来田里要均平；
还愁鸟雀飞来吃，密密将灰盖一层。布种。
稻禾全靠粪烧根，豆饼河泥下得匀；
要利还须着本做，多收多是本多人。下壅。
芒种才交插莳完，何须劳动劝农官；
今年觉似常年早，落得全家尽喜欢。插莳。
草在田中没要留，稻根须用扬扒搜；
扬过两遭耘又到，农夫气力最难偷。扬田。
扬过秧来又要耘，秧边宿草莫留根；
治田便是治民法，恶个祛除善个存。耘田。
脚痛腰酸晓夜忙，田头车戽响浪浪；
高田车进低田出，只愿高低不做荒。车戽。
无雨无风斫稻天，斫归场上便心宽；
收成须趁清明好，柴也干时米也干。收割。
连枷拍拍稻铺场，打落将来风里扬；
芒头秕谷齐扬去，粒粒珍珠著斗量。打稻。
大小人家尽有收，盘工做来弗停留；
山歌唱起齐声和，快活方知在后头。牵砻。
大熟之年处处同，田家米臼弗停舂；
行到前村并后巷，只闲筛箕闹丛丛。舂碓。
秋成先要纳官粮，好米将来送上仓；
销过青田方是了，别无私债挂心肠。上仓。
今岁秋成分外多，更兼官府没差科；
大家吃得醺醺醉，老瓦盆边拍手歌。田家乐。

农家庆祝丰收

八、清代的商业风俗

清代是中国最后一个封建王朝，康熙中期以后手工业生产发展迅速，形成了很多商业城市，如北京、南京、苏州、杭州等，农

卖鸭蛋图

贩骡马图

村市场发展也很快，各种以商业贸易为依托的风俗习惯也逐步形成。

行商多挑着货担，走街串户，赶集赴市，出售日常小百货，收购鸡、鸭、蛋类等。坐商已形成一定规模，有固定的铺面，由此形成了商业繁华区以及各种分门别类的“市”，如珠市、果子市、菜市等。无论哪一家坐商新店铺开市，都必有开市之庆，要在门前放鞭炮、接贺庆联、挂牌匾、赏乞儿等等，以示庆祝。挂牌匾时还要选黄道吉日。一般店铺收账都有固定日期，如端午、中秋、除夕收账，腊月二十五封账，大年初五开市。山东地区至今流行“正月初六大开市”的商业习惯。

货郎图　清·金尊年

文化娱乐色彩浓厚，行业内使用隐语，进行商业“广告”宣传，商帮行会盛行等，构成了清代商业习俗的特色。行帮商人在进行交易时，总是秘密的不让人知，或在袖筒内捏指讨价还价，或用隐语商谈价格。隐语在不同的时间和地点，含义不同，指代不同。隐语即使被外行人听到，也不知所云，不致泄漏商业秘密。商人言价时，一般不许第三者插足。在进行商品交易的时候，讨价还价的数字均用一些隐语代替，不同地区各有不同的隐语习俗。如陕西商人的隐语是一要说“么”，二要说“按”， 三要说“捎”，四要说“素”，五要说“歪” 等。东北马市交易时所用的隐语，当地称为“黑话”，如“叶气嘎”即一，“坛字嘎”即二，“品字嘎”即三，“吊字嘎”即四，“曼字嘎”即五，“挠字嘎”即六，“才字嘎”即七，“拐字嘎”即八，“欠字嘎”即九。“多少嘎”指多少钱，“不懂嘎”指外行。“能打开”指出价合理，买方能买下来；“打不开”指出价太低，卖方不答应；“拉拉开”指买方与卖方都再降降价，“匀乎匀乎”指买卖的双方各自退让一步，方能成交。“撑口袋”指帮助买方压价或帮助卖方抬价，“上托”指帮助买方压价，“撤托”指帮助卖方抬价；“盖集”指先出大价把市场价格抬起来，使别人不能成交，然后等待时机突

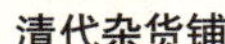
清代杂货铺

清代绸布店

然用低价买进，即现在所谓的欺行霸市、哄抬物价；“啥口”指马多大年龄，“大货”指长成的骡马，“小货”指小骡子、小马，“达子马”指从草原上贩来的烈性马，即蒙古马，“生根”指买来供屠宰用的牲畜。

商业的迅速发展，势必要出现商业竞争，在激烈的竞争中，商家便需要另辟蹊径，采取别出心裁的宣传形式，为促销自己的商品做广告。行商的商业宣传主要体现在他们流动的吆喝声和手中所拿器物发出的声响上。而坐商的商业宣传习俗是对自己的店铺进行认真修饰，并通过一些特定的装饰物或宣传品来广而告之，吸引顾客，招揽生意。这些宣传广告除了在店铺内张挂一些名人的题词字画外，字号、招牌、幌子等均包括在内。

字号是每个店铺的名字，大致分为两种：一种是将店主姓氏和店主所经营店铺的职业性质结合为一，如“烤肉张”、“豆腐李”、“馄饨侯”等；另一种是以吉祥如意、生意兴隆之类词汇命名，如“全聚德”、“瑞蚨祥”、“鸿运来”等。字号一般都以墨书写或雕刻在一块木板上，然后悬挂于店堂门额，俗称“字号牌匾”。有资格写字号牌匾的人，一般是当地比较有声望有地位的知名人士，或

盛世滋生图（局部） 清

者是文人雅士，或者是官宦名流，或者是高官显贵。

招牌是为了宣传店铺内经营的货物种类而设，其性质作用与字号牌匾类似，分为大、中、小三种规格。大者俗称“冲天招牌”，一般为木质，长方形，通常立于店铺某一侧的前方，高出铺面房，十分醒目。中者挂在店门两侧，一目了然。小者悬挂于房前檐下，犹如字号牌匾，顾客一看便知该店出售什么货物。

楹联俗称“门对”，是店铺必备的一种装饰。楹联要针对店铺的性质、字号而写，如北京豫丰烟铺的楹联是：“豫建征祥烟景丽，丰收有象雨风调。”不仅把店所卖物品（烟）巧妙地告诉了顾客，而且还将该店的字号（豫丰）藏于对联的字头，店主的文化修养、经营特色和宣传技巧由此便体现了出来。

悬挂幌子是一种由来已久的商业宣传习俗，到了清代发展得更为全面。幌子可分为四种类型：一种是实物幌，即直接将店铺所卖的货物挂在店门外。如绒线铺门外挂的绒线幌子，馒头铺窗外桌上放的馒头幌子，香烛铺门外立着的大蜡烛幌子。第二种是模型幌，即将店铺所售物品做成模型当幌子。如烟袋铺门外悬挂的巨大烟袋模型幌子，中药铺的膏药幌子，糖葫芦铺前摆放的巨大木制糖葫芦幌子。第三种是文字幌，将一两个字书于幌子上，告诉客人该店铺的经营性质及范围。如当铺用的“当”字幌，成衣铺挂的“成衣”幌，酒店茶肆悬挂的“酒”、“茶”幌。第四种是象征幌，多以与店铺经营有关的象征物作幌，约定俗成，一看便知。如颜料店以彩色木棍作幌子，粮店以木制倭瓜模型作幌子，油盐店以一个直径约一尺的锡制扁圆饼作幌子。

第六章 古代民间信仰

信仰是一种约定俗成的民间习俗，是人们的意识、心理、信念在社会生活中的反映。古代先民认为自然界万物均为有生命的灵物，即使普通的气象，也被神化加以崇拜。如他们认为自然界有主管风的风师“飞廉”，有负责降雨的雨师“屏翳”，有专门布云的云师“丰隆”，还有专门负责日出、月出的“羲和”、“望舒”。这些富有瑰丽神秘想象的名称，是古代诗歌词赋的源泉。大诗人屈原的一篇《天问》曾激发了无数后人对生命、宇宙的无限遐想。

古代民间信仰的一个最大特点就是信仰的多元性、功利性。原始先民对大自然的神秘莫测、变幻诡奇，感到不可思议，在这种既好奇又恐惧的复杂心态下，他们把祭祀和巫术作为与宇宙、祖先交流的桥梁，希望得到大自然主宰者的赐予，由此出现了自然崇拜，并由信仰万物发展到图腾崇拜，而后又发展出灵魂、祖先崇拜等。在灵魂不死、万物有灵的思想基础上，衍生出了纷繁芜杂的种种社会习俗、禁忌、信仰等。面对不可知的人生与世界，人们很自然地寄希望于一些外在神秘力量的庇佑，正如柳宗元所概括的，当个人的力量不足以达到目标时，便要幻想借助于“鬼神”的帮助来实现。因此，在古代中国，几乎是家家户户都信奉神灵。当然，这些信仰之中包含很多迷信，如风水、卜卦、八字、相面、算命、测字、符咒、扶乩、圆梦等。但是这些旧习俗中也有很多朴素的民间俗信活动，如清明祭祖、供奉祖先、龙的崇拜、张贴春联等。

世界上各个民族几乎都无例外地对神秘缥缈的“上天”保持高度虔敬的崇拜。直到今天，当人们感到震惊的时候，脱口而出的第一句话往往就是：“天啊！”敬天还表现在崇拜日月星辰、风雨雷电等。太阳神的崇拜，可以从各地林立的“日坛”祭祀大典中体现，羿射九日、嫦娥奔月、月精蟾蜍、玉兔捣药、吴刚伐桂，都是人们出于对日月的崇拜而幻想的远古神话。崇拜月亮的习俗至今流传，并发展为一个重要的传统节日“中秋”。从牛郎织女的爱情传说，还产生出了古代的“七夕”乞巧的节日。东青龙、西白虎、南朱雀、北玄武的四方神崇拜，是人们居家建房必先慎重选择的风水。金星、北斗星乃至流星，都被人们赋予了很多内涵，甚至形成了一门“星相学”。

远古先民不仅崇拜天，也崇拜地；不仅崇拜日月星辰、风雨雷电，也崇拜五岳四海、山河大川，还有鸟兽虫鱼、鬼神偶像等。天地往往并称，如“皇天后土”、“天公地母”、“社稷”，而且对地神也有专门的供奉，如对“地母”、“土地”、“城隍”、“田公田婆”、“土地娘娘”等的祭祀，就是对土地的崇拜。高山大川也是人们顶礼膜拜的对象，不但帝王渴望登临泰山封禅，祈求上天庇佑，民间百姓也信奉泰山娘娘、东岳大帝等，“泰山石敢当”的镇宅威力，至今显赫。行云布雨的龙王，保佑航海的妈祖，河伯水神山鬼，均被人们所崇奉。在富有想象力的神话体系中，还有人面蛇身的女娲、人面龙身的伏羲、黄帝、神农、观音、狐仙、四灵（龙凤龟麟）、牛王、马王、蚕神、树神，甚至许多历史人物孔子、关帝、七十二行祖师等也进入了神的行列。

在宗教信仰多元化的古代中国社会中，“不问苍生问鬼神”的态度向来为一些理性的知识分子所鄙弃。尽管古代先民对待鬼神的态度不同，或顶礼膜拜、崇奉有加，或“敬鬼神而远之”，或“不语怪力乱神”，但民间对各方神明的信仰与崇拜却始终非常繁盛，从而使中国古代社会呈现出五彩斑斓的多元信仰。

一、鬼魂崇拜

在原始社会中，先民们认为人的精气为“魂”，肉体为“魄”，而人死后虽然肉体腐烂消失，但灵魂永存。灵魂不灭、万物有灵的原始世界观是鬼魂崇拜发生、发展的主要思想基础，也由此产生了神灵崇拜和祖先崇拜。

中国大约从旧石器时代晚期开始出现灵魂不灭的原始宗教观念，如西安半坡遗址出土的瓮棺上留有供亡灵出入的小孔，便是灵魂不灭意识的具体表现。新石器时代以来，神灵崇拜和祖先崇拜经历了从不成熟到成熟，从不完善到完善的发展过程。

《礼记》中说魂灵是万物死后的魂魄，“大凡生于天地之间者皆曰命，其万物死皆曰折，人死曰鬼”。这表明当时鬼魂有善、恶之分，善鬼是正常死亡的人或对人们有益的人，恶鬼虐鬼则与之相反，是指那些有恶行或非正常死亡的人。那些不遵守氏族内部法规、有恶行而被流放或处死的人，还有那些因疾病、溺水等非正常死亡的人，他们不能按常俗埋葬，甚至不能葬入族墓地，其鬼魂便四处处游荡作祟，祸乱人间。而正常死亡者，则可在族墓地安息，鬼魂也有善的去处。这种“鬼魂分善恶”的观念至夏商时期仍流行不衰。

山顶洞人埋葬图

基于鬼魂有善恶并具有超人能力这一原始观念，原始社会的人们相信本氏族中正常死亡者的鬼魂，特别是氏族中德高望重的首领与长者的魂灵具有庇护、降福于本族在世成员的超凡之力。为了获得他们的庇佑，便借助一些巫术手段进行人鬼交流，由此逐渐产生了具有善的特征的祖灵信仰和祖先崇拜。灵魂崇拜的产生使得当时的人们相信存在一个所谓“阴间冥界”，为使本族的鬼魂有共同的归宿，人们总习惯把死者集中埋葬在一个共同的族墓地里，免得鬼魂流荡失散，或遭到氏族外其他鬼魂的侵害。许多信仰和风俗习惯就由灵魂信仰派生出来然后代代相传。

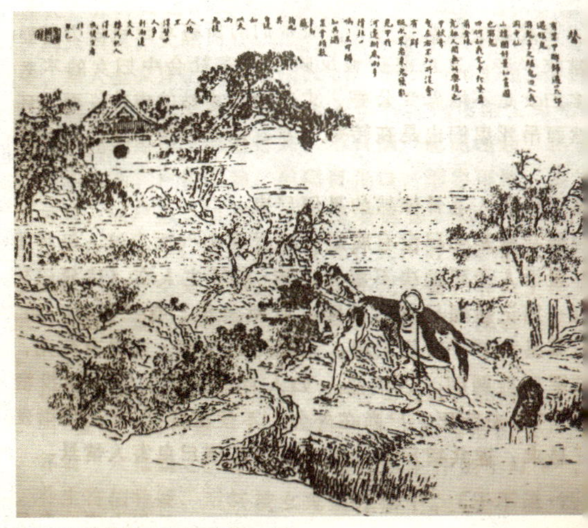

吊死鬼与溺死鬼争替身　清

“灵魂出窍”是指灵魂离开肉体后所产生的一种奇特的梦幻现象。灵魂出窍后，虽然能看到

《牡丹亭》中的柳梦梅与杜丽娘阴魂相会

亲朋好友的言行举止、喜怒哀乐，但却不能与他们交谈。《聊斋志异》中的《席方平》一文记述了席方平为报父仇而灵魂出窍，直至复仇后灵魂才附体的故事。《促织》中成名九岁的儿子也曾灵魂出窍，化身为一只勇猛善斗的蟋蟀，一年后灵魂才又重新归附本体。“勾魂”则是指招引灵魂离开肉体，阴间的鬼吏将人的灵魂带到地府，也叫“勾魂”。《夷坚甲志》卷四《郑邻再生》讲了这样一个故事：阴吏错把江东的郑邻当作处州的郑林勾到了阴府，阎王一查生死簿，郑邻还有一纪半的阳寿，只得将他送回人间。“招魂”即召唤各类因为受惊受伤而离身不归的灵魂，既可用于死者，也可以招唤生者。范成大在《桂海虞衡志》中记载了当时为远行者招魂的情景：有人出远门，家人把妇人贴身的衣服放在竹篮中，派巫师提着竹篮去寻找，在前面走着，导引其归家。

为了侍奉鬼魂，人们设立了鬼节及相应的仪式。农历七月俗称“鬼月”，七月十五日中元节俗称“鬼节”。民间相传从初一开始，阴间就会打开鬼门关，放出被禁锢的那些孤魂野鬼，让他们到阳间来接受祭祀。而人间为了免受邪祟鬼怪的侵害，也要相应地举行一些祭祀仪式，即所谓的“中元普度”，要摆设贡品，念诵经文，放河灯，焚法船，演唱“外台戏”，以讨好这些鬼魂，祈求他们不要危害人间。这个习俗始自唐代，宋代逐渐流行于民间。

三官大帝

中元节的起源，应与中国古代流行的天地祭祖有关。道教盛行后，附会传统，创立了天、地、水三官神祇。据说天官生日在正月十五日，称“上元节”，其主要职责是为人间赐福；地官生日在七月十五日，称中元节，其主要职责是为人间赦罪；水官生日在十月十五日，称为下元节，其主要职责是为人间解厄。为与道教相抗衡，佛教确定七月十五日是盂兰盆节。这是因为佛教提倡慈悲为怀，古印度雨季的三个月里，佛教规定禁止僧尼外出，据说外出容易伤害草木虫蚁，要求僧尼在寺内坐禅修学，接受供养，这段时期称为“安居期”。佛教传到中国以后，根据中国的季节变化，规定安居期为四月十六日至七月十五日。该节日的出现可能还与“目连救母”的佛教传说有关。大意是佛祖释迦牟尼的弟子

三殿寻母 《新编目连救母劝善戏文》 明刻本

释迦牟尼说法图 五代刊本

目连（又名“目犍连”），看到死去的母亲在地狱里受苦受罪，惨不忍睹，便使尽一切办法相救，均告失败，最后只好求助于佛祖。释迦牟尼说，他的母亲生前罪业很大，不是一人之力能够拯救的，并告诉目连要在七月十五日，准备好饮食百味，供养十方僧众，借助众僧之力，才可使其母亲解脱苦难。目连遵嘱照办，果然奏效。这种佛教活动，被称为“盂兰盆会”。“盂兰”是古印度梵语的音译，意为倒悬，形容亡人之苦的佛事活动；“盆”是汉语，指盛放供品的器皿；“盂兰盆”即指可以解脱先亡人的倒悬之苦。中国佛教借助儒家传统的“孝亲”观念，将七月十五日演变成了弘扬佛法的“孝亲节”，不仅受到了民间的欢迎，也得到官方的认可。各寺院于是在七月十五日举办盂兰盆会，念经超度亡灵，周围一些教民要到寺庙上供、放炮、祈祷，为祖宗赎罪，祝亡人解脱。

在民间，家家则要上坟祭奠祖先。祭奠亡人最常见的方式要数放河灯了。人们习惯在木板上放五色纸，做成各色彩灯，内点蜡烛，有的人家还要在灯上写明亡人的名讳。依据灯的漂浮状况，来判断亡魂是否得救。如果灯在水中打旋，被认为亡魂让鬼魂拖住了；如果灯在水中沉没，被认为亡魂得到拯救，已经转生投胎了；如果灯漂得很远或靠岸，被认为亡魂已经到达彼岸世界，位列天国仙班了。总之，都是良好的祝愿。

鬼的模样没有人看见，因此，围绕着鬼总有许多故事可说。清蒲松龄写的《聊斋志异》可谓是鬼怪故事的集大成。晋干宝《搜

牛头，马面

神记》有一个“宋定伯捉鬼”的故事，更是家喻户晓。人害怕鬼，鬼更害怕人，邪不压正，人们总有许多办法来破解鬼的邪术，传说鬼害怕桃木、人的中指之血、火、经书等。过去北京人有“灯下不说鬼”、“黄昏不探望病人”的风俗，可是有些时候不可避免要发生这些事情，或者为了追求刺激，故意在晚上听、说鬼故事，听众往往脊背发凉、毛骨悚然，以至于一个人竟然不敢入睡，害怕鬼怪来纠缠自己，于是就拿一本皇历书，或者用个碗之类的东西罩住灯光，据说这样就可以避免招来鬼。

有趣的是，尽管鬼总让人感到恐怖可怕，人们对鬼仍怀有一种不能割舍的情愫，比如“冥婚”，就是人们为鬼举行的婚礼，俗称为“鬼结亲”、“鬼亲”、“鬼婚”、“鬼媒”。《三国志》中就有这样的记载，曹操的爱子曹冲死后，曹操非常痛心，为他举行了隆重葬礼，并“娶”了一个“甄氏亡女”与他合葬。更有甚者，有的人竟利用鬼婚来趋炎附势，攀结权贵。《旧唐书》记载，萧至忠曾把死去的女儿许配给韦太后死去的弟弟韦洵，两家结为“冥婚”。但是当韦太后失去权势之后，萧至忠居然把女儿的灵柩挖出来，不再与韦洵合葬。

五殿阎罗王　清

十殿转轮王　各类鬼魂在喝完孟婆的“迷魂汤”，忘掉前世因果后，方能投生

在民间，鬼魂信仰比神灵信仰影响更深更广，认为阴间是鬼的居所，并构建了一套相当完整的管理机构——地藏、城隍、阎王、判官、牛头、马面、无常、小鬼、孟婆等。人们常用阎王、地狱来劝人为善，宣扬因果报应、六道轮回。中国民间原以东岳大帝为阴间主宰，唐中期以后出现了地藏菩萨的传说。至宋代，对阎罗王的崇拜更为普遍。宋代正直贤德的名人死后做阎罗的传说也很多，寇准、林衡、包拯、范仲淹等都有类似传说。

二、祖先崇拜

祖先崇拜又称“祖灵崇拜”，是产生时间较早、流行时间较长、分布区域较广的重要崇拜形式，产生这一现象的最主要原因是古代先民相信祖先魂灵可以庇佑和赐福后代，也可以说，祖先崇拜是鬼魂信仰的升华。汉族人自古以来就有崇奉祖先的民族心理，形成了祖先崇拜的一系列民俗，有些保留至今。传说人类原始的始祖是盘古，中华民族的始祖是黄帝。而在古代社会，祖先崇拜则成为统治者进行宗法统治的工具。

盘古像

祖先分为远祖的民族祖先和本民族的祖先，随着民族的分化产生了各个分支的家族祖先，如宗祠里供奉的祖先。在家族中分出若干小家庭，于是又出现了个体家庭的本家祖先。祖先崇拜主要是祭祀有功绩的远祖和血缘关系密切的远祖。直至当代，民间尊祖祭祀活动仍十分隆重，分为时祭、岁祭、堂祭、祠祭等。

古代先民的祖先崇拜，由崇拜女性始祖到崇拜男性始祖，并在祭祀仪式中举行庄重的祭祖仪式，形成了一套完整的祭祀制度。夏商西周继承并发展了祖先崇拜习俗，商代的祖先崇拜已完善到以男性为主、兼及女性祖先的崇拜。殷墟出土的甲骨文中，有大量的殷王对先公、先王、先考妣的频繁而隆重的祭祀记载，窥此一斑可知当时祖先崇拜之风是如何盛行与隆重的。在周代的祀典中，祖先崇拜附属于天帝崇拜。《诗经·小雅·楚茨》就是一首周王祭祀祖先的乐歌。周代贵族的祖先崇拜对象，大致分为两类：一是政治性的先王崇拜，即对本国君王的崇拜；二是宗法性的宗族祖先崇拜，即对本族已故首领的崇拜。

三皇图

春秋时期的祭祖习俗，可分为丧祭和吉祀两类。丧祭对象为新丧的亲人，在服丧期间举行属“五祀”中的凶祀。此后每年的祭祖，则属于吉祀，被祭对象包括一般祖先在内，通常在宗庙或家庙中举行。庙是供奉先祖神主之处。立庙有严格的等级礼制规定。《礼记·王制》说：“天子七庙，三昭三穆，与太祖之庙而七；诸侯五庙，二昭二穆，与太祖之庙而五；大夫三庙，一昭一穆，与太祖之庙而三；士一庙；庶人祭于寝。”

秦汉时期，祖先崇拜已经成为最重要的民间习

苗族杀牛祭祖图

建坊光祖图 清 · 王粹申

俗，受到人们高度重视。在当时，祖先崇拜是为了表达对祖先的尊崇以及加强宗族凝聚力的需要，是一种相当隆重正式的祭祀祖先的宗教仪式，通过对祖先的祭祀，可以得到祖先在天之灵对其子孙的庇佑，呵护家族的兴旺繁衍与世系传递。祖先神灵可以赐福给普通百姓，因此获得民间的广泛崇奉，殷勤祭祀。如《四民月令》记载说，东汉民间除每年二月、八月、腊月、父母忌日这四次较为正式的祭祀外，在一些节日还要举行祭祀祖先的仪式。反映在国家体制中，祖先崇拜则表现为等级森严的宗庙制度。在家天下的封建王朝统治下，古人认为“国之大事在祀与戎”，把祭祀视为与军事战争并列的国家大事，宗庙制度成了国家社稷的象征。立太子、封诸侯、新君继位等都要向宗庙报告或在宗庙内举行，以示隆重。为此，国家设置了专门的机构掌管宗庙礼仪，如秦汉时期专设的“奉常官”，后更名为“太常”。

魏晋南北朝时期，佛教东渐，生死轮回、因果报应、鬼魂存在观念十分盛行，反映在祖先崇拜上就是推崇、神化各自家族的祖先。尤其是帝王之家，其祖先不但被附会成为有神力的人，而且被子孙立庙崇祀。当时宗庙制度还是沿袭古制，规定帝王有七庙，奉祀七代祖先；诸侯有五庙，奉祀五代祖先；这些祖先按照左昭右穆顺序排列在宗庙内，接受子孙的供奉祭祀。

隋唐时期的祖先崇拜主要体现在祖庙制度上。帝王之家的祖庙，称之为“太庙”，太庙内举行祭祀活动是封建王朝的大事，象征着国家的兴衰存亡。如783年长安失守，唐德宗出逃，长安收复后，德宗把祭祀宗庙、重新迎立祖先作为第一要务。而百官则有“家庙”，根据不同的等级享有建庙多少的权利，一品、二品官员可建四庙，三品官员可建三庙，五品官员可建二庙，一般士人建有一庙，至于最普通的“庶人”则没有建庙的资格，只能“寝祭”。庙祭一般在正月初一、秋分、夏至、冬至举行，称为

"时享",其中以正月初一日的元正、冬至两个祭祀节日最为隆重。

宋代祖先崇拜之俗更加普遍,祭祀祖先被看作是人与禽兽的根本区别,如果不能按时举行祭祀祖先的仪式将要受到世人的讥笑。当时不但士大夫阶层家祭盛行,一般百姓之家也非常重视对祖先的祭祀,而且以奉祀的祖先越多越引以为荣。为了攀比祖先,很多人不惜冒认祖先,牵强附会,被一些有识之士斥责为"淫祠之风"。

明清以后,祖先崇拜发展日甚,重要的民间活动便是祭祀祖先,在一些特定时日要举行各式各样的祭祖活动,形成了一些特定的祭祖习俗,如农历七月十五日的中元节与清明节、农历十月初一合称"三鬼节"。而官府也往往在中元节举行地方厉坛的祭祀活动,以超度那些冤死的亡魂并祈求得到他们的宽恕与庇佑。

三、天地崇拜

天与地是古人心目中地位最高的自然神,承载和哺育了人类,最受人们崇敬。从西汉时期祭祀的时间顺序和隆重程度就体现出了天地的重要性,即"元年祭天,二年祭地,三年祭五帝于五畤。三岁一遍,皇帝自行,他祠不出"。

天地信仰是最古老、最根本的信仰。"万物本乎天",在古代鬼神观念中,天是无所不能、无所不在的至上神。昊天苍穹的浩瀚无际,日月星辰、风雨雷电的奇幻变化,令古人不能猜透。天因此被看作是自然和社会的最高主宰,民间称天为"皇天"、"上天"、"苍天"。然而这位至上神又不同于具有人身容貌、人格特征的基督教上帝与佛教的佛祖,它并非实在的人身,只是一个宽泛的抽象概念,却又真切具体地存在于人们的心里和口头。人们的生老病死、祸福吉凶被认为全部由上天支配。"苍天保佑"成为自古至今人们告祭上天的最常用口头禅;疑难之事众口莫辩之时,便要请求"苍天为证";善恶报应只信"苍天有眼",天信仰几乎渗透入民间生活的每个方面。

北京天坛鸟瞰图

早在夏商西周时期就出现了人格化

众神像

的崇拜实体，如商代的神灵崇拜中出现了被认为具有至高无上权力的至上神——“上帝”。到了西周时期，“上帝”的概念便发展成为“天”，天即天神，主宰着人间的一切，因此西周人通过一系列祭天仪式来体现对天的崇拜。西周诸王甚至自称“天子”，这是当时流行天神崇拜的最好说明。天子祭天，通常是在王邑的南郊选择一个地点，起土为坛，按照时令而在冬季某日祭祀，因为在郊外进行，所以“郊”成了祭天的专称。祭天是天子专利，但春秋时期各诸侯国君有时也祭。比如鲁侯作为周公之后，就享有这一特权。春秋以后，天神信仰渐渐社会化，种种天道灾祥之说开始产生。“天道赏善而罚淫”，孔子宣称：“获罪于天，无所祷也。”

秦国自春秋时襄公立国，至战国中期献公时，先后建有六处用来“郊上帝”的所谓的“畤”，于是出现了一套新的天神祭祀体系，即“立春祭青帝、立夏祭赤帝、季夏祭黄帝、立秋祭白帝、立冬祭黑帝”。直至汉代，又建立起以太一为中心而五帝为辅佐神的祭天体系。郊祭是历代君王祭天活动的基本方式。据《明史》记载，明太祖确立其郊天祭祀制度，并亲自分祭天地于京都（今江苏南京）南北郊。

五谷之神

民间对“天地爷”的供奉较为简陋，没有专门的庙祠，人们在春节时从市面上买一张木版天地神画，上有天公地母和一班人马，中间有一个写着“天地三界十方万灵真宰”牌位，贴在屋檐下。有时甚至简单到一张黄裱纸上写一个天地神牌位，两边贴上对联“天高悬日月，地厚载山河”，横批“天地神位”，下边放一张供桌，其上摆放香斗、供品、香烛。尽管如此简陋，民间仍奉“天地之神”为第一位大神，特别是在男女婚礼时，新郎新娘第一拜就是要跪拜天地，感念天地之恩德。

北京社稷坛

社稷神是华夏先民崇拜的自然神，“社”代表土地，“稷”代表谷物，祭祀社稷的场所也称社。由于社代表的是人们赖以依存的土地，稷代表的是人们赖以生存的食物，土地和粮食又是国家的立国之本，因此，社稷便逐渐演变为国家的象征。

社祭是地崇拜的表现，是中国古代社会仅次于天祭的重要活动，往往与“天”并祀。社神是农业社会土地崇拜的产物，除主祭社神外，凡属地祇之神，如百谷之主的稷神，山林川泽、百物之神，均在社稷时供奉。《孝经》说：“社，土地之主也，地广不可尽敬，故封土为社以报功也。”《礼记》说：“社者，五土之神也。”社祭一年举行四次，依春、夏、秋、冬四季举行。但四次社祭的隆重程度有差别，孟冬之月的社祭称“大割”，要宰杀许多牲口割而献功，最为隆重。社的祭坛用土建造，宋代改用石头，取其“坚久”之意。民间的社是祭祀百神的主要场所，乡社和里社由当地百姓自行组织，集体出钱祭祀。社祭场面热闹，往往是百姓人家全体参加，同时还举行田猎活动，共同向社神献上牺牲，以报答土地之功。

土公土母 清木刻版画

官方社祭庄重肃穆，要求君王仪态庄严，“端冕而祀之”。祭祀所用的牺牲也有专门的规定，“天子社稷皆大牢，诸侯社稷皆少牢”。猪是社祭时的必备牺牲。据说宋代张湍任河南司录时，正赶上当地府尹筹备祭社之事，祭祀用的猪在夜里突然跑进了张湍家中，他“即捉而杀之”。府尹赶来质问，他说：“律云：猪无故夜入人家，主人登时杀之勿论。”府尹只好再买了一头猪来进行社稷祭祀。

土地之神后来演变为崇拜管辖一个地方的人格神“土地公公”，俗称土地爷、土地公，后来又添加上了土地婆、田婆、土地奶奶等。明代民间常于田间地头进行祭祀，并建有专供祭祀的土地庙、土谷祠。春天耕作前向土地神求丰收，秋后又向土地神表示谢意，这就是“春祈秋报”。作为安靖一方的“室宅之神”，遍布州县村镇，各州县有土地神，各村镇有土地神，各家各户也有土地神，或称“本县土地”，或称“吾家土地”。城隍也是土地神之一。在历史上，一些名人也曾充任神主，如萧何、曹参、韩愈、岳飞等，都曾被一些地方祀为土地爷供奉。

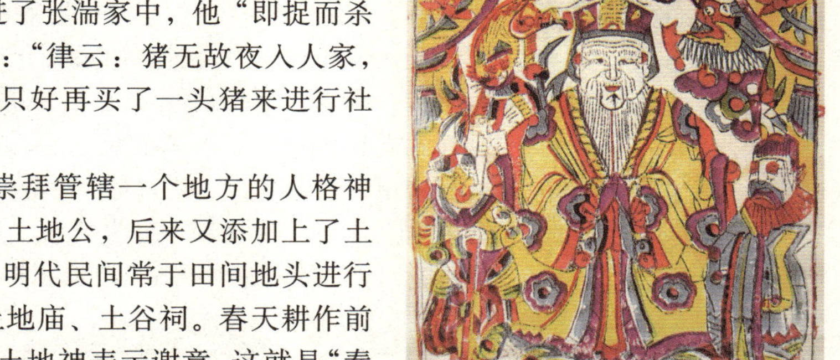

土地神 陕西凤翔年画

四、自然崇拜

自然崇拜是对自然界万物之神的顶礼膜拜。神秘莫测的天神，远不如日月星辰、风雨雷电等天体、气象给人们的印象具体鲜明，自然崇拜更直接地表达出了先民们朴素的敬天思想。自然神是指被人们所崇拜的自然界的现象

太阳纹 江苏连云港将军崖岩画 新石器晚期

日神羽人　汉画像砖

和物体，包括日月星辰、气象、火、土地、水、动植物等。在仰韶文化、大汶口文化和良渚文化的陶器、玉器上，常刻绘有太阳、月亮等形象，这被认为是原始祖先崇拜日神、月神的证明。

祭日活动是最古老的自然崇拜习俗之一。大年初一，早晨要迎日出，晚上要拜送日没。若出现“日蚀”，则认为是“天狗吃太阳”，人们心慌意乱，恐怖不堪，以为天帝将降祸患于人间。有一次，宋真宗准备过生日时，突然发生了日食，他以为自己做了什么错事让天发怒，竟然取消了这次生日宴庆活动。与太阳崇拜并列的是月神崇拜。月神即平常所说的月亮，又称太阴星君，神话故事说的嫦娥奔月、吴刚伐桂、白兔捣药等都是对月神而言。发生月食时，民间称作“天狗吃月亮”，人们要焚香祈祷，敲锣打鼓，高呼大喊，直至月亮重新出来为止。月亮崇拜的遗风至今可见，如八月十五中秋节拜月的习俗。

天狗

星辰布满广阔的天宇，时隐时现，变化莫测，使人难以解释其现象，于是产生种种幻想，把星辰神化。正如俗语所说：“天上一颗星，地下一口丁。”也就是说，每个人都有一颗“本命星”，天上掉了一个星，地上就死一个人，并把星辰分为吉星与灾星。吉星有紫微星、文曲星、武曲星、牛郎星、织女星、太白星等，灾星有彗星、孛星等。故民间有“皇帝是真命天子，是紫微星下凡；将相是文曲星、武曲星下凡”之说。民间建房、立户都取紫微星照射之日，正如对联所云：“合口正遇紫微星，修建恰逢黄道日。”

雷公

电母

彗星形状像扫帚，在民间俗称“扫帚星”。古人相信“天人感应”，认为彗星出现，象征不祥，总要郑重其事地记载下来。若翻查一下二十四史，就会发现很多关于彗星出现的记载。

风、雨、雷、电、云皆是自然界中的现象，这几种自然现象既能造福人类，又会造成危害，人们祈求“风调雨顺”、“和风细雨”，惧怕“狂风暴雨”、“雷鸣电闪”、“黑云滚滚”、“风动虫生”、“雷动人亡”，民间把

此类现象神化，于是产生了风神、雨神、雷公、电母、云神诸类天神。打场时若风尘不动，人们即打口哨或唤“风来了，风来了”；天旱抬龙王祈雨，阴雨天制作“扫天叟”祈晴；祭河神以防洪水；天降冰雹时人们燃放爆竹，从屋内向外丢菜刀或摔火把，以阻止冰雹降落。人们长期以来都把雷公看成主持正义的神，专门击杀社会上不忠、不孝、不仁、不义或犯有过错而在现实生活中未遭惩罚的人。

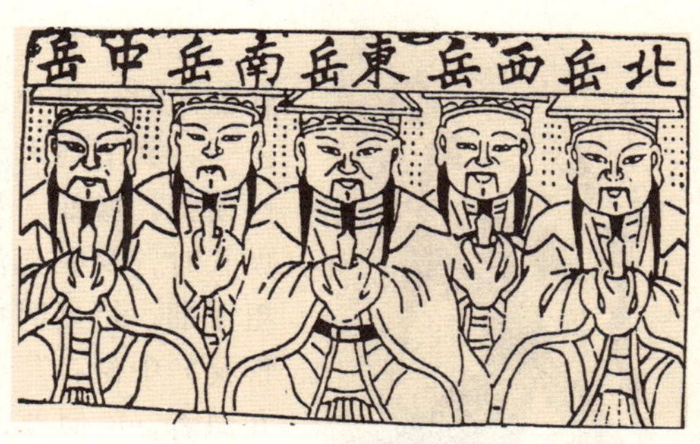

五岳全神

山岳川泽，处处有神。五岳四渎神被纳入了国家祀典，受到官方的春秋祭祀。五岳神是山神的代表，在东岳泰山、西岳华山、南岳衡山、北岳恒山、中岳嵩山，各立有岳神庙，分为五方，管辖全国。五岳中以泰山最为尊贵，被古人看作是生命之神。其他四岳只在本境内立庙祭祀，唯独东岳庙遍布各地，称作“行祠”，东岳庙会成为全国性的祀神节日。水神是与五岳之神对应的四渎之神，分别为长江神、黄河神、淮河神、济河神。每逢旱涝之灾，皇帝便要颁诏祈请五岳四渎神保佑。沿岸居民、渔民、船夫和商旅，更是祭祀拜颂水神，以求平安。宋代还在京城设海神坛，海神被加封为王，如东海为渊圣广德王，南海为洪圣广利王，西海为通圣广润王，北海为冲圣广泽王。

山神 清纸马

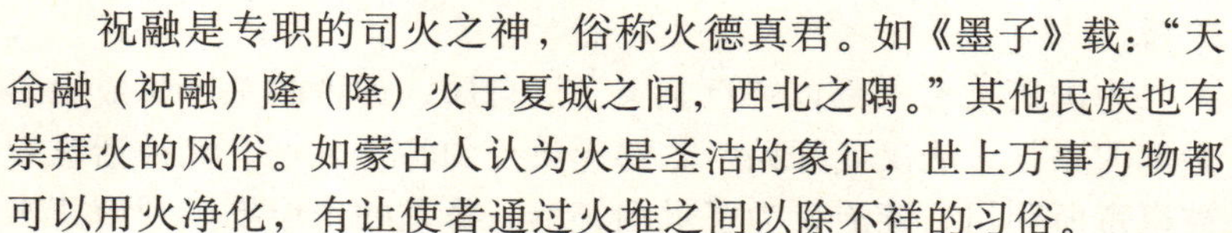

祝融是专职的司火之神，俗称火德真君。如《墨子》载：“天命融（祝融）隆（降）火于夏城之间，西北之隅。”其他民族也有崇拜火的风俗。如蒙古人认为火是圣洁的象征，世上万事万物都可以用火净化，有让使者通过火堆之间以除不祥的习俗。

玉龙 新石器时代红山文化

五、龙图腾崇拜

图腾（Totem）源于北美印第安人的方言，一般专指某个民族的标志或图徽。原始人群或部落对某种动物或植物表示崇拜，即为“图腾”。

中华民族的龙图腾，是一个文化象征符号。中国科学院考古研究所1965年编印的《甲骨文编》，收集了36个龙字，都有明显的龙头和龙嘴及长而弯曲的身躯。江浙一带河姆渡遗址玉皿中，龙的形象特别多。在殷商遗址内挖出的玉环、玉琮、玉玦之类的器皿，有螭、龙鱼、应龙、麒麟、龟龙、象龙、行

双龙 汉画像石

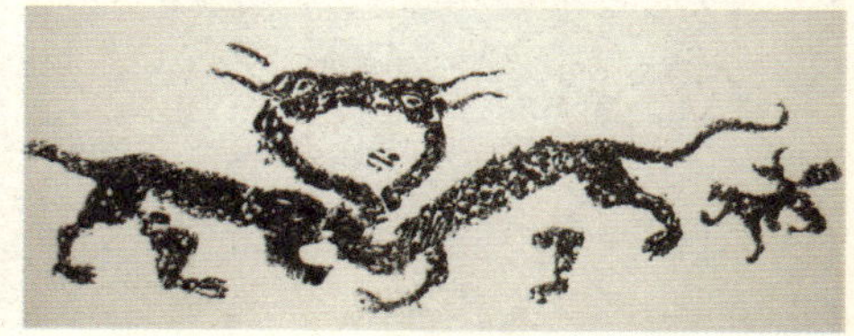

伏羲女娲图　唐

龙、游龙、座龙、盘龙等形象。据《管子》描述："龙生于水，披五色而游，故神。欲小则如蚕，欲大则无藏于天下；欲上则凌于云气；欲下则入于深渊。"由此可知，在古人的想象中，龙属于爬行动物，像蛇，身披鳞甲，而且鳞片能反光，表面五彩缤纷；龙吸气时，身躯充满空气，躯体增大；呼气时，躯体明显缩小，可粗可细，行走时像蛇一样蜿曲爬行，生活在水中。宋代罗愿《尔雅翼》中说："三停者，自首至膊，膊至腰，腰至尾，皆相停也。九似者，角似鹿，头似驼，眼似鬼，颈似蛇，腹似蜃，鳞似鲤，爪似鹰，掌似虎，耳似牛。"由此，人们把龙的形象特征概括为"三停"、"九似"。除此以外，民间还广泛流传画龙"七忌"：嘴忌合，眼忌闭，颈忌胖，身忌短，头忌低，爪忌收，尾忌拖。但在现实世界上并不存在这样庄严神奇、能腾云降雨的"龙"。

古人认为马是从天而降的神龙，原始的龙，是由马、蛇的形象结合而成的。《周礼》说："马八尺以上为龙。"《汉书》说："天马者，乃神龙之类。"王充在《论衡·龙虚篇》中指出："韩子曰，龙之为虫也。可扰狎而骑也，言虫可狎而骑，蛇马之类明矣！" 因此，古代以蛇为图腾的黄帝部族，战胜了北方以马为图腾的部族，两种图腾结合，产生了蛇、马合形的"龙"，这是中原与北方部族融合而产生的文化艺术创造。龙图腾崇拜由此而生。如在黄帝部落所处的仰韶文化遗址中，挖掘出土的文物有很多是龙的形象的玉器。

中国历代帝王都以"真龙天子"自居，远古的龙图腾成为了帝德的象征。从汉代开始，龙的形象受到特殊礼遇，其神话色彩被皇帝所利用。统治者为了巩固统治，将龙的地位推崇到前所未有的高度，宣称皇帝是天上神龙降世，是真龙天子。因为龙是神，所以皇帝也是神，皇帝与龙一样，高贵、威严、神圣。《史记》载："高祖之母刘媪宿大泽，梦与龙交而产高祖。"这实际上是古代"玄鸟生商"一类的神话，山东嘉祥县发掘的东汉武氏墓群有一块石碑，上有伏羲、女娲像，两人都是人身、龙尾，他们被推崇为中国的第一代帝王夫妻。这其实不过是统

龙舟

大龙邮票3分银
1878年发行

治阶级的“神道设教”。龙图腾是五千年来民族文化与民族审美意识不断冲突与融合的结果。研究者认为，龙图腾经历了三个演变阶段，春秋之前的“古代龙”蛇首兽身，粗野狂放，是第一个阶段，战国至唐末的“中世龙”是第二个阶段，龙由爬行开始飞腾，气势昂扬。第三个阶段是宋、元、明、清的“现代龙”，威严尊贵，形态成熟。

龙图腾是一种民俗文化，龙的崇拜广泛流传于民间。在盛大节日中，舞龙是驱邪纳吉的求福之举。赛龙舟活动家喻户晓，《穆天子传》说：“曾有周天子乘龙舟浮于大沼。”吴王夫差作天池，乘龙舟日与西施戏水。龙舟竞渡到唐宋已风靡一时，以五月端午最盛。明熹宗曾经坐在龙舟上亲自击鼓为龙舟竞赛助威。清帝国则以龙作为国徽。龙成为了中华民族集体崇拜的象征，“望子成龙”、“乘龙快婿”、“龙马精神”等成为人们的理想追求和良好祝愿。

龙图腾是多种图腾崇拜的结合体。一般而言，构成龙的是牛头、猪嘴、蛇身、鱼鳞、龟颈、马鬣、鸟爪、羊须、鹿角、狗形这十个部分，分别象征着农耕文化、饮食文化、性文化、生殖文化、养生文化、英雄崇拜、官本位文化、君子风范、忠诚道德等。因此龙图腾体现着中国文化的包容与和谐两种基本精神力量。今天，炎黄子孙对龙的崇拜已上升为爱国的象征。

云龙图　宋·陈容

六、俗神信仰

民俗诸神指民间广泛信仰的各种神灵，它与人们的生产、生活紧密相关，常以民众保护神的形象出现。民间有一系列俗神为人们所信仰，如福禄寿三星、喜神、财神、门神、送子娘娘等。这些俗神有的虽然也列入官方祀典，但其民间意义更强。无论什么神灵，人们都要举行一定的接神仪式来恭迎。

为了祈求全家得到神灵的庇佑，最直接的办法就是把各位神祇恭迎到自己家中虔诚敬奉，这就产生了接神仪式。接神仪式，即迎接天地之间各位神仙的仪式，多在春节年关时举行。据说除夕夜至初一早晨，诸神下凡到人间，考查人间善恶，因此人们都在这时迎接神灵回家，并希望得到神灵的庇佑。接神仪式比较隆重，除了供奉各种美味食品外，供桌前还要设香炉、蜡扦、花筒或香筒等。烛台下面要压上黄钱、千张、元宝等，称为“敬神钱粮”。

三界诸神图（局部） 明

家宅六神

卖芝麻秸 清北京民俗画

供桌前地下要摆放蒲团，供跪拜之用。家宅六神如灶王、财神、土地等均须供奉。如果家中没有常年供奉的神像，也要在除夕临近时设天地桌，摆上祭器、陈列供养、悬挂钱粮、烧香秉烛。所供神像没有一定之规，一般是天地爷和诸神的画像或瓷像，同时在院内正中摆设香炉，然后焚香祷告，等待诸神的光临。接神仪式一般由年长辈尊之人主持，先查好喜神、财神、福神以及阳贵、阴贵诸神的方位，然后主祭者举香到院中，向各个方位依次叩首，表示恭迎诸神。礼毕，举香回到堂上，插入香炉，再三叩首，全家按尊卑长幼次序三叩首，作揖。叩首三次，是因民间有“神三鬼四”之说，讲究对神灵三叩，对鬼魂四叩。然后将黄钱、千张、元宝等拿到院中焚化，最后燃放鞭炮，表示接神仪式完毕。当然，各地的接神仪式也有差异。

生前有功之人，死后方能为神，这是中国造神的准则。如抵御大灾难、造福一方的英雄，就有资格成为人们心目中的神。社会百工技艺行行有神，都有自己的祖师爷或行业神，既有一行多神，也有多行一神。在人神信仰中，所供神灵大部分是历史人物或传说中的人物，如“先贤名哲道德之士”、“御灾捍患以死勤事功烈之臣”，这些圣贤之士、忠烈之臣都可以成为神，其祠庙有官方建立的，也有民间建立的。如祀典中太学要祭先圣文宣王孔子，从祀的有亚圣、十哲、七十二贤，各州县学均有先师之祭。武学祭祀昭烈武成王（姜太公），配张良及历代忠臣烈士。除学校集体

孔子像 清纸马

祭祀先贤忠义之人外，民间各地也有圣贤的祠庙，如杭州有禹王庙、留侯祠、萧相国祠，真定有赵普庙，熙河有王韶庙，定州有韩琦庙等。对关公的崇拜更是遍及全国，播及海外。其他如二郎神、东岳大帝、姜太公，也都是中国普遍崇拜的神。在民间巫觋的神龛里，魏征、唐僧、孙悟空、薛仁贵、樊梨花、赵匡胤、杨宗保、穆桂英、包拯、济公等，也都是座上神灵，各有神能，充分表现出中国造神的随意性和功利性。

姜太公像

关圣大帝，或称关圣帝君、关帝、关公等，是三国时期蜀国的五虎上将之首关羽，从唐代以来受到历朝各代帝王的加封，直至“顶天大帝”，号称“武圣”，与孔子“文圣”相提并论，是最受尊崇的神祇之一。

关公像

海神妈祖原名林默娘，是宋代福建莆田湄洲的一位地方性民间女巫。传说她秉性聪颖，善观天象，救人济世，降妖除怪，治病救人。死后经常显灵拯救海难，护佑船只，被人们尊为“海神”。此后数百年间历经加封，南宋封为“灵惠妃”，元朝封为“天妃”，清初晋升为“天后”，由民间祭祀上升为官方祀典。妈祖成为了海神的代称，为中国、东南亚、甚至欧美等很多国家和地方的人们，特别是渔民、船民、舟商、华侨、华人所信奉，成为凝聚世界华人的和平女神。

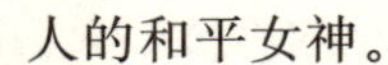

天妃图

玉皇大帝，简称“玉帝”，只是道教创造出的神话体系中元始天尊的属下，“三清”的第二位，但民间却把他奉为天庭诸神的首领。唐玄宗李隆基把玉皇大帝的诞生日定为正月初九日，象征着玉皇大帝与天一同诞生。此后经过历朝各代帝王的加封，以及道教的发

玉皇大帝

挥和民间的推崇，最终确定了玉皇大帝至高无上的神位。在每年的正月初九，全国都要举行祀典活动，“迎神作醮”的仪式接二连三，人们向玉皇大帝祈求风调雨顺、五谷丰收、人畜平安等，这一活动通常持续半个月甚至数月之久。

碧霞元君

碧霞元君，又称为“泰山娘娘”，全称为“东岳泰山天仙玉女碧霞元君”，即北方民众俗称的“娘娘庙”里的“娘娘”，碧霞元君在北方广为流传，法力无边，山东地区对她的信奉尤为盛行。据说碧霞元君是妇女儿童的保护神，司送子、生育、全家平安健康等。其神像多为一女性手抱男婴，祥云缭绕，因此人们又称其为“送子娘娘”。泰山松树枝杈之间往往压着许多石块，据说此俗即是祈子。据史料记载，宋真宗东封泰山后，在池边洗手，看到一尊玉女石像从水底冉冉浮起，认为是神女显灵，便册封其为“天仙玉女碧霞元君”。其实碧霞元君是明代改泰山玉女祠为碧霞灵应宫以后的称呼。当然，南方的海神妈祖、顺懿夫人等也有此封号，但是随着“泰山娘娘”的香火日渐隆盛，碧霞元君的封号也就成为其专称了。

每年的春节，人们总要在迎门墙上、厅堂、厨房、床头等处倒贴一“福”字，称之为“福到了”，意在祈求福神赐给福祥。据说这位“福神”是“天官”，因此有 “天官赐福”之说，他是人们的家神之一。也有人认为福神是“蝙蝠”的化身，而且“福”字往往无头，象征着“福寿无穷”。其实福神的神主，据《新唐书》记载，是唐德宗朝的道州刺史阳城。阳城矮胖，其所辖的道州城多侏儒，皇宫每年都要从该地挑选几百名侏儒进宫作奴隶，阳城抵制了皇上“岁贡侏儒”的诏令，受到了道州百姓的尊崇，此后阳城便被民间奉为福神。宋代民间则以真武为福神，将真武神像挂在床头，早晚焚香祷请祈福，后来相沿成为风俗。

万回哥哥是古代的欢喜神。传说万回姓张，唐朝人，行走如飞，往返一日，可行万里，所以被称为万回。宋朝人对他十分恭敬，腊月间祭祀祖先也许可以敷衍了事，但是对万回哥哥则每饭

天官赐福

福字图

福禄寿三星

必祭。万回哥哥的神像是“蓬头笑面，身著绿衣，左手擎鼓，右手执棒”，民间把他作为“和合之神”供奉，认为供奉他，可使远在万里之外的亲人回家团圆，这是万回的另一个来由。万回哥哥对饱受战争流离之苦的百姓来说，无疑是一位善良的和平喜神，因此人们又根据“和合”的含义，将万回奉为“欢喜之神”。

灶神在民间最为普通，俗称“灶王爷”，雅称“东厨司命”，具有三种职能：一是掌管饮食，二是司掌命运，三是监察善恶。可见灶神是“监督神”，负责记录人间善恶。灶神的前身大概就是原始人的火塘神。灶神信仰属于天子七祀和诸侯五祀之一，庶人只有一祀，或是立灶，或是立户，自古就是民间信仰的主要神灵。民间对灶王爷都非常笃信虔诚，祭祀奉事非常殷勤。从魏晋到唐宋甚至是现在都盛传灶神夜间或者择日上天汇报人间的善恶，并演变出许多民间传说。灶神被供在各家各户灶头，每年腊月二十三上天，大年初一再接回来。送行时一般要用香火、糖稀（或麦芽糖），糖稀既可作为“贿赂”，请它“报善”；又能粘住灶神的嘴巴，避免它“报恶”。祭祀通常由男人主持，女人要回避，但在山东一带多由妇女主持祭祀，还要烧钱供酒，“送君醉饱登天门”，此外还要在灶神像两侧张贴对联“上天言好事，回宫降吉祥”。

灶神 河南朱仙镇年画 清

门神也是民间信仰的重要神祇之一。古代流行的门神有两种，早期是神荼、郁垒，唐代以后门神形象改为秦琼

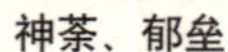

神荼、郁垒

秦琼、尉迟敬德

和尉迟敬德。民间将他们的像，彩印于纸上，贴在门板上。一般认为最早的门神应该是神荼、郁垒。汉代应劭《风俗通义》记载，“神荼、郁垒”昆弟二人“性能执鬼”，整日在度朔山上的桃树下检阅百鬼，如果发现有哪个鬼胡乱为祟祸害人间，就把它捆起来，扔给老虎吃。于是，在汉代便开始流行把他二人名字写在桃板上，挂在门上以避邪的风俗。这大概就是门神的最早来历。门神的信仰，一般认为源于唐太宗。据说唐太宗睡梦中有龙王来请求他，说魏征明日中午将要斩其龙头，太宗便答应帮忙。次日太宗便招来魏征下棋，不让他外出。但中午时分，魏征打了个盹儿，就把龙王给杀了。龙王的魂便日夜纠缠太宗，太宗寝食难安，无可奈何，就让秦琼、尉迟恭把门护驾，结果休息得很好，后来干脆就把二人画像张贴在门上。民间于是争相仿效，流传开来，逐渐成为门神。后来，

钟馗夜游图　明·戴进

虎　山东潍县年画

门神的队伍越来越庞大，刘（刘备）关（关羽）张（张飞）、孙悟空、水浒一百零八将、钟馗等都成为门神。据说，其中以钟馗最为灵验。沈括在《梦溪笔谈》中说，钟馗是唐玄宗时代的人，参加武举考试，名落孙山。唐玄宗久病不愈，一天在睡梦中见到两个鬼，一大一小。那大鬼捉住小鬼，津津有味地吃起来。唐玄宗又惊又怕，忙询问大鬼的来历，大鬼便说自己是钟馗，要帮皇帝扫除天下妖孽。玄宗醒来后，命令画家吴道子根据他的描述，把钟馗的模样画出来，张贴在宫殿门口，此后果然不再被鬼怪侵扰了。《唐逸史》则称钟馗是终南山人，武举不中，触殿阶而死，民间由此流传钟馗捉鬼的故事，开始奉祀钟馗。元代民间流行的门神不只是秦琼和尉迟敬德，还有一些人家以“八仙”中的汉钟离、吕洞宾为门神，画在门额上。有些酒槽作坊，则在门首画四公子像：春申君、孟尝君、平原君、信陵君。民间还有一些人家在门上画鸡以避鬼祟，门上画鸡可能与古老的图腾崇拜有关，或取“鸡”、“吉”谐音，或因鸡能报晓，驱走一切魑魅魍魉，禳灾驱邪。山东一带民间流行在门上贴有喜庆内容的年画，如刘海戏金蟾、福禄寿三星等。

城隍

城隍神是土地神的一种，不过通常只在城市中供奉、祭祀，所以被认为是“都邑之神”，是地方市民的“保护神”。随着城市经济的发展，城隍受到愈来愈多市民的崇拜。城隍庙最早建于西汉，唐代以前还不多见，只是在南方某些城市有修建。宋代时才大为兴盛，城隍从此遍布大小城市，各州县皆有城隍庙。城隍本是城池神，后来主管城市的一切，明代以后又兼职管理孤魂野鬼。

柳枝观音

佛教传入中国后，佛教传说中的一些得道高僧也被赋予了法力，受到人们的崇拜。观音信仰在民间的传播就是佛教中国化进程的最明显的表现。观世音菩萨，简称为“观音”，是梵文的意译，亦称光世音、观自在、观世自在，因唐朝避太宗李世民的名讳，将观世音略称为观音，是人们最为熟悉、最感亲切的一尊菩萨。据印度传说，观音菩萨原是转轮圣王无诤念的大太子，他与其弟一起修行，成为“西方三圣”之一。观音具有“大慈与一切众生乐，大悲与一切众生苦”的心怀，有普度众生脱离苦海的德能，有三十二种化身和救十二种大难的神通。自隋唐以来，佛教兴盛，观音信仰随之在民间流传，其形象也逐步脱离了印度传说的模式，被中国化为女性形象。据说唐朝画家阎立本年轻时画了一幅普陀观音大士画像，画中的观音菩萨头戴珠冠，身穿锦袍，酥胸微袒，玉趾全露，右手执枝，左手托净瓶，栩栩如生，经常显灵。后来由一位老石匠参照此画像雕刻成了扬枝观音碑，闻名一时。

七、行业神

行业神是从业者根据自己的需要和一定的标准，人为造出来的神祇。这些神祇包括传说中的神灵和被神化了的历史人物。供奉的行业神，可以一业一神或者多神，也可以多业一神。如木匠供奉鲁班，笔业供奉蒙恬，纸业供奉蔡伦，染业供奉梅福、葛洪，成衣业供奉黄帝、伏羲、神农，制墨业、理发业、医药业供奉吕洞宾，铁匠、铜匠、金银匠、补锅匠、采煤业供奉太上老君，而关帝、财神等则被多种行业同时供奉。尤其是关帝，几乎在中国南北的大小村镇各行各业均有奉祀。

鲁班先师　云南纸马

染布缸神

敬奉行业神习俗的流行，反映了商业的兴盛。商业方面，祭奉财神赵公明元帅之风颇盛，而且各业商人又各自敬奉不同的本行业神。如徽商中的木业商人供奉关圣、宋子神位，定期进行祭祀。典当业商人供奉的神有多位。在明清时期，当铺房屋的设置均有一定规则，柜房(对外营业室)的照壁顶部要设一神龛，内供奉三位财神：赵公明、关羽、增福财神。号房（保管抵押物品的库房)中有两个神龛：一供火神，一供号神。供奉火神，是为了防止店铺失火。供奉号神，是为了祈祷鼠类不要损害当铺的物品，号神又称“耗神”、“耗子神”，即“老鼠神”。祭耗神是当铺独有的传统，每月初二、十六焚香祭祀，平时每天由店伙、学徒烧香、祈求。当铺对号神恭敬有加，小心礼拜，认为养猫是敌视耗神，打老鼠更是大逆不道。当铺存放大批抵押物品，最怕火灾，又怕老鼠啃咬，当铺又放发高利贷，急

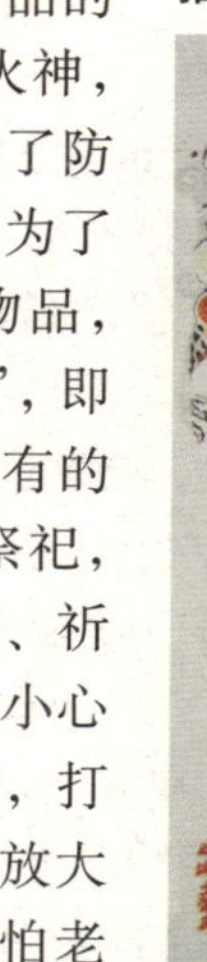

招财进宝

黄道婆像

盼发财，也对财神祭祀。因此当铺平日均供奉此三神。这是由其店铺的逐利性质决定的。年节时，供奉祭祀礼仪更隆重。

此外，纺织业的行业神是黄婆神(黄道婆)，陶瓷业的行业神有火神、碗神、陶正，酒业有杜康神等，酿制业的行业神有醋姑、酒仙神，水运行业供奉妈祖、洞庭龙王、杨泗将军等，狩猎行业供奉伏羲、梅山、涉猎师爷等，孵坊业供奉张五、尉迟恭、陆相公等，阉割业供奉华佗，采参业供奉老把头、山神、土地神、五道神等，果农供奉橘神、太阳神、园林神等，采菇业供奉吴三公、刘伯温等，花业供奉花王、十二月花神、李姓花神、陈维秀、百花众神等，梨园业供奉二郎神、唐明皇、田窦二将军、李龟年、观音、八百婆婆、五大仙等，娼妓行业供奉白眉神、管仲、吕洞宾、金将军、勾栏土地、烟花使者、脂粉仙娘等，像姑即男妓供奉纣王、卫灵公、吴天保，赌博业供奉地主财神、胡仙、监赌神乌曹，油漆、绘画行业供奉吴道子，冶铸业供奉投炉神、罗煊、太上老君等，香烛业供奉关帝，屠宰业供奉樊哙、张飞、关羽、玄天上帝、三圣财神等。对于这些行业神，崇拜礼仪甚隆 ，祭日则各有别。

乡村民间供奉、祭拜的行业神有八蜡、伏羲、神农、后稷、土谷神、社神、青苗神、雹神、虫神、圈神、塘神、棉花神等。人们对八蜡神的祭祀，起源很早，并且列入了国家祀典。所谓八蜡，一般是指八种农事神：先啬、司啬、农、邮表畷、猫虎、坊、水庸、昆虫。每年十二月进行蜡祭，这是一种酬答色彩十分浓厚的祭祀行业神活动，所供奉的神灵，除了农业害虫之外，就是对农业生产有帮助的。伏羲、神农、黄帝，三者或单独或一起被供奉为农业祖师，或配享十四神，合称“三皇十四配”，各地建有很多三皇

玄天上帝 江苏南通纸马

马王 凤翔纸马

庙、三皇祠。有些地区供奉后稷为农业祖师，传说他首先教会农民种田。每年中元节这天是祭祀的日子，届时要把一些生长不好的作物悬挂在门上，表示自己庄稼种得不好，恳请他再来传授自己一些种植窍门。

元明清时期，棉纺织业最发达的地区是松江、上海、嘉定、太仓一带，该行业供奉的行业祖师为黄道婆，又称为“黄婆”，民间称为“黄母”、“黄娘娘”、“黄道先婆”、“黄小姑”等。黄道婆是元代著名的纺织家，她将从崖州黎族地区学到的纺织技术传给了松江乌泥泾人，促进了松江等地棉纺织业的发展，乌泥泾被名满天下，因而被奉为这一行业的祖师。

马、骡子、驴等是古代社会重要的交通、负重、耕作、战争工具，与此有关的行业也非常多，如政府有主管马政的官衙、驿站，民间有马骡驴商贩、驮运帮等，都供奉“马神”。马神又称为“马王”、“马祖”、“马王爷”等，民间还有马明王、水草马明王、青山水草马王等名号，被认为是主管马、骡子、驴以及一切飞禽走兽的神祇，还被奉为祖师。明清时期京师以及各地掌管马政的衙门，多设有马王的祭祀。每年六月二十三日，祭祀马王，这一天被认为是马王的诞生之日，又称为“马王节”。马王神的塑像一般有四条胳膊，三只眼睛，面目狰狞，因此民间有“马王爷三只眼”的说法。

第七章 人生历程

生老病死是每一个人都必然经历的生命历程。它记载了诞生的喜悦、成年的骄傲、婚姻的幸福、养育的艰辛、寿庆的热闹、丧礼的隆重。每一个人生阶段都有一定的标志性仪礼，大致有诞生礼、成年礼、婚礼、寿礼、丧礼。当然，随着时代的发展和社会的进步，人生的仪礼习俗也都随之发生了一些变革，一些原本非常受重视的礼仪，后来就变的不那么重要了；相反，一些原先不重要的礼仪习俗却受到了人们的重视。

诞生礼是人生的第一个重大仪式，其民俗含义是表示祝贺家族人丁兴旺，祝福婴儿成长顺利。为了婴儿的健康成长，母亲在怀孕期间，就开始严格遵守各种民俗忌讳的规定，如禁食、禁视、禁怒，进行胎教等。临产的时候，娘家人要给孕妇送喜蛋、桂圆、红糖之类的“催生礼”。在不同的方位悬挂不同的饰物以区别婴儿的性别，称生下男孩为“大喜”，在门框左边悬挂一张弓；生下女孩为“小喜”，在门框右边悬挂一幅巾帕。随着年龄的增长，还要举行入学礼、成年礼、婚礼、寿礼。最后去世还要举行隆重的葬礼，入土为安，象征着一个人的人生就此结束。

人生一世，地位有贵贱，寿命有长短，生活有贫富等诸多差异，但都要遵循生、老、病、死这一个基本人生历程。在这些人生仪礼中，诞生礼和丧礼是以亲族为表现重心，成年礼和婚礼是以本人为表现重心。中国人传统的人生观念，可以用“福禄寿禧”四个字概括，其中“延年益寿”的长寿观是生命追求的基础，“多子多福多寿”是人生的最大理想。

在这种民族心态的熏染下，产生了一些迷信色彩浓厚的人生观念，如孕前祈子，产后处置胞衣，丧葬仪式中厚葬，甚至殉葬等习俗。古人不但追求现世的幸福，还为鬼魂安排冥间生活，为死者购买冥国钱币、房屋、奴婢、车马等，请僧人道士做法事超度亡灵，形成了夫妇合葬、宗族共茔、冥婚等丧葬习俗。

社会的变革往往会带来人生礼仪习俗观念的巨大嬗变，生老病死的人生历程记录着中华民族传统习俗的变迁史。尽管一些封建婚丧陋俗已被社会淘汰，但传统的人生观念和鬼神观念仍未彻底退出历史舞台。这应引起人们的注意。

一、生人之谜

远古先民对生命的起源有许多遐想，产生了很多神奇瑰丽的始祖神话传说，形成了奇异神秘的图腾崇拜、生殖崇拜和祖先崇拜。人类诞生的童话故事在片言只语的文献记载、考古发现和岁月沧桑遗留的民俗痕迹里可寻觅出一些蛛丝马迹。女娲造人、盘古开天辟地等神话传说就是一种原始崇拜观念的现实反映，是一种生育崇拜。图腾作为一种历史符号，有些已经淡化，有些作为民情风俗沿袭至今。

远古先民对始祖生命来源的丰富想象，大体可以归纳为：物生、感生和性生三种形式。物生又称化生，认为人和万物都是自然物所生。天地生人是人类起源的最早神话。《淮南子》记载，在远古亘久时代，阴阳二神演变分化出来八极，然后开辟天地，孕育人类，出现了万物。其他也有类似的记载，如“盘古开天辟地”的神话，是说人类的始祖盘古孕育在宇宙这个“鸡蛋”里面，一万八千年之后，天地都生长到极限，盘古也发育成熟，便打破了混沌世界，开天辟地，化育出人世间的万物及日月星辰等，人类是由盘古身上的寄生虫子变化来的。女娲造人是中国流传最广泛、影响最大的人类起源神话。《太平御览》卷七八记载，人类的始祖女神女娲用泥土捏成人形，后来

西藏人的起源图　唐卡

女娲造人　剪纸

金玉巧缘《金玉缘图画集》

简狄

干脆将一根树藤放在沼泽里面蘸满泥浆，甩到地上，迸溅出无数的泥点儿，很快就制造出来了无数个人。石头生人是古代先民对石头的一种原始崇拜。相传大禹及其子启均生于石。《淮南子》记载说，大禹是在石头里出生的，他的妻子涂山氏死后变成一块石头，又生出儿子启。《红楼梦》中说，贾宝玉是玉所化生，林黛玉是草所化生。《西游记》里说孙悟空是由女娲补天后剩下的一块石头所生，其实这都是石头诞生生命的一种神话演绎。在始祖神话传说中，始祖是由动物所化生的传说和信仰也很多。现在我们说中华民族是“龙的后代”，其实就是这种始祖崇拜痕迹的现实遗留。

脉脉含情 明春宫画

女始祖与动物或者植物“感应”，生育出人类，称为感生。一方是妇女，另一方是某种感生物，多半是动物、植物或无生物。人与动物感生，最典型的就是与龙蛇感应而生人。如汉高祖刘邦，据说其母亲在怀孕时，梦见一条大蟒蛇与之感生。植物与人类的关系很密切，由此产生了女祖先与某种植物感生的神话传说。据《吴越春秋》记载，大禹的父亲名字叫做“鲧”，是颛顼帝的后裔。鲧长大后娶妻女嬉，女嬉不会生育，一次到砥山吞食了一束薏苡，竟然有了身孕。人与无生物也能感生，如古代商周民族的“吞卵生”、“踏脚印生”的始祖传说就是例子。《史记》记载，商族的始

祖简狄就是吞鸟卵而生的。周族的女祖先姜嫄是帝喾的妃子，在野外游玩的时候脚踩到一个巨人脚印里，很快就怀有了身孕。孩子诞生后，取名为“弃”，即周人始祖后稷，被后人奉为农业神。女祖先与无生物感生的神话传说，还有女节与大星、女登与神龙、华胥踏大人迹等，都是人类对始祖的一种早期图腾崇拜。

性生是指通过男女两性交合而生育。据说伏羲与女娲为兄妹，为了繁衍人类而结为夫妻，这反映的就是男女交合生育人类的一种原始“性生”观念。性生观念标志着人类对生命来源认识的一大进步。

后稷出生

二、生育观念

不同的历史时期，有不同的生育观念。多子多福、重女轻男、重男轻女、计划生育等丰富多彩的生育习俗，就是这些生育观念的反映。

母系氏族社会时期的生育观念是重女轻男，女性的社会地位很高，在传承家族世系的时候，总是以女性的血缘来计算，亲属关系也是按照女性的关系进行换算。重女轻男的观念在婚俗中也有体现，母系氏族社会是“走访婚”，特点是男不娶，女不嫁，男子晚上到女性家中住宿，黎明回到本家族内劳动。生下来的孩子，由女方抚养，子女只知道母亲而不知道父亲，女性在社会上占据绝

金玉满堂 杨柳青年画

红陶坐童

喜叫哥哥 年画 “蝈”与“哥”谐音，寓意多生男孩

对的主导地位。

进入父系氏族社会之后，人类生育观发生了重大转变，开始以父系的血缘世系确立各种亲属关系，男子拥有财产继承资格，女子则被否定。孟子提出“不孝有三，无后为大”。如果一个女子结婚后不能生育，或者不生男孩，丈夫就可以纳妾。这一思想就是男性才能有家族继承权的社会反映。

“多生”的生育观念出现在商代。商代青铜器上面，往往刻有“万年无疆”、“子孙永昌”等字。春秋时，管仲在齐国担任宰相40多年，鼓励多生，并制定奖励生育的措施。孔子也主张多生，提倡早婚，认为男子最晚要在30岁之前结婚，女子最晚要在20岁之前出嫁。多生的生育观念，是远古时代生产力低下的现实反映。为了对抗天灾、战争、饥饿、疾病，人们只能依靠多生来保障种族的繁衍。

子孙和合图

三、祈子风俗

葫芦 近代 · 吴昌硕

求子习俗与早期先民们的图腾崇拜密切相关。多子多福的传统观念，人丁兴旺的家族理想，是民间社会中求子习俗屡盛不衰的社会原因。按照乞求对象的不同，大致可以分为通过某种象征物来求子、通过祈求某位神灵来求子和通过对生殖器官的崇拜来求子等几种习俗。

通过某种象征物求子的习俗中，鸡蛋是最普遍最盛行的一种求子象征物。卵与生子有不同寻常的关系。最为流行的“吃卵求子”习俗，来自商代对“玄鸟”的崇拜，由此产生了三月三日上巳节用鸡蛋作为求子的象征。杜甫《丽人行》一诗写道“三月三日天气新，长安水边多丽人”，描述的就是这一节日习俗。民间流行“吃喜蛋会有喜”的求子习俗，“喜蛋”是指新娘子嫁妆里那只子孙桶内所放的红蛋。婚后久不生育的妇女吃了喜蛋之后，据说很快就可怀孕。洗儿盆内所放的煮熟的红蛋，不孕女人吃了，据说也很快会有身孕。瓜无论是南瓜、冬瓜，都是求子的象征物，瓜蔓相连，象征着子嗣兴旺，江南一带民间流传吃南瓜求子的习俗。《中华全国风俗志》记载说，清明节这天，不育夫妇预先准备好一个南瓜，放在锅里烂煮，在中午捞取出来，夫妻并肩坐好，尽量把这个南瓜吃掉，之后必然会得子。湖南衡阳有中秋晚上“窃瓜”求子的风俗，瓜是冬瓜，绘成彩色的人面目。亲友们要提前数日，在别人家的菜园中偷窃冬瓜一个，并且不能让菜园主人发觉。然

丽人行（局部）
现代 · 傅抱石

送瓜祝子

后鸣金放炮，把瓜送至预先选定的人家。女主人得瓜后，立即剖开吃掉，俗称这种求子方式最灵验。贵州地区也有这种风俗，但偷瓜晚上，要故意使被偷人知道，以惹其怒骂，并且骂得愈厉害愈有效。葫芦也被作为求子的象征物。《梦粱录》记载，在秋天社日，出嫁的女儿要回娘家，赠送给新媳妇的礼物就是“新葫芦儿”、“新枣儿”，俗称为“宜良外甥儿”。求子的象征物由卵、瓜、葫芦儿延伸到枣、灯之类，隐含的都是始祖崇拜的求子习俗。

请灯、送灯、开灯、游灯、抢灯的求子习俗，多在南方地区流行。江苏淮安有“送灯求子”的风俗。元宵节后，二月初二以前，未生育人家的亲友送灯，表示祈求子嗣。送灯笼时要先择好一个吉日，届时约集十余人，锣鼓喧腾，乐声大作，前去送灯。灯笼要到土地祠庙去请，而且必须有一个孩子坐着轿子同去。请来的灯笼，要用红帛缠绕，挂在轿门上迎回。不少地方还流行送“孩儿灯”，送的灯如有残缺损伤，预示着将来出生的儿女也要残疾，因此，灯一定要“手脚齐全”。广东海丰在正月十三那天，神庙里或宗祠里都挂起许多花灯，打锣敲鼓，叫“开灯”。普通人家也要邀请亲戚邻居聚餐宴饮，称为“庆灯”、“喝灯茶”。有的一族族众联合举行，动用公产来办“灯酒”，在祠堂里庆祝“添丁进口”。潮州有两句俗谚：“有游灯，家里生千丁；无游灯，家里要绝种。”可见游灯与添丁是密切相关的。江苏金湖一带还风行一种奇特的抢灯风俗。自除夕到正月初二，土地庙门前都挂有两串共13只灯笼，称为“点天灯”。初二这天，久婚不育的夫妻，就请人去抢土地庙上的灯笼，称为“抢头灯”，每年只抢第一盏。如果生了儿女，父母要去土地庙还灯，并答谢土地。

通过祈求某位神灵来求子的习俗，在民间最为普遍流行，这些神灵有送子观音、送子张仙、金花夫人、泰山娘娘（奶奶）等。送子观音就是“观音菩萨”，是中国人最崇拜的一尊生育女神。观音自唐代以降变成女性，具有帮助人类生育的特殊责任，尤其是送子观音更为善男信女所崇奉，几乎每家都要供奉。

送子观音

张仙在众多的送子神仙中是唯一一位男性“送子”神仙。这一求子习俗据说来自花蕊夫人。花蕊夫人原是后蜀孟昶的妃子，蜀亡后“身在宋廷心在蜀”，画了孟昶的一幅画像，悬挂在房间，说是蜀中保佑妇女生育的神，号称“张仙”。这种习俗很快蔓延到了民间。在民间，张仙多绘于纸上，供于内室。北方的“张仙”手执金弓、银弹，作弯弓欲射状，还画有五个男孩，或画有一只麒麟，取“五子登科”或“麒麟送子”之意。南方的张仙画像多贴在床沿前供桌的上方，也是“弯弓射天狗”的形象，中悬一盏琉璃灯，每晚必点燃，名为“添丁灯”。

金花夫人也叫“金花娘娘”，又名“金花小娘”，是一位祈嗣有应的灵验女神。广东金花娘娘的金花庙遍及各地，年年要举行金花会。《广东新语》记载说，金花夫人是一个女巫，一直没有出嫁，善能调媚鬼神。后来金花夫人溺死在湖中，人们为她建造了

五子登科　朱仙镇年画

张仙射天狗 桃花坞年画

麒麟送子 桃花坞年画

祠堂，加以奉祀。当时流传说：“祈子金花，多得白花，三年两朵，离离成果。”《中华全国风俗志》记载说，金花夫人本是一个处女，当地的巡按夫人在分娩时难产，金花夫人被请到巡按衙署，还没有走进门，巡按夫人就顺利诞生了一个儿子。从此，凡是不孕、难产的妇女，都要去请金花夫人。金花夫人投湖而死后，成为了妇女生产的保护神。每年四月十七日是金花夫人的诞辰。由金花夫人，又衍化出花公花母等。

泰山娘娘又叫“碧霞元君”、“泰山老奶奶”，是北方女神中的女皇，据说居住在泰山顶的“玉女祠”。碧霞元君原来主管妇女生育及小孩平安健康，后来逐渐变成兼管一切的女神，成了黄河流域最有权威的女神。北方各省城及京师均建有娘娘庙、泰山行宫等。凡妇女祈子，祈求生产平安，祈求儿女易养长寿，都去求她。每年的四月八日，相传是泰山

泰山老母 北京

娘娘的诞辰。全国最有名气的是北京妙峰山的四月初八碧霞元君庙会，是日万头攒动，热闹异常。

探石求男

在民间还有崇拜生殖器官来求子的习俗。据说伏羲陵园内有一座“子孙窑”，不孕妇女摸后便可以怀孕。四川盐源县有一个石洞，被当作女性生殖器而颇受崇拜。长汀县近郊朝斗岩的三雄宝殿有一个裸体男童神，名为“吉祥哥”。据说服食了从“吉祥哥”的“雀雀”上刮下来的石粉末之后可以怀孕。“吉祥哥”大多用木头雕刻，身高尺余，身穿红色花衣，着开裆裤，胸前挂一香袋（钱包）。久婚不育的妇女在敬香时，一边大声祷念，一边抚摸“雀雀”，据说也可以保佑其生子。

桩被当作男性生殖器的象征，在一些地区有“偷桩”的求子习俗。新年之夜，不孕的人家，把别人家的船桩偷来，认为便可以让不孕妇女怀孕。江苏盐城、阜宁一带，从前也有在正月初六、十六、二十六送桩求子的习俗。桩可以是牛桩、船桩、桥桩，事先藏在桥洞或田头角落，不能让人瞧见。这种桩据说是偷来的才灵验，如船桩在未送到之前被发现，纵然已被偷回家中也不灵验。

百子图门帘　清

其他的求子习俗也有很多。正月十六前夜，北京妇女有“走桥”和“摸钉儿”的求子之俗。妇女们在走桥时，要前往正阳门或前门摸一摸门洞里大门上的铜钉，据说如此可以得到神灵庇佑，使妇女怀孕。北京城内还流行粘贴“宜男歌”的办法来求子，歌词是：“五更风结桃花实，二月春深燕子飞。”由年高望重、多子孙的人用红纸代书，写好后不能让妇人、鸡犬看到，然后粘贴于夫妇房中常

走百病 《点石斋画报》

坐卧处的最上头，据说此法求子多有应验。

还有一种“打生”的求子习俗。未孕妇女偕女伴一起去城隍庙，女伴预先折几根细竹，俗称“神鞭”。求子的妇女裸露肩膀，跪在神前，女伴们就用神鞭轻轻地鞭打求子的妇女，一边打一边向神祝祷：“愿神鉴我诚，赐我石麒麟。”而在一些地区存在的“棒打求子”风俗就比较残忍了。每年正月十五早上，村内男子自发组织起来，把不孕媳妇前拉后推，沿着粪池，使用木棒、扫帚柄、小青竹之类的东西，往她身上乱打。据说一定要把不孕媳妇的身上打得青一块、紫一块才有效果。这就是所谓“棒打出小（孝）子”的陋俗。

四、生育习俗

莲生贵子 年画

婴儿呱呱落地的啼哭声，标志着人生仪礼即将开始，诞生礼则是人生的第一大仪式。“十月怀胎，一朝分娩。”在婴儿诞生前的孕育期，就开始对孕妇有各种禁忌。例如在祭祀祖先的时候不允许孕妇参加，结婚、建房时不准孕妇观看。若早晨出门遇到孕妇，被认为晦气。商人更是忌讳，认为早晨遇到孕妇，这天做生意肯定赔本。孕妇禁忌有合理之处，但许多禁忌并无科学依据，有些甚至是无稽之谈。

孕妇在起居行动上具体的行为禁忌有：怀孕期间要目不视恶色，耳不听邪声，割不正不食，席不正不坐。夫妇要隔房居住，不得再有性行为。孕妇忌看傀儡戏，不许到庙里去，不行看死人入殓，不许进入喜房，不可以从事迎娶送亲、做新妆新被褥等，否则会冲犯星煞。动土上梁、商店开张，孕妇也都要躲避。孕妇“害喜”期间，在食物方面的禁忌很多，有些有医学依据，但是有

些禁忌却很荒谬，如认为妊娠期间食羊肝将会使子多厄，食山羊肉使子多病，食驴马肉延月，食骡肉难产，食兔肉犬肉使子哑巴、唇裂等。孕妇还要忌偏食，以免造成婴儿营养不良。认为特殊的偏食爱好，与生子的性别有关，民间有所谓“酸男辣女”的说法，即孕妇如果喜欢吃酸的食物，预示着将要生下一个男孩；如果喜欢吃辣的食物，预示着将要生下一个女孩。

古代妇女生产既是一件喜事，又往往是一场大灾难，以至于很多妇女畏惧生产，视之为“鬼门关”。为了祈求母子的平安以及生产顺利，孕妇及其家人总是寄希望于某些掌管生育的神灵，如泰山娘娘、金花夫人等，产生了孕妇在冲犯胎神、星煞方面的禁忌。通常认为妇女胎孕之事由胎神掌管，胎神常在孕妇左右，所以家有孕妇时，一般不会盖房建屋，修造动工，即使不得已需要修补，也必须首先查明胎神所在的方位，动工时务必避开胎神，以免冲犯。

产房

中国胎教的历史比较久远。据说孟母在怀孕期间就非常注意胎教，后来为培养儿子而不惜“三迁”，成为一位教子有方的成功母亲。古代的胎教在秦汉时期已初步形成。贾谊认为，母亲在怀有身孕之后，要学会控制自己的情绪，注意自己的起居行为等，认为周成王的母亲就是通过这样胎教培养出了优秀的儿子。《女孝经》中还专门论述了胎教的意义和方法。唐太宗贞观五年(631)颁布了一项敕令：“文武官妻娩月，并不宿直。”表明当时政府对生育的重视和对妇女的尊重。

在男尊女卑的封建社会，重男轻女成为普遍社会风气。为了生男传宗，出现了一些据说可以专门生男、甚至可以“转女为男”的所谓“生男秘方”。古代的“生男秘方”，多为一些巫术附会之说。孙思邈认为能否得子，要看夫妻本命、行房日期及时辰。“若欲求子者，但待妇人月经绝后一日、三日、五日，择其王相日及月

孟母三迁 杨柳青年画

催生娘娘

宿在贵宿日，以生气时夜半后乃施泻，有子皆男，必寿而贤明、高爵也。以月经后二日、四日、六日施泻，有子必女。过六日后勿施泻，既不得子，亦不成人。”妇女有娠之后，还可以“转女为男”。具体方法类似于巫术。如“取弓管弦一枚，绛囊盛，带妇人左臂。一法以系腰上，满百日去之”。或“以斧一柄，于产妇卧床下置之，仍系刃向下，勿令人知”。据说颇为灵验，其实没有任何科学根据。

古人形容妇女生产是“过鬼门关”。分娩期间如果碰到孕妇难产，要将房门、大门、橱箱之类的门全部开启，“开骨缝”，认为这样胎儿就会很快降生，或者请“催生娘娘”等妇女生产保护神保佑。临产时，娘家要送喜蛋、桂圆、红糖一类物品和小孩襁褓，称作“催生礼”。婴儿降生之后，无论男女都要报喜，报喜的具体礼物、仪式不尽相同。生产后，当天要祭告祖先，婴儿的父亲要去向岳父、岳母叩头道喜。《礼记》中就有记载：生了男孩为“大喜”，把木弓挂在门左；生了女孩为“小喜”，把佩巾挂在门右。

雇乳母图 清北京民俗画

摇车图

孕妇生产之后，还有一些禁忌。民间认为胎衣为婴儿的一部分，二者互相感应，生产后一定要慎重埋藏胞衣，若是被人拿去配药吃掉，婴儿就会遭遇不幸。婴儿的脐带要慎重处理，剪断时仍要留下一小段，盘结起来，用棉花软布包好，不可沾水，以防溃烂，引起“脐风”。若是脐带未落之前，婴儿哭的时间太长，就会成为“气肚脐”。落下的脐带，据医家说可以解胎毒、稀痘。小儿出痘在古代是一场生死考验，稍有不慎小儿便可能夭折。为此有经验的接生婆都让产妇注意保管好落脐，以备后用。产妇要休息保养，忌生冷，不可以穿针、缝纫、刺绣。产房叫“暗房”，除非至亲女眷，男客不得进产房。产妇要吃补养的食物，除了食补以外，还要吃一两剂平安药，以下淤血、去恶露。产妇哺乳也有很多讲究。婴儿出生后三天不哺乳，只用棉球蘸甘草泡的温开水滴到嘴里，或用新青布尖蘸大黄和黄连熬的汁滴到嘴里，据说可以去胎毒，直到胎儿排泄出黑绿色胎屎以后，再请一位正在哺乳期的妇女为婴儿“开口”哺乳。

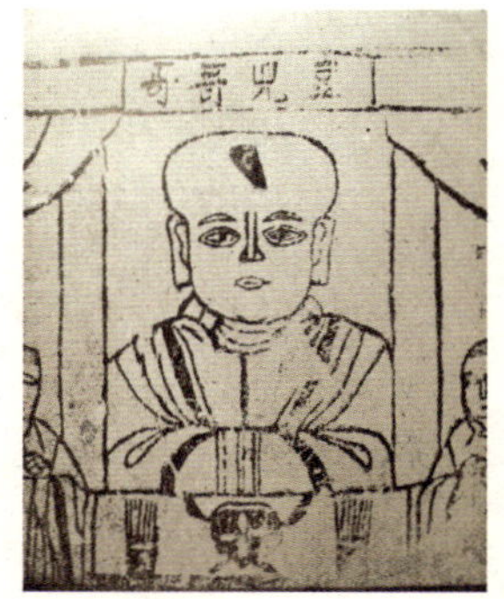

豆见哥哥

小儿出痘时供奉之

婴儿此后会有许多庆贺仪式，如“洗三”、“满月”、“百天”、“抓周”等。婴儿出生的第三天，俗称“三朝”。在宋代，这天要举行“落脐炙囟”的仪式，表示从此脱离孕育期，正式步入婴儿期。三朝洗儿俗称“洗三”，北方多用艾叶、花椒等草药热汤为婴儿洗浴；南方则在浴盆中放喜蛋及金银饰物，据说可以免生疔疮等疾病。生下 7 天后，称之为“一腊”；生下 14 天

浴婴图

宫女洗婴图

后，称之为“二腊”；生下21天后，称之为“三腊”。婴儿满一个月，要庆贺“满月”。这天还要举行剃发礼，剃下的胎毛搓成团，用红绿线穿起挂于堂屋高处或挂于床头。据说胎发高挂是婴儿日后飞黄腾达的吉兆。满百日，北方称“百岁”，南方称“百禄”，也要庆贺。这是一种祈祝长寿的仪式，亲友多赠“长命百岁”锁。满月为婴儿洗浴时，盆中有枣、果子等，亲友宾朋要把一定数量的钱放到盆中，称之为“添盆”。婴儿洗浴后，抱到婶子或其他亲邻的房中，称之为“移窠”。据说此举可以使婴儿命硬易养。

周岁时要举行一种叫“晬盘”的仪式，称“拈周试晬”之礼，俗称“抓周”。家人将弓箭、玩具、书籍、文房四宝、尺秤刀剪、升斗算盘、女红针线、珍宝等，放置在小孩面前，任其自由抓取，看他抓到什么，以此预测他未来的前途。这种“晬盘”风俗早在南北朝时就已经在民间流行，那时叫“试儿”，宋代叫“试晬”，明清叫“抓周”。据说武则天曾将皇孙都召集到大殿上，观看他们抓周，“以观其志”。《红楼梦》第二回中有贾宝玉“抓周”的描写。周岁以后，进入行童礼或少年礼，每年生日称“过生日”。隋唐以前，鲜见皇族有庆贺生日的活动。“断屠”、“感恩”都是为了缅怀父母的养育恩情，生日宴乐则被斥为不经。但是民间庆贺生日之习俗已比较普遍，自南朝就已有了庆祝生日的风俗。盛唐时，庆贺生日的活动越来越普遍，规模也越来越大。

古代的命名礼也非常郑重，寄托着父母长辈美好的愿望。古代名与字分开。《礼记·檀弓上》记载，婴儿生后3个月由其父母取乳名，启蒙入学时由师长取学名。男到20岁举行冠礼时取字，女到15岁举行笄礼并取字。命名多请村中长者、族中有威望者确定，或者以富贵吉祥之类的字为名，或者采用季节树木、时令花卉为名，或者以家禽牲畜或干支生肖动物为名。还有的请算命先生排算生辰八字，根据阴阳五行，缺什么就在名字中补什么，如“闰土”。通常按辈分取名时，还要注意避讳，避免使用帝王、祖先、长辈的名字。

抓周

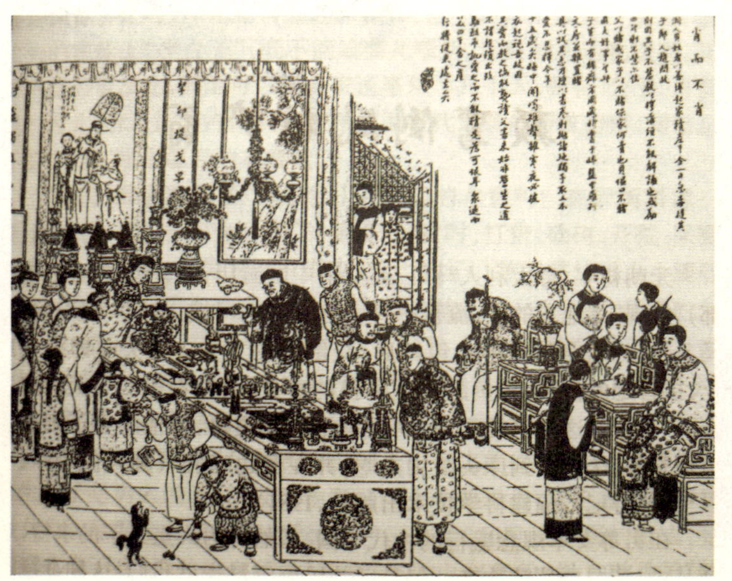

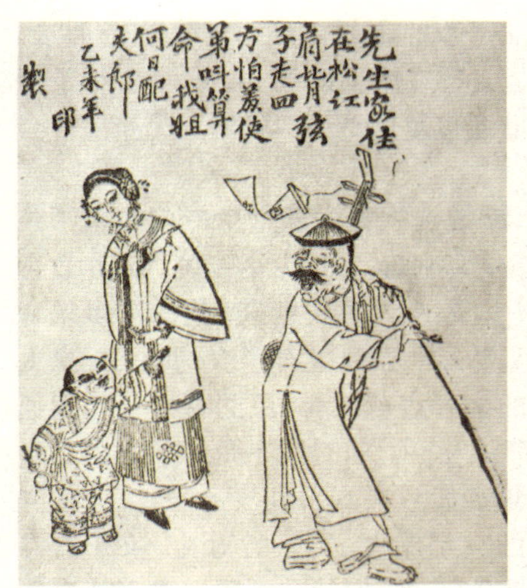

算命先生

怡红夜宴图　清

在中国古代，并不是所有婴儿都有生存的权利，民间还流传着残忍的杀婴风俗。在孕妇临产的时候，孩子的父亲、祖母、外祖母甚至母亲本人事先用容器贮水，等待婴儿降生之后，把新生的婴儿整个儿按在水中，活活地把无辜的婴儿溺死。所杀死的婴儿，有男有女。非血缘性杀婴主要是杀掉第一个孩子或弃长子。如大禹认为妻子生下的第一个孩子不是自己的血肉，便要杀掉以保持本家族血统的纯洁。如果是多胎婴儿，要杀掉一个或者全部杀掉；畸形胎儿，一般要杀掉；如果胎儿相貌不正常，也要杀掉；甚至胎儿出生时的姿势不正常，也会被遗弃或者杀掉；如果婴儿出生的时间、地点冲犯了当时人的忌讳，也要杀掉，如打雷时生下的孩子“不祥”，甚至在雷声下交合怀孕而生下的孩子也不能存活。

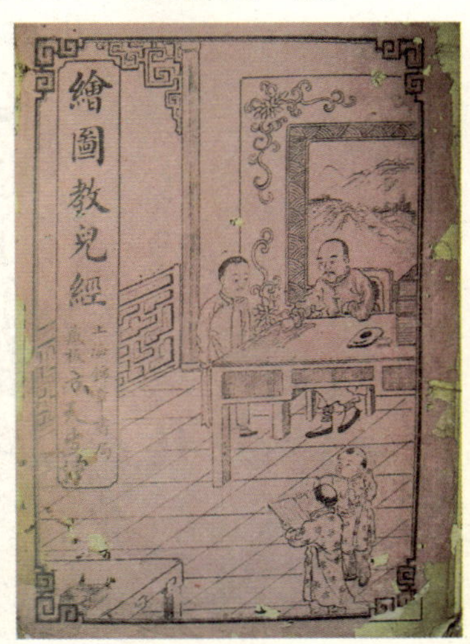

绘图教儿经　晚清

五、教育和成年

父母是婴孩的第一位教师，自孩提时代甚至怀孕伊始，父母就要开始有意识地对婴儿进行教育。为了保障儿童的健康成长，国家往往从法律上对儿童予以保护。对儿童的保护，一是保护他们的生存权、人身权，一是保障他们的成长权利，国家给予物质和法律的支持。据记载，秦汉时期，儿童生活和安全状况受到官方保护，并用法规形

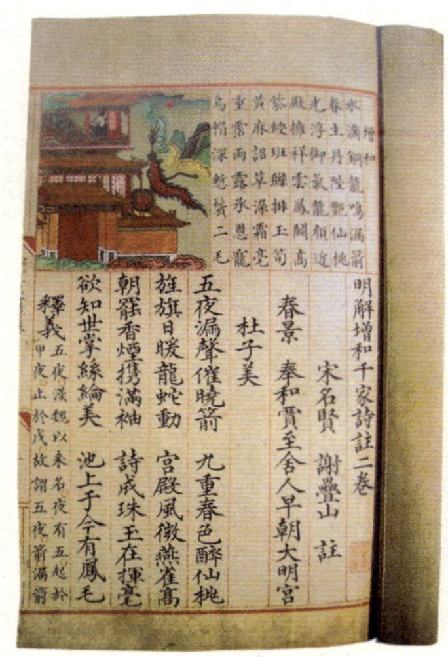

增和
水滴銅龍鳴漏箭
春生丹陛艷仙桃
光浮御氣龍顏近
殿擁祥雲鳳闕高
紫綬班聯排玉筍
黃麻詔草染霜毫
重雲雨露承恩寵
烏帽深慙鬢二毛

明解增和千家詩註二卷
宋名賢 謝疊山 註
春景 奉和賈至舍人早朝大明宮
杜子美
五夜漏聲催曉箭 九重春色醉仙桃
旌旗日暖龍蛇動 宮殿風微燕雀高
朝罷香煙攜滿袖 詩成珠玉在揮毫
欲知世掌絲綸美 池上于今有鳳毛
釋義

明皇太子用书

式规定父母不得随便杀害子女，不得随便对子女施予刑法，不得擅自体罚孩子。凡是父母在服刑的幼儿，国家要给予一定照顾。国家对失去父母的孩童，要承担救济、抚养的社会责任，直至成人。

孩童到了一定年龄，就要到固定的课堂由专门的教师负责对其进行教育。中国具有尊师重教的优良传统，培养教育了大量的人才。孔子是中国最伟大的教育家，他的许多教育方法至今为人们接受。汉代人十分注重对子女的教育，皇太子和诸侯王由专门选派的老师进行教育。民间百姓子弟则通过“小学”完成启蒙教育。入小学的时间是每年的正月、八月和十一月，入小学的年龄大致在八、九岁。

冠笄礼是古代男女的成年仪式，男子行冠礼，女子行笄礼，象征成年，可以择偶婚配，参加社会活动。成丁礼有严格的年龄限制，一般规定男子20岁，行“冠礼”；女子15岁，行“笄礼”。举行加冠时还要取字号。古代冠礼的程序分为准备阶段、正式加冠、成年礼后拜谢几个阶段。第一阶段是择吉日请嘉宾，准备加冠。父亲要预先到本家族的祖庙内告祭此事，请当地官吏或德高望重之人卜卦，选择举行冠礼的吉日。然后将举行冠礼的日期通报亲朋好友。第二阶段是要在祖庙中行“冠礼”，依次穿上三套衣服，象征着身份的变化，表示成年。首先是穿朝服，其次是穿上视朔之服，最后是穿祭服。然后加冠的人要对父母宾客敬酒答谢。第三阶段是让加冠者参加待人接物的实践活动，拜见兄长亲属等。然后换上常服，再去拜见地方长官、社会名流等。笄是簪子，女子的“笄礼”，是在把头发在头顶上盘成发髻，用簪子插住，以示成年。此后，便具有了结婚生子的权利。

伏羲、女娲

六、婚姻风俗

婚姻风俗是人类文明发展程度的重要标志，在不同的历史阶段，具有不同的婚姻形态。远古时代，人们处于混乱的群婚的状态，婚姻形式大致有野合婚、走访婚等。人类婚姻史经过血缘群婚、族外群婚、对偶婚而进入一夫一妻制。进入母系氏族社会后，氏族外婚姻开始推行，对偶婚产生于母系氏族社会的繁盛时期，是介于群婚与一夫一妻制之间的过渡性婚姻形态。父系氏族的崛起实现了由从妇居向从夫居的过渡，确立了一夫一妻制婚姻形态，此后成为古代社会的主要婚姻形式，如入赘婚、表亲婚、交换婚、转房婚等。入赘婚即俗语说的“招养老女婿”、“倒插门”，男子出嫁到女方为婿，是母系氏族社会从妇居婚姻形态的遗留。表亲婚就是通常所说“亲上加亲”的“姑舅表婚”，即近亲结婚。交换婚即“换亲”，源于氏族外婚姻制，实际是一种买卖婚姻。转房婚是古代“夫兄弟婚”、“妻姊妹婚”的残余形式，一般是同辈转房形式，即兄殁之后弟娶嫂、弟亡之后兄娶弟媳、姊亡后妹嫁姐夫等。

野合图 汉

此外还有其他几种畸形的婚姻形式。包办婚姻在封建社会中最为常见，讲究父母之命，媒妁之言。指腹婚即俗称的“娃娃亲”，双方父母指腹为婚。童养婚就是抱养童养媳。小女婿婚是指小男孩娶一个大媳妇，妻大夫小，与老夫少妻并为封建婚姻形式的两个极端。荒婚又称为“冲喜”，即公婆或者未婚夫病重、病危时，赶紧娶妻；如果丈夫病死，新婚妻子就要守寡一生。望门婚是女子未出嫁时，未婚夫已经夭亡，女子出嫁守寡终生。冥婚即民间所谓的“结阴亲”，流行于周代，盛行于宋朝，至今仍存。

花篮 剪纸

结婚是人生大事，婚礼仪式格外隆重热闹。通婚双方互称“亲家”、“姻亲”。在结婚这天，男女双方张灯结彩，宴请宾朋，而且有很多婚俗讲究，一般是采用“六礼”的结婚程序。结婚仪式在对偶婚阶段就产生了，至周代形成了“六礼”定制。六礼结婚程序第一道程序是“纳采”，也就是说媒、合婚，先由媒人问清待字闺中的女方的生辰八字，请一个算命先生来合婚，看是否相克。如果可以缔结婚姻，便由媒人前往女方家正式求婚。第二道程序“问名”，就是请庚，相当于近代的“订婚”，俗称为“小定”、“大定”或“换龙凤帖”（庚帖）。男女双方正式交换年庚，上有男女生辰八字等，表示定下婚约。“纳吉”是第三道程序，即卜吉，取女子的生辰八字，在宗庙问卜于祖先，后来演变为“小聘”。小聘是男方家送给女方家的订婚礼物，普通的小聘是女方所用的衣物、

宝玉与新娘拜堂成亲

迎亲

媒人陪新郎进女家　《清俗纪闻》

首饰以及少量彩礼等。纳吉也称为“送缅”，俗称为“送鞋面”，“鞋”（“谐”）表示永结同好、白头偕老。“纳征”是第四道程序，古代称为“纳币”，周代称之为“入币”，后来演变为“下财”、“聘礼”或“过大礼”，即男方家按照约定的数量向女方家交纳彩礼，一般是财帛、礼饼、衣服、首饰等。在迎娶的前几日，再把一些仪仗、财物等送到女方家。“请期”是第五道程序，是确定迎娶的准确日期，即“催妆”。男方选择好娶亲的日子，然后由媒人通知女方家，以便双方都做好准备，俗称“报日子”。

“亲迎”是第六道程序，也最为隆重。新郎本人必须亲自携带一定的礼物，到新娘家中迎娶，即民间所说的“接新娘”。新郎来到女方家，岳父要在门外迎接新婿，新郎到女方家的宗庙里拜祭后，新娘出门上轿，迎娶回家。后来这一仪式简化，但仍称为“亲迎”。

男大当婚，女大当嫁。但是在具体的结婚年龄与择偶标准上，不同时代具有不同的规定。古代的择偶标准，各有特色，所谓“燕瘦环肥”，就是对择偶审美标准的一个形象概括。秦汉时期的择偶标准，首先看重的是门第。不但皇族重视婚嫁等级，普通百姓也讲究门当户对。如农夫家女儿一般嫁给农夫或小商贩家的男人为妻，若嫁给富豪大家，婚姻基础就极不牢固。容貌是择偶的第二标准，汉代审美观点与现在很相像，如女性以身材苗条、脸庞清秀红润、头发乌黑、皮肤白皙为美；男性以身材高大、浓眉大眼、皮肤白皙为美，这与隋唐时期以肥胖为美的审美标准恰恰相反。才能也是当时社会较为看重的另一个重要择偶标准。女方择婿往往考虑男子的才能。西汉卓文君是巨商卓王孙之女，司马相如是一落魄书生，然而卓文君爱其才貌，不惜与司马相如私奔。

“千里姻缘一线牵”，古人认为男女二人结为夫妻，要靠缘分，所谓“有缘千里来相会，无缘对面不相识”。如果有缘分，便会“有情人终成眷属”，如果缘分不到或者不够，那就需要另觅佳偶。但实际上，古代的婚姻的缔结更讲究“父母之命、媒妁之言”。一般男子15～16岁，女子13～14岁时，便开始请媒人提亲订婚，再择吉完婚。男家称“娶媳妇”，女家称“聘闺女”。古人认为，八字不合，生辰相克，不可通婚；属相不合也不可通婚，有“白马犯青牛，猪猴不到头，金鸡怕玉犬，蛇虎如刀锉，羊鼠一旦休，龙兔泪交流”等说法。求婚一般是男方向女方求婚，也有女方向男方求婚的。古代求婚有的以茶为聘礼，称为“茶礼”，女子受聘则称为“受茶”。茶礼象征男女爱情坚贞不渝，白头偕老。

文君听琴　现代·刘凌沧

迎嫁送娶的结婚礼俗源远流长。即使订婚习俗，也有较长的历史。最初的定情，据说是由庖羲的“俪皮之礼”演化而来。俪皮就是成对的鹿皮，古人往往以兽皮作为定情、订婚的礼物。在对偶婚阶段，男女彼此情投意合，便互赠礼物私定终身，然后由媒人出面，正式订婚。订婚时，男方家要大摆宴席，并向女方行聘礼，互换“龙凤帖”。聘礼以金银饰品、衣物或金钱、牲畜为主。男方要向女方征求聘娶日期，称为“取庚”，意在避开新娘的经期，因经期迎亲称作“尿轿”，为习俗所忌。民间联姻讲究“明媒正取”，认为只有按照“六礼”的结婚程序举办了结婚典礼，即迎娶之后，才算真正结婚。举行婚礼还有一个不成文的规矩：一旦定下迎娶日期，便不可更改，俗有“改日子死婆婆”之说。古代婚姻门第观

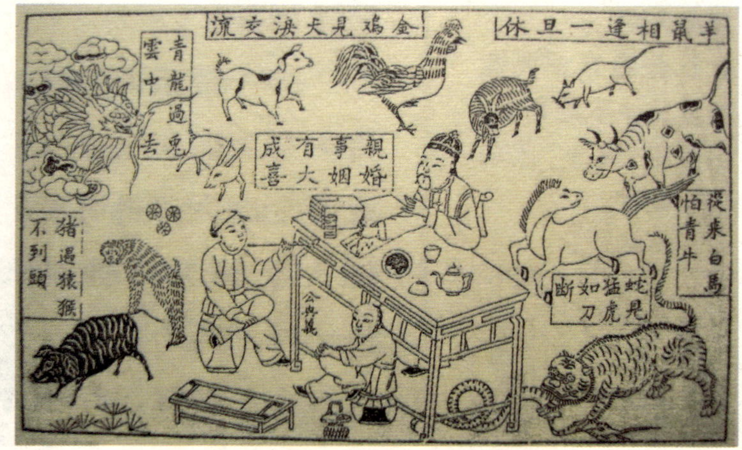

古代婚姻忌讳口诀

姊妹易嫁

《聊斋志异》插图

念相当重，十分讲究男方下的彩礼，女方送陪嫁。下彩礼时，男方要为女方送去礼单。女方的嫁妆一般以双数为吉，少则四抬，多则几百抬。陪嫁中必有喜桶和灯二件，俗称“桶子灯”，有“金灯常明万代火，玉盏永存子孙灯”之说。

迎娶是结婚程序中的关键一环，讲究最多。迎娶的前一天，男方家将娶亲的八抬花轿备好，子孙灯、彩谱、高照、旗、锣、伞、扇等仪仗执事陈列在庭院天棚下，并派4～8人给女方家送两抬或四抬盒的催妆礼。抬盒最上一层必须是露在外面的活鸡鸭，下面分别是生鱼、生肉、切面、蒸食、炉食、干果、蜜钱等。肉意为“离娘肉”，象征出嫁女是娘身上掉下来的肉。男方送“离娘肉”表示感谢岳父母养育妻子成人的恩情。女家接到催妆礼后，要收一半退一半，并给送礼人赏钱。下午将嫁妆抬至男家，俗称“过嫁妆”。嫁妆抬至男家后，负责管事的茶师傅（“茶房”）要逐件吆喝通报，然后陈列于天棚下，俗称“晾轿”。中午及晚上，男方家喜气洋洋，大摆宴席，招待亲朋友好，并聘请吹鼓手奏“大乐”来增添喜庆气氛。同时由8个童子手捧漆托盘，上放荷花形纱灯或元宝形纱灯，灯内点燃蜡烛，童子顺时针转三圈，再逆时针转三圈，边转边唱，此谓“童子转轿”，据说可驱走轿中、新房内的邪祟杂鬼。

新房布置也有讲究，门帘一定要由新娘的兄弟挂上，挂完门帘还要给一个红包表示感谢。门帘为粉红色褶裙花边，俗称“走水”。新房布置好后，要由一

抬花轿 清

迎亲　清

对童男童女在新房内先睡一夜，名曰“压炕”，祈祝子孙满堂。

迎娶之日是整个婚礼中最热闹的一天。热闹的重心上午在女方家，下午及晚上在男方家。新娘在娘家由“全命人”（子女双全的妇女）负责梳头，俗称“上头”。头发盘成发髻后配戴簪子一个、冠子三个。新娘脚下踩着两条船模，谓“喜船”，一曰“麒麟送子”，一曰“葫芦万代”。新娘口中要含一块糖，寓意婚后日子甜美。新娘面部的汗毛全被绞掉，称“开脸”。“洞房花烛夜，金榜提名时”是人生两大快事，因此结婚又有“小登科”之称，新郎可穿官服，一般人家多穿长袍马褂，脚蹬皮靴。新娘由其兄长抱到轿上。在轿中不可转脸扭身，手中要拿一小铜镜，途中将小铜镜揣进胸口处，过桥要放鞭炮、撒钱币，据说可以免灾祸，去邪祟。八抬大轿迎亲，象征明媒正娶，初婚女子都格外注重。花轿抬至男家，名为“进门”。新娘下轿时，鞭炮齐鸣，新娘须从婆家事先点燃的火盆上迈过，以驱邪避灾。这时新娘头不揭盖头，脚踏红毡步入或由新郎抱入洞房，以示新人头不见天日，脚不沾泥污。家人还要向新娘、新郎身上撒高粱、谷子、豆子及金钱、果子等，预祝多子多福，丰衣足食。迎娶的时间，讲究上午娶媳妇，下午娶寡妇。

京绣荷包　清

迎亲之日有拜堂、闹洞房、焐被三个高潮。拜堂也叫拜天地，一般在堂屋举行。主婚人唱喜词引导，一拜天地、二拜祖先、三

迎娶队伍

麒麟送子 新绛年画

拜父母，然后夫妻对拜。新婚夫妻要共饮交杯酒，以示百年和好，还要同吃子孙饭。婆婆用“子孙筷子”，夹起“子孙碗”中的小饺子送到新娘口中，祝福新婚夫妇早生儿女。闹洞房又叫“逗媳妇”。无论辈份大小，均可肆意戏闹，有“三天无大小”、“闹喜闹喜，越闹越喜”之说。闹洞房的人散去后，婆婆要请全命人为新人铺床温被，俗称“焐被”，并将枣、栗子、花生三种食物撒在床边被褥下，一边撒一边念着喜歌“一把栗子一把枣，闺女小子到处跑”，“花生花生花着生，早立子来生贵子”等等。

盖上巾帕

婚礼之后，认亲与回门是最重要的两个仪式。认亲就是新郎新娘互相认识对方的亲属，回门就是新郎跟随新娘回家拜谢岳父母等人。古代婚礼中，即使男女已有夫妻之实，已经明媒正娶，但如果不拜公婆，不拜祖宗，则表示新妇仍未被丈夫家庭所接受，这桩婚姻也就不具有法律效力，故古代统称此为

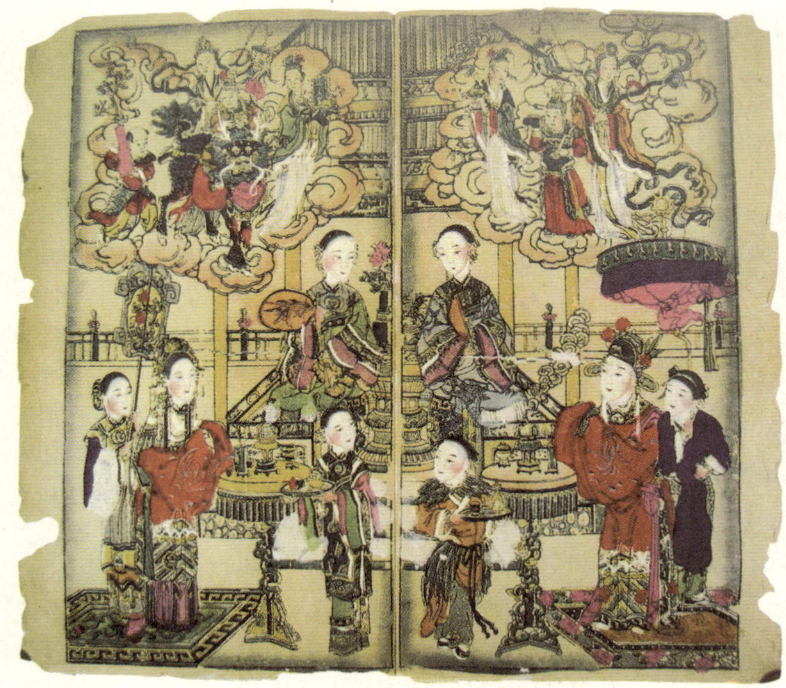

夫妻对拜 杨柳青年画

"成妇"礼，其重要性远远超过"成妻"之礼。回门一般是在婚礼第二天，新娘家派一个10岁左右的男童，一般是新娘的弟弟或侄子和一位全命人到新郎家，同男方家长商量回门事宜和认亲仪式。回门时间根据婚后的时间计算，称为"回四"、"回六"、"回八"、"回九"。回门时，一般在早晨由娘家派人和车、轿等先将新娘接回，新郎暂不同往。下午新女婿收到三道行帖后，才开始携带礼物动身到丈人家，俗语有"速帖来到，姑爷上轿"之说。新郎来到新娘家后，要拜见岳父母和其他亲眷，由新娘姐夫、兄弟等陪同招待酒饭，俗谓"老姑爷陪新姑爷"。新娘回婆家绝不允许在日落以后到家，迷信说法是"日落回家，婆婆眼瞎"。回门结束，整个婚礼亦结束，夫妻

闹洞房时，新娘踢了一位伸手乱摸的闹房者一脚

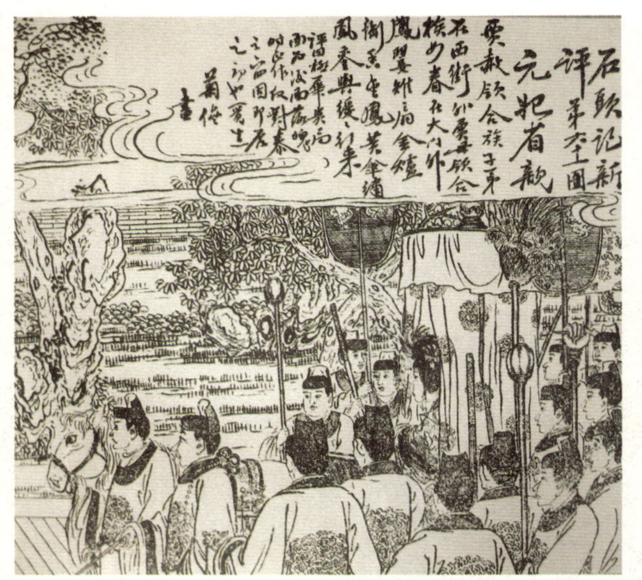

元妃（贾元春）省亲图

便开始正常的家庭生活。婚后3个月中，娘家还可以接回新娘小住三次，俗称“归宁”。第一个月住10天，第二个月住9天，第三个月住8天，有“先十后九，越过越有；先九后八，越过越发”之说。

古代婚姻起源于抢亲，在黄昏时举行结婚典礼，故称为婚姻。古老的“六礼”婚俗中，媒人是证明婚姻缔结的合法与合礼的关键人证。“媒妁”是撮合男女成婚的媒人，为男子提亲为媒，为女子提亲为妁，俗称专门从事婚姻介绍并以此为谋生手段的中老年妇女为“说媒的”、“媒婆”等。女娲被尊称为“神媒”、“高媒”、“皋媒”，视为母性始祖和管理婚姻之神。远古时代，男女族外群婚或者对偶婚的媒介，大概是最早的媒人，“说媒”的雏形开始出现。如果一位男子看中某位女子，便委托本氏族的长老前往女方的氏族商议婚姻，长老议亲便是媒人之风的滥觞。媒人在社会上的地位，初期颇受人尊敬，后来便愈发被人鄙夷，因此社会上流行一些“骂媒”、“打媒”、“锁媒”的婚礼习俗。催妆之俗，魏晋南北朝在亲迎时已有，后迅速为民间所采用。

转毡之俗，始于北朝，传自胡人；所谓“席道”，就是转毡之

女娲像

红娘与莺莺　清灯画

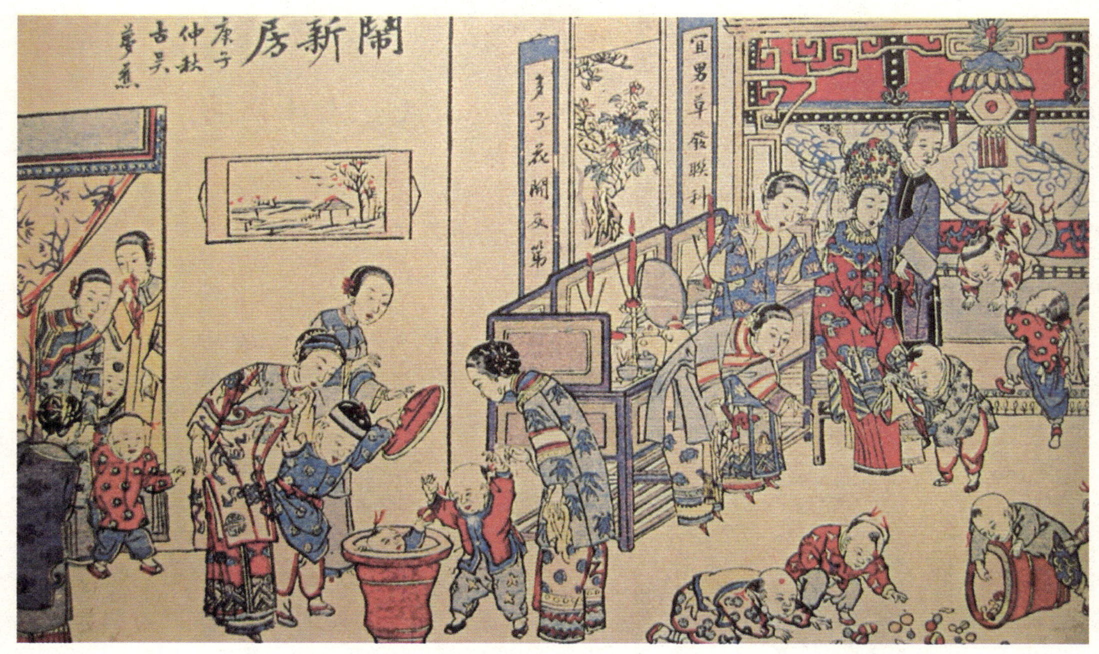

闹新房

俗的变体。新娘乘坐花轿进入男方家中后，脚不能沾地，要踩在事先铺好的毡上走进洞房，称为“转毡”。

新娘盖头之俗在晋代出现。新娘打扮完毕后，以纱巾蒙面，头上蒙盖着一块红纱巾，即婚礼上的“红盖头”，进入洞房之后，由新郎亲手摘下。夫妇交拜之礼起始于晋。据说在当时的结婚仪式上，只有夫妻彼此行过交拜之礼，才表示正式成为夫妻，不行交拜礼，就不能被承认具有妻子的身份。闹新房，古称为“谑亲”、“戏妇”，魏晋南北朝时此婚俗即已盛行。好事者结伙成群地卧伏在洞房的窗外，屏息窃听新婚夫妇的言语等，以此娱乐并取笑新婚夫妇。

隔墙有耳

清《春宫图》局部

豪杰庆千秋冰霜寿母
《隋唐演义》插图

七、寿庆活动

生日又称为“寿诞”、“生朝”、“生辰”、“生申”等，为老人祝贺寿诞的习俗称为“寿庆”。在寿庆活动中，过寿的老人自称为“做寿”，祝贺老人寿诞的亲朋则称为“祝寿”或“贺寿”、“庆寿”等。古人称长寿为“眉寿”、“寿考”、“高寿”、“大年”等，长寿老者则被世人尊称为“老寿星”。寿神在民间颇受人尊崇。

汉族风行祝寿的礼仪，通常以50岁为分界，50岁前称贺生，50岁以后为做寿。对于不同年龄的寿诞，各有其特定的称谓。60岁称为“下寿”，70岁称为“中寿”，80岁称为“上寿”，90岁称为“耄寿”，百岁称为“期颐”，其中77岁称为“喜寿”，88岁称为“米寿”。“庆寿”一般以吃鸡蛋面条以示庆贺，俗称“寿面”、“长生面”；给年轻人庆祝生辰只能称为“过生日”，不称“做寿”。儿童过生日，只能向父母长辈叩谢养育之恩，不能接受任何人的寿礼，否则有“折寿”之虞。

庆寿时，寿星的儿孙向亲友发送大红寿帖，通知做寿日期，亲朋则要备寿礼庆贺。寿礼有寿面、寿桃、寿幛、寿联、寿糕等。寿辰前一天，寿星一家张灯结彩，儿女、女婿及诸亲将礼呈献，馈

康熙六十大寿庆典的场景

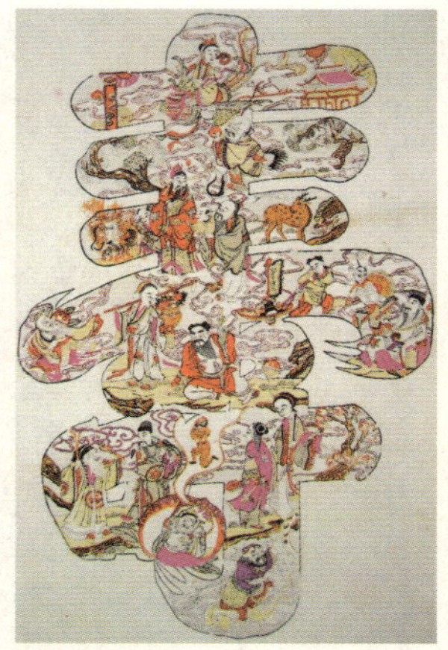

寿字图　桃花坞年画

郭子仪在汾阳宫寿庆的场景

送的礼物列于中堂桌上，寿幛、寿联按辈分悬挂，此谓“暖寿”。寿诞之日，寿星落座，鸣放鞭炮，首先由寿星拜谢天地祖宗，然后接受子女后人及亲友的叩拜。礼毕，要给拜寿者每人一个小红包，称“寿钱”或“百岁包”。吃长寿面时，每位客人要从自己碗里先挑数根面条夹到寿星碗里，谓之“添寿”。

明清以来，庆祝生辰有“庆九”、“庆十”之分，即“男不庆九，女不庆十”。给男人庆寿，要用整数“十”，谓之“整生日”、“整寿”；每十岁谓之“一秩”，也做“一旬”，如五十整寿称为“五秩”或“五旬”。给女人做寿则是提前一年举行，49 岁时庆祝五十整寿，谓之“四秩晋九”；60 岁整寿则于 59 岁时庆祝，谓之“五秩晋九”。凡是男人不足“十”、女人不足“九”的庆寿一律叫做“散生日”、“散寿”。“整寿”、“晋九”为正式庆典，“散寿”则不一定有庆典。如逢老人的 60、70、80、90、百岁整寿，便需要隆重庆祝。百岁为人寿最高点，称为“期颐大寿”。晚辈给长辈提前办“百岁大寿”，最常见的是长辈 99 虚岁时即按 100 岁办，或 97 虚岁时按 100 岁办，甚至 90 虚岁时即按百岁办寿，也称“期颐大寿”。提前办了百岁大寿之后，在其有生之年，每年寿辰均须按“期颐大寿”庆祝，直至其百岁。

百寿图

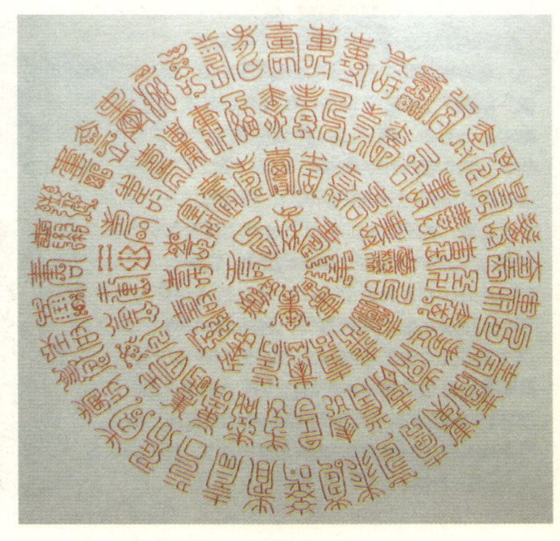

八仙庆寿

寿堂是“寿星”或“寿星婆”敬神祈福求寿、接受家族晚辈及亲友贺礼的地方。寿堂一般设于北房，在正厅中间的北墙上，悬挂一幅大红缎子的寿幛，上面是一个老寿星像，或是一个大金“寿”字。供案前的地下设红拜垫一个，以供来宾跪拜祝寿之用。披红椅披的太师椅根据寿星的性别而摆放在不同的方位，一般是男左女右，男寿设于供案之左，女寿设于供案之右。

寿联贺寿是必不可少的一种祝寿活动，为此，民间还流传着很多美谈或笑谈。据说某家财主为母亲做寿写寿联时，竟然机械地套用“天增岁月人增寿，春满乾坤福满门”的对联，上联写道“天增岁月娘增寿”，为了押韵和对仗，下联竟写成：“春满乾坤爹满门。”从这些笑谈中，可看出古人对庆寿活动的重视。

“冥寿”或“阴寿”是为去世的父母做寿。阴寿的仪式参照庆寿，但是寿堂布置颜色为素色，做到一百岁阴寿为止，百岁阴寿最为隆重。

福禄寿三星　年画

寿星是专门掌管人类寿命长短的神祇，倍受人们的崇拜。寿星有男女之别。男性挂南极老人图，女性挂麻姑献寿图。奉祀南极寿翁始自先秦，汉代以降，一直列为国家祀典。明代洪武三年起，以其妄而罢祀。但民间对福禄寿三星的奉祀经久不衰。麻姑的身世，历来众说纷纭。传说麻姑是北朝后赵将军麻秋之女。麻秋督促民夫修长城，昼夜不休，直到鸡鸣天亮时才准休息。麻姑非常同情民夫，常常学鸡叫，让民夫们休息。麻秋知道后要用鞭子抽麻姑，麻姑便逃入山中，后修炼成仙，白日飞升。麻姑成为寿星，与王母娘娘有关。传说三月初三是王母娘娘诞辰，麻姑在绛珠河畔用灵芝酿造寿酒，献给王母，由此被王母封为女寿仙。这就是麻姑献寿的来历。“麻姑献寿图”是人们用作祝寿不可或缺的礼品。不少地方都有麻姑的遗迹。山东宁海州与文登交界处有一“姑馀山”，相传是麻姑修道处。此外，江西南城县有麻姑山，宁国府东有麻姑山，四川丰都附近有麻姑洞，青城山也有麻姑洞，丹阳县有麻姑庙。

麻姑献寿 清瓷盘

王母娘娘也是一位女寿星。她本名西王母，最早居住在西方昆仑山，道教又称她为金母，尊称为“九灵太妙龟山金母”、“太虚九光龟台金母元君”，王母娘娘是民间的俗称。西王母最初为一丑怪之神，半人半兽，性别不明，专司人间瘟疫及刑罚。后演化为绝色女仙，成为长寿赐福的象征。西王母长寿的两样法宝，一为“不死药”，一为“长寿蟠桃”。西王母由昆仑山神上升为天神后，不死药的产地也由昆仑山转移到了月宫，提炼不死药的不死树专指“月中桂树”。嫦娥奔月神话的产生和传播，使西王母的不死药名声大噪。王母桃又称蟠桃。传

西王母

四季花神

蟠桃大会　潍县年画

说王母桃能增寿，三千年一熟的蟠桃，人吃了成仙成道；六千年一熟的蟠桃，人吃了可以长生不老；九千年一熟的蟠桃，人吃了可以与天地、日月同寿。王母长寿仙桃便成为长寿的主要象征。

广寒宫

东方朔偷桃

八、丧葬礼俗

丧葬礼俗是中国古代社会特有的一种文化，源远流长，内容丰富。丧葬程序繁琐严格，葬式葬法形式多样，墓地选择讲究颇多，丧服制式、居丧生活各有规定。在纷繁芜杂的丧葬礼俗背后，隐含的是古人的宗教信仰、伦理道德和等级观念，至今仍在社会上有着重要的影响。

厚葬与薄葬一直是中国丧葬史上的两种丧葬观。厚葬观念在古代社会里，主导着人们的丧葬民俗；然而春秋战国时期主张节约的薄葬观出现，并日渐成为中国丧葬民俗发展的主要趋势。

厚葬观念，源于灵魂不灭观念和祖先崇拜，这是古人厚葬习俗久盛不衰的重要社会文化原因。此外。儒家以及历代统治者提倡的孝道观念也起了推波助澜的作用。灵魂不灭观念产生于旧石器时代，远古先民认为祖先的灵魂不灭，厚葬祖先，可以祈求祖先的在天之灵佑护后代，从而促成了厚葬观念的习俗。周代出现了“重民敬鬼”观念，殉葬品和用人殉葬大量减少。但当时社会上仍普遍流行着鬼神观念，为了预防鬼魂作祟，人们便不惜厚葬来讨好鬼魂。秦汉时期鬼神思想在社会上占据主流地位，汉末道教的形成，更促进了这一趋势。秦始皇是一个有名的神仙迷，其墓陵规模宏大，陪葬的兵马俑被列为

为父设醮　《西厢记》插图

秦始皇陵兵马俑
一号坑局部

世界第八大奇迹。汉代皇帝的陵墓也非常气魄，随葬品非常丰盛。唐太宗的昭陵，营建了13年，王羲之的《兰亭序》墨迹，就殉葬其中。在帝王权贵的厚葬之风影响下，于是权贵皇亲，纷纷效仿，乃至普通百姓之家也都形成了以厚葬为荣的丧葬观，厚葬的社会风气逐渐形成，世代相传，影响至今。在汉代还产生了守墓和墓祭的习俗，是当时厚葬习俗下派生出的社会产物。鲁迅先生概括说，中国人本来就相信巫，秦汉以来神仙之说的盛行，汉末的巫风鬼道肆虐，小乘佛教的传入流传，自晋至隋鬼神之风遂弥漫社会。隋唐时期，佛道二教盛行，因果报应、生死轮回等观念深入人心，人们对鬼神愈发崇拜和信仰，僧侣道士也加入了厚葬的行列，帮助人们做法事，成为厚葬习俗的助燃剂。宋代至元明清，流行厚葬，世俗迷信达到了高潮。道教在宋代受到高度重视，佛教也分野为禅、净二宗，在部分丧葬习俗上，三教合流。

厚葬的习俗，与儒家一贯提倡的“养生送死”的孝道观，与历代帝王提倡“以孝治国”的国家政策关系很大。孔子讲究“孝悌为本”，孟子提出“不孝有三”，秦汉时期《孝经》流传，唐宋元明清历代统治者都主张“以孝治天下”，上至皇族下至百姓，均

梦奠两楹 孔子梦见自己坐奠两柱之间，很像殷人殡丧的制度，就对子贡说自己快要死了。几天后孔子去世

奉行“事死如生”的丧葬习俗。不但一些普通人要倾家荡产进行厚葬，以博得“孝子”的美名，即使位高权重的官吏，父母去世，也要主动辞官回家守丧，否则要遭人讥笑。

孔子是薄葬思想的先驱人物。孔子主张薄葬，十分痛恨用人殉葬，他咒骂道：“始作俑者，其无后乎！”他的得意弟子颜渊死后，他坚决反对其他弟子的厚葬要求。在先秦诸子中，墨子主张薄葬最积极，道家的老庄也主张薄葬。秦汉时期也屡有薄葬呼声响起。魏晋南北朝时期是中国历史上的薄葬时期，由于经济条件的限制，薄葬之俗一度蔚然成风。隋唐时期佛教盛行，出现了火葬。在宋代火化的丧葬习俗曾一度盛行，以至于当时政府曾下令禁止火葬。火葬对于儒家“身体发肤受之父母”的思想冲击很大，他们认为火葬是大不孝，极力反对。元明清时期也不时出现一些要求薄葬的呼声，如元代的谢应芳，清代的黄宗羲、陈确等，都主张薄葬。

丧葬礼仪是指安葬、哀悼死者的一系列仪式活动。丧葬礼俗大约出现在旧石器晚期已经出现。夏商周时期是中国古代丧葬礼仪系统化、程序化、定型化的阶段，特别在崇尚礼仪的周代，丧葬礼仪更是一种文明的象征，三日大殓、饭含、棺椁制度、明器制度等葬俗已然形成。秦汉时代的丧葬礼仪，大致分为三个阶段：一是葬前之礼，包括停尸、招魂、沐浴、饭含、大小殓、哭丧等；二是葬礼，包括告别祭典、送葬、下棺；三是葬后服丧之礼。魏晋时期的丧葬礼仪，在明器方面从简。南北朝时盛行渴葬，又称为“藁葬”，即未到葬期而提前埋葬。唐宋时期丧葬礼俗进一步制度化。明代的丧葬礼仪依据《仪礼·士丧礼》、《开元礼》和《朱子家礼》制定而成。清代沿袭明代的丧葬礼俗至今，虽有变革，但是大同小异，只是在某些步骤上作了精简。

丧葬礼俗繁琐隆重，从去世到入土为安，一般有如下几道基本程序：

一是停尸、报丧。中国的传统丧葬文化非常讲究寿终正寝。死者咽气前，亲属要将其移到正屋明间的灵床上，守护其度过生命的最后时刻，称为“挺丧”或“停尸”。死者在弥留时刻，亲属必须及时为死者穿上寿衣。寿衣不能有扣子，而且要全部用带子系紧，表示后继有人。如果死者是男性，脚上要穿黑色布鞋；如果是女性，则穿蓝色布鞋。沐浴更衣仪式结束之后，还要举行饭含仪式。饭含是指在死者的口中放入玉贝和米饭之类的东西。根据死者的身份不同，饭含的物品不同。人死后要报丧，报丧仪式早在周代就已经形成。有些地方报丧俗规非常严格，丧家如果死的

柴桑口卧龙吊丧

是男人，必须由房族侄子到亲戚家报丧；死的如果是女人，必须由儿子、女儿给外婆家报丧。

二是招魂、吊唁。招魂仪式起源非常早。招魂仪式必须选择日子。死者亲属要从前方升屋去招魂，手拿死者的衣服面北呼叫，然后把衣服敷在死者的身上，这件衣服又叫做“腹衣服”。丧家要在门前树起招魂幡，或者挂上魂帛。

吊唁先要布置灵堂。灵前安放一张供桌，桌上摆供品、香炉、蜡台和长明灯等。未殓前，长明灯要昼夜点，不能熄灭，象征死者的灵魂。尸体和灵柩都忌讳停放在光天化日之下，必须搭灵棚。灵棚大小，根据丧居院落而定。只搭一个院子的棚，叫“平棚起尖子”，也叫“一殿”；如果丧居有两院子，就可以搭一座大棚，将两个院子都罩上，后高前低，叫“一殿一卷”。然后举行吊唁仪式，也称为“拜祭”。一般亲友要准备物品祭奠死者，祭品根据与死者的亲属关系而有所不同。女婿和娘家必须备“三牲”（猪头、整鸡、整鱼）。拜祭按顺序进行，死者的子孙要全体跪于灵前，拜奠痛哭，以示酬答。

挂孝图　清

三是入殓。吊唁完毕之后，进行入殓仪式。入殓有大小之分。小敛是指为死者穿衣服，大殓是指收尸入棺，民间俗称为“归大屋”。殓衣穿好后，还要“开光明”。孝子亲手拿一碗温水，用一块新棉花蘸水，将死者的眼睛擦洗，曰“开光”。据说死人若不开光，投胎转世后必是瞎子。大殓非常隆重，盛殓的棺材以松柏制作，忌讳用柳木。寿木做好后，不能移动。大敛时间在小敛的第二天，即人死后的第三天。要在棺底铺上一层谷草，然后铺一层黄纸，表示死者的灵魂能够升入天堂。合棺之前还要往棺内放些葬物，民间讲究让死者左手执金，右手握银。钉棺盖，民间称为“镇钉”，一般要用七根，俗称“子孙钉”。

宝玉哭黛

《红楼梦》中的出殡场面

四是服丧。丧葬期间，孝子们要穿孝服以示哀悼。孝服基本上分为五等，即斩榱、齐榱、大功、小功、缌麻。斩榱是五服中最重的一种。“榱”是指丧服的上衣，下衣则叫“裳”，都用最粗的生麻布制成，表示未经修饰，所以叫斩榱。五服之外，古代还有一种更轻的服丧方式为“袒免”。袒是袒露左肩，免指不戴冠，用布带缚髻。朋友之间，如果亲自前去奔丧，在灵堂或殡葬时也要披麻；如果在异地他乡，袒免即可。

五是出丧、哭丧。出丧要事先选好吉日，择日的原则为：人在刚日死，柔日下葬；在柔日死，刚日下葬。奇月死，在偶月下

释迦圆寂时各国王子举哀

太岁

葬；偶月死，在奇月下葬。若死者出生的年月日与死者死时的时辰有干支重字，俗称“月不清”，要举行特殊的丧仪“重丧”，往往在三、五更盖棺，抬至郊外，丧家不穿麻，不能哭，七日后，才告丧，补丧礼。

哭丧是中国丧葬礼俗的一大特色，择日仪式之后便要哭丧。出殡时的哭丧仪式最受重视。出殡时死者的全部后人必须“唱哭”，否则被视为不孝。哭丧时要叫“哭丧歌”，即挽歌，分三类：一是“散哭”，想到什么就哭什么。二是“套头”，哭别人的好处，诉自己的苦楚。三为“唱经”，结合丧葬仪式来唱，出殡这天清早，长房媳妇要唱“开大门”，否则死者会在阴间受罪；女儿或媳妇要唱“出材经”等。

六是下葬。下葬仪式非常讲究。抬灵柩的人称为“八仙”，挖墓穴称为“打穴”。打穴之前要祭祀，孝子要烧香点烛行开山礼。否则“太岁头上动土”，丧家不祥。祭祀墓穴时，要杀死一只公鸡用血祭奠。公鸡在墓穴里反复扑腾，死在墓穴的哪个部位，该部位的子孙就会兴旺发达。下葬前，死者的儿子要用五谷杂粮编成的五谷囤放在墓穴里，囤口上面盖一张小烙饼。墓穴里还要放一个陶瓷罐，罐子上面放一盏豆油灯，称作“长明灯”。有的还在墓室上嵌一面铜镜，象征太阳。灵柩放进墓穴时，必须放炮，表示为死者去阴间饯行。下葬的时间也很讲究，必须是太阳落山灵柩也落土。亲属们必须抓起泥土扔到灵柩上，称作“添土”。灵柩下去后，先要盖一层薄土，再把墓穴里扫出来的土撒在上面，之后放上一只碗，叫“衣饭碗”。下葬人必须绕墓转三圈，回家路上严禁回头，否则看见死者的灵魂，对双方都不利。埋葬后必须洗手，有的还要用酒来洗。随后丧家要感谢吹鼓手和客人，举行辞灵仪式，祭拜死者的灵位。辞灵之后，亲属要在一起吃饭，称作“抢遗饭”。江浙一带还有喝“长寿汤”、吃“长寿豆”的丧葬习俗，象征“添福添寿”。

七是做七。人死后七天，举行“做七”仪式，每逢七天一祭，“七七”四十九天结束。“一七”、“三七”、“七七”叫“大七”，当

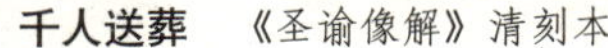
千人送葬 《圣谕像解》清刻本

做道场

天有“走七”的习俗。到了四十九天，便要做“断七”仪式，要请道士和尚来做道场，名曰“保太平”。念经拜忏之后子女们便脱下丧服，换上常服。

古人认为“入土为安”，土葬是最为普遍的埋葬方式，流行于各个民族。墓穴的选择，或以死者间的血缘排列，或以占卜而定。土葬墓或堆土为坟，或立石为记。火葬，又称为火化，是一种比较古老而卫生的葬式。最初的火葬方式是纵火焚烧，然后弃之不问。据考古发现，中国在新石器时代就出现了火葬。商代至秦汉，火葬主要流行在边疆少数民族地区。唐末宋初，火葬在中原地区流行，北宋湖北、山东等更是盛极一时。南宋时两浙路最盛行火葬。元代火葬也很流行，火葬的分布范围相当广泛。马可·波罗在其游记中就有记载。明初各地仍流行火葬，朱元璋下令禁止后，民间仍有一些地区继续实行火葬。火葬一般也要举行一定的仪式，隆重程度与其家庭经济状况有关。塔葬，又称为“塔屋葬”，主要流行在僧侣阶层。僧人去世后，一般将尸体用某些药物处理，风

孔子死后，弟子们服丧三年相别而去，唯独子贡结庐守墓六年

干后放到灵塔内。水葬是把死者的尸体投入水中，古代江南地区盛行水葬，朱元璋曾下令禁止，但一直禁而未绝。衣冠葬是一种较为奇特的葬法，墓内没有死者的尸体，仅埋葬一些死者的衣物象征死者。一些渔民在海浪中失事，骨骸无存，家属只好埋葬一些死者的衣物，聊表哀悼。此外还有树葬、天葬、悬棺葬等。

上坟图　清

老樂中國民俗殿堂

第八章 家族文化

家族文化是古代宗法社会的产物。村社是中国人祖祖辈辈聚族而居以繁衍生息的物质载体，宗族则是中国人道德伦理意义上的精神家园，它们是中国传统农业社会与中国宗法思想相结合的产物，从实体和精神上构成了中国人赖以生存的社会基础。中国的家族结构是家庭与宗族的结合，宗族是由一个共同祖先延承下来的父系群体，家庭是构成宗族的最小单位。一般认为，只有当人类婚姻形态发展到了对偶婚时，才算是产生了真正意义上的家庭。以夫妻为核心组成的社会单位称为家庭，分为母系家庭、对偶家庭、父系家庭、个体家庭等几个阶段。在母系氏族时期是按母系血缘传递世系、继承财产等；父系氏族取代母系氏族之后，世系的传递、财产的继承便开始按照父系血缘，在这一时期出现了一夫一妻制，中国的婚姻家庭形态有了新的发展。

宗法制度是中国古代社会的基本社会政治制度。至西周时期，宗法制度逐步完善起来，宗法社会得以形成。西周宗法制度确立了贵族的亲疏等级、分封与世袭的关系，成为后人推崇的族权与政权合一的统治工具，治理好家族也成为“治国平天下”的第一步。不同的历史时期宗族特点不同，如魏晋南北朝时期是“士家大族”的黄金时期，唐宋时期盛行累世同居的大家族，明清时期则出现了封建大家族。与此同时，强化宗族制度的各种措施也不断得以实施，如编修家谱、制定家法族规、定期家祭、修建家庙、推举族长管理家族等。维系宗族和凝聚族人的力量，是所谓封建伦理上的信仰和观念，如忠、孝、诚、礼、信、仁、义；还有标志血缘关系的实在物，如族谱、谱牒之类。各宗族每隔一段时期都要对祠堂、墓地、谱牒予以修补，以此强化族人对同宗同祖血缘关系的认同。

家族是人类自我组织的社会需要的结果。作为一种基层社会组织抑或权力体系，家族本身是一个特殊、严密、有序、复杂的系统，内部派生出许多烦琐的行为规则。正如一些研究者所指出的，这对于一个农业国家来说，宗族的团结与力量的整合确实在其发展时期带来了生产力及社会文化的进步；宗法家族制度的出现是中国古代农村社会组织的历史性选择，在减缓社会震荡，稳定社会局面，凝聚社会力量方面，具有其他社会组织无法取代的地位。家族及其衍生出的家族文化，曾在中国古代社会发挥了巨大作用，然而正如一切都具有两面性一样，家族也具有一定的负面效应。

一、家族演变

家族是人类组成的社会组织。原始社会组织先后经历了前氏族社会组织（原始群和血缘公社）、母系氏族和父系氏族三个发展阶段。人类最早的社会组织形式是原始群，这时还没有出现婚姻和家庭，既无兄弟夫妻之别，也无上下长幼之道。血缘婚是从杂婚向氏族外婚制过渡的中间环节，它既是一个母系血缘集团，又是一个生产、生活单位。马克思称它为第一个“社会组织形式”。之后便出现了族外婚的母系氏族，人类知道的最早祖先是女娲、羲和、简狄、女歧和西王母等，大概都是当时的杰出女性。

神农采药图

家庭是指以夫妻为核心组成的社会单位。最初的家庭是对偶家庭，通常是一对男女结成比较确定的夫妻关系，男居女方，所生子女归母系。但对偶家庭还不是一个独立的经济单位。第一次社会大分工之后，原来氏族中女性家族长的地位逐渐被男性取代，对偶婚由从妇居变为从夫居，婚姻形式由此发展到一夫一妻制，母系氏族公社分裂成了许多单个的父权家长制家族，开始过渡到父系氏族。父系大家庭是父系氏族社会的基本社会细胞。父家长的子孙们或以个体小家庭为单位分居，或仍同父家长及整个家庭同住。

黄帝像

氏族之上还有胞族和部落。胞族是较大的氏族，又称为“老氏族”，由几个有血缘关系的氏族所组成，是介于氏族与部落之间的中间组织，通常每个部落有两个以上的胞族，每个胞族内部又分为两个以上的氏族。相邻的几个或多个部落结合起来组成部落联盟。部落联盟是最大的原始社会集团。原始社会后期，中国分布着几个著名的部落联盟，黄河流域炎帝、黄帝是两个最著名部落联盟；炎帝又称神农氏，据说是最早的部落联盟首领。蚩尤部落则活动在淮河流域一带。部落之间的战争最著名的有三次，第一次战争是在蚩尤与共工之间发生的，蚩尤胜利；第二次战争是黄帝与蚩尤的“涿鹿之战”，最后黄帝获胜；第三次战争是黄帝与炎帝大战于“阪泉之野”，史称“阪泉之战”，最后黄帝获胜，炎黄合为一体，成为今

牧野之战

天炎黄子孙的共同祖先。

尧、舜、禹是原始社会末期的部落或部落联盟首领，据说是通过“禅让制”的民主选举方式推选出来的。后来禹的儿子启打破了这一制度，建立了中国历史上第一个奴隶主阶级专政的国家——夏朝。夏朝建立后，原来家族的性质由父权家长制家族转变为奴隶制家族，后来又发展成为西周春秋时典型的宗法式家族。

西周的宗法式家族制度已十分完备。它在父权家长制的基础上发展起来，构成了奴隶主贵族的等级阶梯，成为奴隶制社会的基本政治制度。特点是政权和族权、君统和宗统结合在一起，按地域划分的国家各级行政组织与按血缘划分的大小家族基本上合而为一。异姓家族之间通过世代联姻构成甥舅关系，同姓家族则用宗法制度来统治族人。一个大家族分裂成几个小的家族后，原来的大家族称为“大宗”，分裂出的小家族则称为“小宗”。族长在宗法制度中的正式名称为“宗子”。宗子的产生遵循“嫡长子继承制”。一个家族的宗子职位，必须由第一代宗子的嫡长子、嫡长孙代代传袭。宗子的地位很高，兄弟及族人必须恭敬地侍奉宗子，只有宗子才有权力主持家族的祭祀和占卜，有权力处罚族人。西周最大的宗子是周王。别宗的宗子是周王的“小宗”，但在自己的宗族内则是族长，是“大宗”。家族是按血缘关系构建的，彼此之间有互助互救的义务和责任。族人生病、遇到意外灾害或进行婚丧嫁娶时，族内的其他人都要提供帮助。这一宗法体系既相对独立，又高度集中，形成了金字塔式的稳定社会的经济单位。家族婚姻大致遵循同姓不婚、世代联姻等原则，并形成了一妻多妾的婚姻制度。一妻多妾制不是多妻制，妻在宗法制度中只有一个，称为“嫡妻”或者“冢妇”，而妾可以有多个，通称为“庶妻”。妻生下的长子称为“嫡长子”，庶妻生下的儿子即使年龄大，也不能成为嫡长子。妻的名称因丈夫的身份而异，如天子的嫡妻称为“后”，诸侯的嫡妻称为“夫人”，大夫的嫡妻称为“孺人”，士的嫡妻称为“妇”，平民的嫡妻称为“妻”。

春秋战国之际，宗族和宗法制度逐步瓦解，单个独立的个体小家庭构成了封建统治的经济基础，成为当时占绝对统治地位的家庭形态。战国中叶之后，宗法制度走向衰落，残存的所谓“强宗大族”为数极少。秦灭六国的统一战争，使得绝大多数的宗法性家族遭到毁灭，而战争又催生了一大批军功地主。秦汉时期，强宗大族又出现了较快发展的态势。

南朝贵族生活图

魏晋南北朝时期是中国历史上宗族势力发展的一个鼎盛时期，这一历史现象的出现有其特定的原因。一是战乱年代人们流亡迁徙的需要。二是流徙在外的人与土著居民共同相处、彼此斗争的需要。三是政治原因。如北魏前中期实行“宗主督护制”，魏晋时期实行“九品中正制”等，都是维护民族特权的国家政策，促成了氏族宗族势力的大发展，出现了“士族”这一特殊社会阶层。九品中正制，又称为“九品官人法”，是根据各州郡士人的门第与德才定出“品”、“状”，品分九等，状是对德才的评论，成为当时选官的依据，铺平了门阀政治的道路。魏晋时期的门阀士族得到发展，东晋时达到了极盛。门阀政治制度虽然成为滋生士族子弟荒淫奢侈腐败的温床，但这种优游安逸的生活也为思想文化的高度发展起到了积极的社会作用。当时名家辈出，才俊星列，并非偶然。

隋唐时期，关陇士族集团与鲜卑贵族的门阀政治显赫一时。隋朝建立，标志着关陇集团的崛起。唐初山东、江左、关中、代北四个士族集团中，关中士族势力最强，左右了政局。关陇士族出身的唐太宗修《氏族志》，武则天修《姓氏录》，都对门阀制度产生了较大的破坏作用。特别是唐末五代数百年的社会动乱使得门阀士族遭到毁灭性的打击，以血缘为纽带的旧式宗族组织随之瓦解。宋代建立了一种新的家族制度，对魏晋隋唐的世家大族作了变革，使之适应社会发展。宋代家族组织常选立官僚、地主为族长，不再强调嫡长子继承的血缘原则，多从社会地位、经济实力、管理能力等方面综合考虑族长的人选。族长权力很大，一般包括主持宗族祭祀，管理族产，执行族内的赏罚，协调

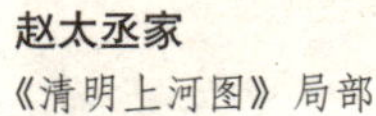
赵太丞家
《清明上河图》局部

族内成员的关系，处理与邻族的关系等等。

明清时期，由于理学家的大力提倡，家族观念在社会基层得到了广泛的渗透，家族成为维系社会稳定的重要力量。清中叶以后，家族在江南发展得更为迅猛，宗法血缘关系主导了中国的政治生活，由此形成累世同居共产的封建大家族。这种聚族而居的封建家族负有传承思想文化和宗法教育的功能，是一种民间的地方宗族组织，其形态结构实际是周代宗法制的变种，实行族长管理体制，族长权威不可侵犯。家族制度作为封建宗法制的产物，在清末的民主革命，特别是新中国成立后，从组织形式到观念文化都迅速走向了衰亡。

二、家谱之风

谱系匣　明

黄氏族谱之一页

家是每一个自然人的社会归属，在古代不怎么注重个性张扬的民风中，中国人过着一种聚族而居的集体生活。家族内维持彼此亲情关系的一种无形的纽带是血缘，而维系家庭、宗族的有形纽带就是家谱。祠堂、家谱、族田是家族的三要素。家谱是一个家族的历史，以文字形式记载本族肇迁繁衍的脉络，记录本族的分支状况及历代族人的功绩等。家谱名称繁多，如宗谱、世谱、族谱、家乘等，又可分为总谱、通谱、支谱、房谱、统谱、会谱等。

家谱是家族文化积累的社会产物。中国人历来重视纂修家谱，认为“家国一体”，国有国史，而家谱就是家史。流芳百世是每个人的愿望，但一般人不可能在国史上“青史留名”，而家谱则可以照单全收本族本家的子嗣后代，只要不是做过特别令家族蒙羞的事情，几乎每个族人都可以在家谱上留名。因此，从这个意义上说，家谱在普通百姓心目中，地位要比国史更为现实和重要；修家谱的风气，也就愈演愈炽，至今不衰。随着家族的发展，家谱也就有了续修、补修、重修的实际需要。

家谱的历史起源久远。十多万年之前氏族制度产生后，原始先民为了避免家族内杂交而有意识地制定了一些忌讳与风俗，如“同姓不婚”、“亲族关系”等，这就是后来家谱核心内容和基本世系的萌芽。血缘亲疏的辨析、族群世系的认同应是谱牒产生的根源。口述口传的世系正是家谱的滥觞。世系有图式与表式两种形式。古有“瞽矇主诵诗，并诵世系”之说，吕思勉考证认为在文字家谱出现之前，确有口述家谱的存在。“族”是有血缘关系的群体，无尊卑主从之别。周代实行宗法封建制度，推行宗法分封，家谱别亲疏、明世系之外，又渗进了主从尊卑与阶级特权。《周礼·春官》载：“小史掌邦国之志，奠系世，辨昭穆。”所谓“辨照穆”，就是分别亲疏远近、尊卑贵贱。春秋战国的历史战火，使得宗法分封制度“礼崩乐坏”，趋于瓦解。孔子“正名”、“复礼”的社会理想终成泡影。秦汉时期宗法制度再次建立，家谱史也发展到了一个历史新阶段。魏晋南北朝是家族史上的黄金时期，当时实行士族政治，“上品无寒门，下品无士族”，选官品人，婚姻嫁娶，士庶分明，尊卑严格，“官之选举，必由簿状；家之婚姻，必由谱系”，家谱成了政府选举、士族出仕、门第婚姻的根据，同时也成为了士族政治服务的工具。随着科举制度的逐渐成熟，隋唐五代以后，“取士不问家世”，“婚姻不问门阀”，家谱失去了以前的政治功能，由官修变为私修。宋代私修家谱的政治作用淡化，凸显的是其凝聚家族成员、稳定社会的社会作用。编修家谱的宗旨发生了变化，其目的主要是为了记世系、序长幼、辨亲疏、尊祖敬宗、睦族收族等。私家修谱自宋代兴起，经元、明的发展，至清朝中期达到鼎盛，入民国后仍延绵不断，迄今各地还不断涌现出修家谱的热潮。明代中后期，家谱的体例内容也发生了重大的变化，至清代家谱体例渐趋定型，包括凡例、诰敕、仕宦、世系、族训、祠堂、坟茔、族田、艺文、传记、碑铭等，并逐步形成了各自的地域特征，在纂修体例和版刻、装帧等方面均有所反映。明代家谱体例上，增加了“志”“图”“考”“录”等，主要有三种形式：一是纲目体，以纲统目；二是条目体，一事一目，互助统辖；三是纲目与条目的混合体。清代迄今所纂修的家谱，在体例上基本承袭明代。

雲程林氏坤支非岸派孟房小宗世系圖十三世至十八世

云程林氏家乘之一页

渤海吴氏家谱之一页

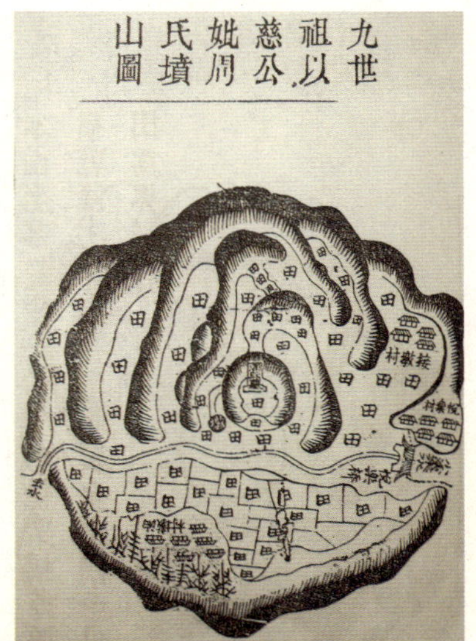

一般而言，家谱由家族源流、堂号、世系表、家训、家传、艺文、图像七部分内容构成。家族源流是追溯本家族的肇造、发展历史，考订家族的本源与变迁，详细记载家族在历史发展中的演变轨迹。堂号是一个家族的特殊标识，一般取自于郡号名或为纪念家族始祖、名人而自创。堂号是后代寻根问祖的重要线索之一。一般是郡名作为堂号，或以诸侯国、府、州、县名为堂号。举族迁徙分开后，往往会在“总堂号”之下再加入“分堂号”。总堂号是家族姓氏的发祥地，分堂号则是族人迁徙至新地后，以该地的郡号作为堂号。总堂号和分堂号统称为“郡望”。堂号有别于家族内的分支别派，铭记祖先

潁川陳氏重修家譜執事芳名
主修 瑞蘭
監修 國本
纂修 模
總理 文瀾
協修 慶雲
啟達
採訪 明邦

浦城陈氏家谱之一页

或族内名人的功德事迹和教诲。历史上一些著名的堂号如杨氏“四知堂”、王氏“三槐堂”、赵氏“半部堂”，都有一定的来历与影响。世系表是家谱中最重要的内容，记载家族成员间的相互关系。欧式世系表又称横行体，由欧阳修创立。它世代分格，五世一表，人名左侧有一段生平记述，由右向左横行。苏式世系表又称垂珠体，由苏洵创立。它世代直行下垂，世代间无横线连接，全部用竖线串连，由右向左排列。宝塔式世系表是自上向下排列，横竖线连接，竖线在横线的中间，形似宝塔。牒记式世系表不用横竖线连接世代人名，纯用文字来表述，人名下有一个简介，世系固定，次序分明。家传是家族中有名望、有功绩者的一种正式传记。家传内容大至对国家、民族、社会的贡献，小至对地方、家族做的每一件事情，如赈济族人，出资修建祠堂、祖墓等。家传一般分为列传、内传和外传等。列传记录男性家族成员，内传记录女性家族成员，外传记录家族中已出嫁的女子，通过对他们品行、功绩的褒扬，教育家族后人要树立“光宗耀祖”的家族观念。自六朝起，开始将家族中名人的诗赋等艺文著作选录编入家传，尤其是明朝，此风更盛。选录的内容涉及史学、文化、经济、宗教等许多领域，隐藏着大量珍贵史料文献，堪与“经典史料”相媲美，成为史学家研究历史、搜寻资料必不可少的领域。艺文著述在体例上一般称作艺文志、辞源集、文征集等，内容包括其人的诗文著作、书函以及经籍、表策、碑文、书札等，有时收录一些图片资料，如祖先画像、地图、故居图、村庄图、墓穴方位之类，或刊载一些先人遗墨。

浦城陈氏家谱之一页

家谱编纂、保存均有规定。在唐代以前，家谱的纂修由官方负责，由专门的机构“谱局”保存，相当于今天组织部门的“档案馆”。宋代以后，只有皇室的家谱玉牒由官方修、藏，其余均由私人修撰。家族稳定是社会安定的基础，官方对于民间建家庙、修家谱之类事情往往予以支持、鼓励，而历代皇室玉牒的纂修，刺激了民间家谱之风的盛行。家谱必须在间隔一定时间之后重新续修，到时若不修，子孙会被视作不孝。如果因战乱、自然灾害等没能如期续修，重修时应予以说明。私人家谱，一般是30年续修一次；或15年一小修，30年一大修。30年一修的称为“刊修”，15年一修的称为“墨修”。孔子家谱则是30年一小修，60年一大修。家谱纂修由族长统筹、总管，负责成立一个临时性的家族修谱机构，然后具体实施。修谱经费，一部分来自祠堂公产，一部分由家族成员捐纳。所谓“捐纳”，近似于摊派。每个族人必须缴纳，多者不限。违抗不交者，依家规严处，甚至不予登记入谱，等于“开除家族”。家谱纂修往往工程浩繁，费用很大，因此许多家族并不能按时续修、补修家谱。家谱修成后，一份供在祠堂，其余按编号分给族人珍藏，并留有记录，定期检查，如有损坏，则要受到训斥。如若出卖或供给外姓阅读传抄，更是大逆不道，轻则除名出谱，重则送官惩办。

家谱除定时大修之外，每年还要登记家庭人员的变更情况，以备修补家谱之用。每年正月，家族成员到祠堂聚集，将该年各家庭的人口变化情况，用笔墨登记入谱。娶妻者在其名下登记娶某地、某人之女及其姓名和出生年月日，嫁女者注明嫁何地何人，死亡者注明死亡年月日、寿数、葬地等，新生儿只能登记小名，这个程序称为“上谱”，通常也称“墨谱”。出生与婚姻是取得家谱身份的自然方式，上谱对家族成员的收录有着较严格的规定。家族成员如果没有后裔，抱养的是亲兄弟的儿子或家族中血缘较近的，可以入谱，但须清楚注明抱养于何人；如果抱养异姓人为后，则一律不准人谱，私生子也不能入正谱，只可人附谱，并于名下注明“养”。妻子和继妻可入谱，妾必须生子方可入谱。

家谱纂修的目的是“隐恶扬善”，弘扬封建伦理道德，因此凡是本家族的著名人物、受过褒奖者、为家族争光者，都要浓墨重彩、大书特写。中国人“光宗耀祖”、“衣锦还乡”的观念之所以根深蒂固，大概也有家谱的“功劳”。宋明以后，由于理学家的极力鼓吹与倡导，社会上流行在家谱上开辟“节烈传”作为对家族内的节妇、烈女进行褒奖的专栏。对于“不肖子孙”，一般采用除名、开出本家族的方式，俗称“出族”、“出谱”。出于家族的集体虚荣，古代纂修家谱时，总希望追溯到一个名人或皇帝，为此不惜冒认攀附。明太祖朱元璋夺得天下后，要为自己修家谱，可是他出身贫穷，没有显赫的家世，于是就想冒认南宋大理学家朱熹为祖先。一天，朱元璋问一个姓朱的小官吏，其祖先是不是南宋的朱文公，那人老老实实回答说不是。朱元璋看到一个小官吏尚且不肯冒认名人为祖宗，这才打消了“冒认”念头，从此便以“朕起布衣”自诩。

家谱的历史源远流长，已经形成有独特内涵、浸润着民族情愫的谱牒文化，对民族的心理素质、价值取向、行为模式都产生潜移默化的影响，是家族文化的重要组成部分，具有珍贵的历史价值。它不但凝聚着本家族成员的灵魂与血缘，还凝聚着一个国家、民族的自豪感与认同感。

明太祖像 一些人把朱元璋描绘成凤眼、龙颚、满脸斑点的模样

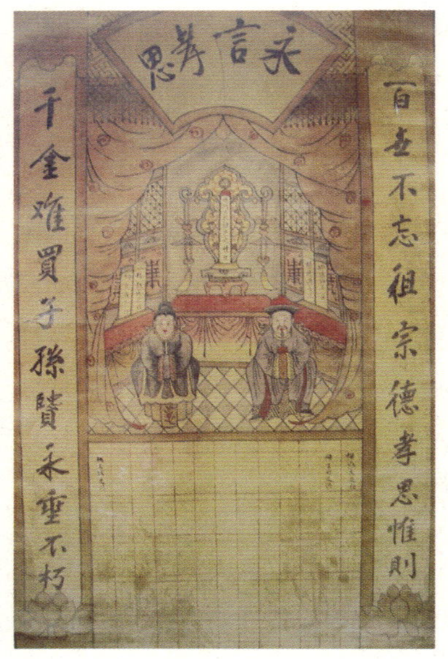

祭祖宗谱　山西

三、家族祭祀

宗法制度对社会、民众的影响巨大而深远，许多社会制度、价值观念、伦理纲常都由其衍生，逐渐地形成了独特的宗祠以及祭祀制度。宗祠是一个家族隆重举行祭祀祖先仪式的场所，祭祀是一个家族借以凝聚族人的重大活动，二者与家族的生活密切相关。

宗祠又称“祠堂”、“祠庙”，或称为“家庙”、“祠室”等，是族人祭祀祖先聚会议事的地方，是原始社会祖先崇拜的社会遗留。自明中后期允许民间修建祠堂祭拜祖先之后，家族建造祠堂的社会风气日渐兴盛，清代时建立祠堂蔚然成风。江南一带聚族而居的家族“族必有祠”。宗祠的建筑、器具都异常严肃、庄重，一般的家祠多为四合院结构，成为一个相对独立的建筑群。对于一个家族而言，祠堂是家族的存在象征，宗祠规模的大小直接反映了该家族的兴衰状况、社会实力和地位，是家族的门面。所以一个家族在建造宗祠时，族长大多会发动全族的力量，选用最好的石料和木料等，家祠的规模要尽可能的宏伟庞大。

宗祠源于先秦时期的家庙。在宋代之前，普通的民众一般没有足够的财力建立宗祠，宗祠大多是上层统治者祭祀祖先的地点，是一种社会资格的象征。赵翼指出，近世祠堂起源于宋元之世。宋元之时，由于朱熹等理学家的倡导，“四书”、《家礼》成为明清以来推动地方宗族祠庙发展的理论大纲。祭祀祖先的宗祠家庙建造，开始由官方控制转向民间自由地发展。祭祖活动的盛行，促进了家祭习俗的形成。在宋明理学的影响下，后世的士大夫们纷纷以教化百姓、改变世俗为己任，倡导建立宗族祠庙。特别是在明清时期，随着文字的普及，宗祠获得了很大的发展，形制趋于固定，其功用也被迅速地扩展，宗祠不仅是祭祀祖先的地点，而且是族权行使的主要场所。宗祠的各种活动是每一个家族成员都要关注的事务。祭祀祖先是最重要的家族活动，参加祭祖是每个族人的权利和义务；而不允许参与祭祖活动，则是

贾氏家祭　《金玉缘图画集》

对那些犯国法族规的族人的最严厉的一种惩罚。族长在宗祠内行使职权，在宗祠里决定重大的家族事务，如修建、翻新宗祠，祭祀祖先，惩罚族人，训诫族人等。家族中的大事，凡是族中有资格的族人都必须参加。祠堂是族人认同宗族血缘关系，维护宗族共同利益的重要场所，具有“尊宗敬祖，收邻睦族”的社会职能，它以家族象征的核心载体而受到族人的普遍重视。

祠堂首先是族人祭祖敬宗的公共活动中心。家祭习俗源于先秦的《仪礼》、《礼记》等经典，经过后世的补充、发展而逐渐完善。每一个家族祭祀祖先的具体内容和要求，如祭祀的先后顺序、时间、主持者、所用的物品、仪式、程序等，都有明确的规定。拜祭结束后，全族成员举行宴饮，族人还要在一起分享贡品。据说吃到祭品的家族成员冥冥中会得到祖先神灵的庇佑。如果族人分享的祭品是猪肉，古人就称为“享胙”。

宗庙是供奉祖先灵魂的地方，宗庙的规制分成不同的等级。西周春秋时期，宗子为天子者七庙、诸侯五庙、大夫三庙、士一庙、庶人无庙而祭于寝(即私宅)。祭祀是家族中最重大的事情，族人必须定期到祠堂内祭祀祖先。族人到宗庙举行仪式，这就是“告庙”。庙祭是一个家族中最隆重的祭祀，可分为时祭和大祭两类。时祭即春夏秋冬四时之祭；大祭又分为禘和祫，禘是五年一祭，祫是三年一祭。

南宋大诗人陆游在《示儿》中写道：

死去原知万事空，但悲不见九州同。
王师北定中原日，家祭毋忘告乃翁。

由此可知，家祭作为一种祭祀祖先的仪式，在当时已经流传颇广了。家祭在不同时日有不同祭祀内容，一般而言，有元旦祭龛、朔望祭祖、祖先诞辰祭祀几种。所谓“元旦祭龛”，是指在元旦这天，拜祭祖先的画像；“朔望”是指每月的初一和十五，这两天是祭祀祖先的“法定日”。而祖先的忌辰和诞辰，更是子嗣后代必不可忘的祭奠日期，要在这日焚香设贡，祭拜祖先，并祈求祖先的神灵佑护子孙后代。古代礼制规定祭祀祖先应该“一岁四祭”，即“岁朝也，清明也，中元也，冬至也”。祭祀仪式由宗子主持，祭前例行由族长宣读族规家训，对族人予以教育。家祭仪式折射出了中国人祖先崇拜观念的根深蒂固。

古代家族祭祖图 《农书》

忠义堂

祠堂的管理一般由专人负责，管理祠堂者称为“祠差”、或者“总管”、“经管”，必须是老实可靠、责任心强的族人。其职责是负责祠堂内钱租的收支、祭器及器具的保管使用等，并负责祠堂的日常管理。管理情况每年要向族人公布，三年为期，期满换人。村民团聚习俗是家族祭祀活动的变种或者外延。一种是联宗通谱，就是互相交换谱牒，进行归宗。如阎氏家族散布在不同的地区，以某地的阎氏家族最为古老，附近十里八乡的那些阎氏家族都是其分支，这些作为分支的阎氏家族就有“归宗”的主观意愿和职责，各分支的族长便和老支的族长协商，举行“联宗通谱”仪式，表明这些阎氏家族的成员，都是一个祖先繁衍而来，有相互体恤、帮助的义务。第二种是民间结拜，如刘关张桃园结义、水浒一百单八将梁山聚义等。第三种是认干亲。第四种是民间迷信结社。

宋杂剧人物图

家族祭祀活动扩而大之，就会约定俗成，固定为某一民俗，或以某一阶层民众的集体活动形式出现，进而形成一些组织活动，如社会、诗社等。“社会”是宋代城市民间生活的一个重要形式。据周密《武林旧事》卷三“社会”记载，不同阶层、不同行业的人员往往聚集在不同的社会之下，如演杂剧的绯绿社、唱赚的遏云社。社会在特定的节日期间都有各种活动。

四、家法族规

家法族规是家族文化中相当重要的一部分。家法与族规都是为了治理好家族而设定的一些法则条文和规范，以量化的规章制

度为表现形式。在强调群体利益的中国社会里，齐家这一环节的重要性可想而知，齐家之后才能治国平天下。各家族对族人子弟的教育相当重视，劝诫子弟要敦学、修身、立志，而督促族内子弟上进的措施便是通过家法族规来实现。每个家族几乎都有家法与族规，存在于各地各姓的家谱与宗谱中，构成了家族文化的重要内容。

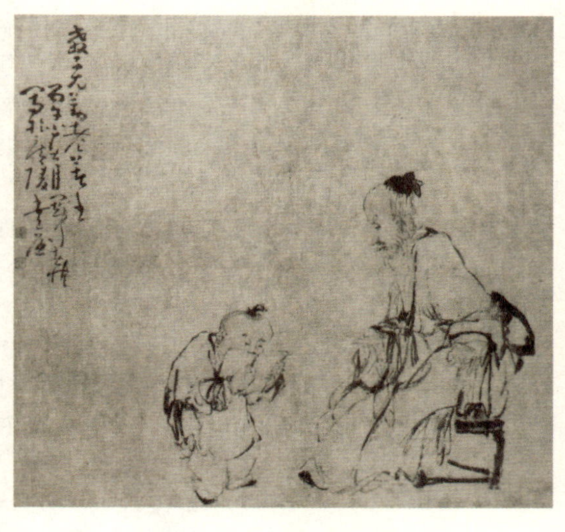

教子图　清 · 黄慎

家法族规的产生并无特别固定的形式，一般是由家族成员共同商量制定。它能调节家庭或家族内部的各种关系，对族人言行举止予以教导和约束，是封建伦理的具体化，是特定时代的产物。国有国法，家有家规，家族为了维持必要的传统宗族教育，往往拟定一些行为规范来约束家族中人，这便是家法家训的最早起源。历代都有“家诫”、“家训”问世，先秦时期数量极少，两汉时期略有增加，魏晋南北朝时期则形成一个高潮。唐代陈崇曾、柳公绰等名门望族制定了家法。北宋吕大钧制定了“乡约”，史称《吕氏乡约》。

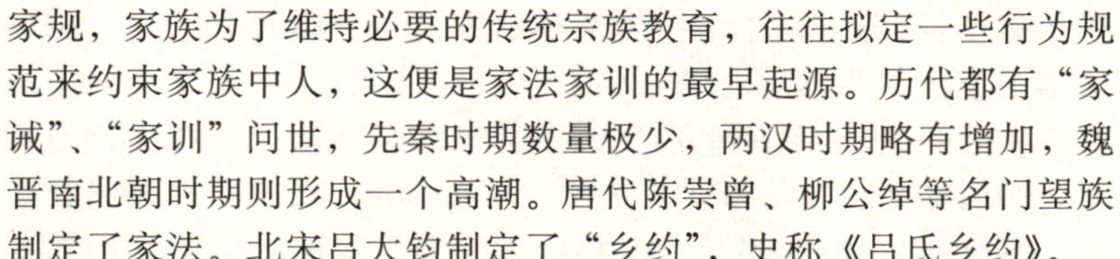

较早出现的家族教育规范守则是魏晋南北朝的“家诫”、“家训”。据考至少有80余篇（部），其中尤以《颜氏家训》最为人们熟知，被誉为“古今家训之祖”。《颜氏家训》是当时家族教育兴盛的产物，是最为著名的家族教科书。著名孝子王祥作《训子孙遗令》，其后家族人才代出，如王导等，成为一门望族，号“琅琊王氏”。颜之推作《颜氏家训》之后，其子孙在德行、学术方面均有建树，颜师古和颜真卿是其中佼佼者。实际上，家训中许多治家教子的名言警句，已不再是本族人的家训，而成为社会上普遍遵行的道德要求，成为人们“修身”、“齐家”的典范，至今仍启人思考。尽管每个家族的族规家训不同，但一般家训不外乎这些内容：一是遵守国法家规，二是宗族乡邻和睦相处，三是尊老爱幼，四是安分守己，五是履行族人的义务。

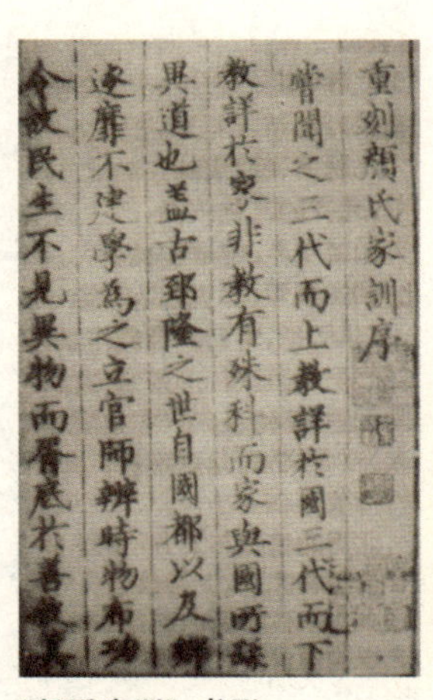

重刻顏氏家訓序
嘗聞之三代而上教詳於國三代而下
教詳於家非教有殊科而家與國所繇
異道也蓋古郅隆之世自國都以及鄉
遂靡不建學爲之立官師辨時物布功
令故民生不見異物而胥底於善

《颜氏家训》书影

利用家法族规对族人进行教育约束是家族管理的重要内容。家族教育主要有两方面：一是家族道德教育，灌输封建伦理纲常，教育族内子弟要耕读为本、勤俭持家。二是家族文化教育，包括识字、举业教育，既激励家族子弟积极上进，追求功名利禄，又告诫子弟安分守已，取财有道。“家诫”、“家训”是古代家族教育的一大特色，作为传统的家族教育的内容之一，是中国传统社会意识形态的家庭化、通俗化。它们将道德品质教育贯融于文化教

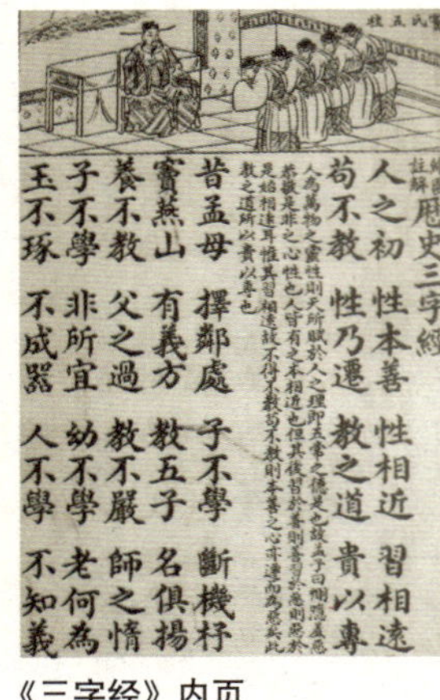

歷史三字經

人之初 性本善 性相近 習相遠
苟不教 性乃遷 教之道 貴以專
昔孟母 擇鄰處 子不學 斷機杼
竇燕山 有義方 教五子 名俱揚
養不教 父之過 教不嚴 師之惰
子不學 非所宜 幼不學 老何為
玉不琢 不成器 人不學 不知義

《三字经》内页

育之中，对中国传统文化的继承和普及有一定的贡献，对后世产生了积极的影响。

家族是由众多的具有共同血缘关系的小家庭组成的。家庭依附于家族之下，又相对独立。家族内婚姻实行一夫一妻制原则，正妻只有一人，称为“原配夫人”，其余的称为妾等。即使续娶，也不具有正妻的资格身份。纳妾更是如此，无论纳妾多少，都没有妻的名分。妻的名分这样重要，因此很多女性在这种婚姻家庭里，往往为了争夺“名分”而不择手段。为人妻者势必要战战兢兢，对公婆、丈夫恭敬孝顺。作为媳妇，家族对其要求非常苛刻。媳妇往往要鸡鸣即起，梳妆整齐，随身携带手巾、针线、小刀、取火用具等，以备公婆不时之需，然后跟随丈夫早晚请安，凡事要请示，不得自作主张，更不能存私房钱。公婆对媳妇有绝对的控制权，可以打骂，直至把媳妇休掉。有这样一首唐诗：“三日入厨下，洗手做羹汤。未谙姑食性，先遣小姑尝。”很形象地描绘出了新妇侍奉公婆的紧张忐忑心情。

古代伦理纲常中讲究“夫为妻纲”，要求妻子对丈夫绝对顺服。平时家居，要侍奉丈夫之侧，不得远离；丈夫行则随行，丈夫坐则侍坐，丈夫立则起陪。称呼丈夫要用尊称，不得直呼其名，更不能叫“你”、“尔”等，丈夫的姓名称谓，妻子无权称呼。盛饭献茶，要用双手恭敬地奉上，丈夫不举箸，妻子不能自己先吃饭和大声喧哗。

妇人见其夫新纳之妾貌美而气昏过去　清

家族内部都有严密的组织制度，进行统一的管理。家族的“领导机构”由家长、副家长、司库、勘司组成，在家长的集中领导下各司其职。通常设家长一人，副家长一至数人，司库协助家长掌管赏罚劝惩等事务。勘司负责全家婚丧嫁娶、起屋造房、卜地营葬之事。家长往往就是族长，一般的小家庭则是由丈夫担任家长。家族内还制定了严格的管理制度，约束和规范族人的日常行为。一是严格的起居作息制度。家人起床、吃饭、劳动、就寝等日常活动，都要规定时间，统一行动，具体办法是敲钟或击梆。少数大家庭还设立类似签到簿之类的东西，每天起床，盥洗完毕，就去签名表示已按时起床，与现代的企业管理非常类似。二是细致的日常活动规则。族人的一切日常活动，都由家长每日清晨或前一日晚上具体分派，各司其职，办事完毕要向家长汇报结果。三是周密的家庭理财计划。四是严禁族人蓄积私财。

五、社交礼仪

圣行颜随

社交礼仪是家族与家族之间、家族与社会之间进行联系交往的必要手段。一个人自出生开始，便被卷入到社会交际的网络之中。中国是礼仪之邦，崇尚礼尚往来，彬彬有礼、知书达理是人们对一个人社交行为的肯定与赞赏，也是对其家族的赞扬。

社交礼仪是中国传统文化的重要组成部分，源远流长。中国古代第一部诗歌总集《诗经》中，有“献畴交错、礼仪座度”的诗句。尔后的《后汉书》、《隋书》、《旧唐书》等史籍中，均有《礼仪志》，足见各朝历代对礼仪的重视。交际礼仪在人们日常的交往和敬神、祭祖、婚丧嫁娶等活动中逐步约定俗成，世代沿袭并不断地被文人总结，渐渐成为统治阶级认可与提倡的日常活动的行为规范和准则。据史书记载，尧、舜时代的交际礼仪已相当完备，“慎微五典，五典克从”。所谓“五典”，即父义、母慈、兄友、弟恭、子孝的五常之教，亦即家庭成员相处的基本礼仪。《周礼》、《仪礼》、《礼记》并称“三礼”，是中国古代儒家最具代表性和权威性的三部礼仪文化著作。之后有关礼仪的著作不断出现，极大地丰富了中国礼仪文化的宝库。

释槛囚鲍叔荐仲

人与人之间交往的第一步，便是相见礼仪。相见并不是双方约定时间、地点便可以直接赴约见面那么简单，而是有很多的讲究和规范。古代朝廷往往设置“礼部”这一专门机构，来负责国家之间、上下之间的各种往来礼仪。《仪礼》号称“上古礼书之首”，其中的相见礼仪类别纷繁，如有“卿大夫相见”，其中便作了具体的划分，“或士自相见，或士往见卿大夫，或卿大夫下见士，或见己国君，或士大夫见他国君来朝者”。初次相见，需要有人介绍或引荐。春秋时，管仲因鲍叔推荐而得见齐桓公，被任以为相。外

迎宾拜谒 汉画像砖

客要见主人，身份地位低者见身份地位高者，一般总有中介人介绍、引荐。《战国策》记载一个卫国客人，入魏三年没有见到魏王，“乃许以百金求于梧下先生”，于是“魏王趋见卫客”。梧下即为引荐之人。

见面礼称为“挚”或“贽”，客人的身份不同，礼物的贵重程度也不同。一般而言，“士相见之礼”是“冬用腒”，“夏用腒”。《周礼》说：“孤执皮帛，卿执羔，大夫执雁，士执雉，庶人执鹜，工商执鸡。”当时通报用的“谒”和“刺”类似今天的“名片”，用于表明身份，因使用时间、场合和身份的不同而有所区别。一般来说，谒通行于官场；刺的使用范围更宽，为后世名帖的滥觞。谒和刺都是社会中上层不可或缺的交际证件，时人称为“通达谒刺”。

谈吐是考验一个人社交能力的关键。谈论的内容根据谈论的对象不同而有限定。“与君言，言使臣。与大人言，言事君。与老者言，言使弟子。与幼者言，言孝悌于父兄。与众言，言忠信慈祥。与居官者言，言忠信。”在不同场所，言谈举止均各有规定，对上谦恭，对下平和稳重。据说孔子在本乡里举止十分恭谨得体，很少说话，“似不能言者”，从来不高谈阔论。在宗庙朝廷，说话简洁清楚，不废话累牍，“唯谨尔”。下了朝堂与下大夫言论，侃侃而谈，细言温语，不温不火，声音平静，不急不慢，态度和蔼。

古人迎来送往，制定了种种送迎礼仪。最隆重的迎送礼仪，是诸侯朝见天子。诸侯入见周天子，常例是每年一聘，三年一朝，六年一会，十二年一盟。凡诸侯本人亲往，“春见曰朝，秋见曰盟”。凡诸侯遣使者前往，则称为“聘”。诸侯亲自来朝，“君（天子）使大夫迎于境，卿劳于道，君亲郊劳致馆”。但随着周室衰微，诸侯争霸，这套朝聘的礼制名存实亡，往往“三岁而聘，五岁而朝，有事而会，不协而盟”。

宝黛初见

春秋战国时期，“礼贤下士”的社会风气十分浓厚，在野的贤士名流每每受到极高的礼遇。以迎送礼仪为例，就有郊劳迎送礼、过境假道接送礼、致馆视馆礼、用车迎送礼、往逆礼、造舍往见

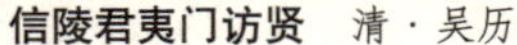

信陵君夷门访贤 清·吴历

琴高乘鲤图 明·李在

礼、门迎门送礼、拜庙庭迎礼、庭迎礼等等。“重迎”即“车迎”，是迎送礼仪中的最高规格。战国时齐王曾以“鲁侯之车”迎客。魏国信陵君曾亲自备车骑，空上位，迎接大梁夷门守吏侯嬴。私人拜会即“私觌、私面之礼”，一般比较随意，主客之间可以畅所欲言，不拘小节。平民阶层间的私觌、私面、私会，一般是在私宅住所或在市肆酒家进行。《仪礼》上规定：凡名望、身份、地位，年龄均高于主人的宾客，主人迎送时均应到大门之外。宾主经多次对拜谦让后，同时入内或让宾先入，升阶时又要三让。客人返回，主人送于外门外，再拜而辞。古代妇女受到歧视，一般迎送客人时禁忌妇人迎送出门。

在古代社会的人际交往中，彼此之间有一定的行礼动作，以施礼动作表示礼貌、恭敬等。根据不同的社交场合、宾主身份，使用不同的施礼动作。揖，即两手抱拳于胸前，常见的是“长揖”，

新说西游记图像之一

作揖时腰微弯曲。秦汉时期，揖或长揖是地位相近者或者较为熟悉者之间相互致意的礼节。握手，又称为“挚手”、“执手”、“把手”、“携手”、“捉手”等，犹如今天的握手。相持或拥抱，是汉代人表达激动或悲痛情绪的行为语言。跪是正式场合的坐姿，屈膝抵席，臀部压在脚后跟上。更为庄重的坐姿是“跽“，也称长跪，直腰而跪，以示敬重。拜礼为当时的大礼，男子跪在地上，头可俯就地，亦可不至地。头触地叫“稽首”。女子虽也行这种以首触地的拜礼，但通常是弯腰施礼，称为“万福”。叩头，即磕头，也称顿首，是在官场中下级行于上级的礼仪，同级之间则不行拜礼。膝行，即以膝触地爬行，表示敬畏。肉袒即除去上衣，赤裸上身，表示请罪，如负荆请罪的廉颇“肉袒而行”。免冠，即自行摘下冠，表示自我贬损和请罪。徒跣，即赤足，表示谢罪。自髡，即自己剃去头发。唾人，即以口水吐向他人，表示詈斥和极度的轻蔑。以秽物和下流动作辱人，最为无礼。刘邦不喜儒者，若有人戴儒冠前来，便“解其冠，溺其中”。在长与幼的关系上，“长者与之提携，则两手奉长者之手”，表示尊敬。在师生关系上，学生应在行为上表现出对老师的敬重。在主人与宾客的关系上，主人应在行为上表现出礼貌。宴请坐次的排列，最能体现出主宾身份、地位的尊卑贵贱。古代的正式宴饮场合，若在室内宴请，“背靠西墙”面东而坐的座位最为尊贵，其次是背靠北墙面南而坐，再次是背靠南墙面北而坐。若是在堂上宴请，坐位的尊卑又有不同。面南而坐之位最尊贵，面西而坐为其次，面北而坐为再次，面东而坐为最卑。这就是“室中东向坐为尊，堂上南向坐为尊”的宴饮座次准则。

李逵负荆请罪

六、称谓习俗

称谓，俗称“称呼”，是古代社会的重要交际语言。准确恰当的使用称谓能增加彼此感情，有利于社交的成功，又可以展现一个人的修养。孔子说：“名不正，言不顺。”他认为称谓习俗在社交礼仪方面非常重要。当然，称谓具有特定性，不同的时代、地域、语境，具有不同的称谓习俗。一般而言，称谓可分为对别人的尊称、对自己的谦称、对他人的代称、其他称谓等几种。

先师孔子行教像
唐·吴道子

古代对于称谓十分讲究，丝毫必辨，认为这事关重大。俗语“人争一口气，佛争一炉香”，其实很多争吵的所谓名分问题，归结起来就是因为不同的称谓会受到不同的礼遇。因此，搞清楚亲属、师友、同志之间的称谓，不但可以避免一些不愉快，而且很有现实必要。在古代社交礼仪中，一般遵循“尊人抑己”的称谓原则，就是对别人的称谓要使用尊称，对自己的称谓则要使用谦称。秦汉时期对男性泛用的尊称是“公”、“子”、“足下”、“君”、“卿”、“先生”等，“夫人”、“母”则是对女性泛用的尊称。

“公”一般是在官方或较为正式的场合下使用，上下级之间、友人之间可以互称。在江南一些地区称呼老者也用“公”。“子”的尊称在社会上被广泛使用于男性之间，或者将“公”与“子”连称“公子”。战国时已出现尊称男性为“足下”的称谓习俗，可用于臣子称呼君王。汉代“足下”之称不再用于称呼君王，但仍是十分流行的尊称敬语。“君”主要是对男性的尊称，也可用于第三人称，女性称男性也多用“君”，以表示敬意。另外对女性表示尊称也可使用“君”，如《释名·释亲属》说：“妾谓夫之嫡妻曰女君，夫为男君，故名其妻曰女君也。”“卿”既是男性之间的尊称，又可以在夫妻之间相互尊称对方。“先生”在战国时代是对学识渊博的文人的尊称，秦汉时期“先生”成为了对文人的尊称。

对女性的尊称则使用“夫人”或“母”。“夫人”是丈夫在家庭中对妻妾的敬称，还用于对社会上已婚女性的尊称。《释名·释亲属》说，“诸侯之妃曰夫人”，是在汉代之后流行的称谓习俗。“母”是对老年妇女的敬称。如《汉书·韩信传》记载韩信感谢“漂母”时说：“吾必重报母！”

秦汉时期对自己使用的自谦语，有“臣”、“仆”、“妾”等。“臣”是男性对自己使用的自谦语，西汉时期使用最为普遍。臣对君、下对上、民对官、贱对贵等均使用“臣”来自称。“仆”是汉代流行的男性自谦词，广泛用于口头及书面语。“走”、“牛马走”或“下走”的自称，主要是男性在书信往来中常见的自谦用语。男性还可使用“不肖”和“敝人”表示自谦。“妾”则是女性的自谦用语。

“若”、“尔”或“汝”是社会下层互称对方的一般称谓，略带有轻蔑的意味。如陈胜说“苟富贵勿相忘”时，同伴嘲笑他说：“若为庸耕，何富贵也？”东汉出使匈奴的使节苏武被扣留，但他大义凛然，斥责卫律劝降时说：“女（汝）为人臣子，不顾恩义，畔主背亲，为降虏于蛮夷，何以女（汝）为见？”

魏晋南北朝时期，称谓习俗并无较大变化。自称为“仆”，尊称为“卿”。卿表示亲昵，后来多用于夫妻之间。据说王戎的妻子称呼王戎为“卿”，王戎不悦道：“怎么可以使用卿字来称呼自己的夫婿呢？”王戎的妻子回答说：“亲卿爱卿，是以卿卿。我不卿卿，谁复卿卿？”由此“卿卿我我”成为了夫妻间的爱称。

窦公训女

在称呼别人的父母时，要加一个“尊”字表示尊敬，称呼自己的父母时要加一个“家”字表示尊敬，但南北朝时上层社会称呼自己的父母不再加一个“家”字，而以父辈排行称之。在称呼别人的父母时，有时还要加一个“明”字，如“明公”、“明君”等，以示尊敬。“大家”是南北朝时期的一个较为普遍的称谓，既是奴婢对主人的尊称，也是媳妇对婆婆的称谓。奴婢尊称男性主人为“郎”或者“郎君”，尊称主妇或者女性主人为“娘”、“娘子”，这一称谓习俗一直沿用到唐宋时期。

沉香救母

宋代的称谓习俗中，流行以贤否为标准而不再以贵贱尊卑为标准的称谓习俗，对尊贵者称为“公”，对贤者称为“君”，最大众化的称谓是“尔”、“汝”。对老人或者父辈称为“公”、“丈”表示尊敬，对于亦师亦友的长辈则称为“契丈”，对别人父母的尊称为“尊甫（父）”、“令尊”、“北堂”、“高堂”、“令堂”等，对他人的祖母则尊称为“重慈”，对他人的妻子母亲则尊称为“尊阁”、“尊阃”，书信往来中常使用“尊履”来称谓对方。对家庭成员的称谓上，宋代称祖父为“祖翁”、祖母为“婆婆”，称父亲为“父翁”、叔父为“叔翁”、岳父为“妇翁”，称庶母为“支婆”，称父妾为“妾母”、“少母”，称妻子为“内馈”、“儿母”，称妾为“小妇”、“小妻”、“次妻”等，称子侄、婿为“郎”，称女儿、侄女为“姐”、“娘”，称长女为“大娘”、“大姐”。

婴戏图

古代社会对他人的代称，一般包括对亲属、家人、朋友的称谓以及其他称谓。对亲属的称呼，尊称自己的父母为 “家严”、“慈母”、“堂上”、“膝下”等。若是姻亲关系的加一“姻”字，如“姻伯”、“姻兄”、“姻翁”等。若有世谊关系的加一“世”字，如“世伯”、“世兄”等。若是姻世关系的加“姻世”二字，如“姻世伯”。对家人的称呼，妻子称丈夫为“夫君”、“良人”、“相公”、“官人”、“外子” 等，丈夫称妻子为“荆人”、“拙荆”、“贱荆”、“糟糠”、“中馈”、“大姐”、“大嫂” 等。在古代，已婚女性称丈夫的弟弟之妻为“娣”，称呼丈夫的嫂子为“姒”，兄弟的妻子之间互称“娣姒”，俗称为“妯娌”。另外还有一种说法是，古代的姐姐称呼自己的妹妹为“姒”。“四海之内皆兄弟。”“兄弟”是最常用的一个亲属称谓，古代的“兄弟”称谓可以男女通用，兼指姊妹。古人视兄弟如手足，超过对妻子的情谊，俗谚“兄弟如手足，妻子如衣服”就是此意。对别人的晚辈称为“令郎”、“令嗣”、“令爱”、“令婿”等，对自己的晚辈称“弱息”、“犬子”、“小犬”、“息子”、“息女”、“息妇”、“东床”、“娇客”等。对朋友的称呼，一般的互称则加一个“仁”字，如“仁兄”。根据具体的关系不同，又划分为同学、同事等。同学之间的称谓为“同窗”、“同科”、“窗友”、“砚友”等，同事之间的称谓为“同仁”、“同察”、“同人”、“同年”、“同僚”、“同寅”等。

其他称谓，是指一些代称和别称。如年龄的代称，不同的年龄段有不同的称谓。如不满周岁称为“襁褓”，幼年又称为“总角”，10岁以下称为“黄口”，舞勺之年、舞像之年是指少年。女子的年龄还有专门称谓，如：

12岁——金钗之年
13岁——豆蔻年华
15岁——及笄之年
16岁——碧玉年华
20岁——桃李年华
24岁——花信年华

襁褓

碧玉年华

30岁——半老徐娘

男孩8岁称为“龆年”，20岁称为“弱冠”，30岁称为“而立之年”，40岁称为“不惑之年”等。其中，“及笄”和“弱冠”分别表示女、男各自成年。50岁称为“年逾半百”、“知天命之年”、“大渐之年”，60岁称为“花甲”、“平头甲子”、“耳顺之年”、“杖乡之年”，70岁称为“古稀”、“杖国之年”、“致事之年”、“致仕之年”，100岁称为“期颐之年”等。结婚后的婚龄也有特定的称谓，西方的一些叫法传到中国后也很时兴，逐渐演变为一种民俗文化，但在具体指代上稍有不同。如：

二美人唐子图　年画

第一年——纸婚
第二年——棉婚（布婚）
第三年——皮婚
第四年——麻婚
第五年——木婚
第六年——铁婚
第七年——毛婚
第八年——铜婚
第九年——陶婚
第十年——锡婚
第十一年——钢婚
第十二年——丝绸婚
第十三年——花边婚
第十四年——象牙婚
第十五年——水晶婚
第二十年——瓷婚
第二十五年——银婚
第三十年——珍珠婚
第三十五年——玛瑙婚
第四十年——红宝石婚
第四十五年——蓝宝石婚

第五十年——金婚
第六十年——金刚石婚
第七十年——白金婚
第七十五年——钻石婚

此外，还有一些特殊的社会关系称谓。如古代氏族社会的一些氏族，称其首领为“后”，如禹的儿子启建夏，被称夏后氏。古代国君、诸侯自称为“予一人”、“孤家”、“寡人”、“官家”、“朕”。对百姓称为“黔首”、“布衣”、“庶民”、“白丁”等。

拜堂成亲
《盛世滋生图》局部

七、门第姓氏

在古代社会，姓氏往往代表着门第的高低贵贱。以门阀政治鼎盛时期的魏晋南北朝时代为例，门第观念对当时的社会产生了极为深远的影响，血缘与家世的高贵成为决定仕途的主要因素，朝中重要官职几乎完全把持在几个大家族手里，社会上每个人身份的贵贱，均由其家庭的门第高低决定，士家大族与寒门庶族之间等级森严、相隔巨大的鸿沟不可逾越。当然，所谓门第的高贵，也并不是一成不变的，一些当权者总是想方设法抬高自己的出身，如唐初太宗、武则天统治时期，都曾分别采取重排天下世家大族门第顺序高低的举措，使得关东李氏及武氏的门第在社会地位上有了很大的提升。隋唐时期的门第观念集中反映在婚姻上。唐律明确禁止良贱通婚，对婚姻讲究门第观念予以法律认可与保护。在注重门当户对的婚姻上，不同社会等级的人群只能在各自所属的社会集团内部谈婚论嫁，阶级界限森严。而“同姓不婚”的婚姻原则，更是将门第与姓氏紧密联系在了一起。

武后行从图 唐·张萱

姓氏一直是代表中国传统的宗族观念的主要外在表现形式，以一种血缘文化的特殊形式记录了中

华民族的形成和发展。姓氏文化历经四五千年，始终延续和发展着。姓氏在历史上的传递，比较稳定。一般都继承父亲的姓，以父系方式把姓氏传递给下一代。当然，也存在着改姓的现象，改姓的方式包括入赘婚姻、随母姓氏、避难改姓、少数民族用汉族姓等等。古代宗法社会制度下往往是“聚族而居”，一个家族或者多个家族构成村落聚居生息，因此大多是同姓聚居在一起，在婚姻上通常与附近村落或家族联姻，婚娶地域相对固定，同姓人群的分布相对集中。姓氏的分布实际上主要反映了同姓人群的分布规律。据统计，仅占总姓氏量不足5%的常见的100个姓氏已集中了85%以上的人口，而占总姓氏量95%以上的非常见姓氏仅代表不足15%的人口。

姓和氏在古代并不是一个概念。姓起源于女系，表示母系血统。氏起源于氏族图腾的标记或名号。在封建宗法制度下，女子几乎失去了所有的权利，甚至连姓名权利也被剥夺。男女结婚，妇随夫居，女子便成为夫族的一员，女子的姓名也发生了变化，要在本身的父姓前加夫姓，表示已属夫族一员，然后在父姓之后加“氏”，表明自身原属何家族，如赵王氏，表示夫姓赵，父姓王。一代女词人李清照能得以青史留名，而不是“赵李氏”，那是很幸运的例外。姓氏往往代表着门第。秦汉时期的门第观念主要体现在婚姻择偶的选择上，联姻双方首先要有相近的门第，社会政治地位大体相当方能谈婚论嫁。皇室、贵族、官吏、商民无不把门第视为联姻的首要考虑因素。两汉时期，门第观念由宽松到严格，成为了魏晋南北朝时期门阀婚姻的滥觞。

李清照像

门第又称为“门户”、“门楣”、“门望”等，是一个家族在社会上的政治地位及身份的象征。在特定历史时期内，姓氏又可以代表一个家族的门第高低，因此姓氏与门第有着密切的关系。为了炫耀自己的门第，很多人不惜攀附前代同姓名人作为自己祖先，借以抬高自己的社会地位和身份。如姓岳的一般说自己是岳飞的后代，姓曹的必称是西汉丞相曹参之后，姓秦往往称自己是唐初名将秦琼的后代，而没有人说自己是南宋奸相秦桧的后人。古代社会分为“士农工商”四个阶层，择偶婚配讲究“门当户对”，这种观念影响后世颇深，反映到各家家谱中，竟产生了“娶妻不若吾家、嫁女必高吾家”的家法族规，认为这样的妻子才会老实温柔，容易驯服；而女儿嫁给门第高出自己的家族，一方面可以让女儿做贤惠媳妇，另一方面可以攀附别的家族。

为了这所谓的门第虚名，历史上有过很多血腥的记载。南北朝时发动侯景之乱的首领侯景是北朝大将，投降了梁朝之后，曾

天河配 潍县年画

经想通过梁武帝向门第高贵的士族代表王、谢二家族之一求婚，希望可以娶其女为妻，结果被无情拒绝，侯景对此怀恨在心。后来侯景发动了叛乱，攻陷都城，为了报复昔日的求婚被拒之耻辱，就下令士兵们恣意蹂躏糟蹋这些士族大家的妻女，致使很多女性不堪而死。唐太宗“玄武门之变”后，要立弟媳妇杨氏为皇后，即因为杨氏具有隋朝皇族的的血统。唐代皇后24位，出身三品以上高官家庭的就有17位，公主也多选名门望族的子弟作为夫婿。门第观念不仅对皇族、上层高官影响很深，对下层民众影响也很广泛。商人经济上十分富有，但是在婚姻上还是局限于同行或者农民，而很难与士人家族联姻。不同社会阶层之间门第悬殊，联姻更是困难重重，几乎是不可能。《西厢记》中张生不能与崔莺莺结为百年之好，最大的障碍就在于他是一个“白丁”，而崔则是相门之女，门不当户不对。一旦张生考中状元，有了政治身份之后，崔母才欣然接受这桩既定的姻缘。唐宋以来，政府还从法律上规定乐户、杂户、部曲、奴婢等贱民，择偶婚配只能与其门第相当者结婚，否则，即使结婚，也要离婚并受到重罚。《墙头马上》这一出喜剧，就是因为门户不当，主人公不得不隐瞒双方夫妻身份。梁祝的爱情悲剧，牛郎织女的婚姻悲剧，都是这种门不当户不对的门第观念在社会现实中的折射。

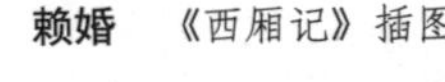

赖婚 《西厢记》插图

在母系氏族社会，“姓”就是“女性”。中国最古老的姓氏姬、妨、奴、姚、姜等，均有“女”字旁，绝非偶然，而是女性崇拜的历史痕迹，是母系社会共同血缘关系的标记和表征。《百家姓》是中国流行时间最长、流传最广的一种蒙学教材。该书共收集了单姓408个、复姓30个，采用四言体例，句句押韵，琅琅上口。据南宋学者王明清考证，该书前几个姓氏“赵钱孙李”的排列是有讲究的。赵姓为百家姓之首，是因为当时宋朝的“国姓”为赵，理当居首。钱姓是五代十国中吴越国王的“国姓”，后降宋，故居第二。孙姓是因当时吴越国王钱俶的正妃孙氏势强人众，故排第三。李姓是南唐的“国姓”，降宋较晚，故

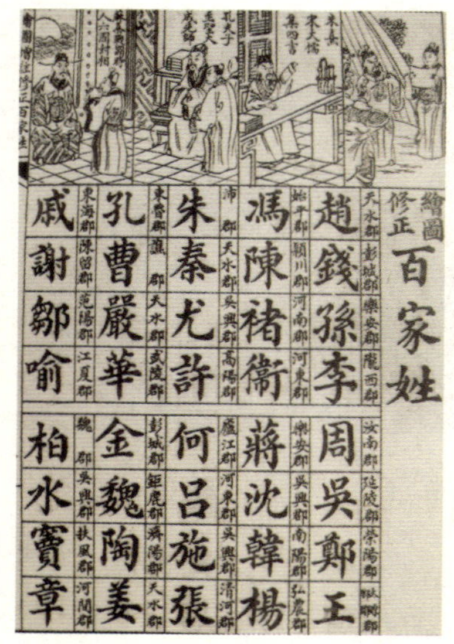
繪圖修正百家姓

趙錢孫李周吳鄭王馮陳褚衛蔣沈韓楊朱秦尤許何呂施張孔曹嚴華金魏陶姜戚謝鄒喻柏水竇章

《绘图修正百家姓》内页

民初

居第四。他由此断定《百家姓》问世于北宋初年。

李栋明1977年在《东方杂志》上发文指出：华人最大的10个姓是张、王、李、赵、陈、杨、吴、刘、黄，周，占华人人口的40%，约4亿人。

中国的姓氏起源途径很多，大体有古代帝王赐姓，或因避祸改姓，上古圣贤遗留之姓，古代名人遗留之姓，古国遗姓，古职业、官职遗姓，外域之姓等。周作明《民俗通书》中总结出姓氏的来源有以下几种情况：一是以氏为姓，如姬、姜、姒等；二是以国名为姓，如房、杜、阮、彭、齐，宋等；三是以封地为姓，如苏、阎、欧阳等；四是以居住地为姓，如东门、邱、济等；五是以先人的名或字为姓，如风、朝、兑等；六是以官职为姓，如史、粟等；七是以技艺为姓，如索、陶、屠等；还有以天干命名的，如大甲、祖丁等。

八、取名习俗

家族文化的另一个构成部分是由取名习俗发展而来的姓名文化。几千年来的历史动荡，特别是战火和改朝换代，总使得一些姓氏门第发生根本性的转变，原有的一些高贵门第衰落，一些新的家族崛起后取而代之。据清代学者赵翼考证，西汉初期的功臣名相，大多是杀猪屠狗之辈。名字往往反映出各朝各代不尽相同的社会环境和文化背景，有时候并不仅仅是一个人在社会上存在、活动的符号，而是寄托着家族、家人的希望，取名逐渐成为一种社会文化风俗。自从姓氏的习俗形成之后，取名的社会风尚也几乎与之同时形成。中国人取名的历史，可谓源远流长，经过了由单名到复名，由简单到复杂的发展过程。

夏商时期，干支纪年法问世不久，采用干支之字取名成为“时髦”。如商王朝的建立者称武汤，又称天乙。汤以后的君王，大都以干支为名，如外丙、仲壬、太甲、沃丁、太庚、小甲、帝乙、纣辛等。春秋战国时代，也常以“子”入名。子为地支的第一位，后又特指有学问有道德的男性，如赵盾，又称赵宣子；赵衰，又称赵成子；公孙侨，字子产；孔丘，又称孔子；赵秋，又称赵简子；李耳，号老子；杨朱，又称杨子、阳子居；孟轲，字子舆，又称孟子。

秦汉时期，除姓名外，多有字，名、字并用。如刘邦，字季；

张良，字子房；枚乘，字叔；卫青，字仲卿；蔡伦，字敬仲；董卓，字仲颖；袁绍，字本初；袁术，字公路；吕布，字奉先；曹操，字孟德；孙坚，字文台；刘备，字玄德；关羽，字云长；张飞，字翼德；赵云，字子龙。“以字行”是指名不见经传，只以字流传于世，或者其“名”的影响远不如其“字”。如五代宋初的著名学者郭忠恕，姓郭，字忠恕，以字行而不知其名。

三英战吕布

魏晋南北朝时期，取名时多用“之”，如东晋书法家王羲之、王献之父子，东晋著名将领刘牢之，东晋画家顾恺之，南朝名土王弘之，南朝史学家裴松之，南朝文学家颜延之，南朝科学家祖冲之，北朝经学家刘献之，北朝散文家李衔之。

唐宋明清时期的取名习俗，复名（二字）的使用率越来越高。据有关学者研究，唐、宋、元时代复名的使用率约占人名的一半左右，到了明、清，则逐步递增至60%～70%之间。不但民间取名多用复字，帝王取名也是如此。唐朝帝王取复名的极少，唐二十二帝取复名者，仅有太宗李世民、殇帝李重茂、玄宗李隆基三人。宋朝十八帝，也只太祖赵匡胤与太宗赵匡义二人。赵匡义后来又名赵炅，虽系一字，却是登基后改的。明朝帝王的复名所占比例大增，十七帝除成祖朱棣外，全系复名。清朝十帝也是如此。此外，唐代以后摘引典故诗文之字取名也颇为流行。宋代取名与古人取名“多自贬损”的做法相反，多采用圣贤先哲的名字。宋明以来，私修家谱之风盛行，取名多按照辈分，井然有序。取名有着种种讲究与忌讳，由此形成了一种姓名文化。

姓名文化的另一个组成部分，就是命名仪式。古人对人的命名非常重视，形成了“命名礼”这一习俗。命名礼俗因地而异，古今不同。在古代，婴儿出生三个月后就要命名，为婴儿剪发，父亲执婴儿右手，为其取名，此名多为“乳名”，正式的名号一般由启蒙老师或者德高望重之人来择取，并有一定的仪式。

陆羽像 茶圣陆羽，字鸿渐，名字取自《周易》“鸿渐与陆，其羽可用为仪”。钱锺书《围城》的主角也取名“方鸿渐”

姓名虽然只是一个符号，却有很深刻的社会影响，有的青史留名，也有的遗臭万年。名，也叫名字，有乳名、本名、学名、曾用名、笔名、艺名之分。乳名也叫小名、奶名，民间有“贱名好养活”的说法，所以小名或者乳名一般都十分“朴实”，如砖头、石头、坷垃、二愣子、狗剩，甚至茅坑、臭妮等。本名是正式的名字。学名是指入学时正式起的名字，一般与本名相同。

孔子之子出生后，鲁昭公赐给鲤鱼，孔子就给儿子取名孔鲤，字伯鱼

古人常在名、姓之前加伯、孟、仲、叔、季等字，表示弟兄排行的次序。伯代表老大，仲代表第二，叔代表第三，季代表第四或最小。如“不食周粟”的伯夷，叔齐兄弟，一个是老大，一个是老三。季札是春秋时吴王诸樊的弟弟，大概是四弟或者最小的弟弟。孟姜女是姜姓人家的长女，而不是孟家的女儿。

唐朝时期的号开始大量出现，丰富了姓名文化的内容。如李白，字太白，号青莲居士；杜甫，字子美，号少陵野老；白居易，字乐天，晚年号香山居士。宋代时，号普遍流行。如欧阳修，字永叔，号醉翁、六一居士；王安石，字介甫，晚号半山；苏轼，字子瞻，号东坡居士；李清照，号易安居士；陆游，字务观，号放翁；辛弃疾，字幼安，号稼轩。号多以“某某居士”为多，大概是与当时社会上佛教盛行有关。如李白、苏轼等都自称“居士”，欧阳修晚年以“六一居士”自号。姓名中有“号”的取名风尚历元明清而不衰。明清的小说家大多都有名号，如罗贯中，名本，号湖海散人；吴承恩，字汝忠，号射阳山人；蒲松龄，字留仙，又字剑臣，号柳泉居士等。清末笔名开始出现，流行以后，号被笔名取代。

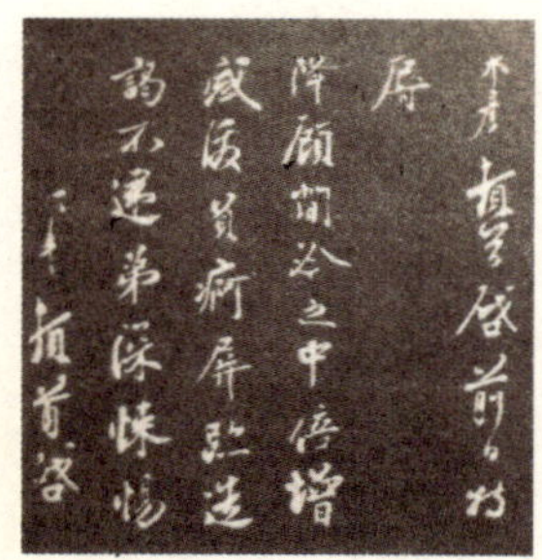

周邦彦手迹 宋词人周邦彦名取自《诗经》“彼其之子，邦之彦兮”

笔名是近现代以来文人或作家在发表作品时用来代替原名的别名。笔名的取法一是拆字，如作家老舍原名“舒庆春”，字舍予，笔名则是老舍。一是谐音，如周恩来组织觉悟社的代号是“五号”，便采用“伍豪”的笔名；邓颖超是“一号”，笔名是“逸豪”。一是寓意，如左联作家赵平福因崇拜方孝孺刚直不阿的品格，取方孝孺祠前的“金水柔石”桥之“柔石”为笔名。据人们统计，鲁迅使用的笔名最多，有156个；其次是瞿秋白，105个。

别署是一种特殊的名号，由籍贯、住所或任职地方得来。如

东汉孔融被称为“孔北海”，唐代韩愈被称为“韩昌黎”，柳宗元被称为“柳河东”或“柳柳州”；梅尧臣是宛陵人，又称“梅宛陵”。或者以官爵、职衔、封号称之，如汉代马援曾任伏波将军，因此被人称为“马伏波”；杜甫曾任工部员外郎、左拾遗，因此有“杜工部”、“杜拾遗”之称；嵇康官到中散大夫，又称为“嵇中散”。或者以谥号相称，如岳飞谥号“武穆”，被后人称为“岳武穆”；曾国藩谥号“文正”，被称为“曾文正”。

钱谦益像 其名出自《尚书》“谦受益”一句

人死后盖棺定论时给予的称号，称为“谥号”。古代帝王、诸侯、卿大夫、高官大臣死后，朝廷根据他们的生平作为给予一种称号，以褒贬善恶。帝王的谥号由礼官议定，臣子的谥号由朝廷赐予。谥号大致分为三类：一是表扬，如秦文公、周武王、汉宣帝等；二是批评，如晋灵公、周厉王、隋炀帝等；三是同情，如汉和帝、晋哀公、汉哀帝等。古代谥号有一字、二字和三字，一字的谥号最多，三字的谥号最少。

庙号是加在皇帝谥号之前的封号，始于汉代。一般开国帝王的庙号为“太祖”、“高祖”、“世祖”，其后则称为“太宗”、“世宗”等。如刘邦的庙号为“太祖高皇帝”，刘恒为“世宗孝武帝”，赵匡胤的庙号为宋太祖，赵匡义的庙号为宋太宗。尊号是在皇帝生前或者死后加封的封号，始于唐代。如唐玄宗尊号为“开元圣文神武皇帝”，宋太祖尊号为“应天广运仁圣文武至德皇帝”。

按照辈分取名是宋代以来流行的取名时尚。凡是同宗同辈，均用一个固定的字代表一代辈分，一般是排行或本名的最后一个

麒麟玉书 传说孔子还没有出生时，一只麒麟在他家里吐天降之书，其上有文曰：“水精之子，继衰周而素王。”

字，一代选用一字，秩序井然。按族谱字辈命名，是中国特有的取名方式，在民间广为流行。常用的字辈大都为“诗礼传家久”、“紫气东来长”、“荣华富贵多”等。辈字的有序组合，往往便是一首含义丰富的诗，体现了姓名文化浓厚的中国传统文化色彩。如江西九江吴氏字辈谱，其字辈顺序即为一首诗：

德里伯志孟，时添国道中。之登光宗应，茂学仕宜从。周邦新进化，富寿兆长荣。昭代闻仁启，恒慈建立洪。昌明高尚法，永守善良功。锡庆开先业，修和本大同。伦常呈瑞象，敦厚作英雄。孝友祯祥集，熙康治理通。书香延祖泽，华耀正兴丰。信义胡钦敬，亲爱乐咸雍。

孟子像

孔、孟、曾是以圣贤门第传家的大家族，几乎是全国一姓同谱。据《清稗类钞》等记载，孔氏家族第四十二代及以后的字辈顺序依次为：

光、仁、宜、延、宗、若、端、璠、拯、元、之、浣、思、克、希、言、公、彦、承、宏、闻、贞、尚、衍、兴、毓、传、继、广、昭、宪、庆、繁、祥、令、德、维、垂、佑、钦、绍、念、显、扬

姓名文化的另一特殊现象是避讳。避讳是中国古代历史上一种特殊的习俗，即对君主和尊长的名字，不能直接说出或写出，如遇应讳的字，就要读白或写缺笔或改用其他称谓。如孔子名丘，在古文献中“丘”总是写成缺笔；汉武帝名彻，遂改官爵彻侯为通侯；光武帝刘秀，为避讳将“秀才”改为“茂才”。唐代诗人李贺的父亲名“李晋肃”，因此他一生未敢应进士举。林黛玉的母亲名“敏”，黛玉每逢此字，即读“密”或“米”字。鲁迅小说《孔乙己》讥讽了一个落魄的读书人孔乙己会写四种回字，其实这是封建时代的读书人必须要掌握的一些写作基本常识；否则，不知道如何避讳，下笔成文之后，往往会招致大祸，特别是在文字狱的年代，不但会满门抄斩，还要株连九族。清代一部《明史辑要》，就牵连数千人遇害。避讳一说起源于夏商时期，一说起源于西周，一说起源于春秋时期。“入境而问禁，入国而问俗，入门而问讳”，避讳之风至唐宋元明清极为盛行。现在仍有此类遗风，如一般不能在孩子面前直呼其父母的名字，孩子尤其不能直呼父母的名字，否则会被视为不礼貌。

大士像 宋·贾师古 为避讳，甚至将“观世音”菩萨改为“观音”菩萨

名字的避讳，主要是指下对上，幼对长，卑对尊，民对官，臣对君等，在说话时不得直呼其名；在书写时，如遇到须避讳的名字，或改字或空字或缺笔；或者按一定的书写格式并加一“讳”字。例如“太祖武皇帝，沛国谯人也，姓曹讳操”。今天使用的许多词语，都有当年“避讳”留下的痕迹。例如“正月”，原为“政月”，即处理政事的月份，为避秦始嬴政之讳，便改音为征，将“正”字写为“端”，即所谓“秦讳正，谓之端”。唐宋时期，避讳最为严格。《唐律疏议》中规定，如大臣误犯宗庙者杖八十，犯其他讳笞五十，为名字触犯者徒三年。唐太宗名世民，为避讳，“世”都改为“代”，“民”都改为“人”，将三世称为“三代”。甚至佛教中的“观世音”菩萨也因避讳而称为“观音”菩萨。柳宗元《捕蛇者说》末尾有“呜呼……以俟夫观人风者得焉”，其中“人”为“民”的避讳。唐高宗名治，便将“治”字改为“理”。韩愈曾经写过一篇《讳辨》，对避讳进行了批判，但他在写《送李愿归盘谷序》时，也不得不把“治乱不知”写为“理乱不知”。在宋朝，文书中应避讳的字都有详细规定，仅避宗庙讳字就有50多个。明清以来，避讳之风更盛。避讳促进了汉字表达的丰富性，如“人民”、“世代”、“治理”、“邦国”等，都是这样来的。

庞统巧授连环计

古人对于地名也有很大的忌讳。如《三国演义》中的庞统号为“凤雏”，民间认为他丧命于落凤坡，便是因为地名犯讳。历朝历代都有因讳而改地名的事例。汉文帝刘恒，将恒山县改为常山县；晋愍帝名业，便改建业县为建康县；隋炀帝名广，便将广

十二属相逍遥图 清

武县改为雁门县；宋太祖名匡胤，遂改匡城为鹤丘，改胤山县为平蜀；明光宗名常洛，就改常州为尝州。

古人在取名时，对十二生肖也作了避讳规定，以避免因名字与生肖相冲相克带来不吉利。具体的生肖避讳是：

于字克生在马年之人，
丑字克生在羊年之人，
寅字克生在猴年之人，
卯字克生在鸡年之人，
辰字克生在狗年之人，
巳字克生在猪年之人，
午字克生在鼠年之人，
未字克生在牛年之人，
申字克生在虎年之人，
酉字克生在兔年之人，
戌字克生在龙年之人，
亥字克生在蛇年之人。

第九章 传统节日

节日是人们生活中必不可少的，有人群居住的地方就有节日。节日是紧张忙碌生活的调味品，是协调人际关系的润滑剂，为我们平淡的日常生活增添了许多亮丽色彩。悠久的文明孕育了丰富多彩的节日和独特的节日文化。节日是中华文明的重要组成部分，也是人类文明宝库中的一部分。

节日的形成需要一定的条件。天文历法的出现为固定节日的产生提供了可能。但是有了历法和节气，并不一定能产生节日。除了固定的日期，节日的形成还需具备其他基本要素，如一定的纪念和祭祀对象、相应的仪式活动、历史传说、某种固定的饮食和娱乐活动等。最初节日的形成起源于人们的原始宗教信仰。上古时期，为了祈求神灵保佑，人们经常举行祭祀活动，久而久之，形成节日。如清明节祭祖等，七夕节祭牛郎织女星，中秋节拜月神等。节日还起源于农事活动和重大的历史事件。农耕民族满含着对农业丰收的渴望和憧憬，常在农事开始或结束的时候举行庆祝活动。如壮族的“牛王节”，是犒赏耕牛、让耕牛好好休息的节日。藏族的“望果节”在谷物成熟之际举行，节后便开镰收割。现代节日基本上都是起源于对重大历史事件的纪念和庆贺，如五一劳动节、五四青年节、八一建军节、国庆节等。

节日在人们的社会生活中占有重要的一席之地，有广泛的社会功效，因此节日文化具有长久强大的生命力。中国节日最重要的作用是凝聚亲情、加强人们之间的联系、谐调人际关系。中国传统节日来临之时，即是亲人团聚一堂的幸福时刻。中国最大的两个传统节日是中秋节和春节。中秋节又称为“团圆节”。中秋之夜，家人围坐在一起，一边赏月，一边品尝月饼，共享天伦之乐。春节除夕之夜，亲人期待着一起守岁。因此在外工作的人们，春节一到，即使千里迢迢也要回到父母身边过一个团圆年。中国的传统节日加强亲情关系的作用在年复一年的循环中不断得到强化，同时对中国人的文化心态、道德观念产生了极大影响。传统节日几乎成为团聚的同义词，“每逢佳节倍思亲”成为每个中国人深藏于心底的情愫。中国传统节日所激起的这种思乡、思亲之情炽热、深沉、缠绵，在全世界各民族中都是罕见的。节日中的一些习俗，也起着加强人际关系的作用。如春节的“拜年”，不仅要给家里长辈拜年，还要给同事、好友等登门拜年。其次，节日活动可以增强中华民族的凝聚力。传统节日的许多习俗活动，是一种群体活动。如元宵节的灯会、清明节的踏青、端午节的赛龙舟、重阳节的登高等等，人群拥挤，摩肩接踵。在这些节日活动中，有些还需要人们同心协力进行合作，如赛龙舟、登高、摔跤等。这类具有民族特色的竞技性活动会使参与者产生强烈的集体荣誉感和民族认同感，民族的凝聚力也因此得到加强。再者，促进了中国传统文化在人们心中的积淀。节日文化是社会文化的组成部分，人们从小就在欢度节日之中受到本民族文化的熏陶，在传统节日所蕴含的社会价值观念、道德伦理观念中耳濡目染，传统文化便于不知不觉中沉淀于胸。此外，各民族在欢度节日之时，会用最好、最丰富的物质和精神文化来进行盛大的庆祝活动，从而促进了饮食、服饰、民间信仰、文艺等的形成和发展。上下五千年的历史已将节日汇成了五彩斑斓、内涵丰厚的长河大流，在这条河流里我们追溯历史，也会深深受到中国传统文化的熏陶。

一、春节

农历正月初一是春节，是中国最盛大的传统佳节。春节的庆祝活动隆重热烈、持续时间长，从腊月二十三到正月十五的元宵节都可称之为春节。其实，春节古代被称为“元旦”，“元旦”之意即新年的第一个早晨。自殷商起，初一为朔，十五为望，每年的开始从正月朔日算起，叫“元旦”。汉武帝时，司马迁制定了《太初历》，确定正月为岁首，正月初一为新年，自此，农历年的习俗保留至今。从秦汉到魏晋，人们多把二十四节气中的“立春”定为春节，南北朝时期又有变化，整个春季被称为春节。辛亥革命后，为了“行夏历，所以顺农时，从西历，所以便统计”，开始使用公历即阳历，把阳历的1月1日定为元旦。中华人民共和国成立前夕召开的中国人民政治协商会议第一届全体会议，决定把农历正月初一改称“春节”。

爆竹生花　近代·吴友如

春节习俗起源于殷商时期年头岁尾的祭神祭祖活动，即“腊祭”。一年农事结束后，人们为酬谢神灵和大自然的恩赐，会用收获的谷物来祭祀神灵和祖先。过春节，又称过年，民间留传着许多关于“年”的动人传说。一种说法是，“年”是一种怪兽，凶猛异常，每到除夕就出来伤害人命，毁坏房舍，老百姓都人心惶惶。后来被一个乞讨的老人通过在门上贴红纸，在院里燃竹子使其“噼啪”炸响，在屋内点红蜡烛等手段把“年”吓跑了。乡亲们纷纷走亲访友，庆祝和平吉祥的来临。从此每年除夕，家家贴红对联，放爆竹；户户灯火通明，守更待岁；初一凌晨，走亲串友道喜问好。这一习俗留传下来，逐渐成为中国民间最隆重的传统节日——春节。还有一说是，在遥远的古代，有个名叫“万年”的青年，聪颖异常，但家境贫寒，以砍柴为生。当时节令十分混乱，严重影响了百姓的农业生产，于是万年决心研制出准确的历法，来指导生产。通过测日影、用漏水计时等各种办法，万年发现每隔360多天，天时的长短就会重复一次，并且最短的一天是冬至。万年把自己的发现禀告给天子祖乙，于是祖乙把万年留下，在天

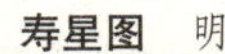

寿星图　明

扫庭院

坛前修建日月阁，筑起日晷台和漏壶亭，并派了12个童子服侍万年，让他专心研制历法。万年历经几多寒暑，终于定准了“太阳历”，此时他已是满头银发，天子深为感动，就把“太阳历”命名为“万年历”。人们把春节称为“年”，并在过年时挂上寿星图，据说就是纪念为黎民造福的万年。

汉代农历年有放雀的习俗。传说楚汉之争项羽追刘邦至荥阳，刘邦情急之下藏在一口枯井中，此时井口飞来两只斑鸠，项羽追来看到井口有斑鸠，认为“井有人，鸠不集”，于是刘邦得以幸免。刘邦建立汉王朝后，每逢正旦日即现在的春节，就放生斑鸠等鸟雀，以示报恩。汉成帝曾专门下诏禁止正旦杀鸡与雀。魏晋南北朝驱傩舞是当时最受人们重视的除夕守岁的风俗，它上承汉制，但是人数更多、规模也更大。唐代除夕时的傩舞仪式发展成傩戏，虽然还有浓厚的宗教色彩，但是大大增加了娱乐成分。隋唐除夕守岁的风俗尤为盛行，宫廷都要在除夕之夜燃檀香、摆酒宴守岁。后来，春节习俗更加丰富多彩，有扫尘、剪窗花、贴对联、贴福字、守岁、包饺子、拜年、放爆竹等。“腊月二十四，掸尘扫房子”，家家户户进行彻底的卫生大扫除，以迎接新春的到来，这就是“扫尘”。新春来临之际，用各色纸剪成各种花草、动物或人物，贴在窗户和门上，叫贴窗花；不仅洋溢着喜庆的节日气氛，而且使人受到艺术的熏陶。宋代文学家王安石《元日》诗云：

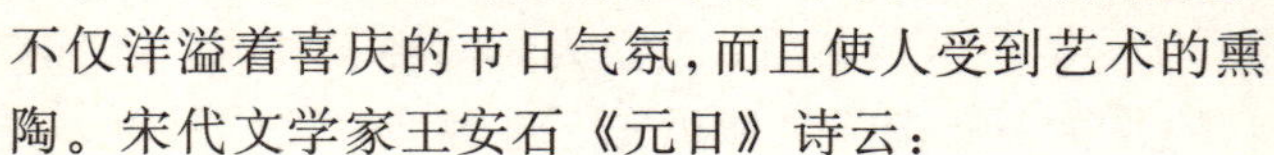

爆竹声中一岁除，春风送暖入屠苏。
千门万户曈曈日，总把新桃换旧符。

诗中的“新桃”与“旧符”就是春节来临前贴的春联。春联又名对联、门对，古时有“桃符”之称，是中国独创的一种文学体裁，是诗歌园地中的一朵奇葩。春联最早起源于贴门神的习俗，汉代除夕来临之际，人们用桃木做成神荼、郁垒的形象作为门神立于门上以驱邪避鬼，传说神荼和郁垒是两个专门驱除恶鬼的神仙。魏晋南北朝时，人们可能感觉刻木成人形太麻烦，于是直接在桃木板上写上神荼、郁垒两人的名字挂在门上，称为“仙木”或“桃符”。桃符用长二三

卖春联图　清

尺、宽四五寸的薄木板制成，五代十国时期后蜀皇帝孟昶在桃木板上亲自撰写“新年纳余庆，佳节号长春”，被认为是中国最早的门联。到了宋代，贴门联的习俗已传遍民间，其他喜庆节日也往往张贴门联。至明代开国皇帝朱元璋时，才将门联改名为春联，并用红纸书写。春联的风格千姿百态，内容包罗万象，情趣盎然，人们在走亲访友贺新春的同时，还能享受到品评春联的乐趣。给压岁钱是过春节最普遍的风俗。清代富察敦崇《燕京岁时记》载：压岁钱有两种，一是“以彩绳穿钱，编作龙形，置于床脚，谓之压岁钱”；二是“尊长赐小儿者，亦谓之压岁钱”。吴地习俗中还有在枕边放置橘子等水果的习俗，称“压岁果子”。

春牛图　江苏剪纸

北方家家户户在过春节时都要吃水饺。饺子源于古代的“角子”，宋代已有“角子”一词，元、明、清及民国初年仍用这个词。北方的回族和部分地区的汉族人，把饺子称作“扁食”，这个词最早出现在元代。明清时，又出现诸如“饺儿”、“水点心”、“煮饽饽”等称呼。早在三国时期，魏人张揖所著的《广雅》一书中就提到这种食品。据文献记载，远在5世纪，饺子已是黄河流域人民的普通面食。当时连汤带饺子一块盛在碗里，因而最早的饺子称为“馄饨”。至今维族人就是如此吃法。到了唐朝，把煮熟的饺子捞在盘子里，已同今天的水饺一样了。饺子作为春节贺岁食品，是在明朝中期以后。饺子被赋予各种含义，以寄托人们美好的愿望和理想。因为饺子形状像元宝，春节吃饺子取“招财进宝”之意。人们还用各种饺子馅表达不同的愿望，如花生仁儿表示健康长寿，糖和蜜表示日子甜甜蜜蜜等。饺子皮儿，一般用擀面杖擀，饺子馅则随地区和节令而异。水饺的做法有蒸、炸、煮、烙数种。蒸水饺要用开水烫面做皮，又叫“烫面饺”；炸饺子要一半烫面一半硬面，刚出锅的炸饺，外焦里嫩；煮饺子一般以清水煮，吃起来清新爽口；烙饺子在北京、天津叫“锅贴儿”。

岁朝图　宋

当做好新衣服，办好年货，贴好春联，一切准备就绪后，就开始了除夕之夜的守岁。南宋孟元老《东京梦华录》载：“是夜，禁中爆竹山呼，声闻于外。士庶之家，围炉团坐，达旦不寐，谓之守岁。”除夕是农历年最后一天，即大年三十晚上，家人欢聚一堂，吃完年夜饭，开始叙旧话新，通宵达旦，憧憬美好的未来，又不舍已逝的岁月。守岁到了午夜，古时还有饮屠苏酒的习俗，至宋代除夕守岁饮屠苏已成惯例。“屠苏”本是一

岁朝欢庆图　清·姚文瀚

种草，南方民间有的在房屋上画屠苏作为装饰，这样的房屋叫做“屠苏”，住在屠苏里的人酿的酒叫做“屠苏酒”。据说屠苏酒方，是唐代名医孙思邈传下来的。敬屠苏酒的顺序与一般不同，是先少后老，谁年小谁先饮，以庆贺少年增岁。喜庆气氛随着除夕之夜零点的到来达到高潮，这时候震耳欲聋的爆竹声此起彼伏，真乃“爆竹声中辞旧岁”。“爆竹”，顾名思义，就是燃爆竹子。用竹子烧火时，竹节里的空气膨胀，竹腔爆裂，会发出清脆的响声，于是古代的人们就在喜庆之日用火烧竹子的方法增添热闹的气氛，这就是“爆竹”的由来。在《诗经·小雅·庭燎》篇中，就有“庭燎之光”的记载。所谓“庭燎”，就是用竹竿之类作成的火炬。唐代发明了火药，将火药放在竹筒里燃放，会发出巨大的响声。到了北宋，民间开始用纸裹火药制成鞭炮。如今的鞭炮更是琳琅满目，美不胜收。

正月初一拜年是春节的一大习俗。新春佳节，邻里亲朋相互登门拜年，恭贺新禧。在宋代，上层士大夫之间已使用名帖拜年，相当于今天的贺年卡。当时的贺年卡，是一种用梅花笺纸裁成的约二寸宽、三寸长，上面写着自己姓名和地址的卡片，在朋友之间相互赠送。汉唐时期称为“名刺”，清代又称“飞帖”。明代朝官不论相识与否，皆望门投刺。时至今日，贺卡已日益精美，成为赏心悦目的艺术品，增添了节日的情趣。唐朝时长安人过春节，均乘车跨马，设帐于园林或郊野，举行“探春之宴”。宋元以后，北方人过春节，除了拜年外，还有上东岳庙烧香祈福、逛琉璃厂买各种小玩意儿、出门走喜神等习俗。走喜神就是按皇历上所载新年喜神所在的方向，出门闲逛，以图一年大吉大利。正月初二这天，出嫁的女儿要带着丈夫“回

恭贺新春　清

门”，俗称“迎婿日”；新年这天嫁出的女儿不能回娘家，否则会把娘家吃穷，所以定在初二这天回娘家探亲。在北方，这一天还要用公鸡和鲤鱼祭财神，南方则是在正月初五接财神。正月初三的夜晚，人们认为是老鼠举行结婚典礼的吉时，所以这天大家尽早休息，以免打扰老鼠的喜事，还在家中撒上盐、米等，与鼠共享丰厚的收成。正月初四是“接神”或“迎神”的日子，年前腊月二十四是“送神”日，下界诸神都在此日上天去向玉皇大帝朝贺述职，到正月初四这天回到人间。接神时要供果品、酒菜，还要焚香、点烛、放爆竹。正月初五是商店等恢复正常营业的日子，这天俗传是五路财神的生日，所以各行业均开张以迎接财神，祈求保佑。正月初六开始扫地，传统的习俗是初一至初五之间不能扫地，人们认为如果扫地的话，会把新的一年的好运气一扫而光，垃圾被堆在屋角，到初六这天才彻底扫地出门。正月初七是“人日”，“人日”是个古老的节日，在中国至少有两千年以上的历史。魏晋时期，江南有在人日这天用芹菜、荠菜、菠菜、青葱、大蒜等七种菜做汤的习俗，认为喝了可避邪祛病，还用五彩绢剪成人形，贴在屏风上作装饰和祈福避邪。正月初八是祭拜星君之日，据说每个人每年都有一位星宿值年，一年的命运全操在值年的星宿手中。正月初九是玉皇大帝的诞辰，要在凌晨时刻进行祭祀。在广州阳江一带，上一年生了男孩的人家，要在正月初十这天“开灯”，就是孩子的父亲买一盏八角纸灯悬挂在宗祠或庙堂里，让祖先保佑孩子成长。正月十一在台湾的新年歌里有“十一请子婿”之说。正月十三的晚上，有在厨房点灶灯的习俗，要点五夜一直点到元宵节结束为止，因此这天也称“试灯”，这种习俗始自南宋。明朝时一度把灯节延长为10天，清朝又恢复为正月十三至十七共5天的灯节。正月十四街头小贩竞相出售各种纸灯，争奇斗艳，令人目不暇接，称为“灯市”。正月十五是“上元节”，即元宵节。至此，整个春节庆祝活动才算结束。

回娘家 清山西灯画

老鼠娶亲 清湖南隆回年画

二、元宵节

火神

正月十五元宵节，节庆活动在新年第一个月（元）的十五日夜（宵）举行，因而称之为元宵节，又叫灯节、上元节。上元节的由来，是沿袭道教的陈规，道教称正月十五为“上元节”，七月十五为“中元节”，十月十五为“下元节”，其实在道教产生以前，元宵节已是一个传统节日。元宵之夜，人们张灯结彩，举行丰富多彩的观灯盛会，猜灯谜，吃元宵。

元宵节起源于西汉。据说汉高祖刘邦死后吕氏专权，汉将周勃杀吕产、吕禄等人，迎立刘恒为帝，即汉文帝，时值正月十五。文帝为了纪念此日，每年的这一天，都要出宫与民同乐，并定为元宵节。不过元宵节张灯的习俗是从东汉明帝开始的，并与提倡佛教有关。当时，佛教之国印度有正月十五僧人观佛舍利、点灯敬佛的做法，汉明帝为了弘扬佛法，下令正月十五夜在宫廷和寺庙里点灯敬佛，并令士族庶民都挂灯。关于元宵节的来历，民间还有一个动人的传说。汉武帝时有一大臣东方朔，足智多谋，幽默风趣，深受汉武帝宠信。当时有个宫女名叫元宵，自进宫后，远离双亲，春去秋来，日月如梭，每当佳节来临之际，就倍加思念亲人，甚至觉得不能在双亲面前尽孝，不如一死了之。东方朔十分同情她的遭遇，就想出一个办法来帮助她。他扮成算命先生，在京都散布“正月十六火焚身”的谶语，说天上的火神君要奉命火烧长安，并留下四句偈语“长安在劫，火焚帝阙，十六天火，焰红宵夜”。一时之间，长安城出现恐慌。汉武帝得知消息后，急忙召见东方朔商量对策。东方朔此时把早已想好的计策娓娓道来：“据说火神君最爱吃汤圆，宫中经常给万岁做汤圆的元宵手艺不错，十五晚上可让元宵做好汤圆，万岁焚香上供。然后传令京都家家做汤圆，一齐敬奉火神君。再传谕臣民一起在十五晚上挂灯，全城放鞭炮、燃烟火，使整个京城看上去火红一片，好像着了火，以瞒过玉帝的耳目。此外，通知城外百姓，十五晚上进城观灯，消灾解难。”武帝就传旨照东方朔的说法去做。正月十五夜晚，长安城里张灯结彩，人们摩肩接踵，热闹非凡。元宵的妹妹也领着父母进城观灯，当她看到有“元宵”字样的大宫灯时，喜出望外地高喊：“元宵姐！元宵

东方朔像

姐！”元宵听到喊声，终于和家人团聚。闹了一夜灯火，长安城安然无事。汉武帝大喜，便下令每到正月十五都做汤圆供奉火神君，全城挂灯放烟火。因为元宵做的汤圆最好，人们就称汤圆为“元宵”，这一天也称元宵节。吃元宵的习俗自此传了下来。

卖汤圆

到了唐代，元宵节张灯发展为盛况空前的灯市，唐朝大诗人卢照邻曾在《十五夜观灯》中这样描述元宵节挂灯的盛况：“接汉疑星落，依楼似月悬。”唐代长安不仅花灯品种繁多，规模空前，而且还有乐舞百戏。成千上万的宫女和民间少女在如昼的灯火下边歌边舞，称为“踏歌”。宋代元宵灯节热闹异常，《东京梦华录》载，节日之夜，京师“华灯宝炬，月色花光，霏霏融融，动烛远近”，至三鼓方灭。宋代辛弃疾的《青玉案·元夕》的“东风夜放花千树，更吹落星如雨。宝马雕车香满路，凤箫声动，玉壶光转，一夜鱼龙舞 ”，成为传唱千古的佳句。 宋代开封府在元宵节大放花灯，从年前冬至就开始搭山棚，在棚上张灯结彩，做成山林的形状，称为“灯山”。京城皇宫内的灯山更是奇妙多姿，用彩结做成的文殊菩萨的手臂活动自如，从手指里喷出五道水，水流绕过佛像手臂，一泻而下，状如瀑布，可以说这是中国最早的人工喷泉技术。宋代从京师到民间都有隆重的元宵放灯的习俗，形成了专门的“灯市”。每年元宵夜，宋徽宗亲自上宣德楼观灯并赐酒，每个在楼下仰窥龙颜的仕女都能获得御酒一杯。明代元宵灯节耍狮子，放烟火，鼓吹弹唱，通宵玩乐。清代元宵花灯中最具特色的是冰灯。冰灯产生于东北一带，满清入主中原后，冰灯也随之传入。

元宵灯谜

元宵灯节持续时间不一，汉代一夜，唐代三夜，宋代则是“五夜元宵”。明代自初八上灯，十七落灯，连张10夜，是中国最长的灯节。元宵节的灯市，白天为市，热闹非凡；夜间燃灯，蔚为壮观，那璀璨多彩的灯火，成为春节期间娱乐活动的高潮。元宵灯节也是展现民间花灯艺术的节日，在宋代，福州和苏州的花灯最有名。《武林

元宵灯会　清

旧事》记载：福州送往京城的花灯“纯用白玉，晃耀夺目，如清冰玉壶，爽彻心目”。苏州的罗帛灯，在罗帛上剪镂百花等精美图案，内燃灯烛，透出万眼，称为“万眼罗”。安徽的“无骨灯”，用玻璃做成，点燃后，晶莹剔透。此外还有五彩羊皮灯、蔑丝灯、走马灯等。走马灯的制作精妙绝伦，能够自动旋转，然而动力不是机械能而是热能，灯罩上面的人、马随着火焰驱动纸轮下的木杆的转动而转，因此称之为“走马灯”。李约瑟博士在《中国科学技术史》一书中称“走马灯”是中国古代人民的一项重要发明。明清时期出现了夹纱灯、麦秸灯等，制作更趋精美奇妙。如今花灯已成为传统民间工艺与现代科技应用的结晶，更是五光十色、玲珑剔透、扑朔迷离、美不胜收。

灯画

在南宋猜灯谜，成为元宵节的娱乐方式。人们将谜条系于五彩缤纷的花灯上，供人猜射，称作“灯谜”。游人赏玩时猜度，猜中者扯下纸条，领取谜赠。灯谜源自谜语，早在春秋战国时期，百家争鸣，游说之士往往借助于隐语来暗示君王，这是谜语的萌芽。汉代大臣东方朔常用隐语嘲讽、劝谏统治者。中国最早的有记载

明宪宗元宵行乐图（局部）
明

的字谜大概是东汉蔡邕在曹娥碑上题写的“黄绢、幼妇、外孙、齑臼”八个字，文士杨修猜出谜底为“绝妙好词”。灯谜既有文化蕴涵，又能增加游人兴致，因此在后世得到长足发展，成为元宵节重要的节俗活动，尤其盛行于文人雅士、大家闺秀之间。宋代王安石与苏轼都是制谜与猜谜的高手。灯谜谜面一般是成语或诗句，也有俗语，大都意趣横生。灯谜时至今日，已成为中国独有的、富于民族色彩的一种文学形式和文艺活动。

百子闹龙灯

在张灯之外，更为元宵夜增色的是烟花。烟花虽昙花一现，但动如流星，灿若花开，璀璨耀眼，撼人魂魄。明代的烟花已名目繁多，至清代更是花样迭出。放烟花、赏花灯至今仍是人们过元宵节的一大乐事。

元宵节离不开“闹”，张灯、观灯、赛灯称“闹花灯”，社火百戏称“闹社火”，锣鼓喧天，满街鼎沸，举国若狂。在声震四野的锣鼓声中，人们开始进行舞龙、耍狮子、跑旱船、踩高跷、扭秧歌、打腰鼓等闹社火的活动，尽情享受着节日的欢乐。舞龙起源于人们对于龙的崇拜，古人认为龙是掌管风雨的神灵，舞龙最初是为了祈求龙保佑人间风调雨顺。隋唐时期出现龙灯，从宋元至明清，舞龙艺术及制作龙灯的技术走向成熟完美。由于中国地域辽阔，各地形成了独特的舞龙风格，如陕西的“板凳龙舞”，先用麦秸、稻草、麻绳扎制成龙形，外面糊上彩布或彩纸，表演者各持一条龙腿，腾挪翻跳，灵活自如，招人喜爱。江苏的“断龙”以精雕细刻的龙头、龙尾而独具一格，龙身却很简单。浙江的“百叶龙”构思奇特，堪称一绝，龙头由一朵大荷花组成，龙尾是一对色彩绚丽的蝴蝶翅膀，几十朵大荷花朵朵相连形成龙身，一片片的花瓣构成龙鳞，成为巧夺天工的艺术珍品。耍狮子同舞龙一样是深受人们喜爱的舞蹈形式，而踩高跷、扭秧歌、跑旱船的表演则生动形象、充满活力。这些古老的民间表演艺术，在新时代依然焕发着青春。古代实行

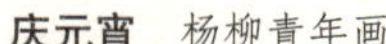

庆元宵 杨柳青年画

普庆升平图（局部） 清·张恺等

迎紫姑

宵禁，夜晚难得一游，尤其处在深闺中的姑娘，平日不许出门，但是元宵节可以自由地逛街赏灯，成为她们结识心上人和偷偷与情人相会的良辰吉时，元宵节也因而成为一个浪漫的节日，不少文人墨客为此留下了脍炙人口的诗词。如宋代欧阳修《生查子·元夕》云：

去年元夜时，花市灯如昼；月上柳梢头，人约黄昏后。

今年元夜时，月与灯依旧。不见去年人，泪湿春衫袖。

辛弃疾《青玉案·元夕》也云：

东风夜放花千树，更吹落星如雨。宝马雕车香满路。凤箫声动，玉壶光转，一夜鱼龙舞。

蛾儿雪柳黄金缕，笑语盈盈暗香去。众里寻他千百度，蓦然回首，那人却在，灯火阑珊处。

元宵节还有一些信仰习俗，譬如“走桥”，即“走百病”。多为妇女联袂出游，她们肩并肩，手挽手，领头的一人举香开道，并且规定必走的路线，过桥或走城墙，目的是祛病免灾，祈求健康。有些地方还有“正月十五迎紫姑”的风俗。

三、清明节

清明在每年的阳历4月5日前后，一指节气，二指节日。清明是二十四节气之一，《岁时百问》云：“万物生长此时，皆清洁而明净，故谓之清明。”唐代韦庄的“满街杨柳绿如烟，画出清明三月天”的诗句，描绘出了农历三月草长莺飞的景象。二十四节气中演变为节日的只有清明，清明又怎样成为祭祀节日的呢？据

《荆楚岁时记》称："去冬节一百五日即有疾风甚雨，谓之寒食，禁火三日。"清明距冬至107日，据此推算，寒食在清明前两日，因而人们在寒食中的活动往往延续到清明。此时正值暮春时节，万物呈现勃然生机，人们也开始了郊外活动，或踏青宴游，或扫墓祭拜，由此形成寒食节和清明节。久而久之，两个节日已连在一起，难以区分，因此人们就把清明和寒食并称。

八达春游图 五代

寒食禁火的习俗，相传源于春秋时代的晋国，是为了纪念晋文公重耳的忠臣介子推。晋国公子重耳，在外流亡19年，当重耳饥寒交加，奄奄一息之时，介子推忍痛割下自己腿上的肉烤熟给重耳吃，只求重耳日后能体察民间疾苦，做一个爱民如子的清明国君。重耳返国即位后，介子推不求任何报答，只身背着老母，隐入绵山。晋文公派大批军队上山搜寻，但是如大海捞针，不见踪影。于是下令放火烧山，企图逼介子推出山受封，不料介子推却和母亲抱着一株大柳树，宁死不出，只留下血书一封，云：

割肉奉君尽丹心，但愿主公常清明。
柳下作鬼终不见，强似伴君做谏臣。
倘若主公心有我，忆我之时常自省。
臣在九泉心无愧，愿政清明复清明。

晋文公下令把绵山改称介山（即山西介休县境内的介山），又下令在介子推被烧死的那一天禁烟火，吃冷食，以示哀悼。到了宋代，人们还在寒食这天，用面粉制成一种点心，再用柳枝插在门楣上，叫"子推燕"，以怀念忠心为民的介子推。其实，寒食禁火的习俗，早在介子推之前就已存在。按周朝旧制，春分时节禁火。据传禁火之后，民间没有火种，只有清明节过后才由宫中

介子推等人跟随重耳周游列国

寒食插柳

点燃，然后传到民间，称为“新火”。寒食禁火、清明点燃新火之风，到唐代仍很流行。禁火的风俗实际上源于古代对星宿的崇拜，与“三月大火星出”的天文现象有关。“火”字，原本是天文学上的星名，指大火星。所谓“三月出火”，指大火星昏出东方，时间正好是清明时节。大火星在人们心目中具有特殊地位，出于对它的崇拜，形成了禁火、出火的习俗。汉代寒食节吃一个月冷食，汉献帝时丞相曹操认为吃冷食的风俗有损健康，曾禁止过寒食。

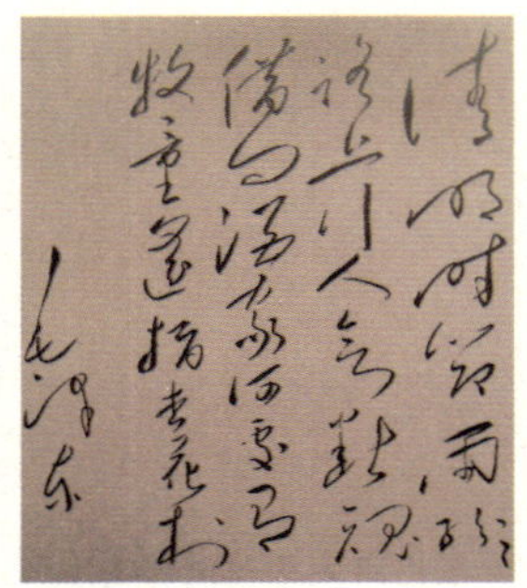

毛泽东手迹

插柳、戴柳是清明节的重要习俗，“清明不戴柳，红颜成皓首”。关于这种习俗的来历，除了对介子推的悼念之说外，还有几种不同的传说：一是清明戴柳是因为唐高宗三月初三曾于渭水赐群臣柳圈，戴上驱毒；第二种说法是柳枝有神性可以避邪，所以人们喜欢插在头上作装饰；另有一种说法是房檐上插柳，使住宅醒目，这样祖先的魂灵便容易找到回家的路。清明节不只是插柳，也有插松枝的。如山东清明以柳枝、松枝打墙，以避免蝎子蜇人。在浙江金华还有儿童戴葱花、豆花、艾叶的习俗。现在寒食禁火的习俗已不存在，但门上插柳的现象仍很普遍。

清明时节雨纷纷，路上行人欲断魂。
借问酒家何处有，牧童遥指杏花村。

清明扫墓

唐代杜牧的这首诗千古流传，妇孺皆知，诗中描绘的正是清明扫墓祭祀祖先的情景。扫墓这一风俗从秦代开始，汉代因循不改。南北朝时期北魏官府允许官吏请假祭扫，假期极长，动辄上百天。到了唐代，清明扫墓才成为定例。唐代诗人白居易《寒食野望吟》：

乌啼鹊噪昏乔木，清明寒食谁家哭。
风吹旷野纸钱飞，古墓垒垒春草绿。
棠梨花映白杨树，尽是死生别离处。
冥冥重泉哭不闻，萧萧暮雨人归去。

描绘了清明墓祭的凄凉场面。宋代清明，据《梦粱录》载："官员士庶，俱出郊省坟，以尽思时之敬。"现在，人们每逢清明都到烈士陵园扫墓，怀念先烈。清明节还有不少节日美味食品，如子推燕、清明狗、春饼、麦芽糖、螺狮、青团等。

清明时节大地回春，绿草如茵，人们扫墓之余，也不忘欣赏春天的美景，进行春游，称为"踏青"。踏青很早就已流行，唐代长安踏青已十分普遍，男女踏青之时，经常会发生一见钟情的爱情故事。唐代诗人崔护有诗描绘了清明时节踏青暗恋一女子的故事，诗云：

人面桃花相映红
近代 · 吴友如

去年今日此门中，人面桃花相映红。
人面不知何处去？桃花依旧笑春风。

这就是"人面桃花"典故的由来。宋代清明前后10日，京城中仕女浓妆素抹，接踵连肩，终日游赏不绝，车如潮，人如海，盛况空前。北宋著名画家张择端的《清明上河图》生动地再现了汴河沿岸清明时节热闹非凡的情景。踏青之时，人们还进行射柳、拔河、蹴鞠、扑蝶、采百草、斗鸡、荡秋千、放风筝等娱乐活动。唐代每到清明节来临，在宫中竖起秋千架，宫女嫔妃登

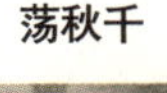
荡秋千

春游晚归图 宋

屈原像

上秋千，裙裾凌空飞扬，宛若仙女下凡，因而唐玄宗称之为“半仙之戏”。明代已衰的秋千之戏到清代在北方重新兴盛起来。上至宫廷下到民间，处处皆立秋千架。清明节风和日丽之时，人们踏青郊游，在绿油油的田野上，喜笑颜开地放着各式各样的风筝，尽情放逐童心，享受欢乐。

四、端午节

端午节，又名“端阳节”或“重五节”，自汉代以来就定为农历五月初五。端午节与春节、仲秋节是中国近代民间最为隆重的三大节日，也是整个夏季中惟一的重要节日。在农事繁忙的五月，人们期待着在端午节忙里偷闲娱乐一下，再重新投入劳动。这一天是中国历史上伟大的爱国诗人屈原投江殉国的日子，端午节吃粽子、赛龙舟等节俗活动，传说与纪念屈原有关。

屈原名平，字原，战国时期楚国人。他主张联齐抗秦，楚怀王采纳了他的意见，他受到重用。齐楚联合给秦国造成很大威胁，于是秦国派张仪到楚国离间屈原和楚怀王，楚怀王听信谗言疏远了屈原。楚国顷襄王即位后，屈原被流放，《离骚》、《天问》等不朽诗篇就是在他被放逐期间写下的，鲁迅称《离骚》“逸响伟辞，卓绝一世”。公元前278年，秦国攻下楚都，屈原在国家倾覆又报国无门的悲愤中，自沉于洞庭湖东南的汨罗江，时为农历五月初五。屈原投江后，百姓不忍屈原尸体被水底动物吞食，便击鼓鸣锣进行驱赶，还造龙舟营救，并把粽子投入江中祭祀屈原。以后，端午节逐渐演化出吃粽子、赛龙舟等习俗。粽子是历史悠久的节令名吃，也是端午节不可缺少的食品。东汉许慎的《说文解字》中出现“粽，芦叶裹米也”的记述。西晋周处的《风土记》云：“古人以菰叶裹黍米煮成，尖角，如棕榈叶心之形，故曰粽，曰角黍。”角黍就是古时产生于中国北方的一种粽。最晚在南北朝时期南方出现了“以竹筒贮米”的“筒粽”。宋代以后，粽子不仅形状各异，粽子馅的种类也多得数不胜数。举子赶考之前，家人特地制作一种裹得像毛笔一样的粽子，称为“笔粽”，取其必中之意，企盼能金榜题名。清代还出现

端阳喜庆　桃花坞年画

了油而不腻、老少咸宜的火腿粽。粽子发展到今天，品种繁多，有大黄米粽、猪肉夹沙粽、鲜肉粽、枣泥粽、豆沙粽、八宝粽、鸡肉粽、赤豆粽、碱水粽、蛋黄粽等。另外广东有一种什锦粽，用鸡肉丁、鸭肉丁、蛋黄、冬菇、绿豆蓉调配成馅，用荷叶包裹，每只粽子重一斤左右，味道鲜美独特。端午节的食品还有五毒饼、玫瑰饼、藤萝饼和凉糕等。五毒饼是一种桃酥式的糕点，玫瑰饼和藤萝饼都是利用时令花草为材料制成的。凉糕是用北方特产黄米做成，将煮熟的黄米糕在案板上先薄薄铺一层，然后再铺一层枣子、玫瑰和豇豆泥做成的馅，上边再铺一层黄米糕，凉后用刀切成菱形块，蘸白糖吃。端午食品还有一种“百头草”，是将菖蒲、生姜、杏、梅、李子、紫苏切成细丝，用盐浸

金明池争镖图　宋

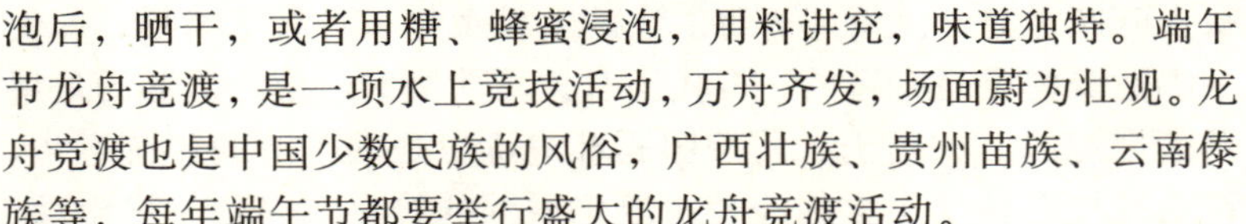

泡后，晒干，或者用糖、蜂蜜浸泡，用料讲究，味道独特。端午节龙舟竞渡，是一项水上竞技活动，万舟齐发，场面蔚为壮观。龙舟竞渡也是中国少数民族的风俗，广西壮族、贵州苗族、云南傣族等，每年端午节都要举行盛大的龙舟竞渡活动。

当然，关于端午节的起源还有不同说法：三代夏至说，吴越民族龙图腾祭祀说，恶月恶日趋避说，纪念伍子胥投钱塘江说和曹娥救父说。夏至说，是因为端午节习俗有很多和夏商周三代的夏至习俗相同，是一种广义的起源说。浙江绍兴一带认为端午是纪念曹娥的。据《后汉书·列女传》及晋人虞预《会稽典录》载：孝女曹娥，上虞人（今浙江上虞），父亲在汉安帝永初二年（108）五月初五迎波神时溺死。当时曹娥14岁，昼夜痛哭寻父，后投入江中。数日之后，江面浮出曹娥的尸体，手中还紧紧抱着父亲，曹娥孝行受到朝廷旌表。浙江的老百姓便在五月初五竞渡的龙舟上塑上曹娥的像，以祭悼这位孝女。

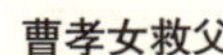

曹孝女救父

端午节时值炎夏，瘴气易生，蝎子、蜈蚣、壁虎、蟾蜍和蛇等五毒陆续出动，所以民间有浴兰、插艾、饮雄黄酒、戴香包及长命锁等习俗来避邪驱毒。兰是一种香草，古代早有煎兰

鸡王镇宅

汤沐浴之说。屈原的《楚辞》中即有“浴兰汤兮沐芳华”之句；唐代韩鄂《岁华纪丽》云“端午，角黍之秋，浴兰之月”，即是端午用兰汤沐浴。南北朝时，端午节又被称为“浴兰节”。“清明插柳，端午插艾”，人们把插艾和菖蒲作为端午节的重要内容，因为它们是传统的药用植物，夏季多雨潮湿，人们可以借艾和菖蒲的芳香气味杀毒灭菌，清洁空气。民谣有“五月五日午，天师骑艾虎。蒲剑斩百邪，鬼魅入虎口”之说。“艾虎”有的是用艾枝艾叶编成的，有的是在布帛剪成的老虎上粘上艾叶。端午节饰戴艾虎的风俗已有千年的历史。端午节这天，为“驱魔避邪”，民间还有把艾叶、菖蒲悬于门上的习俗，因此，端午节也称作“菖蒲节”、“蒲节”，农历五月也有叫做“蒲月”的。

“饮了雄黄酒，百病都远走。”中国大部分地区都有端午节饮雄黄酒的习惯。雄黄是一种中药材，也有解毒杀菌的功效。在碘酒未发明之前，人们用白酒调雄黄，泡入白矾，涂抹毒虫蜇伤和蚊虫叮咬之处，以消肿去毒。实际上雄黄是一种有毒物质，即使少喝对身体也是有害的。古代还有饮菖蒲酒的习俗，菖蒲酒是用菖蒲浸泡的一种药酒。用符图驱邪避毒也是端午节的传统习俗，符图是中国传统巫术的一种。端午避邪的符早在汉代就已出现，宋代及以后又大兴“天师符”，“天师”是道教正一真人张陵，道教把自己的符箓都归于张陵的名下，叫“天师符”。后来人们在门上悬挂钟馗像驱邪，各户也互赠钟馗像。“香包襟上戴，娃娃逗人爱”，戴香包、缚五花绳子，也是端午节普遍流行的习俗。香包小巧玲珑，精致美丽，香包里除了装雄黄以外，还装有麝香、沉香、丁香、白芷等配成的香药，香气四溢，戴在身上既可以驱毒避邪，也是漂亮的装饰。有的地方用五色丝线缠在小孩的手腕、腿腕和脖子上，也有把五色丝线拧在一起缠的，称作“花花绳”，又称“五色丝”、“长命缕”、“长命锁”、“百索”等，此习俗始于汉代。长命锁通常以红、黄、蓝、白、黑五色丝线编织而成。五色代表东、西、南、北、中五方，也有说代表金、木、水、火、土“五行”的。到明代，长命锁一般用银锁代替，戴锁也不再限于端午，而是孩子周岁时，由老人戴在孩子脖子上。

张天师驱邪符咒

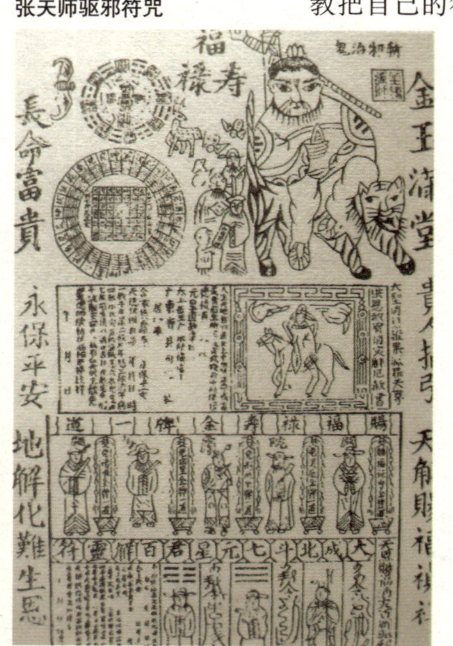

如今端午节来临之际，粽子是必不可少的佳节食品，怀念屈原以弘扬爱国主义也成了永恒的主题。

五、七夕节

纤云弄巧，飞星传恨，银汉迢迢暗渡。金风玉露一相逢，便胜却人间无数。

柔情似水，佳期如梦，忍顾鹊桥归路。两情若是久长时，又岂在朝朝暮暮！

天河配 河北年画

宋代词人秦观的《鹊桥仙》歌颂了牛郎与织女忠贞不渝、荡气回肠的爱情，成为千古名篇。据说农历七月初七的七夕节就起源于牛郎织女七夕银河相会这个动人的爱情故事。七夕之夜，我们仰望苍穹，会看到由繁星组成的银色星带横贯南北，古代称为“天河”，天文学上称为“银河”。

相传牛郎父母早逝，受到哥嫂的虐待，和家中一头老牛相依为命。有一天老牛突然开口说话，说自己原是天神被罚下凡，为了报答牛郎的恩情，要帮助牛郎娶天上美丽的织女为妻。织女是天帝的孙女，心灵手巧，整天忙于穿梭织锦，生活并不快乐。一天织女和诸仙女下凡，在河中洗澡。牛郎依照老牛的嘱咐藏起织女的衣服，当其他仙女穿衣飞走时，织女因找不到衣服惊慌失措，此时牛郎出现了，恳求织女做他的妻子。织女也爱慕勤劳善良的牛郎，于是两人结成夫妻，生有一儿一女，过着男耕女织、幸福美满的生活。老牛临死之时，要牛郎留下它的皮，危难时披上以求帮助。天廷的玉帝和王母娘娘知道织女和牛郎的事情后，龙颜大怒，命令天神把织女押回天廷。牛郎情急之中披上牛皮，担着儿女在后面追赶。这时，王母娘娘拔簪划银河为界，顿时波涛滚滚，挡住牛郎去路，牛郎织女只好隔河相望。天长日久，玉帝被两人真挚的感情打动，准许他们每年七月初七相会，这一天人间的喜鹊都会飞上天为他们相会而搭起鹊桥。据说七夕夜深人静时，人们还能在葡萄架或瓜架下听到牛郎织女说悄悄话。

牛郎、织女本是两个星辰，牛郎星属天鹰座，织女星属天琴座，织女星是七月初一的标志星，七夕牛郎织女的传说，其实与织女星定节气的传统习俗有关。七夕节萌生于汉代，直到魏晋南北朝时期牛郎织女的爱情神

牛郎织女

话故事才日趋完整，七夕节逐渐成为民间的一个比较普遍的节日。南朝梁萧统《文选》所辑《古诗十九首·迢迢牵牛星》云：

迢迢牵牛星，皎皎河汉女。
纤纤擢素手，札札弄机杼。
终日不成章，泣涕零如雨。
河汉清且浅，相去复几许？
盈盈一水间，脉脉不得语。

至南朝梁殷云的《小说》始有较为完整的记载：“天河之东有织女，天帝之孙也，年年机杼劳役，织成云锦天衣，容貌不暇整。帝怜其独处，许嫁河西牛郎。嫁后遂废织纫。天帝怒，责令归河东，许一年一度相会。”民间逐渐将此演绎成一个凄美的爱情故事，成为与孟姜女、梁山伯与祝英台、白蛇传齐名的民间四大爱情传说之一。

七夕节，妇女要乞巧求智，还要拜祭织女。民间一般陈设瓜果，或设案焚香，有些地方还举办隆重的“乞巧会”。乞巧的方法因时因地而异，精彩纷呈，女子于此中体现出来的灵心慧性，令人叹为观止，有穿针乞巧、浮针试巧、蛛网乞巧、斗巧宴等乞巧方法。穿针乞巧即金针度人，是最常见的一种方法，七夕月下以丝线穿针，先穿过的为“得巧”，落后的为“输巧”。所穿之针相传有汉代的七孔针、元代的九尾针，比普通的针多了好几个针孔，称为“玄针”。浮针试巧是在容器中盛水，待水面生膜后，丢针于上，看水底针影所成的图案以查验是否得巧。浙江、安徽等地多用蛛网乞巧的方法，就是把小蜘蛛放在盒子内，等候一段时间，然后看它结网的疏密，据此判断得巧多少。浙江农村还有用

针穿七孔　近代·吴友如

脸盆接露水的习俗。传说七夕时的露水是牛郎织女相会时的眼泪，如果擦在眼上和手上，可使人眼明手巧。乞巧表达了人们祭神乞巧、追求美好生活的愿望。七夕的节俗活动丰富多彩，汉代就有在庭前、园中搭建平台，设供拜仙，观云乞巧等活动。这种楼台当时称“开襟楼”，南北朝称“彩楼”，唐宋及后代称“彩楼”或“乞巧楼”、“穿针楼”。

春华秋实，七月正值五谷丰登的季节，人们把七月初七看作是祭神乞巧的良日。在乞巧的同时，人们也在此日祈求生子，这就是“种生”的习俗。即在七夕之前把豆、麦等植物的种子浸泡在器皿中，芽生数寸后，于七夕用彩线束扎起来。还有的用蜡做成小孩的样子，放在水中祈子。此外，还有七夕“曝衣”和“晒书”的风尚。汉代就有登楼晒衣的习俗，至魏晋南北朝演变成晒书的风俗。南朝宋刘义庆《世说新语·排调》载：七月七日人人皆晒书，而赫隆在这天午时却仰卧院中晒肚皮，人问其故，他回答说：“在晒书。”赫隆晒肚皮以标榜自己学识渊博，表现了潇洒不羁的魏晋名士风度。七夕节还有着一个关于唐玄宗和杨贵妃的故事。七夕之夜，唐玄宗和杨贵妃住在华清宫的长生殿。夜深人静的时候，杨贵妃望着天上的牛郎星和织女星，触景生情，想到即使备受宠爱的妃嫔，当时过境迁人老珠黄时，也会面临被无情抛弃的命运，不禁羡慕牛郎和织女的夫妻真情，感怀自己的处境，伤心落泪。于是向唐玄宗说出自己的真实感受，唐玄宗被深深打动，两人一起立下山盟海誓，愿生生世世永

百子图

荷叶灯　清北京民俗画

曝书逸趣　元·赵孟頫

唐明皇与杨贵妃密誓

不分离。白居易《长恨歌》描绘了这一动人时刻：

> 七月七日长生殿，夜半无人私语时；
> 在天愿作比翼鸟，在地愿为连理枝。

七夕节也有一些游乐活动。南北朝时期宫廷有讲武、驰射、狩猎等活动。民间有点荷叶灯、祭丘陇等习俗。

六、中秋节

中秋节在金风送爽、丹桂飘香之际，悄然来临。深邃夜空中那一轮皓月，给人无尽的遐想；嫦娥奔月、吴刚伐桂、玉兔捣药等美丽的神话传说，更令人神往不已。农历八月十五的中秋节，是仅次于春节的第二大传统节日。八月十五在秋季中间，故谓之中秋节。中国古代历法把处在秋季中间的八月，称为“仲秋”，所以中秋节又称“仲秋节”。“中秋”一词始见于《周礼·夏官·大司马》，而据中国最早的岁时专著《荆楚岁时记》来看，在南北朝时还没有“中秋节”的概念，中秋成为节日大概在隋唐之时。

玉兔捣药

“嫦娥奔月”是最动人的传说。汉代《淮南子》最早载：“羿请不死药于西王母，嫦娥窃以奔月。”汉代张衡的《灵宪》也记有此事：“嫦娥，羿妻也，窃西王母不死药服之，奔月……嫦娥遂托身于月，是为蟾蜍。”上古传说中嫦娥化为蟾蜍，被罚捣药，在月宫过着寂寞清苦的生活。这个故事到六朝发生了变化，六朝宋谢庄的《月赋》有“引玄兔于帝台，集素娥于后庭”的诗句，此时嫦娥已不再是捣药的蟾蜍，而是置身于天帝宫廷中的素娥。后代的文人墨客渐渐地把月亮的温柔美丽、恬静可爱想象成嫦娥的形象，嫦娥化蟾的传说便淡出了人们的记忆，蟾蜍捣药也变成了玉兔捣药。由此民间出现一种供玩耍的“兔儿爷”。“兔儿爷”用泥土做成，肥耳着色，有些还描金。粉白色兔脸，穿金黄色盔甲，身披战袍，左手抱臼，右

嫦娥奔月 汉画像

手拿杵，背插伞或旗帜，底座为老虎、鹿或狮子、莲花等。五颜六色、形态各异，惹人喜爱。唐代诗人李白《古朗月行》生动形象地描绘了关于月亮的种种引人入胜的传说：

小时不识月，呼作白玉盘，又疑瑶台镜，飞在青云端。
仙人垂两足，桂树何团团？白兔捣药成，问言与谁餐。

嫦娥

唐段成式《酉阳杂俎·天咫》则演绎出吴刚伐桂的故事：“旧言月中有桂，有蟾蜍。故异书言，月高五百丈，下有一人，常砍之，树创随合，人姓吴名刚，学仙有过，谪令伐树。”因此人们又称月亮为桂月、桂轮，月宫为桂宫，科举中第喻为“折桂”、“蟾宫折桂”，并演化出赏桂、饮桂花酒的习俗。

祭月赏月，是人们在中秋节举行的隆重的庆祝活动。古制就有春季早晨祭日，秋季夜晚祭月的礼制。汉代，赏月风俗形成，相传汉武帝曾建造“俯月台”用来赏月，名叫“眺蟾”，俯月台下又有“影娥池”，来映现台上宫娥嫔妃和天上的明月，影入池中生动如画，似仙女在赏弄明月，这便是赏月、玩月之始，至唐已蔚然成风。据载中秋之夜，唐玄宗与杨贵妃临太液池望月，还盛传“霓裳羽衣曲”是唐玄宗夜游月宫时所得天上名曲，有诗云“此曲只应天上有，人间哪得几回闻”。赏月最盛的是宋代，《梦粱录》载：八月十五日中秋节，此时金风送爽，银蟾满光，王孙公子，富家巨室，莫不登楼玩月，琴瑟铿锵，举杯高歌，竟夕欢乐。明清两代宫廷和民间的拜月赏月活动更具规模。中国各地至今遗存着许多“拜月坛”、“拜月亭”、“望月楼”等古迹，北京的“月坛”就是明嘉靖年间皇家为祭月修建的。晚间庭院设案，放置柚子、芋头、香蕉、柿子、菱角、花生、藕等时令果品及清茶、素油、酒、月饼等于桌案，焚香拜月后，全家人围桌而坐，边吃边赏月，其乐融融。除了拜月赏月，各地还有一些特殊的风俗。江苏有“走月亮”，广东有“竖中秋”，山东有“唱月饼”，陕西有“赏桂花”等习俗。中国少数民族的中秋习俗更为热闹有趣，台湾的阿美族，在中秋举行为期七天的“中秋半年祭”，最后一天有掷“状元饼”

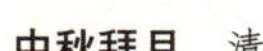
中秋拜月 清

玩月

月饼模子

的活动。八月十六，壮族年轻人通过中秋吃米糕的形式寻找终身伴侣。广西的一些少数民族在中秋举办歌圩，青年男女趁机选择自己的伴侣。

“月到中秋分外明”，中秋之夜，月色皎洁，人们把圆月视为团圆的象征，宋代苏轼就有“人有悲欢离合，月有阴晴圆缺，此事古难全。但愿人长久，千里共婵娟”的名句。因此，八月十五又称 “团圆节”，月饼也称为“团圆饼”。古往今来，多少客居异乡的游子，以明月来寄托思乡之情。唐代诗人李白的“举头望明月，低头思故乡”，杜甫的“露从今夜白，月是故乡明”，宋代王安石的“春风又绿江南岸，明月何时照我还”等诗句都是千古绝唱。中秋的供月物品除了月饼之外，其他瓜果之类也都讲究圆满之意。吃象征着团圆的月饼是节日的习俗。关于月饼的起源有不同的说法。一说源于唐代。唐高祖李渊和群臣欢度中秋时，手里拿着吐蕃商人所献的精美雅致的圆饼，指着天上的明月笑道，“应将圆饼邀蟾蜍”，随即分圆饼予群臣。《洛中见闻》则载：唐僖宗中秋吃月饼之时，正值新科进士曲江宴饮，于是便命用红绫包着月饼赐给进士们。“月饼”一词最早见于南宋吴自牧的《梦粱录》，当时只是菱花饼一样的食品。清代关于月饼的记载就多了。清袁枚《随园食单》记有月饼的做法。近代以来，月饼的制作越来越精美考究，饼面上印有“嫦娥奔月”、“西施醉月”、“银河夜月”或福、禄、寿、禧等吉祥图案，月饼的用料

中秋佳节　杨柳青年画

与风格已然蔚为大观。如今有京式、广式、苏式、滇式等风格各异的月饼，饼馅也甜、咸、荤、素一应俱全，大致可分酥皮、硬皮、外提浆三大类。月饼已成为大众喜爱的节日食品。中秋是一个硕果累累的收获季节，此时瓜果成熟，西瓜、香瓜、哈密瓜、葡萄、枣子、石榴等应有尽有，所以老北京人又称中秋节为“果子节”。

七、重阳节

农历九月初九是重阳节。“重阳”源出《周易》，其中以一、三、五、七、九等单数为阳数，两九相重，即为“重阳”。重阳节又名九月九、重九、茱萸节、菊花节。重阳节由来已久，屈原《远游》诗就有咏重阳节的诗句“集重阳入帝宫兮”。据晋人葛洪《西京杂记》载：西汉时期，“汉武帝宫人贾佩兰，九月九日佩茱萸，食蓬饵，饮菊花酒，云令人长寿，盖相传自古未知其由”。重阳节可能起源于秋游祛灾的风俗，后来才演变为九月九登高活动。民间有重阳节起源于“桓景避灾”的传说。梁代吴均《续齐谐记·九日登高》载：东汉汝南桓景，访名道费长房为师，游学累年。费长房预测到九月九日桓景汝南家中有难，让他回去与家人一起做绛囊，内放茱萸，带在身上，远出登高，并饮菊花酒。桓景遂依计而行，携全家出游。回来后，家中所有牲畜皆死，方知躲过一场灾难。自此九月九登高避难、佩茱萸囊的习俗流传开来，遂成重阳佳节。

风轻云淡、秋高气爽的季节，与亲友登高望远，令人心旷神怡，豪情满怀。登高之俗起源很早，战国已有登高活动。重九登高始于西汉，葛洪《西京杂记》云：“三月上巳，九月重阳，士女游戏，就此祓禊登高。”魏晋南北朝及隋唐诗人所写重阳诗中，无不提及登高，此时登高已有游乐内容。民间的习俗一般是登高饮酒，赋诗作文。唐代诗人王维的《九月九日忆山东兄弟》：

盆菊幽赏图 明·沈周

赏菊 明刻本

独在异乡为异客，每逢佳节倍思亲。
遥知兄弟登高处，遍插茱萸少一人。

为我们勾画出一幅重阳登高和佩戴茱萸的风俗画卷。茱萸香味浓郁，重阳节佩戴茱萸既可以避邪求吉，又可以抵御秋天寒气。民间还在院子或井旁栽种茱萸，以避邪驱毒。

重阳佳节，菊花盛开，赏菊东篱下，畅饮菊花酒，成为重阳节的一大快事。《东京梦华录》记有“九月重阳，都下赏菊”的盛况。菊花是中国传统名花，气味芬芳，品质高洁，金秋九月盛开，可谓美不胜收，因而九月又称“菊月”，重九也叫“菊花节”。关于赏菊饮酒，晋代的陶渊明最为有名。据说重阳节陶公家中无酒，便坐在庭院的菊花丛中，迫不及待地等待太守王弘差人送酒来，此事成一段佳话，被后人吟咏不绝。唐代诗人陆龟蒙“正被绕篱荒菊笑，日斜还有白衣来”的诗句，就描绘了此情此景。菊花酒是把菊花放入酒中泡制而成的一种酒，唐宋时期重阳饮菊花酒已蔚然成风。宋代词人李清照《醉花阴 · 重阳》道：

薄雾浓云愁永昼，瑞脑销金兽。佳节又重阳，玉枕纱厨，半夜凉初透。

东篱把酒黄昏后，有暗香盈袖。莫道不销魂，帘卷西风，人比黄花瘦。

重阳登高

淋漓尽致地抒发了重阳节孤独一人赏菊的凄凉心情。毛泽东写的《采桑子 · 重阳》：

人生易老天难老，岁岁重阳，今又重阳，战地黄花分外香。

一年一度秋风劲，不似春光，胜似春光，寥廓江天万里霜。

则充满了雄视千古的豪迈情怀，成为不朽佳作。古往今来灿若星海的咏菊诗篇为重阳佳节增添了绚烂的一笔。

九月初九，出游登高，佩茱萸，赏菊，饮菊花

对菊持螯图

酒，还要吃重阳糕。重阳糕是由汉代的“蓬饵”发展而来，唐宋时称重阳糕。“糕”与“高”谐音，蕴含着步步高之意；此日无法登高的人遂吃重阳糕代之，以弥补心中的遗憾。明清称之为“花糕”，上缀栗子、枣子，斑斓如花。民国年间，重阳糕的糕面印双羊，取“重阳”之意。重阳糕不仅自家食用，还馈送亲友，称“送糕”；并请出嫁女儿回家省亲食糕，故重阳节又称“女儿节”。重阳吃蟹也是人们向往的又一佳事。秋风一刮，螃蟹膏黄肉厚，正可一饱口福。而今重阳节已与中华民族尊老敬老的优良传统结合起来，取“久久”长寿之意，又因九为阳之极，象征长寿，因此重阳节又被定为“老人节”。有的地方还有重阳祭祀的习俗，如胶东祭财神，长岛祭祖，各行业祭祀行业神等。

八、腊八节

腊八节是农历的十二月初八，起源于古代腊日祭祀的习俗。冬季的岁时祭神祭祖活动在十二月举行，“腊”与“蜡”在古时通用，故十二月称腊（蜡）月。东汉应劭《风俗通义》云：“夏曰嘉平，殷曰清祀，周用大蜡，汉改为腊。”嘉平、清祀、大蜡、腊都指祭祀，开始腊日祭祀并没有固定的日期。《说文解字》说：“冬日后三戌，腊祭百神。”也就是说，当时以冬至以后第三个戌日作为腊日节，戌日为腊是依每个朝代的德行确定的，深受“五德始终说”的影响。五行交替的理论有数种，不能统一，常引起混乱，因此在晋代以后，人们不再依据五德始终说来定腊日。南朝梁确定了腊日的具体时间，即以“十二月八日为腊日”，自此以后民间称腊日为“腊八”。据载腊日所祭神灵有八位：先啬、司啬、农、邮表畷、虎猫、坊、水庸、昆虫。

大傩图 宋

腊八除了祭祀外，还有击鼓驱疫的风俗，先秦称之为“傩”，傩就是古代驱鬼避疫的仪式。传说疫鬼是古帝颛顼的三个儿子，一是令人患疟疾的疟鬼，一是迷惑人的魍魉鬼，一是惊吓小孩子的小鬼。为了防止这三鬼作祟，才有了傩的活动。《后

牧女乳糜

汉书·礼仪志》记载了这一仪式的全过程："先腊一日，大傩，谓之逐疫。其仪，选中黄门子弟年十岁以上，十二以下，百二十人为侲子，皆赤帻皂制，执大鼗。方相氏黄金四目，蒙熊皮，玄衣朱裳，执戈扬盾。十二兽有衣毛角。"即方相氏率领十二兽跳舞。到唐宋时期傩仪又有发展，据《东京梦华录》载，方相氏、十二兽消失，代之以门神、将军、判官、钟馗、六丁、六甲、苻使、神兵等。

腊八节习俗流传最广的是喝腊八粥。腊八粥又名"佛粥"，传说是由佛祖释迦牟尼成道前牧女所送"乳糜"演变而来。乳糜即乳粥，是用牛、马等乳汁和米粟一起熬成的，为印度各种粥中的上品。古代印度北部迦毗罗卫国的净饭王之子乔达摩·悉达多，厌倦了奢靡的宫廷生活，出家潜心修行。在苦行修炼了六年之后的一天，因饥饿和劳累昏倒在地。一位牧女用乳粥喂他，他醒来后精神振奋，于是坐在菩提树下冥思，终于在十二月八日悟道成佛，佛教徒便把腊八作为佛教的"成道节"，给佛祖力量的粥，称为"佛粥"。关于腊八粥的起源还有一种传说。据说明太祖朱元璋小时候家里很穷，给地主放羊，经常吃不饱饭。一天他发现一个老鼠洞，想抓老鼠烤熟充饥，就开始挖鼠洞。挖到深处，发现里面有老鼠的存粮大米、豆子、玉米等，于是把它们放在锅里熬成粥，吃起来感觉香甜无比。后来朱元璋做了皇帝，吃厌了山珍海味，在腊八这天想起以前曾吃过的粥，便命御厨将五谷杂粮煮在一起做粥，果然十分好吃，于是命名为"腊八粥"。明清时期，皇宫中不仅熬制腊八粥，而且赐给百官。清人福察敦崇的《燕京岁时记》载有腊八粥的详细制作方法：腊八粥者，用黄米、白米、江米、小米、菱角米、栗子、红豇豆、去皮枣泥等，和水煮熟，外用桃仁、杏仁、瓜子、花生、榛穰、松子及白糖、红糖、葡萄，以作点染。其实，腊八粥的真实起源与中国上古时腊日吃豆粥以避瘟气的习俗有关，后来与传入中国的佛教中佛主"食粥成道"的故事暗合，逐渐演变成腊八节喝腊八粥的习俗。

陕西地区过腊八用八种蔬菜做成臊子，浇在面条上，这种热汤面，称"腊八面"。腊八还腌制各种小菜，以备过冬。一种是腌腊八蒜，用醋泡蒜，封在坛中，一月后可食。一种是腌酸菜，即腌制白菜，华北、东北地区多有此习俗。

第十章 传统体育

悠久的历史造就灿烂文明，古代体育文化作为中国五千年文明史中耀眼的一部分，最能体现这一古老文明的独特魅力。

中国古代体育经历了一个逐渐发展成熟的过程。从原始社会到春秋战国，射箭、游泳、武术、角力、田径、球嬉等项目已经基本具备雏形。到了秦汉三国时期，在继承先秦体育形式的同时，更向多样化、规范化方向发展，其竞技性、娱乐性增强。像蹴鞠、击鞠等球类竞技逐渐成熟，规模也日益扩大，而保健养生逐渐形成了自己的特色。两晋南北朝到隋唐，随着政治、经济、文化的发展，各种体育形式初步定型。到了宋朝，政治的安定，经济文化的再次繁荣，使得蹴鞠、击鞠、射箭等活动有了新的发展，同时各种体育竞技、保健养生等开始在民间普及。到了明清时期，一些传统体育项目，如击鞠、步打等因种种原因，逐渐衰微。与此同时，随着满人入关，一些新的竞技形式，如摔跤、冰嬉等传入中原，丰富了中国的体育运动。

中国古代的体育运动，根据其自身特点及其活动方式，大体可以分为以下几种：投射类运动，包括射箭、击壤、投壶等。它们各自又包括多种形式，以射箭为例，单唐代武举中，就包括长垛、马射、步射、平射和筒射五种射箭项目。还有水嬉与冰雪之嬉，水嬉主要是在水中进行的各种游戏，如水秋千、弄潮儿、踏滚木等；冰雪之嬉，主要是与冰雪有关的各种游戏，以清朝在太液池举行的内容丰富的冰嬉表演为代表。田径运动，以跑、跳、掷为主要内容。球类运动，包括蹴鞠、击鞠、捶丸、步打、十五柱球等。角力性竞技活动，包括角抵、相扑、摔跤，它们是摔跤这一活动在中国不同历史阶段承前启后发展的产物，除此之外，还有练力与举重活动。保健养生运动，主要包括以呼吸锻炼为主的行气术、以引伸肢体为主的导引术和以舒筋活络为主的按摩术。用于格斗的武术，中国武术内容丰富，基本上由“技击”和“套路”两种运动形式，比较有代表性的有少林武术和太极拳。

中国古代体育运动，内容丰富，花样繁多。现代体育中所有的竞技项目，在其中几乎都能发现相似者，而且竞技性、娱乐性、保健养生性兼有。它们不仅丰富了历代人们的生活，强健了他们的体魄，更为今天的我们提供了一个传统体育民俗文化的宝库，对民俗文化的丰富及现代体育的发展具有重要意义。

一、传统投射运动

射箭被认为是中华民族体育运动的鼻祖。早在远古时期，为了生存和防御，原始人就学会了使用弓箭。最初的弓箭是将树枝弯曲，绑上藤条或是兽类的筋做弓弦制成的。当时发射的是弹丸，后发明了石头磨制的箭头，绑在木杆上作为射箭的用具。虽然简陋，但是大大提高了原始人射猎防御的能力。远古时期产生了许多关于弓箭的传说，其中最著名的要算“后羿射日”了。

射礼图 战国宴乐鱼猎攻战纹铜壶纹饰

孔子观射图

三代时，已经有了专门的教射机构。随着青铜技术的出现，人们开始制造青铜箭簇，这大大提高了射箭水平。由于射箭在狩猎、防御等方面的重要作用，成为当时士人必修的一门功课。《周礼》中记载的六艺“礼、乐、射、御、书、数”，其中“射”指的就是射箭。但是此时的射箭与礼联系紧密，整个射的过程都赋予了礼的内容，故此出现了射礼。孔子创立私学，射箭就是他教授的一个重要内容。在战国时期，由于战乱频仍，弓箭成为战争中的重要工具，更加受到人们的重视。赵武灵王实行“胡服骑射”，将少数民族的射箭技术与中原地区传统的射箭相结合，极大地促进了射箭技术的发展。这个时期，射程远、力道大、准确性强，而且能够连发的弩射产生，并且开始用于战争。各诸侯国也出现了许多射箭能手，其中比较有名的有楚国的养由基，“百步穿杨”、“射穿七札”就是说明他射箭技能高超的典故。

秦汉时期，随着铁制器械的应用，青铜箭簇逐渐被铁箭簇取代，射箭在军事上和民间竞技上都获得很大发展。汉朝出现的著名射手李广，有一次在行军途中，晚上夜出，将一块石头误认为老虎，一箭射去，箭射入石中，没过箭羽，可见其力道之大。这期间出现了大量有关射箭的著作，如《逢门射法》、《李将军射法》、《魏氏射法》等，表明射箭技艺的多样化和射法的成熟。魏晋南北朝时期，孝武帝在洛阳的华林国曾举行中国有历史记载的最早的射箭奖杯赛。这一时期出现的射箭高手，如北齐的斛律光能射落大雕，北周的长孙晟则能“一箭双雕”。

弋射

唐朝武则天时，设立武举制，所规定的九项考试内容和考核

骑射图　汉画像砖

标准中，长垛、马射、步射、平射和筒射五项都属于射箭，可见射箭在当时体育、军事活动中的重要地位。这一制度大大刺激了射箭的发展。宋朝同样对射箭活动非常重视，元丰二年（1079）颁布了《教法格并图像》，专门对步射执弓、发矢、马射等射术进行了说明。在官府推动下，射箭活动在民间广泛发展，出现了专门的射箭组织。据有关文献记载，当时河北一带的“弓箭社”有600多个。

辽、金、元时期，北方少数民族盛行射柳之戏。据《金史》记载：每年的端午节，人们在球场上插上两排柳枝，参加射柳的人按尊卑次序进行射箭。他们先将手帕绑在柳枝上作为标识，每人在离地数寸处，用剑削去柳枝上的一块皮，露出白的木头，然后骑着马用无羽横镞箭射击柳枝去皮处。举行射柳活动时，都要击鼓以助声威，场面紧张而又热烈。明清时期，随着满族人入关，又将少数民族的射箭技术带入关内。清康熙六十一年（1722），将“木兰秋狝”定为恒制，把承德作为专门射猎场所。清中后期，随着火器的广泛运用，射箭逐渐向娱乐性方向发展，成为民间射箭爱好者的一项娱乐竞技活动。

狩猎图　魏晋彩砖

击壤，又可称为“抛堶”，是一种古老的投射游戏，它的起源可以追溯到上古时期。《释名》解释道：“击壤，野老之戏，盖击块壤之具，因此为戏也。”关于击壤的形制，据三国时魏人邯郸淳的《艺经》和晋人周处的《风土记》记载：壤，由木头制成，前边宽后边窄，长一尺三四寸，宽三寸，形状如同鞋子，玩的时候，将一壤置于地上，退后，距离此壤约三四十步，以手中所拿的壤击地上的壤，击中获胜。可见击壤之戏玩法简单易行，讲究一定的技巧性，主要看抛掷的准确度及力量把握上要适当。击壤

乾隆帝一箭双鹿图
清·郎世宁

击壤图

之戏到魏晋时期还有人玩，三国时人吴盛彦曾作《击壤赋》。击壤之戏发展到宋朝，称为抛堶。据明代杨慎在《俗言·抛堶》中说：宋朝在寒食节有抛堶之戏，这种游戏是儿童飞瓦石之戏，就像今天的打瓦。明朝的打瓦之戏，所用材料由木质转为简单易寻的瓦片。从清朝到近代，民间儿童在玩耍时，击壤之戏材料更加简单，玩法上也出现了一些有趣变化，如近代出现了一种打保皇的游戏，儿童们选择一块大的瓦块或者是土块，摆在二三十步之外，在他周围摆上几块小的砖瓦、土块，大的叫“皇”，周围小的为“保皇”。然后轮番以土块、瓦片投掷，以打倒后边的“皇”为赢。这种游戏可以有多位儿童参加，玩时群情激昂，非常有意思。

投壶是古代宴会中的一种游戏，是从“六艺”中的“射”演变而来。古时在各种大型的宴会上，都要进行射礼，其间进行饮酒、奏乐等仪式。但是发展到后来，射礼形式逐渐简化，由壶来代替箭靶，用没有箭头的短矢代替长箭。因为是由射礼发展而来，所以最初的投壶具有很强的封建礼教意义。《礼记》中有《投壶》专章，对投壶过程如何进行，宾主如何行礼等有着详细规定。投壶的器具包括一个径长七寸，腹长五寸，口径二寸半的壶及用柘木或棘木制成的箭组成。壶内放入一些豆子，以防投入的箭跃出。投壶方法是将箭朝前掷入壶中，没有掷入者要罚饮酒。秦汉以后，射礼渐衰，投壶之戏宴饮娱乐的性质加强，因而更加盛行，趋于游戏化。投壶方法、形制有了很大改变，开始用竹子做的箭，而且壶中不再盛小豆。这样，竹箭投入壶内，会立即反弹出来，投箭者迅速将反弹出的箭接住，再投入壶中，一投一接，以反复次数多少定输赢。这种玩法称为“骁”，它使投壶之戏更加有趣。

魏晋南北朝时期，玄学盛行，儒学受到冲击，作为儒学礼仪的投壶之戏，愈加向娱乐性方向发展，出现了许多新玩法，其中有障碍投壶。据《太平御览》载，石崇有一妓，善于投壶，她投壶时，都是隔着屏风投。《颜氏家训》记载了投壶的多种玩法，有倚竿、带剑、狼壶、豹尾、龙骨、莲花骁。其中莲花骁难度最大，其玩法是箭投入壶中再反弹出来，正好挂在壶

投壶图 战国

明宪宗投壶图

耳上，呈莲花状。在晋朝，投壶所用的壶有了改进，在壶的两边增加了两耳，投壶之戏又多了“依耳”、“贯耳”、“倒耳”、“连中”、“全壶”等新名目。投壶之戏发展到唐宋逐渐衰微。其间司马光曾经反对花样翻新的投壶之戏，认为其破坏了投壶在礼治方面的作用，并写了《投壶新格》对其进行改革，以体现投壶“纳民心于中正”的思想。

二、浪里白条与冰雪之嬉

中国有着广阔的水域，游泳的条件得天独厚。在先秦的典籍中有很多地方出现了对游泳的描述，如《庄子》中有：“水行不避蛟龙，渔夫之勇也。”也就是说在水中行走不躲避蛟龙，是渔夫的勇敢。《诗经》中有诗句云：“就其深矣方之舟之，就其浅矣泳之游之。”意思是水深的地方就用船渡过，水浅的地方就游过去。《论语》中也有“智者乐水”的说法。种种记载说明，先秦时期，游泳是靠水居民的一种比较常见的活动。游泳在最初是为了生存、生活的需要，后来作用渐渐扩大，成为一项为人们喜爱的运动，由水边沐浴转变为水中戏耍，由简单地在浅水中涉、浮，渐渐地学会在深水中泅泳，游泳的技巧也逐渐形成。如跳水，《晋书·周处传》中道“（周）处投水搏蛟”，就是说周处跳入水中与蛟龙搏斗，其入水动作“投水”就是跳水。至于泅水技术，在中国古代出现得也很早，最能体现这一技术的就是采珠活动，早在《庄子》一书中就有探骊得珠的故事，入海采珠所采用的就是泅水技术。

游泳图　战国

当人们学会对水的驾驭时，水嬉才真正具有了其特有的乐趣。据记载：唐朝洪州一个杂技艺人曹赞，身高近八尺，知书而多慧，善为水嬉。他能从百尺高的樯桅上不脱衣服纵身跳下，一本正经地坐在水面上就像坐在席子上一样，又能穿着靴子在水上浮着；或是让人将他装在一个口袋里，扔入水中，他能很快浮出水面，自己解开绳子。在他表演一幕幕惊险水嬉时，常常令观看的人惊骇不已，担心他在表演时被淹死。刘禹锡在《竞渡曲》中记载了沅江端午节龙舟竞渡时的“罗袜凌波”的水嬉表演：

彩旗夹岸照蛟室，罗袜凌波呈水嬉。
曲终人散空愁暮，招屈亭前水东注。

与民间水嬉不同，达官贵族的水嬉经常设在比较安全的水潭之中。据《旧五代史》记载：有一位叫雷满的节度使喜爱水嬉，于是专门在府衙里凿了一个深潭，水潭边建了一个大亭子。在亭子中摆宴款待客人，酒酣耳热之时，他就将宴席之上所用的金银酒器扔入潭中，然后脱下衣服，纵身跃入潭中，将其悉数捞出，然后在水面上做各种表演，过足瘾后才从潭中上来。唐宋之际，盛行一种叫“水秋千”的游戏。《东京梦华录》中对此就有记载：有两艘画船，上边立着秋千，有一个人荡起秋千，等到身体与秋千横架几乎平行时，表演者腾空而起，翻了个筋斗跃入水中，称之为水秋千。在荡秋千时翻筋斗跳水，如同今天的花样跳水，因为是在摆动的秋千上，难度很大。此外，还有难度更大的弄潮之戏。在钱塘江就盛行“弄潮儿”的比赛。据《武林旧事》记载：吴地擅长游泳的小伙子数百人，都散发文身，手里拿着十幅大彩旗，争先鼓勇，逆流而上，出没于万仞巨波之中，腾身百变，而旗尾却一点也没有沾湿。南宋词人辛弃疾曾有：“吴儿不怕

龙池竞渡图（局部） 元

嬉水图 布达拉宫壁画

冰嬉图　清·福隆安等

蛟龙怒，风波平步，看红旗惊飞，跳鱼直上，蹴踏浪花舞”的词句，生动再现了弄潮健儿搏击于水上的雄姿。

从远古到今天，游泳这一传统体育运动从最初简单的涉水到投水、泅水、水秋千、弄潮……技巧性越来越强，花样也越来越复杂，表明这一运动在不断发展成熟。

滑冰，又叫“冰戏”，或叫“冰嬉”，是北方民族冬天经常进行的运动。滑雪的最早记载出现在《隋书》中，是关于大兴安岭地区室韦人的一种“骑木而行”的活动，就是将两脚踏在类似雪橇的木板上，在冰雪之上行走，它不仅可以防止陷入冰雪掩盖的沟中，更加快了在冰雪之上行走的速度。《宋史》中则有“幸后苑观花，作冰戏”的记载。明朝冰上运动在北方的少数民族地区得到很大发展，明熹宗五年（1625）正月初二，努尔哈赤在太子河上主持了我国古代第一次冰上运动会，先后进行了冰球表演、速度滑冰比赛。冠军赏银20两，亚军10两。随着满族人入关，冰上运动也被带到了中原地区。清朝统治者大量提倡冰嬉，甚至把它当作国俗。在《燕京岁时记·溜冰鞋》中记载：太液池每年冬天都进行冰嬉表演，并有封赏，目的是“简武事而修国俗”。

冰嬉表演中最主要的有抢等、抢球、转龙射球等内容。抢等类似于今天的速度滑冰，主要是比在冰上滑动的速度。抢球活动据《清朝文献通考》记载：参加的兵士分成左右两队，左边的穿红衣服，右边的穿黄衣服，御前侍卫将一个皮球置于两队中间，众士兵进行争抢，得到球的再将球掷出，然后再抢。整个抢球过程异常激烈，险象环生，竞技性和观赏性都很强。转龙射球则是一种在冰上射箭的运动。除了这三种活动外，还有单人、双人的滑冰表演，有点像今天的花样滑冰。《冰嬉图》中描画了各种各样的滑冰动作：有蜻蜓点水、金鸡独立、凤凰展翅、哪吒闹海、双飞燕、千斤坠等。在统治者的提倡下，清朝成为传统冰嬉发展的黄金时期，民间冰嬉活动也很盛行。当时比较普遍的活动有溜冰、拖床等。

三、古代田径

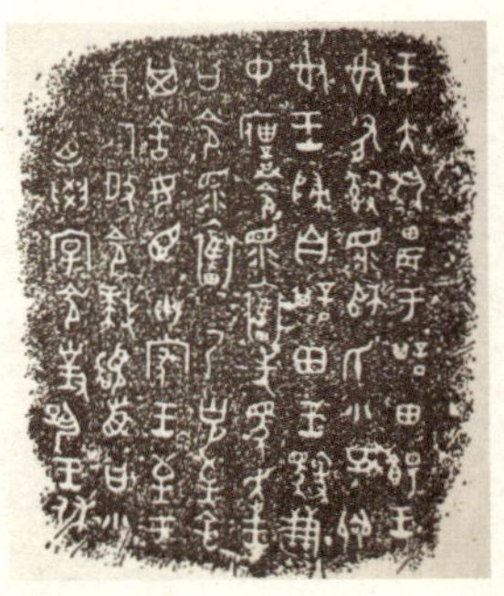
先马走铭

田径运动是一项古老的运动，有“运动之母”的美誉。在历代文献中，出现了众多表示田径运动的词。如表示跑的有“走”、“趋”、“奔”、“利趾”，表示掷的有“投”，表示跳的有“逾高”、“绝远”、“超远”、“超距”、“逾”等。

“跑”在原始人类生产、生存活动中，有着重要作用，因此这项运动曾给予他们无穷的想象，出现了“夸父逐日”等类似的神话传说。据《令鼎》铭文记载：周成王曾命令先马走“令”与“奋”跟随其马车奔跑。“先马走”是周王的步行侍卫，因为跟随在周王出行的马车后，所以都是长跑能手。春秋战国时代，车战渐渐被以步兵为主的保卫战所取代，“兵贵神速”，步兵的走、跑能力，尤其是长跑能力成为军事战争中决胜的关键，所以战国时期，长跑训练成为军事训练的重要内容。据《荀子·议兵篇》记载：魏国在召募兵士时，命令征募者身穿全套甲胄，手提十二石的弩，背负矢五十个，其上放置戈，腰上悬挂剑，带上三天的粮食，半天跑完百里，合格者录用。可见其选拔标准非常高。秦汉以后，步兵作战转变为步兵与骑兵的混合作战，远距离的追杀由骑兵完成，近距离的突击则由步兵完成。这种战术的转变，对步兵长跑能力的要求转变为对其短距离冲刺能力的要求。故短跑成为招募兵士、军事训练的主要内容。唐朝《太白阴经》上说：侦察敌情，报告情报，要求迅捷，故应该使用擅长奔跑的人。宋代招募新兵时，要求先看人材是否合适，再看其是否具备比较好的跑、跳能力。明朝的戚继光在《纪效新书》中提到：古代的人，在腿上绑沙袋，渐渐增加沙子的重量，临到杀敌之时，去掉沙子，自然轻便，这是练习腿部力量的一种方法。

夸父逐日

伍伯图　“先马走”在秦汉时又叫“伍伯”

跑除了在军事训练中受重视外，还出现了专门的比赛活动。在中国历史上比较著名的是元朝的放走活动，参加者是“贵由赤”，它是蒙古语，意思是快行者。据杨瑀的《山居新语》记载：元朝贵由赤每年举行一次放走活动。每次比赛，先用一根绳子，将参赛者拦在绳子一侧，等到参赛者排齐，去掉绳子，参赛者奔跑而去。跑的路线由上都泥河儿起到内中，经过三个时辰，行一百八十里，直到御前，称万岁礼拜而止。另据陶宗仪的《南村辍耕录》记载：放走活动有两条路线，在大都则从河西内务起程，在上都则从泥河儿起程。杨允孚在《滦京杂咏》中对放走描述道：“健步儿郎似箊云，铃衣红帕照青春。一时脚力君休惜，先到金阶定此银。”由此诗可知，参加放走的人所穿衣服上系铃，这样在他们急速奔跑时，一定会发出响亮的铃声。他们都以鲜艳的红帕包头，以引起路人注意，及时让路，不至阻碍他们的行程。600多年后，在第一届奥运会上才有类似放走的马拉松比赛出现，放走比马拉松的距离长两倍多。元朝疆域辽阔，为了迅速传递消息，每隔十里或是十五里设有“急递铺”，文书从一个“急递铺”迅速传递到下一个“急递铺”，类似于今天的接力赛。

跳，也是一项重要的古代田径运动，它的发展同跑一样，最初由原始人类为了获取生活资料而产生，进入阶级社会以后，成为战争中的一项重要的技能，所以历代军事家都比较重视选拔有跳跃能力的士卒。据《左传》记载：哀公八年（前487），吴王攻打鲁国。微虎（鲁国大夫）想晚上攻打吴军，于是在帐前设下障碍，令家兵700人进行逾越，凡是能够三次跳过障碍的，可以参战，于是挑选了300名跳跃能手，其中有孔子的弟子冉有。兵书《六韬》和《吴子》中都提出了选用“逾高绝远”者组成特种部队，以备特别之需。《汉书》记载，甘延寿因为在一次训练中，跳过了羽林亭楼，被提升做了郎官。宋朝岳飞曾让士兵们穿着两层盔甲进行跳壕训练。可见历代的军事家都比较重视对士卒跳跃能力的培养。跳跃活动不仅在军事训练中受到重视，在民间也出现了有关比赛。如在魏晋南北朝时期，民间就出现了“赌跳”活动。《晋书》中记载：“（江南有）赌跳者，以高者为胜。”《唐语林》记载：颜真卿虽然年老，气力健壮如同三四十岁的年轻人。用席子将自己围绕起来，挺立一跃就能跳出。宋辽金元直至清，在北方少数民族中流行一种跳骆驼活动，就是纵身越过高大的骆驼。

以上都是关于跳高的记载，此外还有关于跳远的记载，在《南史》中记载：黄法爽年少就劲捷有力，一天步行可达200里，跳远能跳三丈。这些只是众多史料中的一部分，它们充分说明了跳跃运动在中国古代的普及和流行。

古代作战武器没有明确规定，石头、棍棒皆成兵器。“投石”也成了兵士训练的一项内容。据《史记》记载：公元前224年秦楚之战中，王翦率领60万秦军固守天中山数十日，每天练习“投石超距”，战斗能力大增。而楚军数次挑战，战士困乏。秦军出击，一举战胜楚军。唐朝高宗曾下令凡是投石、超距、勇冠三军的，“具录封进”。明清时期，投掷活动更加丰富，可以比赛投远，也可赛投准。

许家窑出土的石球

综观中国历史上跑、跳、投掷等田径运动，虽然没有形成一套完整的竞技方法，但是它们强健了人们的体质，丰富了人们的生活，更为今天的田径运动打下了坚实的基础，对现代体育的发展产生了很大影响。

四、古代球类竞技

作为一个历史悠久、体育项目众多的文明古国，自然也少不了球类运动。球光滑灵动，有关它的运动必然要讲究灵活性和技巧，考察中国古代的球类竞技，不仅花样众多，而且很多都已经具有了今天球类竞技的雏形。如与现代足球运动相似的蹴鞠，与马球运动相似的击鞠，与曲棍球运动相似的步打球，与高尔夫运动相似的捶丸，与保龄球运动相似的十五柱球。看来，圆圆的球在中国体育史上留下了光辉的一笔。

蹴鞠，又称“蹋鞠”、“蹙鞠”。“蹴”就是用脚踢，“鞠”是所踢之球，一般用皮子做成，内充毛发。从中原地区史前遗址中出土的石球来看，此项运动起源非常早。另据出土的殷商时期的甲骨文记载，当时已经出现了类似足球运动的蹴鞠舞。战国时期，蹴鞠运动就已经在民间流行。据司马迁在《史记》中记载，政治家苏秦在向魏王介绍齐国都城临淄的繁荣景象时说：城中居民生活悠闲，各种娱乐活动丰富。随后他列举了一些娱乐活动，其中就包括蹋鞠。到了汉代，蹴鞠运动大体可分为两类：一类是蹴鞠舞，表演者在音乐伴奏下踢出各种花样。蹴鞠舞重在其表演性，竞技性少一些。另一类是竞技性很强的蹴鞠比赛。据东汉李尤《鞠城铭》记载，当时的蹴鞠比赛场地、人员设置、比赛规则都已经很齐全，表明蹴鞠运动已经成熟。

蹴鞠图 汉画像石

到了唐朝，蹴鞠所用的球，有了很大变

高俅踢球

《忠义水浒传》插图　明刻本

蹴鞠图　《事林广记》

化，由原来外边是皮里边填毛发的皮革球，转变成内为动物膀胱，可充气的气球。这种球弹性好，而且轻便，所以在玩法上出现了新的变化，出现了高球门。马端临在《文献通考》之“散乐百戏”中对唐代的蹴鞠之戏进行过描述：在球场上竖立两根长长的竹子，高数丈，在上边设上网，打球者分成两队，分别居于球门一侧，以较量胜负，这是单球门的蹴鞠比赛。此外还有双球门比赛，与今天的足球运动比较相似。此外，还有白打与趯打两种娱乐性打法。白打就是不设球门，双人或多人对踢，多为女子所好，技巧性很强。趯打，就是将球向空中踢。

蹴鞠发展到宋代，更为人们所喜爱。在宫廷，蹴鞠是御宴时必不可少的表演项目，也是款待外国使者时重要的娱宾节目。宋徽宗还是端王时，经常与手下小儿玩蹴鞠。有一次正好被高俅遇见，受到邀请后，高俅借机巴结端王，用尽浑身解数，球就像粘在身上一样，他玩蹴鞠的高超技艺获得端王欢心，此后常伴其左右，成为端王心腹。端王当了皇帝，高俅也平步青云。这是靠球技飞黄腾达的一个典型例子。在民间，人们有在清明节踢蹴鞠的习俗，陆游在《春晚感事》中说：“寒食梁州十万家，秋千蹴鞠尚豪华。”当时还出现了专门的蹴鞠民间组织——齐云社，可见蹴鞠运动之盛。元明时期，蹴鞠在宫廷、民间依然很受人们喜爱。在《事林广记》中就有一幅画，其中有几位着蒙族服装的人玩蹴鞠，旁边有多人伴奏。可见其表演性、娱乐性加强。清代，蹴鞠主要成为妇女、儿童的游戏。值得一提的是，清朝出现了冬季在冰上玩蹴鞠的风俗。据《帝京岁时纪胜》记载，清朝有“金海冰上做

球门图

蹴鞠之戏”的风俗。人们边滑冰边踢球，其娱乐性、观赏性、技巧性都增强，是蹴鞠运动中最有特色的一种。

虽然蹴鞠有着漫长的历史，但是在清末各种社会因素的制约下渐渐衰微。随着西方足球运动的传入，中国传统的蹴鞠运动逐渐被取代了。

击球图 唐壁画

击鞠，又称“打球”、“击球”，是骑在马上以杖击球的一种竞技运动。击鞠在唐朝时期就非常盛行，上到皇帝，下到城市游侠子弟、军中武士都非常喜爱这一运动，甚至出现了女子击鞠。唐朝击鞠分为单球门和双球门两种形式。比赛时，分为两队，各自骑马执杖。单球门是在球场上竖立两根木柱，上置木板，在木板下部开一个一尺大小的孔，孔后结网为囊，以击入网囊的球的多寡定输赢；双球门则以击进对方的球门为胜，与今天的马球比赛非常相似。击鞠的球场非常讲究，有“微露滴而必闻，纤尘飞而不映”的描述。当时的球是用坚韧的木材制成，有拳头大小，中间掏空，外边涂上朱红色。唐朝许多皇帝喜欢打球。唐玄宗曾经与李邕等人与吐蕃使者相较。在击球过程中，唐玄宗东驱西驰，风驰电掣般迅捷，所向无敌，最终战胜了吐蕃人。文人和女子也会击鞠。当时，士子及第后有三大盛会，即慈恩塔题名、曲江游乐宴会和月灯阁下打球。因为骑马击鞠比较危险，所以女子击鞠一般骑驴或步打。《旧唐书》记载：剑南节度使郭英乂行为放荡不羁，曾经聚集女子骑驴击鞠，每日花费近数万钱。

唐铜镜上击球场景

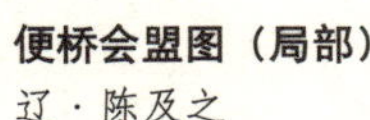

便桥会盟图（局部）
辽·陈及之

到了宋朝，击鞠活动还是非常普遍，宋孝宗还因为击鞠，从马上摔下来，伤了一只眼睛。当时击鞠分大打和小打两类，大打就是如同盛唐时期的击鞠，但是宋朝多实行双球门制。小打就是骑驴骡或是小马来击鞠。元朝时，击鞠所用的木质球逐渐

仕女图（局部） 明·杜堇

改为用皮缝制、装满填充物的软球。明朝，击鞠运动逐渐衰弱，只是在宫廷典礼或民间节日活动中才会出现。到了清初，由于朝廷禁止民间养马，击鞠活动更加稀少。

步打球，又称“步打”，实际是击鞠的一种演化形式。唐朝时，由于骑马击鞠，对人的技艺、体力要求比较高，于是产生了步行击鞠的运动形式。这种不骑马的击鞠运动同样也是分成两队，以棍击球，进球多者获胜，与现代曲棍球比较相似。

至于捶丸，从名称上可以看出，“捶”字与“打”字虽然都有击打的意思，但是用力程度、击打幅度都有了很大变化。“丸”与“球”虽然都是所击之球，但是大小上也有不同，前者应比后者小。据元《丸经》记载：捶丸这一运动是训练兵士的一种运动。该书系统叙述了捶丸的历史及捶丸活动的场地、器具、赛制、击法、战术等多个方面。捶丸的场地与击鞠、蹴鞠、步打的场地相比，明显的不同是场地要有高低变化，要凹凸不平，而且上面要有球穴，球穴旁边要插上彩旗作为标志。从这些方面看，捶丸与现代的高尔夫运动非常相似。

五、角力性竞技运动

漆绘木篦上的角抵图 秦

角抵是中国古代的一种竞技类活动形式，据应劭的解释：“角者，角技也。抵者，相抵触也。”角抵实际是一种摔跤活动。角抵活动有着悠久的历史。据梁《述异记》载：秦汉年间传说，蚩尤氏头上有角，与轩辕氏相斗，以角抵人，没人能战胜他。后来出现的蚩尤戏就是头戴牛角而相抵。秦始皇统一中国后，禁止民间私藏兵器，作为徒手相搏的角抵因此受到人们的青睐。《史记》记载，秦二世曾在甘泉宫欣赏角抵表演。西汉时期，角抵达到高潮，成为王公贵胄们奢侈生活的一个娱乐内容。据《汉书》记载，汉武帝元封三年（前108）举行了一次角抵表演，“三百里内皆观”。汉朝帝王招待异国使者时，经常为他们举行角抵表演。在晋朝，

相扑图 敦煌莫高窟壁画

角抵之戏又称为“相扑”。据葛洪《抱朴子》记载，当时的贵族子弟经常进行渔猎相扑之类的运动以决胜负。但是因为晋朝士人多重视饮酒清谈，对于有点粗俗的相扑，多持轻视态度。南北朝时期，还出现了女子相扑。东吴宫中就有大批女子角抵手，吴末皇帝孙皓就非常喜欢看女子角抵，看着她们身戴金玉环佩，扭打在一起，乐不可支。隋唐时期，相扑、角抵二名并行，由于是徒手相搏的运动，又称“手搏”。其特点还是赛力性的竞技。这时期相扑得到了极大普及，上自宫廷，下至市井，都出现了相扑运动。隋炀帝就喜爱相扑运动，经常以平民打扮，到街头观看相扑竞技。唐宫廷每到重要的宴会必看角抵表演，而且角抵常常成为压轴之戏。唐时相扑的盛行还表现在它成为军队训练的项目。据《角力记》载，唐末神策军中有一个蒙姓角抵士，历懿宗、僖宗、昭宗三朝而不败，有“蒙万赢”之称。相扑运动的繁荣使它成为一项国技而传入他国。据《日本书记》记载，日本的相扑就是在唐朝由中国传入日本的。日本相扑的装束所保留的就是唐朝样式。

宋金元时期的相扑可以分为两类：一类是决以胜负的竞技性比赛，有打擂台性质。这种竞技性的相扑比赛，可以从《水浒传》七十四回“燕青智扑擎天柱”中窥其概貌。第二类是在瓦肆中表演的相扑，观赏性很强。开场前，经常由女相扑手或是女艺人出场，着装同男相扑手相近，上衣短袖无领，袒露胸腹，这在理学盛行的宋朝，是非常不合礼教的，因此引来许多儒学之士的非议。蒙古族的摔跤活动非常普及。传说成吉思汗就很喜欢摔跤，他的儿子窝阔台即位后，也非常爱好摔跤。元朝蒙族中还盛行女子角力。海都王的女儿爱扎路克就是一位出色的角力高手，她曾发誓要嫁给一个既是贵族，又能在角力中胜过她的人。她还立下一个竞赛规则：如果男子获胜，立即嫁给他；如果失败，就要输给她一百匹马。于是她凭借自己的力量及高

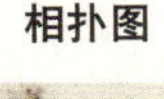

相扑图

打擂图

超的技巧赢得了数以万计的马匹。摔跤对增强体质有重要作用，发展到后来摔跤成为蒙古族三艺（骑马、射箭、摔跤）之一。明朝以后，相扑多用“摔跤”这一名称。清朝摔跤又称为“角牴”、“撩脚”。因为摔跤是满人的传统武术项目，所以在清朝极为盛行。清初，少年康熙帝训练一群十余岁的健童，学习摔跤，乘机制服了权臣鳌拜，此后清宫年节宴会，必定习练摔跤。宫廷中设有“善扑营”，由八旗勇士组成。乾隆帝、同治帝也非常喜欢摔跤，经常以摔跤取乐。现在，摔跤这一竞技活动，已经成为一个体育项目。

在原始社会，先民面对猛禽野兽，为了生存，必须与其进行力量的搏斗。对于他们来说，力量就是获得生存权利的工具。从那时起练力就成为先民们的一门必要课程，力量成了展现男性魅力的一个重要标志。

相传，夏商周的许多首领都是大力士。据载夏桀力气巨大，能赤手与熊虎搏斗。商代末王帝辛才力过人，《帝王本纪》称他能倒拉九牛，扶梁换柱。他们是怎样练成如此神力的呢？据《吕氏春秋》、《淮南子》、《论衡》、《列子》等书记载“孔子之劲，能招国门之关”。“招”就是“翘”，“关”就是圆柱形门闩，所谓的翘关，就是双手举起长而重的城门门闩。可见先秦时期，有翘关的练力方式。当时为了练力，可能以随手拿到的生活物品作为练力之器。秦国的国君爱好练力运动。秦武王随军东征，在周朝的宗庙里，看见许多大鼎，仗着年轻气盛，与孟说举鼎比赛。在扛鼎过程中，鼎掉下来砸断了腿，因流血过多而亡。秦国君不仅希望自己是个力士，更重视力士在政治上的作用，曾用封官的办法招募力士，所招力士乌获、任鄙、孟说等，都是能力举千斤之人。秦汉时期，男子们喜欢举重，练力方式主要有扛鼎和练锤。扛鼎就是“横关对举”，也就是先将鼎提起，然后两手用力将其举起，类似今天举重

塞宴四事图（局部） 清

中的抓举。《史记》记载项羽“身长八尺，力能扛鼎”，曾有“力拔山兮气盖世”的豪言壮语。除了扛鼎之外，秦汉时人还以锤来练力。在《史记》中，朱亥就是拿四十斤铁锤击毙了晋鄙。

拉弓 汉画像石

背兽、扛鼎 汉画像石

隋唐时期，除了竞技性的练力与举重，百戏表演中出现了力伎表演，主要是取车轮、石臼、大瓮等器物，各举于掌上跳弄之。如舞车轮的表演，被称为“舞轮伎”。宋朝以后，练力之器具由鼎、锤等渐渐转变成为石制的举重器具。石头比较易得，而且不拘形制，可以是石球、石墩、石锁、石担等，制作比较容易。到了明清时期，武举比试中有掇石、拉弓等。拉弓主要是看臂力的大小，掇石则是看全身力量的大小，通过这种方式选拔体魄强健，勇力过人的将才。这也说明民间已经广泛采用石制的器具来练力了。

六、传统养生术

导引图之一 清

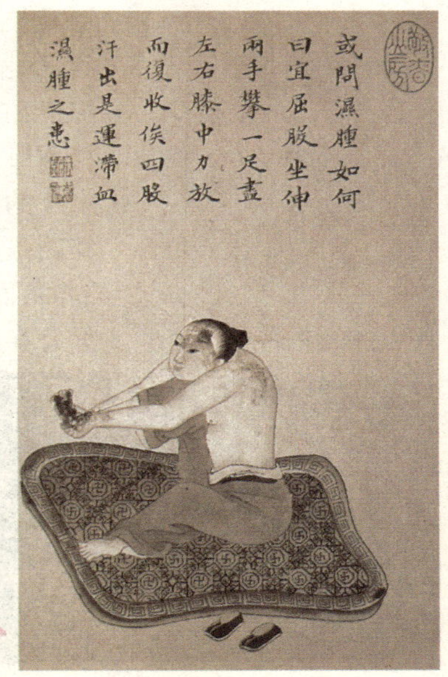

养生又称“摄生”、“道生”、“卫生”，是中国传统体育中用来调养身心、保持健康，以期达到祛病延年的方法。中国古代养生术被称为中华体育之魂，是古代体育的基础，它主要包括三大部分：导引术、行气术、按摩术。导引分狭义的导引和广义的导引，狭义导引指的仅是肢体活动，广义的导引除了肢体活动外，还包括呼吸吐纳运动和自我按摩，也可以看作是中国养生术的代名称。行气，又叫吐纳、服气、炼气、食气、胎息等，是在意念指导下的一种呼吸吐纳运动，常常辅之以导引和按摩。按摩，又名按跷、按跻、扶形、推拿，是用手捏摩皮肤，舒筋活络，以求祛病延年的锻炼方式。它们是中国传统养生术的核心，经历了一个不断发展、融合的过程，形成了独具中国特色的完整的养生保健体系，是后世众多养生形式的源流。

最初的养生术产生于原始人类创造的“医疗体育”。

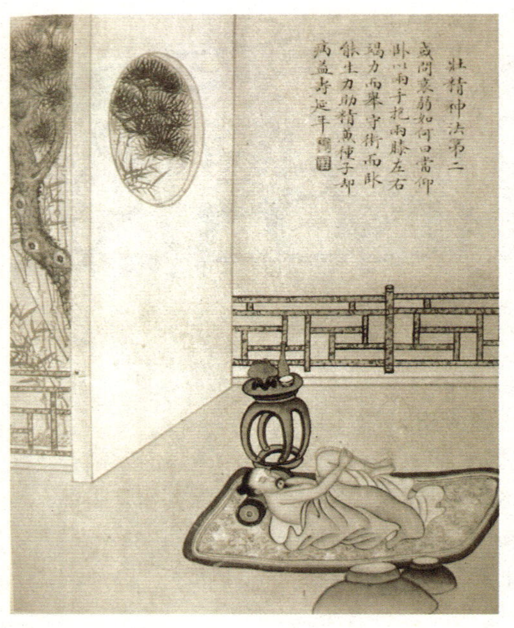

按摩图之一 清

据《吕氏春秋》记载：由于水道壅塞，“陶唐氏”居住在低洼潮湿的平原地区，人们“气郁阏而滞著”，造成了“筋骨瑟缩不达”的病症。于是他们创造了一种舞蹈来宣导它。另据崔令钦的《教坊记》记载：“阴康氏”部落生活在潮湿的地方，人们多数得了肿关节的毛病，为了治愈它，他们创造了一种舞蹈，以“利通关节”。而“陶唐氏”与“阴康氏”为了治愈“筋骨瑟缩不达”及“肿胀”病症所创造的舞蹈，实际就是导引、按摩等古代养生术的雏形。

春秋战国时期，几种基本的养生思想已经产生：其一是以中国最早的医书《黄帝内经》为代表的“预防为主”的养生思想。其中的《素问》讲道：“故圣人不治已病治未病。夫病已成而后药之，譬犹渴而穿井，不亦晚乎！”

其二是以老庄为代表的“静以养生”的养生思想。老子在《道德经》中提到“人法地，地法天，天法道，道法自然”，表达了顺应自然的养生思想。此外，在《道德经》中，他提到的“物壮则老，是谓不道，不道早已”，“去甚，去奢，去泰”等，都表达了一种“无为守一”的养生思想。《庄子》中提到：“无视无听，抱神以静，形将自正。必静必清，无劳汝形，无摇汝精，乃可以长生。目无所视，耳无所闻，心无所知，汝神将守形，形乃长生。”这里表达了人只有清静无为，才能长生的养生思想。其三是以《吕氏春秋》为代表的“动以养生”思想。《吕氏春秋》中说：“流水不腐，户枢不蝼，动也。形气亦然，形不动则精不流，精不流则气郁。”这里由流动的水不腐烂，经常活动的户枢不会被虫蛀的自然现象，推导出人的形神要经常活动，才不会郁结成病。其四是以荀子为代表的“养与动兼备”的养生思想。《荀子》中道：“养备而时动，则天不能病。养略而动罕，则天不能使之全。”人只有在饮食起居各个方面调养完备，并适时运动，天不能使他生病；如果各个方面调养不全，且不爱运动，则天也不能保全他。“调养”与“动”都表现了人对生命的主动维护与保健，反映了一种比较积极的养生观。此外，在孔子、墨子、管子等人的学术著作中也都反映了一定的养生思想。这些养生思想为后世养生实践提供了比较全面的理论

行气玉佩铭拓本

基础。

当时，导引、行气、按摩养生方法都已经萌芽。《庄子》中描写的养生法是：吹冷吐故，吸暖纳新，如同熊爬树自悬，像鸟飞空伸脚，这是像彭祖那样的养生之士所喜好的。这表明当时的养生家已经将导引术和行气术结合起来用于养生。战国时候的巫医经常使用按摩术，当时已有许多关于按摩治病的记载。在出土的战国初期的一个玉佩上，篆刻着45个字的《行气铭》，曰："行气，深则蓄，蓄则伸，伸则下，下则定，定则固，固则萌，萌则长，长则退，退则天。天机舂在上，地机舂在下。顺则生，逆则死。"意思是：吸气深入，深蓄其量，使其向下伸展，向下伸则定而固，然后渐渐呼出，如草木萌芽，逐渐生长，方向与吸入的方向相反，气息直退入绝顶。经过如此气息导引，天机向上动，地机向下动。顺此则生，逆此则亡。这是中国现存最早的有关导引行气的记载。

导引图（局部）

秦汉时期，由于封建统治者希望长生不老，在他们的影响下，对养生术的研究出现了一个热潮。养生观点主要围绕着"形"与"神"展开，其中以《淮南子》为代表，认为"心者形之主，而神者心之宝也"，"神"对"形"起主导作用，提出了以"养神"为主的观念，并提出了虚无恬谈的养神之道。而无神论者桓谭和王充则认为"形"与"神"，如同蜡烛与烛光，蜡烛点燃了，才会有烛光，蜡烛燃尽，自然没有了烛光，因而主张"养形"。这一阶段养生术发展日趋规范，1973年考古工作者在湖南长沙马王堆3号汉墓中出土了《导引图》和《却谷食气》，前者是44个导引动作的绘图，后者讲的是导引行气，内容比战国时期出现的玉佩《行气铭》更加详细。此外，《五十二病方》中有《按摩医癃病方》，为现存最早的按摩医方，可见按摩术在此期间也有了发展。东汉末年名医华佗，提倡"动以养生"思想。他依据《庄子》中"熊经鸟伸"导引动作，《导引图》中的动作及《淮南子》中关于"熊经"、"鸟伸"、"凫浴"、"猿躩"、"鸱视"、"虎顾"所组成的"六禽戏"的记载，发明了一套模仿虎、鹿、熊、猿、鸟动作的"五禽戏"。他的弟子吴普坚持练习"五禽戏"，"年九十余，耳目聪明，齿牙完整"。

五禽戏之一

魏晋南北朝时期，由于连年战乱，生命显得尤为脆弱，加上

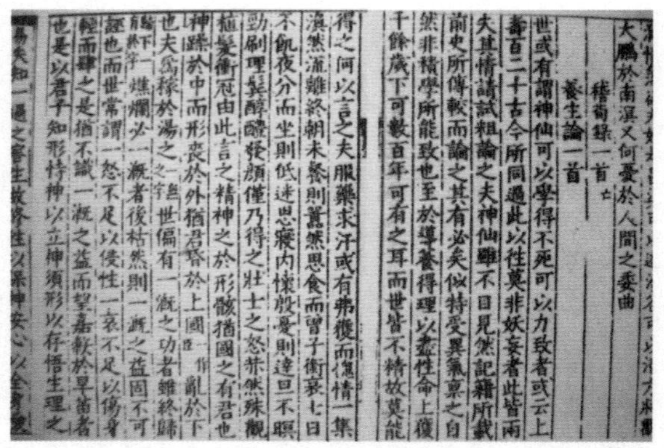

大鵬於南溟又何憂於人間之委曲
稽荀錄一首
養生論一首
世或有謂神仙可以學得不死可以力致者或云上
壽百二十古今所同過此以往莫非妖妄者此皆兩
失其情請試粗論之夫神仙雖不目見然記籍所載
前史所傳較而論之其有必矣似特受異氣稟之自
然非積學所能致也至於導養得理以盡性命上獲
千餘歲下可數百年可有之耳而世皆不精故莫能
得之何以言之夫服藥求汗或有弗獲而愧情一集
渙然流離終朝未餐則囂然思食而曾子銜哀七日
不飢夜分而坐則低迷思寢內懷殷憂則達旦不瞑
勁刷理鬢醇醴發顏僅乃得之壯士之怒赫然殊觀
植髮衝冠由此言之精神之於形骸猶國之有君也
神躁於中而形喪於外猶君昏於上國亂於下
也夫爲稼於湯之世偏有一溉之功者雖終歸
燋爛必一溉者後枯然則一溉之益固不可
誣也而世常謂一怒不足以侵性一哀不足以傷身
輕而肆之是猶不識一溉之益而望嘉穀於旱苗者
也是以君子知形恃神以立神須形以存悟生理之
易失知一過之害生故修性以保神安心以全身

《养生论》书影

此时讲究“旷达无为”的玄学思想盛行，士人们的思想遂由儒家提倡的修身齐家治国平天下转入一种对生的流连与享受，认识到“修性以保神，安心以全身”的重要。魏人嵇康写成了中国第一部养生著作《养生论》，其养生思想的核心是“形神相亲，表里具济”，这是对前人“养形”与“养神”思想的综合。他认为要“保神”，必须“清虚静泰，少思寡欲”，弃绝“名利”、“喜怒”、“声色”、“滋味”、“神虑”，提出“恬静寡欲”的养生观。但是他提倡的服用“五石散”的“服食养生”法是不足取的。东晋养生大家葛洪是“神仙道教”的代表人物，他在《抱朴子》中阐述了他的养生思想，主张淡泊无为，涤除嗜欲，达到精神的专一，以求修心养性；此外将导引、行气、按摩、服食等综合运用，进行养生。他还创造了几种导引式，如龙导、虎引、龟咽、燕飞、蛇曲、兔惊等，大大推动了导引术的发展。行气方面，他提出了“胎息”法，也就是刚开始学习行气时，鼻中吸气，然后闭息，心中暗数数字，直数到一百二十，才缓缓地将气从口中呼出。行气之时，不要让自己听到气息呼出的声音，而且所行之气要吸入的多，呼出的少。齐、梁时期的医学家、道教思想家陶弘景撰有《养生延命录》、《养生经》、《导引养生图》等养生著作，对前代导引术进行了总结。此外，东汉末年兴起的道教中也不乏精通导引行气的方士。在他们的努力下，养生术得到极大发展。南北朝时期，佛教中的瑜伽教派传入中国，梁武帝时，菩提达摩创立禅宗，二者都主张修心养性，与中国传统的静以养生思想颇为相似，因而在中国得到发展。

隋唐时期，养生逐渐向强身健体、益寿延年的实效性方面转变，这促使养生术向健康的方向发展。隋朝在中央机构中设有太医署，下设按摩博士二人。唐朝从中央到地方设有医学学校，开设医科、针科、按摩科、咒禁科四个专业，可见已经形成了系统的医学机构。按摩科的设置说明那时的按摩术已经发展为独立的学科，这也是中国传统养生术最早的临床、教学机构。除此之外，隋唐统治者如唐高宗、中宗、睿宗、玄宗等都热衷于养生，在他们的重视和推动下，隋唐时期出现了大量的养生专著，并出现了孙思邈和司马承祯等重要养生家。孙思邈重视养性，他在《千金要方》中指出：“性既自善，内外百病，皆悉不生。”养性要做到“自慎”，而做到“自慎”的根本是要“忧畏”，否则，就会造成“心乱”、“形躁”、“神散气越”、“志荡意昏”等，表明了养生重在身心的统一与安宁，达到形神的守一。唐朝养生术在社会上已经比较普及，其中许多文人重视养生术，大诗人白居易曾作有《静坐诗》、《戒药诗》等关于养生的诗，对养生术及社会上一些不好的养生法进行描述。

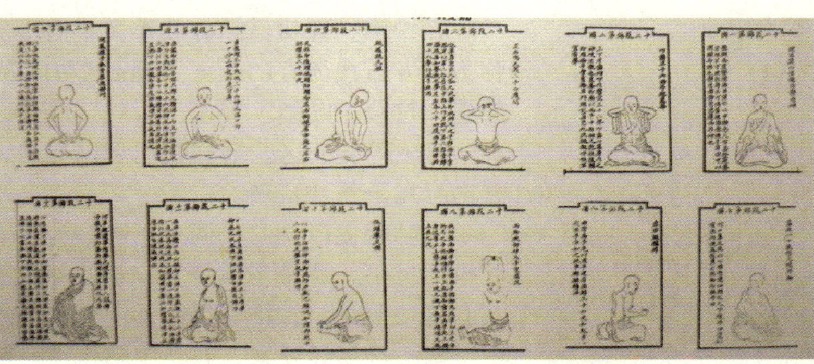

十二段锦 清《内功图说》

易筋经十二势

宋元时期，养生术进一步普及并有所创新。宋真宗时，张君房奉朝廷之命编辑成道教类书《云笈七籤》，收集了宋代以前导引方面的精华，许多古代导引资料赖其得以保存。宋朝文人中研习养生术的不少，其中最有代表性的要数大诗人苏轼，著有《养生诀》、《问养生》、《养生论》等著作。他反对王公大臣过于安逸的生活，认为“养生者，使能逸而能老，步趋劳作，使其体狃于寒暑之变，然后可以刚健强力，涉险而不伤”。他将行气、按摩、存思等方法结合在一起，创制了一套简便易行的养生术。此外，南宋诗人陆游对导引、行气、内丹、坐禅等也有着比较深入的研究。民间还出现了八段锦，这是一套八节连贯的健身操，它涉及到了全身的运动，简单易行，后人多有练习。

明清时期，养生术在承袭前代的基础上，得以继续发展完善。八段锦演化为十二段锦、十六段锦，并出现了新创编的易筋经十二势。清末中国传统养生术进入低潮期。改革开放后，中国养生文化再次进入日常百姓的生活，特别是气功受到空前的重视，中国养生术引起了世界性关注。下面我们就对气功作一简要介绍。

在中国，气功已经有五千多年的历史，它与印度的瑜伽功被称为东方古代体育的两大奇葩。气功内容包罗万象，称呼众多，如导引、按跷、吐纳、禅坐、行气、服气、炼丹、修身、正心、止观、摄生等。从这些名称我们可以看出，中国传统养生术中大部分内容属于气功范畴。

气功保健以调身、调息、调心为三大要素。调身就是在全身放松情况下，调整身体姿势；调息是调整呼吸的频率、强度等；调心是控制意识，排除杂念，使全身进入入静状态。这三种要素中，调心是主导要素，起到统帅作用。但是，练功时三者要有机地结合在一起，相辅相成，共同发挥作用。气功分类复杂，不同角度有不同的分类。从外在表现形式分，有动功、静功、动静兼有功三类；从姿势分，有站功、坐功、卧功等；从应用分，有保健功、医疗功等；从内外分，有内功、外功。

从学术流派上分，有道家功、佛家功、儒家功、医家功、武家功五类。道家气功是中国气功中最具代表性的一派，它注重性命双修，通过阴阳的调解与修炼，达到长生的功效，最有代表性的功法当数守一、导引、胎息、存神、内丹等。佛家功重在心性的修炼，追求一种精神的超脱，功法以禅修为本。儒家功是历代儒学之士修炼的气功，讲究修心养性，尤其注重道德修养。儒家功极其简单，主要是心斋、坐忘等。医家功多是与医学理论相结合的气功疗法。《黄帝内经》中就系统阐述了以调气、调神、调身为主的养生医疗原则。至于其在修炼上，并没有区别于其他几类的特别之处。武术在长期的发展过程中，逐渐将动作与导引、呼吸吐纳等协调起来，以此来调节肌体，运功发力，增强其功效。如八卦掌、朱砂掌、金钟罩等都需要气功的修炼，硬气功也属于气功的一种。

七、中国武术

武术是用于格斗的技术。中国五千年文明史孕育出了内容丰富、门派林立的中国武术文化，它是中国特有的文化现象，也是世界体育史上的奇迹。

武术经历了一个不断改进、逐渐形成的过程。原始社会，先民为了生存，不得不同凶猛的野兽进行殊死的搏斗。在一次次的血腥拼杀中，他们不断创造、改进自己拳打脚踢、腾挪、搏击的技艺，而且逐渐学会制造和使用武器。在《越绝书》中有神农之

时“以石为兵”的记载。此外，氏族、部落之间经常发生战争，这也是促进武术发展的一个重要条件。据《山海经》记载，刑天与神帝相斗，头被神帝砍下，刑天以乳为眼睛，肚脐为嘴巴，一手执斧，一手拿盾牌，挥舞不止。另据《淮南子》记载，大禹时期，南方三苗部族多次反叛，禹多次攻打他们，都不能令其臣服，于是禹命士兵持大斧和盾牌跳起了气势庞大的“干戚舞”，三苗族人看到如此雄壮的气势，威慑于大禹军事力量的雄厚，遂臣服于禹。这些都说明在原始社会中，武术已经萌芽，并且在生存和战争中发挥着重大作用。

剑舞 汉画像砖

刑天

商周时期，随着战车的出现，两军对垒时，多是站在战车上运用比较长的兵器进行进攻。这些兵器主要有：酋矛、夷矛、戈、戟等。此外，箭术也得到了长足的发展，周朝贵族子弟必须学习的六艺中，射和御都是与战争有关的武术训练。春秋战国时期，诸侯争雄，战争频繁，武术的格斗技能得到了高度重视。冶铁技艺的出现，促进了武器在数量、质量、种类上的很大变化。车战向步战的转变，促进了短兵器，尤其是剑的发展。这个阶段徒手搏击的技能也在不断发展。在《论语》中有“暴虎冯河”的记载，“暴虎”就是赤手与猛虎相斗，可见此时人们徒手搏击水平之高。

汉代社会相对安定，统治阶级大多重文轻武，用于争战的武术渐渐向娱乐性、观赏性、健身性方向发展。各种执兵器的娱乐性舞蹈，如剑舞、刀舞、双戟舞等在社会上很流行。专门的武术著作也已经出现，《汉书·艺文志》中就著录了《逢门射法》、《李将军射法》、《魏氏射法》、《剑道》、《手搏》等。到了三国两晋，生命的无常，玄学的盛行，使士人沉迷于清谈、玄理之中。贵族子弟生活浮华，弱不禁风，习武之风渐衰。南北朝时期，北方尚武风气又促进了武术的发展。著名的《木兰诗》就讲述了一个替父

手搏 汉画像石

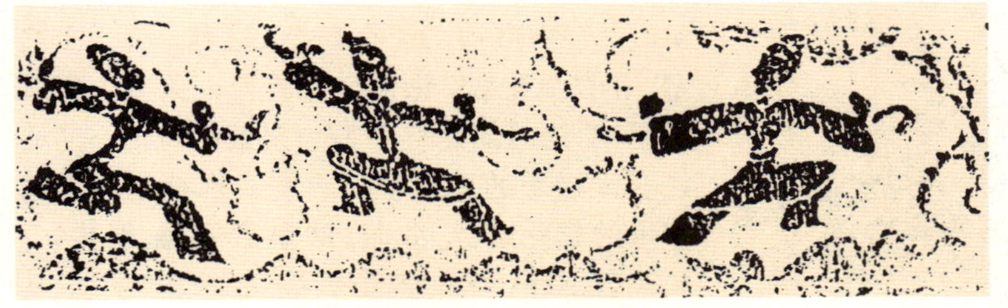

钺舞 汉画像石

比武图 汉画像砖

从军、武艺超群的女英雄的故事，说明北方不仅男子习武，女子也可习武。

唐朝推行“武举制”，从而刺激了民间习武风气的盛行。不仅如此，随着宗教的盛行，许多寺院也成了习武场所，最具代表性的当属少林寺。唐朝剑术继续向套路化、娱乐性、观赏性方向发展，持剑舞蹈成为一种社会风气，这在杜甫的《观公孙大娘弟子舞剑器行》诗中有生动描述：

昔有佳人公孙氏，一舞剑器动四方；
观者如山色沮丧，天地为之久低昂。
㸌如羿射九日落，矫如群帝骖龙翔；
来如雷霆收震怒，罢如江海凝清光。

当时，不仅武人练剑、佩剑，文人也爱舞剑、练剑，李白、杜甫年轻的时候都曾学过剑术。

单刀术 明

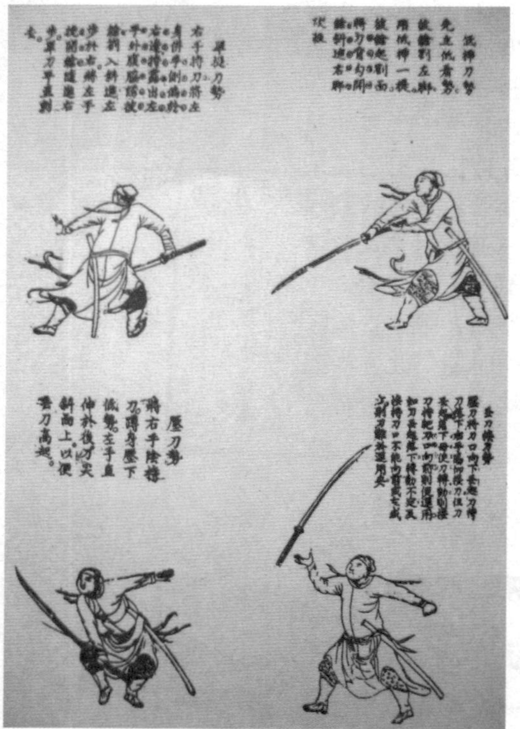

两宋时期内忧外患，练武不仅是沙场上杀敌自保的工具，而且还是街头巷尾进行表演的节目。但是宋代理学家讲求“存天理，灭人欲”，“主静”等原则，这些都严重束缚了武术的繁荣与发展。元朝，由于蒙古统治者实行民族压制政策，许多民间武术家都避其锋芒，转入秘密发展。从宋代以后，气功、导引等传统健身术也开始成熟。强调行气、练意的内功与强调肢体技巧的外功相结合，形成了“内练一口气，外练筋骨皮”的习武方式。

明朝在朱元璋“武官习礼仪，文人学骑射”的主张下，武术获得了大发展，各种流派开始形成。据戚继光的《纪效新书》记载：“宋太祖三十二势长拳，绵张短打，温家七十二行拳，三十六合锁，山东李半天之腿，鹰爪王之拿，千跌张之跌，张伯敬之打……共十六家拳法。”明清时期是气功最为繁荣的时期，易筋经与太极拳的出现，标志着武术技击与内功修炼的成熟结合。此时，武家辈出，派别林立。从宗教上分，有佛家的外功和道家的内功；从

棍术

地理位置上分，有南派和北派；从门类上划分，则有少林门、太极门、八卦门、形意门、地蹚门、迷踪门等；还有长拳类和短打类之分。下面我们重点介绍一下少林武术。

在唐武德年间（618—626），因为少林僧人帮助当时的秦王李世民铲平隋末割据势力王世充及其侄子王仁则，为攻克洛阳立下大功。李世民赐少林寺40顷田地和一具水碾，少林寺因此声名大震（《少林寺碑》）。许多英雄豪杰、武林高手慕名而来。他们在学习少林武术的同时，也把各种武术精华带到了少林，使少林武术有机会融会贯通各家武术之长，丰富自己的武术。经过几个朝代的发展，少林武术形成了一个集拳术、散打、器械、练功方法在内的完整的武术体系。按武功性质分，少林武术大致可分为内功、外功、硬功、轻功、气功等。内功以练精、气、神为主。外功和硬功，多指锻炼身体某一局部的猛力。轻功专练纵跳和超距。

双练图

从武术套路上分，有拳术、棍术、枪术、刀术、剑术、技击、散打等共一百多种。其中少林拳有：罗汉拳，小洪拳、大洪拳、老洪拳、昭阳拳、连环拳、五虎拳、石头拳、脱战拳、炮拳、醉拳、青龙出海拳、三合拳、六合拳等。少林拳术的特点是“拳打一条

少林寺壁画

线”，也就是起止进退都在一条直线上。少林拳擅长近距离搏战，在方寸之地即可出招，发挥威力。少林拳注重实战，不讲求花架子，动作朴实、灵活、多变，有“秀如猫，抖如虎，行如龙，动如闪，声如雷”之誉。软功夫练法有卸骨法、擒拿法、点穴法等。此外，少林练功方法还有“少林七十二艺”之说。如一指禅功、铁头功、铁布衫功、仙人掌、金钟罩、锁指功、罗汉功、琵琶功、梅花桩、铁砂掌、飞行功、分水功、飞檐走壁功、拈花功、玉带功、布袋功、螳螂爪、观音掌等。

少林武术不仅是一种单纯的武术技艺，还包含着丰富的历史、哲学、审美等内容，它是中华武术文化的瑰宝，有“中国功夫惊天下，天下功夫出少林”之说。

老誰中國民俗殿堂

第十一章 古代游戏娱乐

游戏娱乐是人的天性。虽然原始人类为了生存，必须经受恶劣环境的考验，境遇极为艰辛，但是在食用猎获的美味之后，在夜幕降临之际，会围着篝火跳起轻松欢快的舞蹈，或是互相追逐嬉戏，欢娱身心，这可能就是某种游戏和娱乐的雏形。经过不断丰富成熟，逐渐形成了内容庞杂、门类众多且独具中国风格的游戏娱乐体系，成为中华民族富有特色的游戏娱乐文化。

考察中国游戏娱乐的源流，我们发现其形成的原因众多，主要有以下几个方面：一是起源于生产劳动。如扭秧歌、采茶舞都是人们在生产过程中产生的娱农歌舞；此外，各种动植物的驯戏、斗戏，也是先民们在驯养野生禽兽、采摘果蔬过程中逐渐形成的。二是起源于古代战争。如拔河，起源于春秋时期，相传吴、楚相争，楚将让士兵模仿拖船的背纤动作，练习气力，以拖敌船；此外，风筝在最早的历史记载中，大多用来侦探敌情、测距、越险等。三是起源于原始巫术或是古老的图腾崇拜，其中最具代表性的要算舞龙了，最初的舞龙起源于对龙的崇拜，扎草为龙，舞动以祈雨。有些游戏娱乐的产生与节日有很大关系，如春节期间放鞭炮，端午节龙舟竞渡等。

综观中国传统游戏娱乐，依据其本身的特点大致可以分为以下几类：歌舞类，一是历史久远、影响广泛的拟兽类歌舞，其中以龙舞、狮舞、麒麟舞为代表；一是在部分区域流传，为群众喜闻乐见的群众性娱乐歌舞，其中以扭秧歌、跑旱船、采茶歌等为代表。竞技性游戏，主要是以棋类游戏和博戏为主，当然也包括一部分智力性、猜射性游戏。棋类游戏是一类比较文明、健康的游戏，以围棋和象棋为代表，在中国历经千年而不衰，形成了独具中国特色的棋类文化。博戏则是一类以博取钱财为目的的游戏，中国有着悠久的赌博历史，出现了门类众多的赌博游戏，从文献最早记载的六博戏，到樗蒲、双陆，再到后来的骨牌、马吊、麻将，形成了丰富的赌博文化，因此也是不容忽视的一类游戏。中国节令性游戏，主要是节日期间约定俗成的游戏，如春节期间放鞭炮、元宵节看花灯、清明节踏青和荡秋千等。以动植物为道具的游戏，一是鸟兽虫鱼的驯戏，有对象、马等大的动物的驯戏，也有对蚂蚁等小的昆虫的驯戏，还有对鸟、鱼的驯戏；一是禽鱼虫草的斗戏，此类内容众多，包括禽类、昆虫类、鸟类、畜类、鱼类、植物类的斗戏等。日常健身游戏，像放风筝、拔河、踢毽子等都属于此类。童戏，包括竞技性游戏、智力性游戏、猜射性游戏、节令性游戏等几大类，内容丰富，娱乐性、智力性、竞技性兼有。中国有着悠久的游山玩水历史，并且形成了丰富的旅游文化，这在大量的神话传说、山水诗、山水画中都有体现。

此外，各种游戏都具有调剂并丰富人们生活的作用。不管是老人、小孩，还是年轻人，都能从游戏中获得身心的愉悦，加强彼此的了解，融洽彼此的关系，并能从中不断地发现新的乐趣。

一、娱乐性歌舞

踩高跷　清北京民俗画

中国有着悠久的文明史，歌舞内容丰富多彩。群众性的娱乐歌舞，舞蹈性、娱乐性兼有，且喜闻乐见，易于参与。当然有些还有娱神、祈福的性质。

踩高跷是汉族传统民间娱乐性歌舞之一，又称“脚把”、“拐子”、“柳木腿”、“高桥”、“高脚”，有的地方还叫“高跷秧歌”。高跷用两根木棍制成，长度可根据不同需要而异，木棍上边有一个木托，表演时将两腿分别绑在上面作各种表演。高跷如今在中国许多地方流行，多在春节期间表演，是一种群众喜闻乐见的舞蹈形式。高跷在中国有着悠久的历史，据传最初是先民为了便于采摘树上的果子，在脚和腿上绑上长长的木棍，以便高处活动。据文献记载，春秋战国时期就已经有高跷表演。魏晋南北朝时期，高跷被称为“长跻伎”，在为梁武帝举行的“百戏”表演中，就有“长跻伎”的表演。唐宋时期，踩高跷的活动更加兴盛，技艺也有提高。据《封氏见闻录》记载，唐时的人竟能踩着五六尺高的高跷，在绳索上踏舞，这可是高难度的技艺。宋时，称踩高跷为“踏跷”，而且已经有了一些剧情表演，一般以一旦一丑或一旦一生组成一队进行对演。到了清朝，开始称为“高跷”，也称为“高脚秧歌”。踩高跷很能渲染节日欢庆气氛，所以常盛不衰。

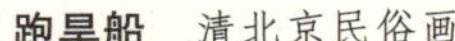
跑旱船　清北京民俗画

扭秧歌，又称“秧歌”，主要流行于中国北方地区。它是由古代的“村田乐”演变来的，起源于农业生产劳动。传说宋朝的都市中，各行会组织和农村的“同乐会”，每逢灯节，就表演“秧歌”、“跑旱船”等节目。在流传过程中，各地形成了不同风格的秧歌表演，如东北秧歌、陕北秧歌、胶州秧歌、吕梁伞头秧歌、满族秧歌等，它们都有不同的发展历史及表演特色。

跑旱船，又叫“采莲船”，据传是由江南的“龙船”演变而来，形式有三种：龙船、渔船、彩船。旱船是用木或竹篾扎成，外边罩上彩色丝绸，上面画有波纹图案，象征船行水中，下边罩上布围子，船没有底。坐船女表演时，用绸带绑

闹龙灯　清

住船，再将绸带背于肩上。船面上装有两条假腿，看上去像是女子坐于船中一样。表演一般由两人进行，除了坐船女外，通常还有一位撑船的艄公，二人都是古装打扮。有时为了增加喜剧效果，故意让一个满脸络腮胡的男子，穿上女子衣服，扮演娇滴滴的坐船女。表演中间，常有推小车、骑小驴、扑蝴蝶的角色插入，很有农村生活气息，因而受到老百姓的喜爱。

采茶歌盛行于生产茶叶的南方各省，各地名称不一，有“茶歌”、“采茶歌”、“唱茶歌”、“茶灯”、“采茶灯”、“茶篮灯”等，起源于采茶劳动，是茶农在山上采茶过程中边劳动边歌唱的歌曲，内容多与采茶活动有关，有时中间穿插采茶男女之间的爱情故事，情节生动有趣，具有浓厚的地方特色。

舞龙也称“龙舞”、“耍龙”、“闹龙灯”、“玩龙灯”、“龙灯会”。每逢佳节、盛会，人们就会舞起雄壮威武的长龙，不仅可以渲染欢乐的气氛，而且人们认为这样可以祈求风调雨顺、趋吉避凶，带来吉祥如意。据《山海经》记载，旱时以稻草扎成龙形，模仿龙的动作舞蹈，其目的是祈求神龙行云步雨，这很可能是中国最初舞龙的真正原因。舞龙到汉代已具相当规模，形式也多有讲究。据汉代典籍记载，汉代龙有黄、青、白、赤、黑五色，分别象征着金、木、水、火、土，春旱求雨舞青龙，夏旱求雨舞赤龙或黄龙，秋旱求雨舞白龙，冬旱求雨舞黑龙。随着舞龙娱乐、祈福性质的加强，舞龙活动不仅局限于白天，人们开始晚上舞龙，于是灯与龙逐渐结合在一起，这大约出现于宋代。因为“灯”与“丁”谐音，所以在舞龙过程中，又多了一层深的寓意，即舞龙象征着人丁兴旺。龙灯即“龙丁”、“龙子”。正是由于舞龙本身具有如此多的象征意义，所以千百年来，舞龙活动一直是中国人喜闻乐见的

普庆升平图（局部）

清 · 张恺等

一项节庆活动。

在传统拟兽舞中，能与龙舞相媲美的就是舞狮了，每逢节庆一般都与舞龙相伴，一个气势雄壮，一个威武活泼，一长一短，很能渲染节庆气氛。三国以前已有狮舞。南北朝时，民间也有狮子舞。到了唐朝，规模更是空前盛大，特别是唐玄宗创制了“五方狮子舞”，即由10个人分别扮演5个狮子，中间狮子为黄色，其他四方狮子分别为青、赤、白、黑四色，分别代表“五行”和“五方”。此外，每个狮子都有两个弄狮人，共12人，再加上140人的乐队，表演时盛况空前。舞狮大体分为北方舞狮与南方舞狮，表演上分为“文耍”、“武耍”两类。北方舞狮以武耍为主，所以又称武狮，以河北双狮、安徽青狮最为有名，表演时一般着重武术与技巧，动作刚健威猛，难度相对较大。南方舞狮以文耍为主，所以又称文狮，流行于广东、湖南等南方地区，以广东一带最为有名，又叫“广东狮舞”，表演时着重表情，情态温顺可爱，动作细腻活泼，具有诙谐嬉戏风格。

跳竹马 清

与舞龙、舞狮相似，还有一种拟兽类舞蹈——麒麟舞，也是在节庆时节表演。民间传说中麒麟与龙、凤、龟并称“四灵”，而它是四灵之首，在中国象征着太平和吉祥。传说中的麒麟，外表是龙头、鹿身、马蹄、牛尾、狼额，身披五彩鳞甲。每到春季期间，麒麟队便挨家挨户地表演，其队伍少至几人，多则二三十人。一般一人扮麒麟表演各种动作，一人主唱麒麟歌，所唱内容多即兴编唱，见物贺物，见人誉人，全都是吉祥话。句式多为七言四句，唱来朗朗上口。此外还有撑罗伞、举彩牌、司鼓乐的。他们各司其职，配合默契。整个表演流畅、热烈，带给人一种极具地方色彩的视觉享受。麒麟舞与龙舞、狮舞相比，步法更刚猛，表演时随着打击乐轻、重、缓、急的节奏，表演摇头、摆尾、舔毛等动作，表现出喜、怒、哀、乐的情绪。

拟兽舞中还有舞春牛、舞竹马等，这些舞蹈均没有舞龙、舞狮、舞麒麟普遍，但是都表达了人们对未来的一种美好的企盼。

二、博戏源流

中国有一个漫长的赌博的历史，“赌” 原始意义叫“钱戏”。早在上古时期，通过投掷以获得钱财的六博之戏就已经产生，中间有樗蒲之戏、双陆之戏，到了清朝，国牌麻将产生，前前后后约有5000年的历史，赌博史可谓源远流长。

有文献可考的最早的博戏为“六博戏”，又称“六簙”、“陆博”，其产生年代大约在春秋战国时期。六博戏由棋、箸、局三种器具组成。“棋”就是在局上行走的棋子，又称簙、马，共十二枚，每方六子，分别为枭、卢、雉、犊、塞（二枚），枭为主将。双方棋子颜色不同，有黑、白二色。“箸”长六分，如筷子形东西，因为用竹木做成，故称为“箸”，相当于骰子，在行棋之前先要投箸，共有六支，这是六博名称来源。箸并不是光滑无间的，上面钻刻了一些小眼，名为齿，齿与齿之间有不同的组合，分别为塞、白、黑、五等名目，叫做“齿采”。“局”就是棋盘。比赛时，先投箸，再根据齿采行棋，双方互相攻杀，直到杀掉对方的枭才算胜利。六博戏作为一种古老的博戏，对中国棋类发展及赌博的蔓延都产生了极大影响。直到东汉，因为樗蒲的流行，六博戏才渐渐失传。

仙人六博

对博木俑

樗蒲，又称“摴蒲”。因为此博戏起初以“樗木”，即臭椿树为制作材料，因此而得名。据《演繁露》载：“古惟斫木为子，一具凡五子，故曰‘五木’。”樗蒲由五木及枰、杯、矢、马组成。“枰”即棋盘，“杯”是用来掷五木的容器，“矢”、“马”是棋子，马向前走，矢来拦截。每人有六马，其与矢的进退由掷五木所得的采数决定。采有十种，卢、雉、犊、白为贵采，可以连掷、打马、过关。开、塞、塔、秃、撅、枭为杂采，掷到杂采，不能行马。行马时可根据掷得的采数行一马或者行二马。在魏晋时期，兴起了不行棋、直接靠掷五木定输赢的博戏。这种博戏对唐朝兴起的“投琼”、“彩战”都有影响。樗蒲这一博戏，不仅制作比较麻烦，其玩法也比较复杂，且决出胜负的过程也很长，逐渐被双陆取代。

大食国人双陆 《谱双》

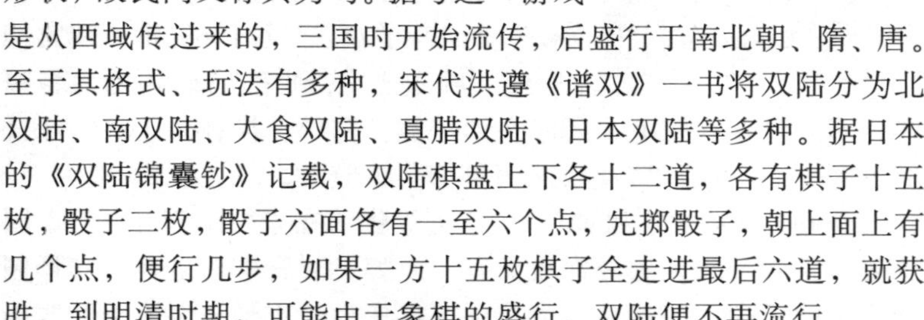

双陆是一种赌博性的棋类游戏，又称“握槊”、“长行”，在《涅槃经》中称其为“波罗塞戏”。因为其局状如棋盘，左右分别为六路，因此而得名。双陆棋子是马头形状，故民间又称其为马。据考这一游戏是从西域传过来的，三国时开始流传，后盛行于南北朝、隋、唐。至于其格式、玩法有多种，宋代洪遵《谱双》一书将双陆分为北双陆、南双陆、大食双陆、真腊双陆、日本双陆等多种。据日本的《双陆锦囊钞》记载，双陆棋盘上下各十二道，各有棋子十五枚，骰子二枚，骰子六面各有一至六个点，先掷骰子，朝上面上有几个点，便行几步，如果一方十五枚棋子全走进最后六道，就获胜。到明清时期，可能由于象棋的盛行，双陆便不再流行。

意钱，又称“摊钱”。此种博戏的玩法与双陆、樗蒲性质一样，也是投掷以获财，但是形制比较简单，其工具只是几枚铜钱。玩时，将铜钱掷地，按照正反面组合以决胜负。因为玩法简单，多在民间流传。

骰子戏可能在魏晋南北朝时就已经出现，到了唐朝才真正流行起来。骰子戏的赌具是骰子，又称色子。骰子六面各有一至六个点，唐玄宗以前只有幺点为红色，原因已经难以查明，至于四点变红，里面有一个有趣的故事。据赵翼《陔余丛考》载：唐明皇与杨贵妃采战，将要败，唯四点可解。有一子旋转未定，连连呵斥之，果然成四。明皇大悦，回头令高力士赐绯，从此骰子四点也成为红色，并相沿至今。骰子原来为木质，唐朝开始用骨质，并且有的在骰子窍中安放红豆。唐诗有载云：“玲珑骰子安红豆，入骨相思知也无。”这种博戏发展到清末，向玩法简单的意钱之戏方向发展，成为压宝之

水浒选仙图

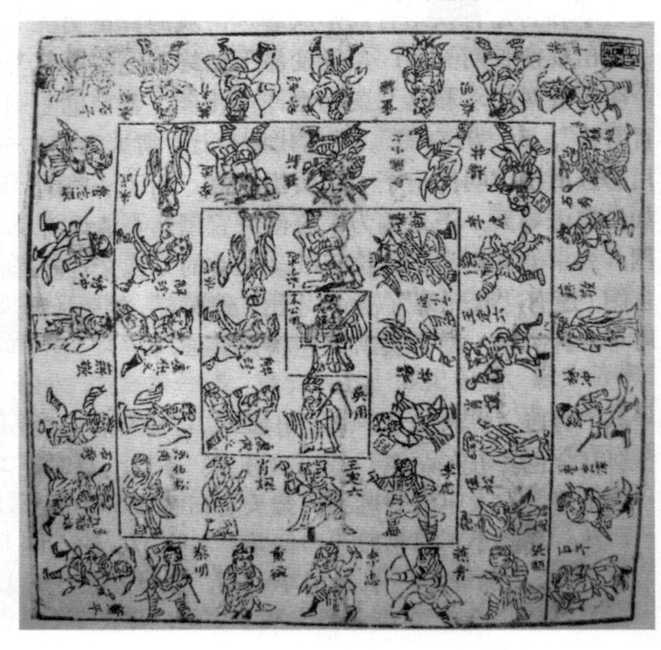

明马吊牌

戏，又称“摇宝”。在一个封闭的盒子里，放置骰子，赌者纷纷下注，中者获胜。不管是骰子戏，还是后期的压宝，都是投骰子以获取钱财的博戏，有时候所下赌注巨大，很多人沉迷之中不能自拔，更有甚者倾家荡产，带来了严重的社会问题。

彩选，又称“骰子选格”、“彩选格”。“彩”即所掷骰子得的采名，“选”即根据所得采选官职。这种游戏发展到宋朝，被称为“叶子戏”。玩时，先将所选官职彩绘一叶子之上。到了明清，所选名目更多，不局限在官职上，还涉及到选仙、选佛、揽胜、水浒、红楼等各个方面，这种博戏因此而更加丰富有趣。

宣和牌

骨牌，又叫“宣和牌”，其产生年代约在宋徽宗宣和年间。因其多用象骨及象牙制成，故又有“牙牌”、“骨牌”之称。其形制继承了骰子的一些特点，由其正方形变为长方形，由骰子的六面有点变为一面有点。骨牌共32张，每张上的花色都是由两个骰子的点数组成，最大的点数是12点，最小的点数是2点，共有21种花色，其中11对每色两张，为正牌，宋时称华队；另外有10张是单牌，为杂牌，宋时称夷队。骨牌不仅花色众多，玩法也很繁杂，因此，不仅是一种博戏，而且还是一种充满了智慧较量的游戏。现在流行的牌九、牛牌、天九牌就是骨牌的后传。

马吊大约出现于明朝万历年间的苏杭一带，相传为“弇州山人”王世贞首创，到崇祯年间大盛。马吊相传是“马掉”的谐音。因为此牌需要四人来玩，少一个人，“谓马四足失一，则不可行”（明·潘之恒：《叶子谱》）。马吊是一种纸牌，故也称为“叶子”，但与叶子戏不同。据徐珂的《清稗类钞》载，此马吊牌因为是纸牌，打时“气静声和，无容竞争”，故而获得了“无声落叶”的雅称。其形制，大约一寸宽，三寸长。全副牌有40张，分为十万贯、万贯（万位数）、索子（千位数）、文钱（个位数）四种花色。其中，万贯从一万贯至九万贯共9张，索子从一索至九索也是9张；十万贯是从二十万贯到九十万贯，乃至百万贯、千万贯、万万贯共11张；文钱从一文至九文，还有半文（又叫枝花）、空没文（又叫空汤）各一张。通常十万贯、万贯的牌面上画有《水浒》好汉的画像，

山东纸牌

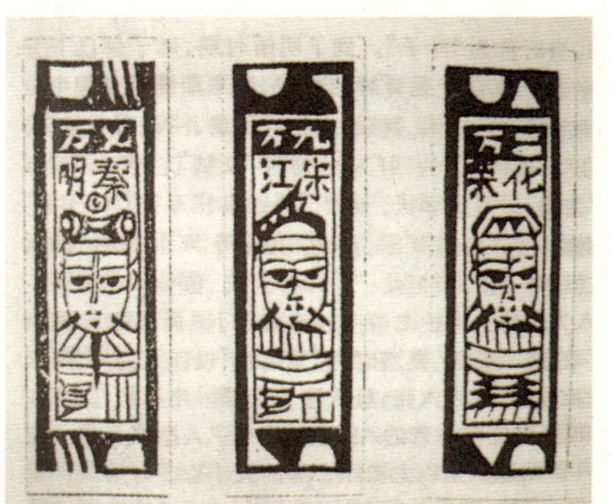

三猴烫猪 清末绵竹年画

索子、文钱的牌面上画索、钱图形。据《叶子谱》载，马吊牌由四人来玩，有庄家、闲家之分，打时先掷骰子来定庄，然后三个闲家合攻庄家。每人先取八张牌，剩余八张放在桌子中间。四人轮流出牌、取牌，出牌以大击小，直到将庄家打下庄。马吊发展过程中，逐渐产生了“默和牌”和“碰和牌”，它们除了形式上仍是纸制而不是骨制外，已经与麻将没有多大区别。

默和牌，纸制，牌长二寸许，宽不到一寸，也是供四人打。纸牌共有60张，包括文钱、索子、万贯三种花色，分别有一至九各两张，另有幺头三色各两张。玩耍时，每人各取10张，以后再依次取牌、打牌。牌能三张连在一起的叫一副，有三副再加一对牌者为胜，赢了牌称“和”（音“胡”）。因为打牌的过程中都不出声，因此叫默和牌。后来，人们把两副牌合在一起，由60张扩展为120张。玩法上，在默和牌基础上，增加了三张相同的牌也可以成为一副的规则。这样，上手出的牌，下手如果需要还可以吃、碰。这种牌的组合包括了“坎”（同门三张数字相连）、“碰”（三张相同）、“开杠”（四张相同），又叫“碰和牌”。

麻将马吊，又称“马将”、“麻将牌”、“竹城之战”、“方城之战”，有“国牌”之称，产生于清代。牌式和玩法是由马吊牌演化而来的，同时受到骨牌的影响，由纸质改为竹骨镶嵌的骨制牌。对于麻将名称来源，多认为是从马吊牌演变来的，麻将之名可能是“马吊”读音的讹变。麻将的形制是逐渐丰富发展起来的，一方面承袭了纸牌万、索、文三门，而变为万、索、筒三门，每门从一到九，各四张，合计108张，并且变纸牌中的红万、枝花、空堂为中、发、白。此外，麻将新增加了东西南北风，合计136张牌。麻将发展到民国时期，又增加了花牌：春夏秋冬、梅兰竹菊（也有的称天官、聚宝盆、小猫、小鼠）共8张，成为144张的“花麻将”。麻将由四人玩，轮流坐庄，庄家先掷骰子，决定抹牌处，然后开始打，每人13张，先组成成组牌的便“和”了。最基本的组牌是“坎”与“成”，前者由三张同色同数的牌组成，

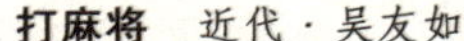

打麻将 近代·吴友如

麻将牌

后者由三张同色连数的牌组成。此外还有大牌式组合，如“清一色”、“全幺”、“三元会”等。牌式组合越大，其得的“番”越多。麻将玩法变化莫测，充满了刺激与风险，同时又是一种智谋性很强的智力游戏，所以从它产生后，引起人们的广泛喜爱，有的人甚至沉迷其中不能自拔。因为多数人将它作为赌博游戏，在游戏中必然伴随着钱财的输赢，有人因其而发财，但更多的人为此损失惨重。

三、棋盘上的春秋

中国是个棋类游戏大国，远在春秋战国时期，就有棋类游戏的记载。棋类活动内容丰富，它们在漫长的发展中，不断丰富定型，形成了独具中国传统风格的棋类游戏。其中围棋以其形制的复杂、逻辑的严密尤为世人称道，被称为中国的“国棋”。纵览中国文化，棋类游戏渗透到文学、军事、政治、哲学等各个领域，它们彼此之间交流融合，形成了中国特有的内涵丰富的棋文化。

象棋是中国传统棋类游戏，在最初与围棋统称“弈”。象棋经历了一个漫长的发展过程。早期的象棋萌芽于春秋战国时期的六博戏，从三国到魏晋南北朝，象戏取代了六博戏，棋盘已成为正方形，象棋的棋子也有了将、车、马、卒四类。棋盘黑白相间，共64格，棋子置于格内。北周武帝擅长象戏，曾制《象经》，集百僚讲说。此外还有王褒写的《象经序》和庾信写的《象戏经赋》，但是在魏晋南北朝时期，象棋并没有得到广泛传播。

《橘中秘》之一页

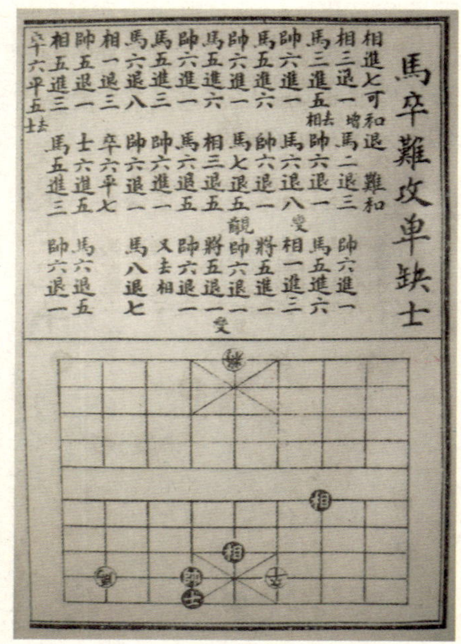

馬卒難攻単缺士

相進七可和 相三退一 馬三進五 帥六進一 馬五進六 帥六進一 馬五進六 帥六進一 馬五進三 馬六退八 相一退三 帥五退一 相五進三 卒六平五

退難和 馬二退三 帥六退一 馬六退八 帥六退一 馬七退五 相三退五 馬六退五 帥六進一 帥六退一 卒六平七 士六進五 馬五進三

帥六進一 馬五進六 相一進三 將五進一 帥六退一 將五退一 帥六退一 又去相 馬八退七 馬六退五 帥六退一

据《旧唐书·吕才传》记载：唐初，太宗曾看周武帝所写的三局《象经》，但不明白其意思。太子洗马蔡允恭年少时曾经玩过此种游戏，太宗召其来问，但蔡已忘掉而看不懂。于是召见吕才，吕才考虑了一晚上，便能作图解释。允恭看后，记起旧法，与吕才正同，因为此事，吕才开始知名于世，累迁太常博士。吕才因为搞清了象棋的游戏规则，而被认为是博学，由此可见象棋在唐初并不流行。随着唐朝的繁盛，唐君主的提倡，象棋开始流行。其中一些君王本身还是棋迷，武则天就痴迷于象棋，以至做梦与天女下棋。文献中也有了一些关于象棋的神奇传说。牛僧孺《玄怪录》及唐朝《幽冥录》中都记载了一个橘中

戏的故事：

巴园人，收大橘如三斗盎，剖之，有二人相对，身长丈余，象戏。一叟曰："仆饿矣，须龙脯食之。"食讫，以水喷地，为二白龙而去。

铜质象棋子 北宋

这个有关象棋的故事，既有趣又神奇，很为后人称道，故"橘中戏"成为象棋的一个别称。象棋古谱也常借用此典故命名，如明朝出现的《橘中秘》、《橘中乐》等。

两宋时期，象棋的发展呈现出多样化趋势，出现了大象戏、小象戏、七国象戏、广象戏，还有稍晚的三象戏，但主要是大象戏与小象戏之间的竞争。象棋不同形制发展融合到南宋时，已经基本定型成近代模式。棋子由唐朝的立体象形转变为平面图形和平面字形，最终定型为平面字形，共32枚棋子，游戏时，双方各执16子。棋盘也不再是64格黑白相间的棋盘，而是由9根直线和10根横线组成，共有90个交叉点，棋子由在方格上活动变为在交叉点上活动，中间有河界，将、士只能在九宫之中活动等。而且由于火药的出现及火炮在军事上的应用，棋子中出现了炮。同时还出现了许多著作，如司马光的《七国象戏》，尹洙的《象戏格》、《棋势》，晁补之的《广象戏图》等。随着这种游戏的成熟，在社会上广泛传播，南宋时已经成为一种妇孺皆知的棋类游戏。

明代象棋继续发展，出现了大量的象棋棋谱，如徐芝的《适情雅趣》、祖龙氏的《百变象棋谱》等。清代是象棋最为繁盛的时期，出现了九大流派，其中毗陵派的周廷梅遍胜诸派成为当时的佳话。王再越写的《梅花谱》是象棋总结性的理论专著，在中国象棋史上具有划时代意

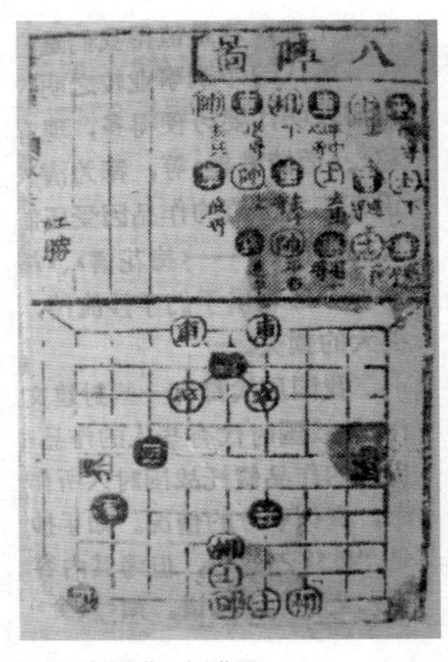

《百变象棋谱》记谱图

下象棋

石围棋盘　东汉

义，为近代象棋的发展奠定了基础。

围棋同象棋一样，也是中国古老而又年轻的传统棋类游戏。在古代典籍中，“弈”多指围棋。关于围棋的起源，张华《博物志》中记载了“尧造围棋以教子丹朱”，又说舜也因为儿子商均不甚聪慧，曾制作围棋教子。从这些传说中，可以看出围棋从一开始，多被当作一种开启智慧的游戏。原因可能是围棋是一种复杂的、逻辑严密的游戏，但是它一开始并不是像今天这样复杂。从考古发现来看，早在原始社会时，纵横交错的棋盘图形虽基本形成，但纵横棋道比较少，多在10至13道之间，只是具备了雏形。

瓷围棋盘　隋

到春秋战国，围棋已经得到较大发展，在《左传》、《论语》、《孟子》等众多文献中，都出现了有关围棋的记载。《孟子》中记载的战国初期的弈秋是最早的围棋国手，他曾收徒教棋。围棋发展到两汉，已经有了17道、19道的棋盘，可见其形制已经比较复杂，并有了专文对围棋进行描述，比如马融的《围棋赋》，李尤的《围棋铭》等。

到了魏晋南北朝时期，玄学盛行，士人喜爱清谈，追求旷达玄远的境界。围棋这一活动既高雅又玄妙，比较适合当时的玄学之士，于是风靡士大夫阶层，被称为“手谈”或“坐隐”。当时痴迷于围棋的士人不少，如《晋书》载：“（阮籍）母终，正与人围棋，对者求止，籍留与决赌。”不仅如此，许多帝王将相也喜爱围棋，曹操、曹丕、曹植都喜爱围棋。晋武帝司马炎也曾因痴迷于棋，差点误了伐吴大事。当时根据九品中正制，围棋棋手也被评为九品，《艺经》载：“夫围棋之品有九：一曰入神，二曰坐照，三曰具体，四曰通幽，五曰用智，六曰小巧，七曰斗力，八曰若愚，九曰守拙。”这种分级法反映了当时清谈玄理的思想。

弈棋仕女图（局部）　唐

到了唐朝，围棋更加盛行，唐太宗李世民就经常与当时学士下棋吟诗。唐明皇时设棋待诏，网罗当时围棋高手，其中比较著名的如王积薪，可谓唐朝第一国手。他年轻时曾与当时号称天下第一的国手冯汪对弈，三场九局，以五比四获胜，此九局棋就是围棋史上有名的《金谷园九局谱》。许多诗歌中也有对围棋的描述，如大诗人杜甫诗中就有“对棋陪谢

重屏会棋图 五代·周文矩

下棋图 山西洪洞广胜寺壁画

傅，把剑觅徐君”，“且将棋度日，应用酒为年”等诗句。

宋朝，围棋继续发展，当时国手刘仲甫写了围棋经典著作《棋诀》，对围棋战术进行了理论性阐述，从而使围棋理论有了一个飞跃。明清时期是围棋全面发展的高峰时期，民间围棋发展迅速，高水平棋手大量出现，并形成“永嘉”、“新安”、“京师”三个派别，出现了众多杰出棋手。其中著名的如清初棋圣黄龙士及雍正、乾隆年间的“弈林李白”范西屏、“弈林杜甫”施定庵等。特别是后二位曾当湖对弈十局，对弈棋局就是著名的《当湖十局》，二人各有《桃花泉》、《弈理指归》著作传世。

现在，围棋盘纵横19道，共361个交叉点，黑白棋子各180枚。棋子的材料在不同的历史时期是不同的，汉时有“断木为棋”之说。但是后来感觉木质太轻，改为石子等材料。棋子也经历了一个由方到圆的过程。黑白棋子哪个先走，在古代棋制中一般为白先黑后，现在统一为黑先白后。

在中国古代棋艺中，还有几种区别于围棋、象棋的棋类活动。塞棋约产生于春秋战国时期，它是在六博戏基础上发展起来的，通称

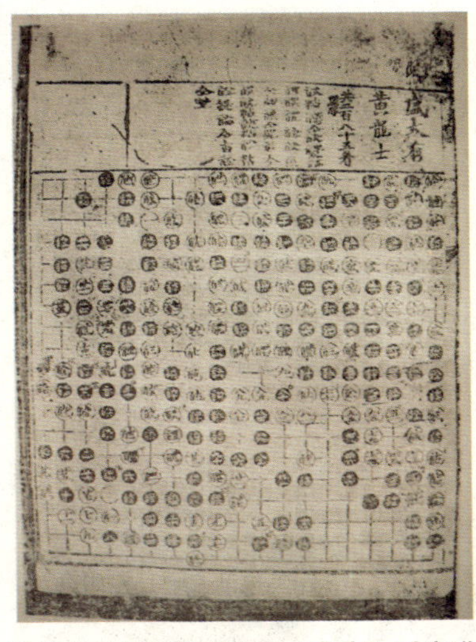

黄龙士（黑）与盛大有（白先）对弈谱

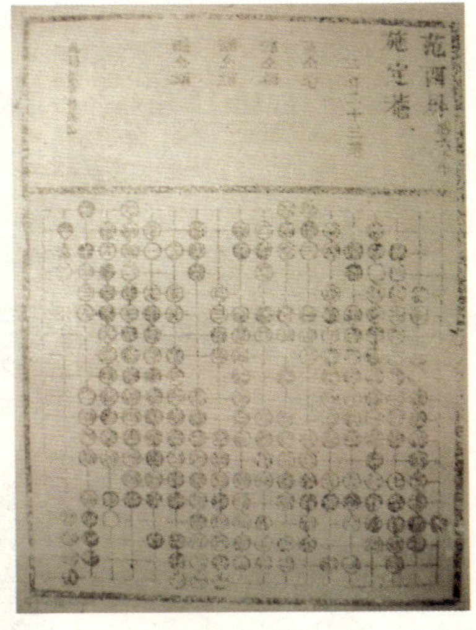

范西屏（白先）与施定庵（黑）对弈谱

塞戏棋子　西汉

“博塞”。两者的区别在于六博戏是投箸以行棋，而塞戏是只行棋不投箸，没有侥幸取胜的成分。塞戏在秦汉时颇为流行，当时又被称为“格五”。据载塞戏有四采：塞、白、成、五，到了五格不得行，因此而得名。弹棋流行于西汉末，现在已经失传。据载弹棋的玩法是以自己的棋子去弹对方的棋子，这可能是其名称的来源。弹棋棋子最初是12枚，到了三国，发展为16枚，魏文帝就非常喜爱弹棋。弹棋在唐朝依然很盛行，但是到了宋朝，随着围棋、象棋的普及，玩弹棋的人越来越少，从而失传。

四、鸟兽虫鱼的驯戏

马术表演　汉画像石

动物的驯化在中国历史悠久，很多人饲养鸟兽虫鱼，把它们作为自己的宠物，通过对它们的关爱，丰富自己的生活。中国人还能将各种生灵，大到大象、老虎，小到蚂蚁加以驯化，让它们按照人们的意愿做出各种各样的表演。

王充在《论衡》中说：“舜葬于苍梧，象为之耕；禹葬于会稽，鸟为之田。”从这句话中，可以看出尧舜之时就驯象以耕田，这可能是一种传说，但却反映了驯象之戏至少在汉之前就有了。唐朝皇帝多次接受外国使者敬献的驯象，唐穆宗时还命人释放了它们，孤独受为此作《放驯象赋》。到了宋朝，据《西湖老人繁盛录》中“象院”一条下记载：外国进献大象六头、骆驼二头，内有一雌象，叫做三娘子，安顿于荐桥门外造象院，每日随朝殿官到门前唱喏，待朝退方返回。前有锣鼓各数队，杂彩旗三四十面，象背上各有一人，裹帽执镬，穿着紫衫，跟从的人都着衫戴帽。路中敲鼓鸣锣，引入象院。用象参与各种盛大仪式，说明宋时“太平有象”观念已深入人心。从宋至明清，虽然一直有驯象活动，但主要是用于朝会典礼。随着封建王朝的没落，驯象制度也就逐渐衰微了。现在驯象活动多在杂技团的表演中出现，不是用来参加隆重的典礼，主要是用来娱乐了。

马戏最初出现在汉代。山东省沂南县北寨村出土的汉画像《百戏图》中就有“马戏”和“鼓车”表演，艺人在马上或倒立，或耍流星，显示了汉时马戏表演已经具有精湛技艺。到了唐朝，马戏发展更是规模空前，出现了能够随着音乐

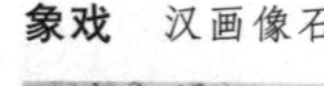
象戏　汉画像石

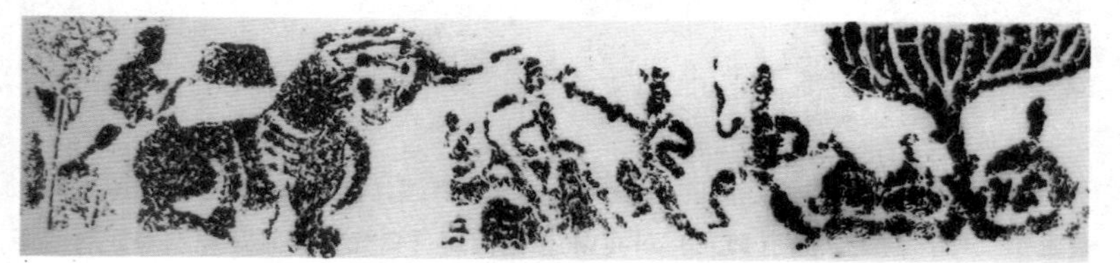

马术图 清·郎世宁等

舞蹈的舞马，很受帝王的喜爱。宋朝马戏由以“马”表演转为“驭马之人”的表演，像唐朝那样大型的“舞马”之戏已经很少，对驭马之人的技艺要求相应提高。孟元老在《东京梦华录》中对此就有生动的描绘。到了清末，西方的马戏传入中国，丰富了中国马戏的表演。

虎纹 汉空心砖

中国历史上也有驯虎之戏，马与象性格相对温顺，对于刚猛的虎的驯化则要难得多，其出现的时间比较晚。据载清朝的驯虎不仅不伤人，还可以任由驯虎人将手、甚至整个头放进它的嘴里，而且能根据人的指令做出站立、装死等动作，惊险刺激而有趣。大的动物的驯化虽然难，毕竟它们也有大脑，经过驯养，颇能通人性。但是像蚂蚁之类的昆虫，向来给人的感觉是冷血且无知。而在中国历史上，也的确有关于昆虫驯化的记载。

耍禾谷（雀） 清

在驯戏之中，还有重要的一类是关于鸟的驯戏。此戏在宋朝时很流行，而且当时的帝王也痴迷于此种驯戏。关于鸟的驯养，可分为几种情况：一是驯鸟学习人言，所驯之鸟主要是能模仿人说话的鹦鹉。据梁殷芸编纂的《殷芸小说》记载，南北朝时期，张华有只鹦鹉，每次外出回来，此鹦鹉就说僮仆的善恶。一日，却寂然无言。张华问它缘故，就说：“被软禁在瓮中，无法得知外面的事。”一天忽然说：“昨日梦不祥，要忌外出。”但是张华强呼其到庭中，果然被飞鹰所击，幸亏被人救下。据唐《谭宾录》载，唐玄宗与杨贵妃曾驯养一只白

唐明皇听谏散鸟

鹦鹉，名叫“雪衣女”。此鸟聪明乖巧，玄宗常命人教它当时流行的诗篇，教其几遍，就能鸣咏了。再就是驯鸟做一些游戏。南宋周密的《武林旧事》中就记载了“乌鸦下棋”的事。驯养者站在观众中，给乌鸦发出讯号，乌鸦就会取不同的棋子放到棋盘上。

鱼的驯戏基本上有两种情况：一种是人、鱼配合表演。在这种表演中，人是主角，鱼只是道具。这种技艺大约始于三国初的“左慈戏曹”，他在众目睽睽之下，变出了一条鲜活的松江鲈鱼。第二种是单独的鱼的表演，此时鱼是主角，人是配角。如宋朝就有民间艺人赵喜为宋高宗表演“七宝之戏”的记载。他在一个桶中放入了泥鳅、甲鱼、黑鱼等七种鱼，表演时赵喜一面敲鼓，一面喊鱼的名字，该鱼就自动浮上水面，做一番表演，然后沉入水底。清朝还有“金鱼排队”的表演，在一个鱼缸里，有红、白两色金鱼，驯鱼人手拿红、白两面旗子，摇红旗红鱼游，摇白旗白鱼游。红白旗竖立，红、白鱼混游盘旋。这些驯养都是高难度的，可谓中国驯戏中的亮点。

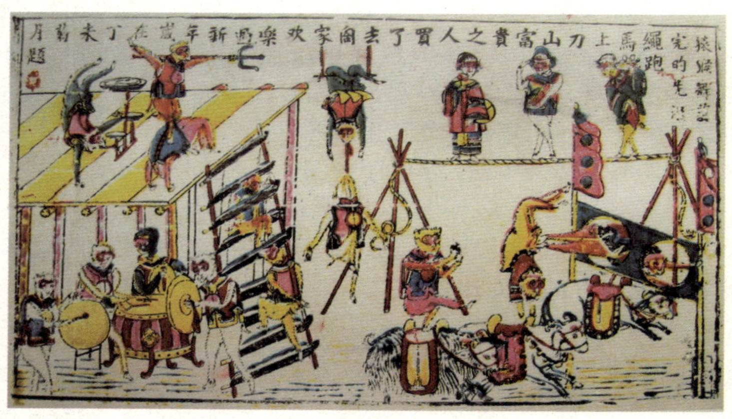

猴演杂技 武强年画

此外，驯戏还有好多种，如龟戏、犬戏、猴戏等，都非常有意思。诸多驯戏成为中国民俗中最有趣味的内容。

斗鸡 汉画像石

五、鸟兽虫鱼的斗戏

斗戏主要是以动物相互竞斗以决胜负，人在一旁观看从而获得快乐的一种游戏形式。与鸟兽虫鱼的驯戏相比，斗戏少了些许情趣，多了几分惨烈，更少有智力因素的介人，是一种勇气与力量的较量。

在鸟兽虫鱼的斗戏中，出现的比较早的当数斗鸡了。《庄子》、《战国策》上已经有了关于斗鸡的记载，说明春秋战国时期斗鸡活动已经出现，其源头甚至可以追溯到更久以前。从中可见，当时斗鸡的驯养经过了内心空虚、神态高傲、模样盛气凌人到对其他鸡的啼声、影子产生反应，再到顾视速疾、意气强盛，最后达到不骄矜、心神安定、呆若木鸡的境界，从而天下无敌，反映了斗鸡大师对斗鸡的一种从内到外的精神境界的培养，其驯养技艺已经达到了很高的水平。两汉以后，有关斗鸡的记载和诗赋歌咏更多。 到了唐代，由于唐玄宗的喜好，引起了一股斗鸡浪潮。据唐陈鸿《东城老夫传》记载：唐玄宗在藩邸时，喜欢民间清明斗鸡。诸王、世家、外戚、公主、侯家，为了迎合他买斗鸡，常常是倾尽家产。另外还传说唐玄宗一次出游，发现路边有个七八岁的小孩在玩斗鸡，仔细一瞧发现他玩的竟是木鸡，非常惊讶，就带他回宫，让其训斗鸡，这就是被称为“鸡坊小儿”的贾昌。他为唐玄宗训练的斗鸡经常获胜，深得明皇欢心，因此获得大量封赏，很受宠信，连当时的宰相都让他三分。无怪乎李白在《古风》一诗中慨叹曰：

明皇观斗鸡图 宋·李嵩

路风斗鸡者，冠盖何辉赫。
鼻息干虹霓，行人皆怵惕。
世无洗耳翁，谁知尧与跖。

吴三桂斗鹌鹑图 清

斗鸡之戏所以能引起人们如此喜爱，与鸡争斗性强有很大关系，两只好斗的公鸡放在一起，非斗到一方败下阵来不可。唐代孟郊斗鸡诗对此有生动描述：

事爪深难解，嗔睛时未怠。
一喷一醒然，再接再厉乃。

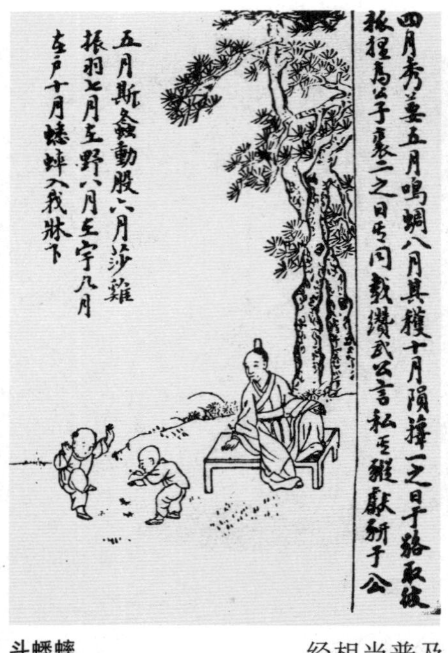

斗蟋蟀

两只斗鸡斗得是难解难分，直斗到疲惫至极，神态昏昏沉沉。用水将其喷醒，马上再次投入战斗，这是一种非常惨烈的游戏。但是古往今来却有很多闲暇子弟沉迷此戏，常将这一娱乐活动变成一种赌博之戏，使其娱乐性大打折扣。

斗蟋蟀约始于唐代，到了宋朝更加兴盛。一开始主要流行于宫廷与贵族子弟之间，后渐渐传至民间。《繁盛录》中记载，南宋临安的市民爱养蟋蟀，每天南北官巷处都有三五十伙人在围斗。许多乡下人都争着捉蟋蟀去城里卖，有时甚至能卖一两银一个。在这种风气影响下，出现了许多专门以斗蟋蟀、养蟋蟀、捉蟋蟀为生的人。南宋奸相贾似道痴迷于斗蟋蟀，人称“蟋蟀宰相”，他写了中国历史上最早的一部研究蟋蟀的专著《促织经》，分别从赋、形、色、胜、养、斗、病几个方面，对蟋蟀进行了研究。这部书的出现，表明斗蟋蟀这一游戏不仅在当时已经相当普及，而且在技艺上已达到了一定的水平。

到了清朝，斗蟋蟀之风愈加炽烈。尤其是以八旗子弟为主的膏粱子弟，整天无所事事，斗鸡走狗成为他们的主业。斗蟋蟀在他们手里不仅成为聊寄闲情之戏，更成为赌斗角胜的工具。

唐朝的妇女儿童每在夏日盛行斗蝉之戏，分两种斗法，一种是斗谁的蝉鸣声响亮，另一种是斗谁的蝉鸣声持续时间长。因此许多人从野外捕蝉，到城中去卖。人们争相去买，买来后挂于窗间笼子内，清风朗月，蝉鸣窗前，别是夏日里的另一景致。

卖蝈蝈图

除了禽类、昆虫类、鸟类的斗戏外，还有重要的一类就是畜类的斗戏，主要有斗牛、斗羊、斗马、斗狗等。古代斗牛分两类：一是人与牛斗，一是牛与牛斗。斗牛是很激烈的角力性斗戏，两牛相斗时，以头、角、身、颈相互冲撞、抵压，甚至以头冲撞对方腹部，以挫败对方。斗牛力道极大，碰撞声巨大而惨烈，给人心理以极大的震撼。此戏约始于秦汉时期，有关此类资料不是很多。清代浙江金华一带斗牛风气很浓，对于斗牛的品种要求很高，一般选择性情凶悍、健壮腿粗、角短而硬的黄牯牛。陈其元在《庸闲斋笔记》中有详细记载：金华人每到春秋佳日，就会有斗牛之会，此日千万人前往观看。两牛相斗时，先是静静伫立，互相对望，然后以角相抵。三五回合之后，两家之人将牛拆开牵走，观者不知胜负，但是主判者对其胜负已经了然于心。

人斗牛 汉画像石

斗羊之戏，约于西汉初兴起，三国时期盛行于黄河故道地区，所选羊多是黄河故道特有的羊种，好斗且永不言败，斗羊成为该地区人们祈求风调雨顺、人丁无灾的风俗，沿袭至今。斗羊一般在庙会集市上表演，分为自由斗、挑斗、领斗等，其中领斗最为激烈。两羊相斗时，头、角、蹄、身并上，顶、踢、咬、撞各法齐用，此时双方羊主呼号，以助羊威，斗羊更是借着人势，全力相拼，其撞击之力可达千钧，咔嚓的撞击声，揪人心魄，场面激烈，扣人心弦。

虎斗 汉画像石

斗狗之戏相比起斗牛、斗羊来要惨烈得多。牛、羊相斗多是以角、头、身、脚相抵、相撞，力道虽大，但是一般不会造成死伤。斗狗却不一样，两狗相斗时，主要是嘴的厮杀，不出几个回合，就会鲜血淋漓，场面极其血腥，可谓惨不忍睹。在争斗中，不管胜者还是败者，都会有死伤，充满了暴力色彩。

斗鱼之戏最早可能出现于宋朝，是利用公鱼妒忌心理，激起斗志。斗鱼一般都极为爱美，见不得其他的同性“美鱼”出现在面前，一旦相见，非斗个你死我活。两鱼争斗主要是用嘴厮杀，有时互相咬住不松口，在水中团团旋转，直至转到水底，鱼鳞常常被咬得四分五裂。场面激烈，但不血腥，且充满了情趣。这种相斗非常耗费精力，一场争斗之后，斗鱼要修养好长时间，才能恢复体力和斗志。

斗牛

动物类的斗戏往往是以牺牲动物的生命为代价，换取人们的欢乐，这是一种颇不人道的表演。而且在中国历史上，大多数的斗戏都被当作赌博，动物们被变成赌具，为其主人赢取财富，其娱乐性大大降低，这是不值得提倡的。

六、日常健身娱乐游戏

人们在日常生活中都离不开健身性的娱乐游戏，这类活动娱乐性、运动性兼有，其中有些活动属于体育，如打球、游泳及部分拳类、剑类运动等；还有部分是娱乐性很强的健身游戏，如放风筝、拔河、踢毽子等。由于娱乐性、健身性兼有，自古至今深受人们喜爱。

放风筝是一项老少皆宜、健康身心的传统娱乐性活动。中国风筝已有悠久的历史，古代北方称其为“纸鸢”，南方称其为“鹞子”。关于风筝的起源有多种说法，其中最为人称道的是风筝起源于战国时期的“木鸢”。据《墨子》记载，当时有一个叫公输子的人，削竹木为鹊，制成后放飞到空中，三天没落下。另据《韩非子》载，墨子做木鸢，三年才成，这种木鸢可能是风筝的前身。如果这一说法成立，则风筝产生于春秋战国时期，距今约有2400多年的历史。

风筝最初的功用多与军事有关，曾被用来侦探、测距、越险、载人等。据载，楚汉相争时，韩信曾令人制作大型风筝，其上装有竹哨弓弦，于夜间放飞于楚营高空，发出奇怪的声音，以瓦解楚军士气。南北朝时，侯景围台城，羊车儿向简文帝献计，制作纸鸢，系以长绳，藏敕于中，乘西北风而放飞，希望能以此获得援军。但是敌军见纸鸢，极为惊骇，以为是压胜之术，遂将其射落，因为没有获得援军，台城陷落。到了唐朝，人们生活富足，用于军事用途的风筝渐渐成为人们游戏娱乐的工具，形制也渐渐缩小，但增加了风筝的美观性及玩法的多样性。如带响的风筝，就是在风筝的背后放上一个弓形装置，风筝放飞之后，绷紧的弓弦在风的鼓动下发出如古筝似的声音。据载五代汉隐帝时，大臣李邺在宫中做纸鸢，引线乘风为嬉。后在纸鸢的头上以竹为笛，使风入竹，声如筝鸣，故名为“风筝”。以后不发声的就名为“纸鸢”，发声的称作“风筝”。宋朝时，风筝更为普及，人们不仅把放风筝当作一种娱乐，还把它当作一种锻炼身体、医治疾病的方法。不仅百姓喜欢，宋代的帝王也爱放风筝，宋徽宗就是一个。在他主持下，还编纂了一

放风筝

本《宣和风筝谱》，这标志着宋时风筝无论在扎制还是装饰上都达到了较高的水平。此外，老百姓在清明节时放风筝，将风筝放得又高又远，然后将线割断，目的是让风筝带走一年的晦气。

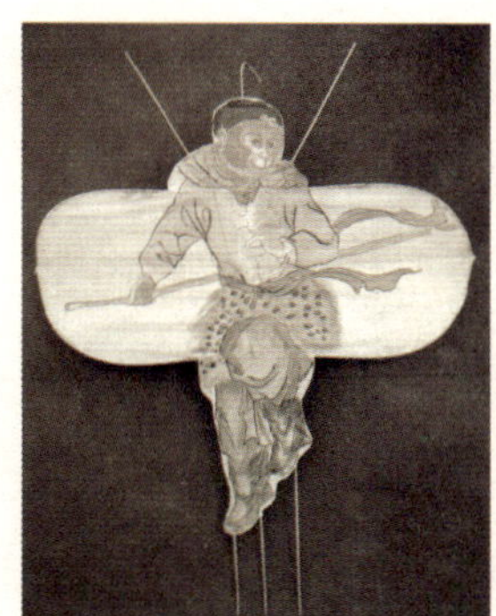
潍坊风筝　清

明清时期，风筝无论在形制、扎制技巧、装饰，还是放飞技术方面都达到了前所未有的水平。风筝的种类、样式繁多，民间艺人将神话故事、花鸟瑞兽、吉祥寓意等表现在风筝上，制成了各种人物风筝、动物风筝、吉祥纹样风筝等。其中最具观赏性的要数造型精美的动物风筝，如蜈蚣风筝、龙风筝、双蝶风筝等。风筝在发展过程中也形成了一套特有的吉祥寓意，大体有“求福”、“长寿”、“喜庆”、“吉祥”等类型，如蝙蝠因与“遍福”、“遍富”谐音，成为象征“福”的吉祥图案；松柏、仙鹤、西王母的寿桃等象征长寿；龙、凤、麒麟等瑞禽仁兽象征吉祥如意等。风筝在发展过程中，不同地区形成了不同的特色，如潍坊风筝，从宋代开始在民间流行，明代更加普及，清乾嘉年间盛行。在潍县（潍坊）任县令的扬州八怪之一郑板桥，曾作《怀潍县》一诗：

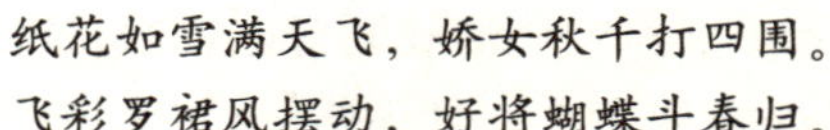
纸花如雪满天飞，娇女秋千打四围。
飞彩罗裙风摆动，好将蝴蝶斗春归。

该诗形象地描绘了清明时节潍坊一带放飞风筝的情景。潍坊风筝在能工巧匠苦心钻研下，逐渐把民间绘画、杨家埠木版年画的技巧引入风筝制作，形成了杨家埠风筝、绘画风筝和象形风筝三个分支流派，具有造型优美、色彩显明、起飞平稳等特点。现在，每年举行国际风筝节，吸引大批的国际风筝爱好者齐聚潍坊，放飞各具特色的风筝。除了潍坊风筝外，还有北京风筝、天津风筝、四川风筝等，都比较有名。

十美放风筝　杨柳青年画

拔河，古代也叫“牵钩”、“拖钩”或“拔桓”。在地面画上河界，人数相等的两队，各执绳子的两端，向相反的方向拉，哪一方被拉过河界为输。据《隋书·地理志》

记载，这种活动起源于春秋时期。当时，吴、楚相争，两国都地处水乡，楚将就模仿拖船的背纤动作，用竹皮制成竹索，上系数百个小索，相向对挽，练习气力，以拖敌船。到隋唐时期，竹索改成了大麻绳，拔河这种活动也由民间传到宫廷。唐朝的几个帝王都喜欢看拔河，而且组织各种形式的拔河比赛。唐玄宗曾在长安城组织了一次一千多人的拔河比赛，比赛时呼号之声地动山摇，不仅长安的居民为之震惊，就连当时在长安的外国使节也惊骇不已。唐玄宗作诗指出拔河的目的是“预期年岁稔，先此乐时和”。其臣张说也作诗奉和：

今岁好拖钩，横街敞御楼。
长绳系日住，贯索挽河流。
斗力频催鼓，争都更上筹。
看来百种戏，天意在宜秋。

两首诗都表明千人拔河是为了祈求来年五谷丰登，但是薛胜所作《拔河赋》却揭示了拔河背后的政治意图：“皇帝大夸胡人，以八方平泰，百戏繁会，令壮士千人分为两队，名曰拔河于内，实耀武于外。”可见此时的拔河不仅是帝王与民同乐的表现，更有祈求丰年、炫耀武力的深层用意。唐中宗李显常常别出心裁，一次他让原本是男子参加的拔河比赛，改成女子参加，结果几百名宫女拔完河后，都乘机偷跑了。另据《资治通鉴》记载：景云元年春天，唐中宗到梨园球场，命令文武三品以上的官员抛球及分队拔河。在拔河过程中，韦巨源、唐休璟因为年老体衰，被绳子拖倒在地，好长时间爬不起来，皇上、皇后及嫔妃、公主等都乐得哈哈大笑。

踢毽子

踢毽子是中国古代比较流行的一种健身、娱乐游戏。在古都北京，它有一个很诗意的名字——翔翎，这可能与毽子最初的形制有关。毽子一开始是用几根鸡毛插在圆形底座（通常用外圆内方的铜钱）上做成，踢起来，羽毛在空中飞舞，翔翎一名可能由此而来。对于毽子的起源，有几种传说，一种认为毽子最初由黄帝创制，当时叫“鞠”，意思是“皮毛丸”，是训练武士的一种器具，其形制与毽子相差很大，可能不是同一种游戏。另一种传说认为毽子由岳飞创制，用箭的翎，配以金石之质，抛足而戏，以释军闷。还有一种传说，认为毽子是在元代由蒙古传入。这些说法也只是传说，没有可靠证据。据考古发现，汉砖上就有踢毽子的画。可见踢毽子在汉代就已经出现了，南北朝、隋、唐已很盛行。宋时踢毽子花样已经很多，从踢毽子的部位分，有脚踢、膝踢、肚踢、头踢等；从踢毽子的人数上分，有单人踢、双人踢、三人踢和多人踢。据《武林旧事》记载，南宋都城临安出现了以卖毽子为生的商人，说明踢毽子在百姓中已经比较普及。

在踢毽子的过程中，需要不停地抬腿、屈体、转身、跳跃等，能很好地活动周身筋骨，使血液循环畅通，增加身体柔韧性、灵活性。而且在踢毽子的过程中需要脑、眼、身的紧密配合，这种运动对增强体质、改善视力、健康大脑、增强反应力等都有很大的好处。

七、趣味盎然的古代童戏

游戏是儿童的天性，美好童年总是在各种各样有趣游戏的玩耍中不知不觉度过的，古人也是如此。纵览中国古代风俗史，儿童游戏占了重要的一席之地。它们不仅丰富了中国传统文化，而且在一代代儿童的成长中发挥了重大的作用。中国的童戏众多，难以尽述，基本上可以分为以下几个类型：竞技性游戏、智力性游戏、猜射性游戏、节令性游戏、季节性游戏等。

竞技性游戏占据了儿童游戏的主要部分，也是历代儿童最喜爱、倾注精力最多的一类，如踢毽子、跳绳、跳房、抽陀螺、抖空竹、抓子、放风筝等。这类游戏一般为多个儿童一块玩耍。玩耍中，以谁玩得数量多、坚持时间长或成功完成一项游戏者获胜，因而带有一定的竞技性，很能勾起儿童好胜心理，从而沉迷其中，百玩不厌。跳绳就是看谁玩得数量多谁获胜。跳绳所需器械极为简单，一根绳子即可，分为短绳和长绳，短绳可一人跳、两人跳，长绳则需多人跳。跳法有前甩、后甩、前交叉、后交叉、多人跳双绳、双摇飞、多摇飞、集体八字形编花、计时跳等。玩起来气氛活跃，很适合儿童玩。跳绳在唐代就有了，

园林嬉戏 清

蕉荫击球图 宋

当时称“透索为戏”，到了明朝称“跳百索”，清代称“飞绳”。明沈榜在《苑署杂记》中对明朝儿童跳绳之戏有过生动描述：两个儿童牵着一条丈许长的大绳，飞快地摇动，使人难以凝视，看上去像是有百条绳索在摇，其实只有一条。一群儿童乘着绳索摇动时，轮流地跳于其上。这里描述的是长绳的跳法。清《有益游戏图说》中描述了清朝短绳的跳法：用六尺左右的麻绳，手执两端，摇动绳索，使其由头上回转于足下，边转边跳，以此为游戏，称为飞绳。儿童跳绳时，常常是边跳边数数，可以促进儿童体力与智力的协调发展，还可以培养儿童的平衡感和节奏感。

抽陀螺、抖空竹等游戏都是谁坚持的时间长谁赢。抽陀螺是男孩们比较喜欢玩的游戏。陀螺一般由比较硬的一小段木头削成，一头削成圆形，另一头削成锥形。玩时，先找一根小杆，头上拴上一段绳子或是布条，制成小鞭子。将鞭子缠在陀螺比较圆的一头，锥形一头朝下，猛地一拽鞭子，陀螺便旋转着被甩出去，借着甩出去的力量在地上旋转不止。然后，用小鞭子使劲抽，陀螺就会不停地转下去。当然，如果不得法，会将旋转的陀螺抽倒，因而需要一定的技巧，掌握了其中的技巧，自然就会在游戏中成为赢家。抽陀螺一般在冬天玩，有的儿童为了让陀螺旋转得更快，坚持时间更长，还喜欢到冰上去玩，但是有危险性，一般被大人禁止。

玩空竹

抖空竹也有着悠久的历史。三国时，曹植曾写过《空竹赋》。清代坐观老人在《清代野记》中描写道：京师儿童的玩具，有一种叫空钟（空竹），外省称之为“地铃”。两头用竹筒做成，中间用柱贯穿。用绳子拉动它们，发出声音。只有京师的空钟，其形状圆而扁，加上一个轴，用两车轮贯穿，它发出的声音要比外省的空竹发出的声音清越而长远。看来在清朝，空竹在制作上就有了地域上的不同。抖空竹时，所抖绳子可以做出对扔、串绕、过桥等动作。玩法也很多，如有仙人跳、金鸡上架、织女纺线、童子拜月、彩云追月、青云直上、海底捞月、满天飞等。抖空竹在中国有着广泛的传播，尤其深受北方儿童喜爱。因为其技巧性强，也吸引了众多的成年人玩。这种游戏可以加强四肢的协调能力，锻炼视力，而且由于玩时注意力集中，可以刺激大脑发育，这对儿童的成长都是很有益处的。

跳房、抓子都是以成功完成一系列活动而获胜的游戏。跳房因地区不同而有区别，一般是在地上画一个长方形，该长方形又被分成几个格，将一块瓦片放入第一格里，单脚跳入，踢动瓦片进入第二格，如果踢出格，则算失败，只能放弃本局。只有将瓦片从第一格踢到最后一格才算赢。抓子一般是女孩子玩的游戏，她们收集大小比较接近的石子、瓦块、果粒等，数量有多有少，抓的时候一般是将一子抛起，在它落下之前迅速抓住其他子，然后接住它。数量少的一般由 5 枚组成，但是花样比较多。子多的花样可能比较简单，但基本上是越玩越复杂。

在众多的古代童戏中，中国古代创造的智力游戏在世界上影响最大。如七巧板、九连环、华容道、鲁班锁、四喜人等，它们在西方有时被统称为“Chinese Puzzle”，意思是“中国的难题”。智力性游戏把数学和玩具完美地结合起来，对于智力的开启和培养有独特的功能。

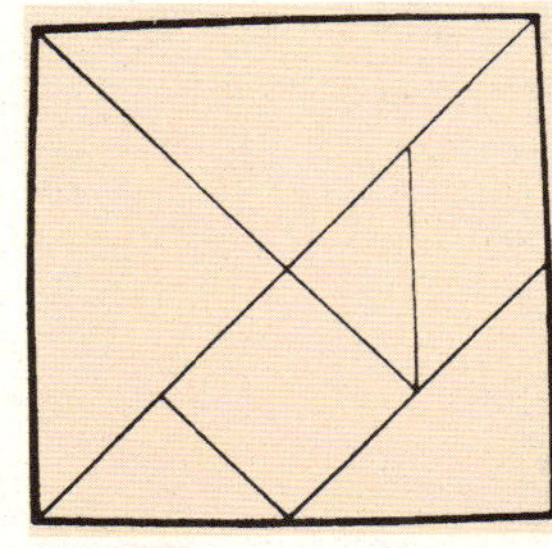
七巧板

七巧板在古代称为“益智图”，在国外称为“唐图”，意思是中国图。它由一个正方形分割成七个形状不同的几何图形，用这些图形可以拼出各种各样的图形来，以模拟各种自然事物。其历史可以追溯到先秦时期的《周髀算经》，但是七巧板的形成经历了一个漫长的过程。据清陆以湉《冷庐杂识》的记载可知，七巧板经历了宋代的燕几图、明代的蝶几图，发展到清代，形成七巧图。燕几图据传是宋人黄伯思创制的，其图由两张长桌、两张中桌、三张短桌组成，可以拼成长短不同、形式多样的桌子，陆以湉记载是 68 种，但是后人统计为 76 种，可以称得上是中国组合家居的始祖。蝶几图比燕几图更进了一步，变实用为玩耍，用板代替桌子。明戈汕曾作《蝶几谱》，此时的蝶几图，改燕几图中的方形为三角形和梯形，这些图形相互交错，拼成的图样状如蝶翅，因而得名。蝶几图可拼出亭、山、鼎、瓶、蝴蝶等形状，有一百多种变化之形，这是七巧板的前身。康熙时刘献庭在《广阳杂记》中记述他所看到的拼图，是由“或长方、或半长方、或锐角、或钝角”，但是又不像“蝶几”的 13 块板拼成，这与七巧板更接近了。清代秋芬室所著《七巧八分图》中记述，将七巧板从第一天排到第七天，所拼成的图形可以囊括日月山川、鸟兽虫鱼等宇宙万物，此时的七巧板游戏已经成熟。七巧板游戏在 18 世纪就传到了国外，先是日本、朝鲜，后传入欧美，至今在欧洲还风靡不衰。1978

大人织丝，小孩游戏

清·吴俊

年，一个荷兰人还写了一本有关七巧板的书，其中搜罗了1600余种图形。在七巧板的基础上，清人童叶庚根据“环视为圆，合矩成方，千变万化，十色五光”的设想，制成十五巧板，名为“益智图”。此外，在漫长的发展中，还形成了四巧板、五巧板、九巧板、十巧板、十二巧板等游戏。

九连环是中国众多环类游戏的代表，在西方被称为“Chinese Puzzle Ring”，意思是“中国魔环”。其玩法就是将9个金属圆环，按照一定的技法进行分、合，或组成花篮、绣球、宫灯等形状。其方式大致有摘套、摘环、解绳、交错、翻花和综合六大类。关于九连环最早的记载出现在《战国策》中，讲述秦王曾派使臣带着一种玉连环出使齐国。宋周邦彦曾作有《解连环》词，中有“信妙手，能解连环”句。在古典名著《红楼梦》中，也有黛玉解九连环的生动描写。它与七巧板、鲁班锁、华容道被视为中国传统智力玩具四绝。

相传鲁班锁是鲁班为了测试其子是否聪明而创制的，由6根木棍组成，是一种可以拼合，也可拆开的玩具。华容道取名于《三国演义》，赤壁之战曹操大败，欲沿华容道逃走，却被守候在那里的关羽堵个正着。重义气的关羽感念曹操旧情，放了曹操。华容道这种游戏就是将一块大的图块进行图形移位，通过空的通道，移到出口。除了这些之外，还有六子联芳、玩纵横图等智力游戏。它们有一个共同的特点，就是必须耗费很大的脑力才能成功，是最能开启、锻炼儿童智力的一类游戏。

荡秋千

猜射性游戏有摸鱼儿、猜钱、猜字、猜谜等。摸鱼儿又叫摸瞎鱼，这种游戏由两个蒙眼儿童一组，一个蒙眼儿童敲一下木鱼，马上转移地方，另一个儿童依据声音发出方向，前去摸。如果正巧摸着，就夺过木鱼，将其赶出城外，自己则成为拿木鱼的人，此时，另外一个儿童加入，再玩夺此木鱼的游戏。这种游戏渐渐演化成为猜摸人的游戏。此外，丢手帕、击鼓传花等游戏与此都有相似之处。猜钱就是抛起一枚钱，猜落下后哪面朝上，清时称其为“颠幕儿”。据清蒋仁锡《燕京上元竹枝词》中记载：京师的儿童以掷钱为戏，得到正面的为负，得到反面的为胜，名为“颠幕儿”。此外，像猜字、猜牌、猜事物等都与此有异曲同工之处。

乾隆在圆明园看皇子皇孙们堆雪人

池亭游戏图 桃花坞年画

至于节令性游戏，过年过节最热闹的要数孩子了。在这些日子里，他们不仅吃好吃的，穿好看的，还能玩好玩的。如新年，孩子们可以放鞭炮，放二踢脚。正月十五闹元宵，儿童们可以看花灯，看放烟花。清明节打秋千，踏青。端午节戴香囊，特别是女孩子们要缝上几个漂亮的香囊，塞上各种带香味的避邪祛病的花草等，呼朋引伴地在一块卖弄一番。八月十五中秋节，同亲人或是伙伴，在明亮的月光下赏月。九月九日重阳节，可以跟随大人们登高望远，游赏大好山河。

季节性游戏多是带有明显的季节性特点。春天，儿童玩的游戏多与前边所述重复，不再多述。夏天，最能引起孩子们兴趣的要数各种与水有关的游戏了，游泳、划船、在小溪里摸鱼虾等，都可能成为他们日后最美好的回忆。此外，众多的昆虫之戏也在此季节里产生，如盛夏季节粘知了、逮蛤蟆及与各种昆虫的游戏。秋天是丰收的季节，儿童们除了享受这个季节所给予的丰收果实外，也有很多游戏，如田野里逮蚂蚱、斗蛐蛐等，还有放风筝等游戏。冬天里，最快乐的是下雪之后打雪仗、堆雪人了。如果不下雪，冰

儿童垂钓 宋陶枕

杂画册之一 清·高其佩

冻的河流也是他们玩耍的场所，滑冰、抽陀螺，寒冷的冬季一样可以充满生机。

综观中国儿童的游戏，我们会发现儿童时期的生活是如此的丰富多彩，从自然界中的虫、鱼、花草，到简单的绳子、羽毛、石子、铜钱等，都会成为他们的玩具，真可谓童趣无处不在。这里虽无法囊括丰富多彩的童戏，但是，一抹童心犹在，从点点滴滴中似见童年影子。童戏不仅是中国风俗文化中的亮点，更是我们每个人心中最美好的回忆。

第十二章 口头文学

口头文学是与正统文学相对的一个概念，历来是不登大雅之堂的；然而正是因为它不登大雅之堂，所以才是真正属于普通民众的文学。口头文学一般很难确定其作者，绝大部分为集体创作。它主要依靠人们的心口相传，大多不入文学典籍，也鲜有评论家评论。在流传的过程中，随意性很强，经常发生一些变化，甚至衍生出许多版本。

口头文学最本质也是最重要的特点就是发源于民间，流传于民间，发扬于民间。它是民众最真实的生命体验，属于"原生态"的文学样式，毫无矫揉造作；它直抒百姓胸臆，活泼生动，老少咸宜，往往能用最简单的语言描述最深刻的内容。

尽管口头文学在文学大家庭中的地位并不显赫，甚至略显卑微，但稍微了解文学史的人都知道，文学最早的样式其实就是口头文学。上古时期，在文字产生之前，人们想表达自己的感情，只能通过口头的交流，久而久之，一些简单的文学样式就随之慢慢产生。后来，文字出现了，上古口头文学的一部分逐渐固化为书面文学，口头文学开始分流，有些仍流传于民间，有些就开始变为形式各异的书面文学。口头文学往往与社会主流价值观念多有不同，在正统文学产生后，人们渐渐把口头文学搁置在一个偏僻的位置，所谓的文人雅士们往往怀着一种不屑的眼光看待它们，使它们长时间蒙上灰尘，遭受冷落，不能充分发挥其应有的作用。然而，躲进文学世界一隅的口头文学，并没有因为正统文人的不屑而消亡，而是深深植根于老百姓的心口上，因拥有最为宽广肥沃的文学土壤，而不断发展、流传和繁荣。

众所周知，文学是生活的再现，口头文学则是生长在村头田畔的家常“故事”，“渔樵闲话是史诗”，口头文学本身即是一部历史，它不但能够广泛反映当时社会生活的真实面貌，而且能够充分表现出劳动人民朴实正直、勤劳智慧的品性。

在本章中，我们仅选取了部分常见的口头文学的样式，如打油诗、对联、绕口令、谚语、谜语、歇后语、民歌、民谣、笑话等进行简明扼要地介绍，希望读者在增长知识的同时也获得身心的愉悦。

一、打油诗

> 李杜诗篇万口传，至今已觉不新鲜。
> 江山代有才人出，各领风骚数百年。

清人赵翼的这首诗，充分反映了中国古代诗歌的繁盛。中国是一个诗歌的国度，从第一部诗歌总集《诗经》诞生至今，已数不清创作了多少首诗歌。我们都知道，诗歌从字数上可分为四言诗、五言诗、七言诗等，从格律上可分为古体诗和近体诗等。我们从小到大从书本里，也不知诵读了多少诗歌！然而，这些诗歌都是正统的诗歌，有一种诗歌却被我们忽略了，因为它不登大雅之堂，只流传于民间，但它同样具有诗歌的特征，而且更容易为老百姓传唱，它就是打油诗。

说起打油诗，我们首先要提起唐代一个叫张打油的人，以及他那句流传甚广的打油诗《雪》：

> 江山一笼统，井口一窟窿，黄狗身上白，白狗身上肿。

其实，这首打油诗写得还是不错的，通篇无“雪”字却将雪景写得栩栩如生。传说中，张打油后来也作过一些有趣的打油诗，如：

> 六出九天雪飘飘，恰似玉女下琼瑶；有朝一日天晴了，使扫帚的使扫帚，使锹的使锹。
>
> 百万贼兵困南阳，也无援救也无粮；有朝一日城破了，哭爹的哭爹，哭娘的哭娘！

长江积雪图　宋

这些诗作皆风趣上口，张打油因此而闻名，后人就把这种不合平仄、俚俗幽默的诗歌冠以“打油诗”。如果单从字面来看，我们不妨这样来解释，叫打油诗一方面是因为作品的随意性，打油的同时都可以作出诗来；另一方面，还可以从这个“油”字上考虑，是说这

唐伯虎像

类诗歌大多非常幽默生动，有些“油滑”。

实际上，打油诗的历史可能比张打油本人还要更早，在诗歌格律未定型之前，一些民间的口头诗歌，随口吟唱，风趣诙谐，也算作打油诗。打油诗的出现，不是对正统诗歌的挑战，而是一种补充，虽然有些离经叛道，但却比文人所作的诗歌更贴近生活。

诗歌的雅和俗历来也不是尖锐对立的，而是可以相互补充、相互转化的。许多著名的文学家在板起脸来写正统诗歌的闲暇，也会作一些打油诗来解闷。这方面的例子有很多，比较著名的像风流才子唐伯虎，诗书画都为当时一绝，然而其人却不乏幽默。有一次，一位财主为他母亲做寿，请唐伯虎绘画题诗，以示祝贺。唐伯虎于是画了一幅《蟠桃献寿》图，然后大笔一挥，上联写道：“这个女人不是人”，众人大怒，刚要质问，唐伯虎已经写出了下句：“九天仙女下凡尘。”众人皆喜时，唐伯虎又写道：“儿孙个个都是贼”，众人再次愤怒，唐伯虎笔走龙蛇，写出了末句：“偷得蟠桃献至亲。”众人皆叹服不已。

我们都很熟知的一句俗语“千里送鹅毛，礼轻情义重”，据说就和一个打油诗的故事有关。唐朝南方有个地方官为献媚朝廷，派一个名叫缅伯高的人去长安进贡珍禽天鹅给皇帝。路经沔阳时，想给天鹅洗一个澡，谁知一不注意，竟让天鹅飞走了，仅落下一根小小的鹅毛。缅伯高无可奈何，仰天长叹，只好带着这根鹅毛进京。由于怕皇帝怪罪，就作了一首打油诗，连同鹅毛一同呈上。诗是这样说的：

鹰击天鹅图　明·殷偕

将贡唐朝，山高路远遥。沔阳湖失去天鹅，哭号号。上复唐天子，可饶缅伯高。礼轻情意重，千里送鹅毛。

唐王见了此诗，觉得句句情切，又说出了一个朴素的道理，于是不但饶恕了他，而且还给了他不少赏赐。

唐朝的大诗人李白，死后葬于今安徽当涂境内采石江边的采石矶旁。行人过此，都要到前凭吊，千余年来，墓碑上题满了诗句。明朝有位进士梅之焕也来凭吊李白，他看了这些题在“诗仙”墓碑上的诗，颇有感触，也随口吟诗一首：

采石江边一堆土，李白之名高千古。
来来往往一首诗，鲁班门前弄大斧。

这首打油诗，意义丰富，简直是对李白的最好凭吊，同时也讽刺了那些班门弄斧的人。

采石矶李白石刻像

打油诗简单通俗，大多富于反判精神，与社会主流思想格格不入，所以一直处于被压制的地位，只能在民间流传。元代时，曾有人提出作诗要禁用“张打油语”，但在中国这样一个诗歌大国里，打油诗从来没有因统治阶层的压制而消亡，反而越来越繁盛。这是因为它最直接地反映了老百姓的心声和社会现实，给人们带来欢乐和思考。

二、对联

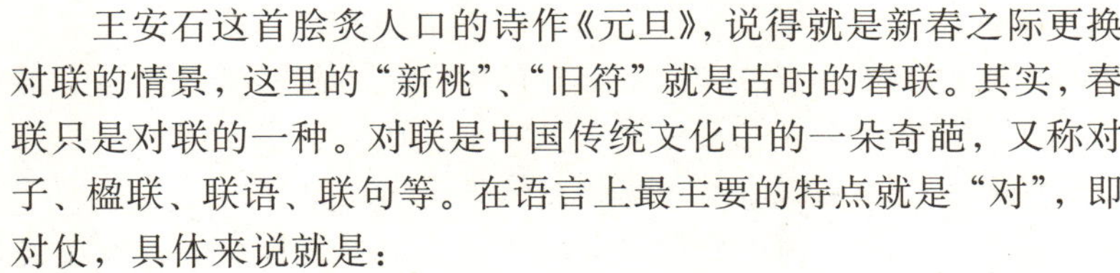

爆竹声中一岁除，春风送暖入屠苏。
千门万户曈曈日，总把新桃换旧符。

王安石这首脍炙人口的诗作《元旦》，说得就是新春之际更换对联的情景，这里的“新桃”、“旧符”就是古时的春联。其实，春联只是对联的一种。对联是中国传统文化中的一朵奇葩，又称对子、楹联、联语、联句等。在语言上最主要的特点就是“对”，即对仗，具体来说就是：

字数相等，断句一致。上下联字数必须相同，不多不少，这是最基本、最直观的特点。如：“书以明理，德能立名。”（白帝城联）

竹园屏风（局部） 清·郑板桥

平仄相合，音调和谐。一般是“仄起平收”，上联末字用仄声，下联末字用平声，读起来朗朗上口。如：“草堂留后世，诗圣著千秋。”（杜甫草堂联）

词性相对，位置相同。俗称为“虚对虚，实对实”，就是名词对名词，动词对动词，形容词对形容词，依此类推，而且相对的词位置要相同。如：“室雅何须大，花香不在多。”（郑板桥故居联）

上下衔接，内容对应。上下联的含义必须相互衔接，但又不能重复。如：“写鬼写妖高人一等，刺贪刺虐入木三分。”（郭沫若题蒲松龄故居联）

在中国，对联是一种雅俗共赏的文艺形式，它和中国的其他传统文艺如书法、篆刻、诗歌、

神荼、郁垒　桃花坞年画

建筑等有机结合在一起。另外它一般用于张贴，几乎融入了中国民间所有的活动之中，逢年过节、婚丧嫁娶、游行集会、建筑装饰、艺术展览都有对联的身影，无论帝王将相或平民百姓，无论大事小事，都离不了对联。

作为中国优秀传统文化的重要组成部分，对联产生的历史也非常悠久。早在秦汉以前，民间每逢过年就有在大门的左右悬挂桃符的习俗，桃符就是用桃木做的两块大板，上面分别书写上传说中的降鬼大神“神荼”和“郁垒”的名字，用以驱鬼压邪，吓唬“年”这种怪兽。这种带有迷信意义的辟邪，可能就是对联的最初作用。直至今天，农村还有人在过年时不贴春联，而贴上两张门神，如关公、钟馗、秦琼、尉迟恭，这和对联其实是一个作用。这种习俗延续了一千多年，到了五代，人们才开始把联语题在桃木板上代替了降鬼大神的名字，这才是真正意义上的春联。据历史记载，后蜀之主孟昶在964年除夕题于卧室门上的对联：

新年纳余庆，佳节号长春。

大概是中国最早的一副春联，这副经典春联至今还可以在民间看到。宋代以后，对联被逐步推广，明清时，已经非常流行了，新春贴春联已成了中国大部分地方一种约定俗成的习俗了。

对联之中，最为普遍的是春联，这也是最为广大老百姓喜闻乐见的。春联多用红纸写成，一是避邪，二是喜庆。每年春节来临，全国上下，即使是最偏远的农村，也会有人舞文弄墨，书写春联，甚至不识字的老农，也要怀着一种非常虔诚的态度，恭恭敬敬地把红红的对联贴起来，如“天增岁月人增寿，春满乾坤福满门”；“春前有雨花开早，秋后无霜叶落迟”；“春风得意花千里，秋月扬辉桂一枝”；“一元复始，万象更新”；“生意兴隆，财源茂盛”；等等，春节时农村的春联简直无处不在，床头上要贴“身体健康”、“合家幸福”，粮仓上要贴“仓龙引进”、“五谷丰登”，正屋门一侧要贴“满院春光”、“吉星高照”，灶台边要贴“风调雨顺”、“四季平安”，大门内要贴“迎禧接福”，大门外要贴“出门见喜”，甚至猪羊圈旁也要贴上“六畜兴旺”，拖拉机上贴上“日行千里”之类，无论书法好坏，到处都透着一份文雅和祝福，洋溢着浓厚的新春气息。

四景山水图之春景　宋·刘松年

在世界上，对联是中国所创造的独特文体，它是和汉语及汉字的特点紧密相联的。汉字多是单音节，音意结合，在形体上是方块字。这些都是构成以对仗为基本特点的对联的最直接的元素，使对联在形、音、意方面上下对应。对联言简意赅，生动形象，意境深远，情感丰富，每幅对联都寄托着一定的喜怒哀乐，都是一篇非常好的口头文学作品。对联的种类很多，主要有以下几类：

小放牛

节日联（春联、元宵联、中秋联等），如：

春回大地　福满人间
昨夜春风才入户　今朝绿柳半垂堤
东风送暖花自舞　大地回春鸟能言
人逢喜事精神爽　月到中秋光辉增

喜联（婚联），如：

琴瑟在御　凤凰于飞
金风过清夜　明月闹洞房
双飞却似关雎鸟　并蒂常开连理枝

松鹤延年图　清·虚谷

寿联，如：

福如东海　寿比南山
松龄长岁月　鹤语记春秋
室有芝兰寿自韵　人如松柏岁常新

挽联，如：

德被乡里　魂归云天
欲祭疑君在　无涯泪沾衣
想见音容空有泪　欲闻教诲杳无声

行业联，如：

满面春风迎客至　四时生意在人为　（开业）
借来天上彩云霞　巧作人间绵绣衣　（服装店）
酸甜苦辣咸浮香千户　油盐酱醋茶情牵万家　（食品店）
此即牧童遥指处　何必再问杏花村　（酒店）
防暑降温何妨一饮　生津止渴欢迎重来　（冷饮店）
相留燕赵齐梁客　借寓东西南北人　（旅店）
丹心可医病解痛　妙手能起死回生　（医院）
翰墨图书皆成风采　往来谈笑尽是鸿儒　（书店）

对联在中国已深入人们内心，成为中华传统文化的精髓之一。历史上曾涌现出许多名联佳句，也流传着许多美好的对联故事。民间相传宋代著名文学家苏轼之妹苏小妹，相遇苏门四学士之一——秦少游，两人结为秦晋之好。新婚之夜，苏小妹欲试新郎秦少游之才，将秦拒之门外并出上联曰：

闭门推出窗前月

秦少游左思右想不得其对，苏东坡见状，虽替妹夫着急，却又不便代劳，突然，他灵机一动，拾起一块石头，投进花园的水池里。秦少游听到“扑通”一声，茅塞顿开，脱口而出：

投石冲破水底天

苏小妹闻声大喜，急忙迎进新郎。清代大才子纪晓岚满腹经纶、才高八斗，乾隆很想出个题目难为他一下，压压他的傲气。一天，君臣来到关帝庙，乾

苏小妹三难新郎

隆忽然灵机一动，想出了个怪题，命纪晓岚吟一联，颂扬关夫人的品德。此题的确很难，因为史书上都没有写过这个关夫人怎么样。俗话说“巧妇难为无米之炊”，没有史料，如何歌功颂德呢？不过，纪晓岚毕竟才智过人，只见他略一思索，就吟了出来：

生何年，殁何月，皆无从考；
夫尽忠，子尽孝，岂不谓贤？

关夫人的事迹，书无所载，史无从查，自然是生和死“皆无从考”了。然而，既然其夫大忠，其子大孝，那么她理所当然可以称为“贤”了。乾隆皇帝听后龙颜大悦，重赏了纪晓岚。纪晓岚题写在孔府门前的对联也非常有名：

与国咸休安富尊荣公府第，
同天并老文章道德圣人家。

其中最有趣的是，“富”字缺上面一点，寓意“富贵无顶”，“章”字中间竖划穿过早间的“曰（天）”，寓意“文章通天”，仅此一联，我们完全可以领悟到中国古代对联文化的博大精深了。

纪晓岚像

三、绕口令

吃葡萄不吐葡萄皮，不吃葡萄倒吐葡萄皮。

在中国，几乎没有人不知道这句话，并且都试图将这句话说得更快更好。这就是绕口令，一种妙趣横生的语言游戏。

绕口令作为一种口头文学，它是文字与语法相结合而成的艺术。这些句子的意义不一定很合理，主要是利用了语言发音和语意的特点，有意地将若干双声、叠韵词汇或发音相近、相同、容易混淆的字组合在一起，形成一种读起来很绕口但又非常有趣的语言艺术。绕口令有着独特的功能，娱乐性和实用性兼而有之。许多绕口令都是寓教于乐，一方面能够提高人的语言表达能力，矫正发音，帮助我们学好普通话；另一方面有益于人们智力的发展，可以培养大脑反映事物的敏捷性，达到心口合一，眼疾口快。绕口令故意造成语言拗口，它短小精悍，诙谐有趣，节奏感强，想

墨葡萄图　明·徐渭

双兔

象丰富，富有生活气息，深受老百姓的喜爱。

实际上，我们从小时候起就对绕口令不陌生，在我们的语言启蒙和锻炼过程中，绕口令经常被用作 “特殊教材”。像《小兔子开铺子》：

小兔子，开铺子，开开铺子，一张小桌子，两把小椅子，三根小绳子，四只小匣子，五管小笛子，六条小棍子，七个小盘子，八颗小豆子，九本小册子，十双小筷子。

在说这个绕口令时，既锻炼了说话的能力，又学会了许多新名词，在欢笑游乐中自然而然学会了说话。另外，绕口令还可以作为相声演员、播音员、主持人、演讲者等训练语言基本功的方法之一。我们听相声时，经常会听到许多演员把绕口令作为逗笑的基本手段，如著名相声演员刘宝瑞的相声《绕口令》里有一段台词：

祝翁呼鸡图　清 · 任颐

甲　我再说一个你就说不上来啦！

乙　说不上来我就算拜你为师。

甲　你听这个：“我家有个肥嫩的嫩巴八斤鸡，飞在张家后院里，张家后院有个肥嫩的嫩巴八斤狗，咬了我肥嫩的嫩巴八斤鸡，卖了他肥嫩的嫩巴八斤狗，赔了我肥嫩的嫩巴八斤鸡。”

乙　这好说。

甲　说。

乙　我家有一个肥嫩的嫩大八斤。

甲　大八斤哪？肥嫩的嫩巴八斤鸡。

乙　我家有个肥嫩的嫩巴八斤鸡，飞到张家后院里，张家有个肥嫩的嫩巴八斤狗，咬了我的手，我不走，大众围着瞅，巡警也来瞅，巡警说，你的狗，不上捐，咬了吉坪三的手，连人带拘一齐拉着走，你爸爸和你妈妈害怕，给巡警打的酒、买的白莲藕，巡警说，我办公事不喝酒，不吃藕，巡警走，我没有走，我在你家喝的酒，吃的藕，我在你家呆了好几宿。

绕口令基本上是针对各种方言的语言弱点而设计的，有的锻炼平翘不分问题，有的锻炼eng/ong或n/l不分问题，总之都是有意识地让人读起来不那么容易。样式上也各种各样，有儿歌式的，有对联式的，有诗歌式的，有笑话式的，有数字式的，不一而足。如：

四羊图 宋·陈居中

长扁担，短扁担，长扁担比短扁担长半扁担，短扁担比长扁担短半扁担。长扁担捆在短板凳上，短扁担捆在长板凳上，长板凳不能捆比短扁担长半扁担的长扁担，短板凳也不能捆比长扁担短半扁担的短扁担。

童子打桐子，桐子落，童子乐；丫头啃鸭头，鸭头咸，丫头嫌。

大雁过雁塔雁塔留雁雁不落，小鱼入鱼网鱼网捕鱼鱼难逃。

端汤上塔，塔滑汤洒，汤烫塔。

隔着窗户撕字纸，撕了字纸吃柿子。

蒋家羊，杨家墙，蒋家羊撞倒了杨家墙，杨家墙压死了蒋家羊，杨家要蒋家赔墙，蒋家要杨家赔羊。

六合县有个六十六岁的陆老头，盖了六十六间楼，买了六十六篓油，堆在六十六间楼，栽了六十六株垂杨柳，养了六十六头牛，扣在六十六株垂杨柳。遇了一阵狂风起，吹倒了六十六间楼，翻了六十六篓油，断了六十六株垂杨柳，打死了六十六头牛，急煞了六合县的六十六岁的陆老头。

龚先生东方走来肩了一棵松，翁先生西方走来拿了一只钟。龚先生的松撞破了翁先生的钟，翁先生扭住了龚先生的一棵松。龚先生要翁先生放了他的松，翁先生要龚先生赔了他的钟。龚先生不肯赔还翁先生的钟，翁先生不肯放还龚先生的松。

风雨归牧图 宋·李迪

房胡子，黄胡子，新年到了写福字；不知道房胡子的福字写得好，还是黄胡子的福字写得好？

另外，绕口令不只是中国人的游戏，任何一种语言文化中都有绕口令。以英语为例，根据它的语言特点，人们一样编写出了许多有趣的绕口令，我们在耐心地品味之后，有时不禁要露出开心的笑容：

A big black bug bit a big black bear. Where's the big black bear the big black bug bit?

Betty and Bob brought back blue balloons from the big bazaar.

The sixth sick sheik's sixth sheep's sick..

Amidst the mists and coldest frosts, with barest wrists and stoutest boasts, he thrust his fist against the posts, and insists he sees the ghosts.

Betty Botter bought a bit of butter, "But," she said, "this butter is bitter, if I put it in my batter, it will make my batter bitter, but a bit of better butter will make my batter better." So Betty Botty bought a bit of better butter, and it makes her batter better.

四、谚语

谚语是人们口头流传的通俗易懂、含义深刻且能够独立成句的固定短语。谚语是精炼而活泼的群众口头语言的结晶，一字一句都包含着一份情感，一个经验，是一种短小精悍、意味无穷的口头文学。

中国古代文学巨著《红楼梦》的人物语言刻画别具特色，个性鲜明，栩栩如生，其中重要的一点就是吸收了大量民间口语精华，这其中就包括谚语。在这方面比较典型的就是王熙凤，相信大家都会被她那行云流水般辛辣风趣的语言所感染。她虽然大字不识一箩筐，但说起话来，却时时显示着与众不同的智慧，其中重要的一个原因就是她善于使用谚语等民间语言。比如第六十八回“苦尤娘赚入大观园，酸凤姐大闹宁国府”中王熙凤的一段话：

酸凤姐大闹宁国府
《红楼梦》插图

> 这事原是爷做的太急了，国孝一层罪，家孝一层罪，背着父母私娶一层罪，停妻再娶一层罪。俗语说“拼着一身剐，敢把皇帝拉下马”。他穷疯了的人，什么事做不出来，况且他又拿着这满理，不告等请不成。

这里面的“拼得一身剐，敢把皇帝拉下马”，就是典型的民间谚语。

谚语源自于生活。在人类长期的生产生活

中，人们不停地与自然界打交道，同时，在社会上人与人的交往与斗争中，也会不断总结出一些经验，认识到一些规律，人们把这种认识用通俗、深刻、简短的话语表达出来，就很容易被人们接受并得以广泛流传。在语言上，同其他短语一样，谚语结构固定，意义浅白明了。谚语绝大多数都在四个音节以上，且长短不一，语音错落有致，颇具节奏感，如“兔子不吃窝边草”，“若要人不知，除非己莫为”，比成语、惯用语等具有更强的语言美和造句能力。当然，谚语最让人深深折服的，还是那些活泼的语言特色后面所包含的用书面语言无法涵盖的哲理。

谚语历史非常悠久，在先秦的《易经》、《诗经》、诸子著作以及少数民族的古老的史诗中，都保存了大量的古代谚语，比如“塞翁失马，安知祸福”，“日出而作，日落而息”，“失之毫厘，谬以千里”等。因此，作为一种口口相传的梳理生活的语言，它是随着人类语言的产生而产生，并且随着时代和社会的发展而不断得到丰富、完善的。我们在引用谚语时，常说“老话说”、“古人说”，大概也是表达了对谚语所蕴含古老历史经验的尊重。

渭水文王聘子牙

一般来说，谚语是人民群众的口头话，它明白浅显，直率朴实，没有多少费解之处。即使你不识字，出他的口，入你的耳，你也会一听就心领神会。比如说“真人不露相，露相不真人”，是说真正的高人是不会轻易出现的；“秀才不出门，便知天下事”，是说读书的重要性；“晚饭少吃口，能活九十九”，“饭后百步走，活到九十九”，这两条俗谚是说，晚饭少吃，饭后散步，能使人健康长寿；“一日之计在于晨，一年之计在于春”，告诫人们要抓住大好时光，努力做一番事业；“临渊羡鱼，不如退而结网”，是说凡事都不能只沉浸在空想之中，要真抓实干才能有所收获；“猪困长肉，人困卖屋”，是说人如果懒得像猪一样，吃了睡，睡了吃，那会穷到连住房也要卖光的地步。鲜活的语言，精细的描绘，这就是谚语，一种难得的智慧结晶。谚语的内容包罗万象，涉及人们生活的各个方面。比较常见的可以分为以下几类：

气象谚语，如：

晓雪山行图　宋·马远

蚂蚁搬家蛇过道，蜻蜓低飞蛤蟆叫，大雨马上就来到。

朝霞不出门，晚霞行千里。

春分有雨到清明，清明下雨无路行。

一日南风三日暖，三日南风天变脸。

雷轰头顶，虽雨不猛。雷打天边，大雨连天。

今日蜜蜂收工迟，明日可能天气变。

农业谚语，如：

人哄地皮，地哄肚皮；哄来哄去，哄住自己。
今年雪盖三层被，来年枕着馒头睡。
一年庄稼两年闹，样样农活都要早。
伏天不肯晒背皮，寒冬腊月饿肚皮。
不留尾巴不留梢，玉米选种正当腰。
玉米茬口种上谷，不该享福也有福。

卫生谚语，如：

耕织图

不干不净，吃了生病。
除了苍蝇除了蚊，夏秋疾病去七成。
喝开水，吃熟菜，不拉肚子不受害。
暴饮暴食容易生病，定时定量可保安宁。
贪多嚼不烂，胃病容易犯 。
吃饭少一口，饭后走一走 。
饭莫过饱，饭后莫跑。
要得小儿安，常带三分饥和寒。

社会谚语，如：

一人说话全有理，二人说话见高低 。
良药苦口利于病，忠言逆耳利于行。
凡人不可貌相，海水不可斗量。

一个和尚挑水吃，两个和尚抬水吃，三个和尚没水吃。

一日为师，终身为父。

学习谚语，如：

一寸光阴一寸金，寸金难买寸光阴。
泰山不是垒的，学问不是吹的。
包子有肉，不在皮上；人有学问，不挂嘴上。
虚心使人进步，骄傲使人落后。
强中更有强中手，莫向人前自夸口。

古谚，如：

麻雀虽小，五脏俱全。
知足常乐。
有志者。事竟成。
人无远虑。必有近忧。
有其父必有其子。
老不出关，少不入川。
读万卷书，行万里路。

授徒图 明 · 陈洪绶

其实，无论是何种谚语，都是形象性和哲理性的有机统一，都深入浅出，具有很高的语言技巧。谚语说明某种道理，主要运用比喻、借代等修辞手法，或者综合运用多种表现手法。有人说："谚语是语言中的盐"，就说明它是高度浓缩的语言，言语的背后，是高度的概括，人们要想彻底理解它，就需要细细地品味，慢慢地咀嚼。我们透过貌似直白浅显的语言，可以看到那对世间万物一针见血的剖析。人们都非常熟悉的"人心齐，泰山移"；"画龙

寒雀图 宋 · 崔白

画虎难画骨，知人知面不知心"；"只许州官放火，不许百姓点灯"；"初生牛犊不怕虎，长出犄角反怕狼"等流传久远的谚语，已不只是一种流畅的语言，更是对社会和人性的深刻反思，对世人的谆谆教导。谚语不是科学作品，但处处体现科学知识，大量的农谚、气象谚语、卫生谚语等，都是活着的科技作品。谚语不是哲学作品，但又时时彰显哲理，无论是社会谚语、学习谚语、生活谚语，都富有深刻的哲理思考。这些谚语散落在民间，闪烁着永不磨灭的智慧之光。

五、谜语

说起谜语，先来看一个人们构思的小故事：

孔夫子周游列国，一日来到燕国。进城门不远，见一少年拦住马车说："我叫项橐，听说孔老先生很有学问，特拦路求教。"孔夫子笑着说："小孩儿，你遇到什么难题啦？"项橐立起问道："什么水没鱼？什么火没烟？什么树没有叶？什么花没有枝？"孔夫子听后说："江河湖海，什么水里都有鱼；不管柴草灯烛，什么火都有烟；至于植物，没有叶不能成树，没有枝难于开花。"项橐晃着脑袋直喊："不对！"接着说出四种事物："井里没有鱼，萤火没有烟，枯树没有叶，雪花没有枝。"孔夫子沉默良久，然后说："后生可畏啊，老夫拜你为师！"

孔子辞职出走，开始周游列国

其实真正难到孔子的就是个谜语，一个谜语就把孔夫子给难倒了，可见这谜语还真得多了解一下！

中国人性情含蓄，也把含蓄作为一种娱乐和为文的态度。即使点点滴滴的生活，也力求彰显一种智慧，一分文雅，谜语就是对这种生活方式的最好诠释。谜语，在中国古代又叫

"庾词"、"隐语"、"灯虎"等等。"庾"和"隐"都是藏的意思。本来，"谜"字由"言"、"迷"两部分组成，意思就是迷惑人的言语。谜语把真正的含义隐藏于另外的表达中，要"拨开千层云，方见今日月"，才能猜出谜底来。

谜语的历史非常悠久，在先秦古籍《周易》、《左传》、《荀子》等中，都有很多关于谜语的记载。据周作人考证，《吴越春秋》中的"断竹，续竹；飞土，逐宍"可能就是最早的谜语，描写的是打猎的行为。但也有学者认为，见于《周易》的商代歌谣"女承筐"，可算是中国谜语的最早记录之一："女承筐，无实；士刲羊，无血。"它巧妙地表现了牧场上一对年轻牧羊人夫妇剪羊毛的情景。战国时的荀子写了一篇《蚕赋》，其中有语云：

冬伏而夏游，食桑而吐丝，前乱而后治，夏生而恶暑，喜湿而恶雨。蛹以为母，蛾以为父，三俯三起，事乃大已。

用隐喻的方式，对蚕的形状、功用、习性作了生动细致的描绘，有底有面，很像谜语。汉代的东方朔是位幽默大师，他非常喜欢作隐语，并且喜欢推广隐语，《后汉书》中说："朔之诙谐，逢占射覆，其事肤浅，行于众庶，童儿牧竖，莫不炫耀，而后世好事者乃取奇言怪语附著之朔。"但是那时还没有"谜语"这一称谓，南朝诗人鲍照作"字谜三首"，才开始出现"谜"字。刘勰的《文心雕龙·谐隐篇》是最早阐述谜语的文艺理论著作，书中说："自魏代以来，颇非俳优，而君子嘲隐，化为谜语。"从此，"谜语"一词正式出现并广泛传播开来。

喂蚕　清

到了宋代，随着市民文艺的兴起，谜语已经达到了非常普及的程度。如南宋时，杭州人于元宵佳节将谜面贴在碧纱灯上，于是又产生了"灯谜"这一名称。现在人们所说的灯谜，实际上就是谜语，已不一定贴在灯上。明朝时，出现了善于写灯谜的专门艺人，田汝成《西湖游览志余》记载了杭州元宵灯谜情况："杭人元夕，多以谜为猜灯，任人商略。永乐初，钱塘杨景言，以善谜名。"但在明代以前，还没有专门记载谜语的书，一些谜语只是散见于史书、诗话、笔记中，明代出现了专门记载谜语的书籍，如《谜社便览》、《千文虎》等等，不过这些书多已失传，冯梦龙编辑了《黄山谜》专集，搜集了大量的古代谜语，给后人留下了许多有趣的谜语资料。到了近现代，谜语更成为一种活跃大众文化生活、增长知识、开阔视野、启迪智慧的重要工具，各种各样的谜语研究著作和专集纷纷出版，数量众多，不一而足。

了解了谜语的历史，我们有必要来看看谜语的特点了。谜语是由谜面、谜目和谜底三部分构成的。谜面是谜语的喻体，又叫“表”，它是巧妙隐喻着谜底（本体）的单字、多字、成语、古今诗词文句或作者自拟的句子，也可以是图形或其他符号和公式，但多数采用短谣、韵语或诗词句子形式。谜目是指谜面要求猜测的事物的范围，一般以“打一某某”或“打一某某类的事物”来标志。如果不规定猜测的范围，猜谜者将无所适从，难以猜测。谜底是指谜面所要求猜测的事物，即谜语的本体或“里”。猜谜者要在谜面规定的范围内，找出它所指的实际事物，猜出谜底。

猜谜不能靠瞎蒙乱撞，也要讲究一定的方法。一些看似很难的谜语，其实也有它的“秘诀”，那就是谜格。“学谜先学格”，谜格是谜语的附加条件，即一种特殊的规定，或特定的猜谜公式。用格的谜语，必须要按照此谜格规定的格式去猜，才能猜对。谜格很多，猜法大不一样。目前，最常用的谜格主要有这么几种：移字类谜格，如卷帘格、上楼格、下楼格、秋千格、掉首格、掉尾格、蕉心格等。分读类谜格：如碎锦格、虾须格、展翼格、燕尾格、蝇头格、中分格、蜓尾格等。半读类谜格：如徐妃格等。重读类谜格：如回文格、离合格等。谐读类谜格：如梨花格、白头格、素心格、粉底格等；讹读类谜格：如亥豕格等。下面举几个例子：

打金枝 武强年画

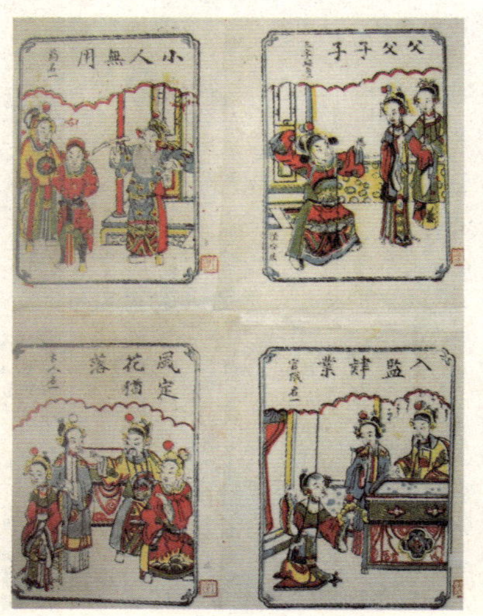

今天（秋千格，打一国家名）——日本
祝您健康（下楼格，打一国名）——安道尔
救死扶伤（掉首格，打一交通名词）——人行道
众口一辞（碎锦格，打一邮电用物）——信筒
耕田使用拖拉机（燕尾格，猜农业名词）——农作物
废品（白头格，打一《水浒》人物名）——吴用
大海怒潮（梨花格，打一电器名）——扬声器
春风又绿江南岸（蝇头格，打一《聊斋志异》篇目）——董生
独身主义（徐妃格，打一地名）——邯郸
猜谜能手猜灯谜（回文格，打一《水浒》人物浑号）——打虎将
三八红旗手（离合格，打一字）——好

座右铭（梨花格，打一兽名）——长颈鹿
个个得正果（亥豕格，打一成语）——名不副实

谜语的种类非常丰富，分法也各不相同，比较常见的有以下几种：
字谜，如：

劳逸结合——边
除去半边，还存半边——途
夫人何处去——二
一口咬掉牛尾巴——告
推开又来——摊

落花游鱼图 宋·刘寀

词语谜，如：

五句话——三言两语
二四六八十——无独有偶
瞎子吃馄饨——心里有数
一枝红杏出墙来——对外开放
九千九百九十九——万无一失

动物谜，如：

腿细长，脚瘦小，戴红帽，穿白袍——鹤
年纪并不大，胡子一大把，不论遇见谁，总爱喊妈妈——羊
皮黑肉儿白，肚里墨样黑，从不偷东西，硬说它是贼——乌贼
名字叫做牛，不会拉犁头，说它力气小，背着房子走——蜗牛
有头无颈，有眼无眉，无脚能走，有翅难飞——鱼

花卉册之一 明·陈淳

植物谜，如：

百姐妹，千姐妹，同床睡，各盖被——石榴
红口袋，绿口袋，有人怕，有人爱——辣椒
有根不落地，有叶不开花，街上有得卖，园

里不种它——豆芽

一头实，一头空，一头白，一头青——葱

兄弟七八个，围着柱子坐，大家一分手，衣服全扯破——蒜

开花结桃，桃不能吃——棉花

地名谜，如：

故宫——名古屋

推土机——平壤

谜底在山东——秘鲁

大家都笑你——齐齐哈尔

觉醒的大地——苏州

物品谜，如：

生在水中，就怕水冲，一到水里，无影无踪——盐

咬一口，走一步——剪刀

一线相通，飞行空中——风筝

一物生来身穿三百多件衣，每天脱一件，年底剩张皮——日历

不大不大，浑身净画，背个纸袋，走遍天下——邮票

看看没有，摸摸倒有，似冰不化，似水不流——玻璃

两个兄弟一般高，一日三餐不长膘——筷子

兄弟四五人，各进一道门，要是进错了，定会笑死人——衣扣

有木不长在地上，有铁能浮在水上，有布不穿在身上，有人水上行万里——船

仕女图 清·焦秉贞

谜语作为一种老百姓的口头文字游戏，它所蕴含的智慧，所表现的生活范围或程度，都是许多文人的刻意创作所无法比拟的。最后，给读者出一个谜语中的经典，看看您是否能猜得出（谜底请在图中找）：

在娘家青枝绿叶，到婆家面黄肌瘦，不提起

倒也罢了，一提起泪洒江河。

六、歇后语

歇后语是中国口头文学的一个独特种类，民间智慧和幽默借此表露无遗。同时歇后语也是一个非常有趣的语言现象，一个“歇”字，趣味全出，虽然只是一种口头文学，但因其丰富的艺术表现力，不仅存在于群众口头，而且在文学作品中应用也非常广泛。比如，在《西洋记》第三十二回中有这样一段描写：

> 三宝老爷说道：“这等一个小丫头，原来一肚子都且些金蝉脱壳。”天师道：“今番是个枯树盘根，动不得了。”王爷道：“还是个推车上岭，走不得了。”马公道：“还是个隔山取火，讨不得了。”姜金宝自家说道：“我今日还是个例浇蜡烛，由不得了。”三宝老爷骂道：“油嘴，有这些讲的！”

短短一百余字的对话，却包含了好几个歇后语，如“枯树盘根——动不得”、“推车上岭——走不得”、“隔山取火——讨不得”、“例浇蜡烛——由不得”，风趣幽默，形象逼真，增强了文章的表现力，这就是歇后语的魅力。

歇后语指说话的时候把一段常用词语故意少说一个字或半句而构成的带有幽默感的话语。在形式上有点象谜语，结构相对稳定，一般由两个部分构成，前后用“——”分开；前半部分为形容语，象谜面，多用形象的比喻；后半部分为目的语，象谜底，多作解释说明之用。后面的目的语是主要意义所在，但人们在使用时，一般只说出前半部分，“歇”去后半部分，留下回味的空间，让别人去领悟其中的本意。歇后语北京叫“俏皮话”，山东叫“坎子”，河南叫“窍儿”，山西叫“洋话”，四川叫“言子”，但无论何地，歇后语都是一个最普遍的称呼。它通俗、幽默、含蓄、风趣，就象

歇后语组书 潍县年画

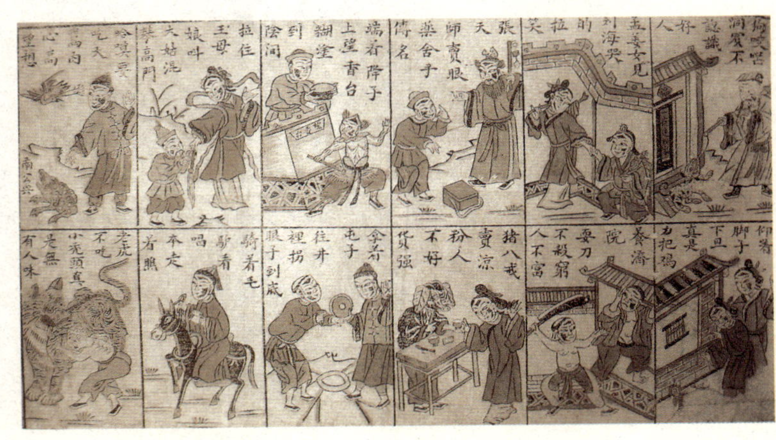

秋胡戏妻

炒菜时的调料一样，虽不能当主食来饱餐，但却给人们的生活增添了无穷的趣味。

歇后语可能远在先秦时期就出现了，如我们所熟知的“亡羊补牢”，其实就是一个歇后语的原始形式。《战国策·楚策》中说：“臣闻鄙语曰：‘见兔而顾犬，未为晚也；亡羊而补牢，未为迟也。’”这样的句子就已经具有了前后句互相解释、互相补充的形式，具有了歇后语的很多特征。后来，在一些文学作品中，作者经常吸收民间语言精华，一些民间的俗语、俚语、谚语、歇后语，开始从老百姓口头慢慢步入文学殿堂。

原始意义的歇后语也叫“缩脚语”，即把一句成语的末一个字省去不说，其中有利用典故来构成歇后语的，如《金瓶梅》里来旺媳妇说“你家第五的‘秋胡戏’”，就是用来影射“妻”，这里就借用了“秋胡戏妻”的故事。也有利用同音字来构成歇后语的，如称“岳父”为“龙头拐”，用“杖”字来影射“丈”字。现在比较常见的是扩大意义的歇后语，又称“俏皮话”，即把一句话的后面一半省去不说，如“马尾拴豆腐”，省去的是“没法提”；或者利用同音字构成歇后语，如“外甥打灯笼——照旧（舅）”。

歇后语虽然流传于民间，只是群众的一种口头创造，但在幽默风趣中却揭示了生活的真谛。如：

瘸子靠着瞎子走——取长补短
当家三年——狗也嫌
开水碗上的葱花——华（花）而（儿）不实
冷锅中豆儿爆——好没道理
看病先生开棺材铺——死活都要钱
千里搭长棚——天下没有不散的筵席
高射炮打蚊子——大材小用
猪八戒照镜子——里外不是人
八月里的黄瓜棚——空架子
拔了萝卜栽上葱——一茬比一茬辣

歇后语虽然生动形象，但毕竟只是一种单纯的语言表达，更多的时候，必须在一定语言环境下才能发挥其更好的作用。《古今谭概 · 巧言》有一则故事，正好说明了歇后语的这个妙处：

一士人家贫，与其友上寿，无从得酒，乃持水一瓶称觞曰："君子之交淡如。"友应声曰："醉翁之意不在。"

这位穷书生和他的那位善解人意的朋友之间的对白，都巧妙地利用了修饰上的"藏词"手法，其实都是一个绝妙的歇后语，因为这两句话都有出处。"君子之交淡如"，是由《庄子 · 山木》篇中的名句"君子之交淡如水，小人之交甘如醴"的前一句，藏去末一字"水"而成的；"醉翁之意不在"则是引用了欧阳修《醉翁亭记》中的名句"醉翁之意不在酒，在乎山水之间也"的前半句，并藏去关键的"酒"字，两个人心有灵犀，又颇多风雅，既表达了情意，又顾全了面子，可见歇后语的妙用。

歇后语的魅力就在于一个"歇"字，这一歇，虽然短暂，但却韵味无穷。比如我们要讽刺一个人不会做某事，就会说："你真是'擀面杖吹火'。"那人如果不懂，就会问："怎么回事？"然后说的人就接着说："一窍不通。"这就好象相声中的包袱抖开一样，让人忍俊不禁。所以在中国，地不分东西南北，人不论高低贵贱，都把歇后语看成一种难得的语言精华，都在生活中自觉不自觉地运用其来增强语言表现效果。

七、歌谣

想唱歌来想唱歌，
人人说我是穷快乐，
早上唱歌当不到饭，
晚上唱歌当不到油，
唱个山歌解忧愁。
——四川民歌

弋射收获画像砖　东汉

民歌是人类历史上产生最早的语言艺术之一。原始的民歌同人们的生产生活密切相关，多以狩猎、祭祀、求偶、劳作、战争等内容为主，民歌实际上就

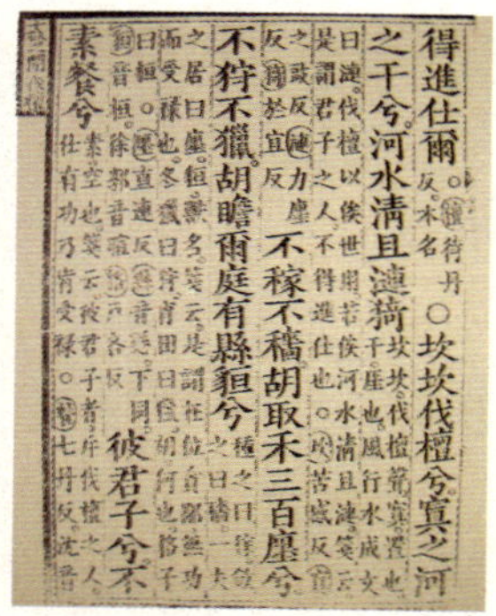
得進仕爾 ○坎坎伐檀兮寘之河之干兮河水清且漣猗 不稼不穡胡取禾三百廛兮 不狩不獵胡瞻爾庭有縣貆兮 彼君子兮不素餐兮

《伐檀》之一页

是人们生活的重要组成部分，随口的吟唱就是最动听的歌谣。根据文学艺术产生的“劳动说”，人们推测最早的民歌就是劳动号子，也就是所谓的“杭唷－杭唷”歌，这在《淮南子》中曾有记载。

《诗经》中的《国风》，是古代最早的民歌集，汇集了从西周到春秋中叶约500多年间流传于北方黄河流域15个地区的民歌，所以也称“十五国风”，但有些民歌已不单纯是民间作品，已有明显的文人雕琢痕迹。有些民歌运用现实主义的艺术手法，勇敢地揭露统治者的残忍和冷酷，表达了下层人民的反抗思想和斗争精神，真实地反映了当时的阶级矛盾和劳动人民多方面的生活，如《伐檀》、《硕鼠》等。《伐檀》是这一时期的代表作之一，其中唱到：

> 坎坎伐檀兮，置之河之干兮，河水清且涟猗。不稼不穑，胡取禾三百廛兮？不狩不猎，胡瞻尔庭有县貆兮？彼君子兮，不素餐兮！

南方长江流域的著名民歌集是《楚辞》，出现在战国后期，由诗人屈原等人对长江中游主要是楚国境内的民歌进行搜集整理而成。与《诗经·国风》的现实主义传统不同，《楚辞》充满了浪漫主义色彩，其中吸收了大量古代神话传说，开创了一种“骚”体诗歌风格，具有浓郁的地方民族色彩。看个例子《楚辞·九歌·东皇太一》，体味一下“骚”体诗歌的特点：

> 吉日兮辰良，穆将愉兮上皇。抚长剑兮玉珥，璆锵鸣兮琳琅。瑶席兮玉瑱，盍将把兮琼芳。蕙肴蒸兮兰藉，奠桂酒兮椒浆。扬枹兮拊鼓，疏缓节兮安歌，陈竽瑟兮浩倡。灵偃蹇兮姣服，芳菲菲兮满堂。五音纷兮繁会，君欣欣兮乐康。

西汉时期，专门的音乐管理机构——乐府出现，民歌的搜集和整理开始正规化，部分民歌开始由仅在民间流传进入到统治者或文人的视野中，入乐的歌谣被称为“乐府诗”或“乐府”，专业音乐和民间音乐也开始逐渐区别开来。乐府收集了黄河、长江、淮河流域的诸多民歌，多描写民间疾苦，揭露社会矛盾，抨击社会不平，反映人民的爱憎，歌颂美好爱情，如《战城南》、《十五从军征》、《东门行》等。其中的一些长篇叙事诗（如《孔雀东南飞》、《木兰辞》）的出现，标志着民歌的发展已日趋成熟。下面看几首

乐府民歌：

江南可采莲，莲叶何田田，鱼戏莲叶间。鱼戏莲叶东，鱼戏莲叶西，鱼戏莲叶南，鱼戏莲叶北。（《相和歌古辞·江南》）

有所思，乃在大海南。何用问遗君，双珠玳瑁簪，用玉绍缭之，闻君有他心，拉杂摧烧之。摧烧之，当风扬其灰。从今以往，勿复相思！相思与君绝，鸡鸣狗吠，兄嫂当知之。妃呼狶，秋风肃肃晨风飔，东方须臾知之。（《鼓吹曲·汉饶歌》）

木兰代父从军

唐代以后，民歌继续发展。同时，边疆的民歌艺术形式开始传入中原，相互融合促进，作品不断丰富，取得了较大成就。如《敦煌曲子词》、《竹枝歌》等。民歌的形式也在不断发展变化，宋代流行“曲词”，元代则流行“小令”，及至明清，民歌非常兴盛，多反映黑暗的社会现实。举几个例子如下：

五两竿头风欲平，长风举棹觉船行。柔橹不施停却棹，是船行。满眼风波多闪灼，看山恰似走来迎。子细看山山不动，是船行。（《敦煌曲子词·摊破浣溪沙》）

若要官，杀人放火受招安；若要富，跟着皇帝卖酒醋。（南宋民歌）

说凤阳，道凤阳，凤阳本是个好地方，自从出了个朱皇帝，十年倒有九年荒。（元代民歌）

吃闯王，穿闯王，闯王来了不纳粮。盼星星，盼月亮，盼着闯王出主张。（明代民歌）

天子坐金銮，朝政乱一团，黎民苦中苦，乾坤颠倒颠，干戈从此起，休想太平年。（清代民歌）

民歌最主要的特点是能够真实地反映人民群众内心丰富的情感，以及他们的生活现状，寓情于歌，声情并茂。由于民歌多为集体创作，口头流传，不同的时代，不同的传唱者不断地对其加以修改和扩充，从而导致了民歌的形式多样，版本各异，比如广为传唱的《茉莉花》就有许多版本。另外，民歌为了适应传唱的需要，一般篇幅不长，通俗易懂，多用口语，句式不一，主题鲜明，比喻、对比、夸张、排比等修饰手法运用较多，象《小白菜》、《走西口》、《孟姜女》、《农夫怨》等，都是民歌中的经典。

真实而本色，正是民歌最大的特色。其中最具震撼力的，当属那些爱情歌曲。如《康定情歌》、《绣荷包》、《四季歌》、《送情郎》、《采红菱》，等等，《在那遥远的地方》是爱情民歌中的名篇之一：

在那遥远的地方，
有位好姑娘，
人们走过她的帐房，
都要回头留恋地张望。
她那粉红的笑脸，
好像红太阳，
她那活泼动人的眼睛，
好像晚上明媚的月亮。
我愿抛弃了财产，
跟她去牧羊，
每天看着那粉红的笑脸，
和那美丽金边的衣裳。
我愿做一只小羊，
跟在她身旁，
我愿她拿着细细的皮鞭，
轻轻地打在我的身上 。
……

欢舞剪纸

与“天长地久有时尽，此恨绵绵无绝期”的深情告白相比，这首歌里的感情显得如此自然本色，没有任何的矫揉造作，只有流淌于心间的柔美情感，似山间的一股清泉，叮叮咚咚，清脆悦耳。

什么是民谣？一言以蔽之，人民的歌谣。具体而言就是指经过时间的考验与积淀之后、在民间广为流传的、反映人民日常生活、内心情感的歌谣，它一般为集体创作，风格质朴，朗朗上口。

拉大锯，扯大锯，姥姥门前唱大戏。

小老鼠，上灯台，偷油吃，下不来，叫妈妈，妈不来，叽里咕噜滚下来。

这些民谣趣味横生，又便于记忆，很容易被人们记住并传唱。同时我们也可以感觉到，民谣有一大部分运用了孩子式的原始质朴的语言表达方式，这是因为儿童口齿伶俐，善于模仿。因此，儿童就成了民谣的主要传播者，众多的民谣随着孩子们的传唱四处传播。

昇平乐事 清

“上山下山问渔樵，要知民意听民谣。”有人称民谣为挂在嘴边的历史，其实一点都不假。人民是历史的创造者，民谣作为人民心声的一种体现，从某种意义上可以说是历史的一面镜子，透过这面镜子我们可以发现不同于正史的方方面面。

早在夏朝末年，为了反抗夏桀的残暴统治，人们一边耕田，一边望着太阳说：“你这个太阳啊，什么时候才能消失，我们宁愿和你一同灭亡。”这是因为夏桀曾经把自己比喻成太阳，老百姓对他痛恨之极，才咬牙唱出了这样的心声。历史学家司马迁也很重视民谣的作用，他在《史记·项羽本纪》中，就引用了“楚虽三户，亡秦必楚”的民谣来说明以后项羽的崛起以及最后灭亡秦朝的历史必然。熟悉《三国演义》的人都知道，在董卓还横行天下的时候，民众间就流传着这样一首民谣：“千里草，何青青，十日卜，不得生。”这里运用了拆字法，“千里草”暗指“董”字，“十日卜”暗指“卓”字，以民谣形式对董卓暴行进行反抗和诅咒，看似无心，实则有意。

董太师大闹凤仪亭 《三国演义》插图

民歌和民谣都为我们所熟知，它们其实并没有太大的区别，属于同一范畴，其最大的不同就在于民歌是用来演唱的，有曲调，而民谣则只说不唱，没有曲调。民歌与民谣的不同还表现在，民歌由于配曲演唱的特点，往往具有很强的抒情性，感情充沛，情意绵长，以“爱”为主，多抒发个人的喜怒哀乐；民谣虽然也有“爱”的方面，但还是多以“怨”为主，侧重揭露与控诉社会的黑暗一面，也就是说，民谣的社会功能可能比民歌表现得更为明显。

民谣生长在老百姓心里，丰富而真实，可以让我们更好地了解历史，认清现实，正因如此，我们在阅读民谣的同时，不仅应该透过表面看到民谣后面的社会现实，而且更要思考怎么去革除社会弊端，让生活变得更美好。

八、笑话

守株待兔

笑话可以说是口头文学中最有趣的一种了，对我们而言，谁能够离得了笑话呢？无论何时何地，我们都需要笑话来点缀生活，调节心情。“笑一笑，十年少”，没有人会拒绝笑话带来的轻松和幽默。笑话是幽默的一种，其本质就是有趣、可笑和意味深长，就是将生活当中自相矛盾、表里不一的东西，揭示给人们看，使人们看到它的荒诞之处，从而博得会心一笑，使人们从笑声中受到教益，得到启迪。

中国的笑话文学，推算起来大约已有两千余年的历史了。春秋战国时代，诸子百家中一批幽默的智者们便开始耍幽默，讲笑话，他们的文章中也多利用笑话作为论辩工具，比较有名的有孟子、庄子、韩非子等。那时的“鲁人执竿”、“刻舟求剑”、“守株待兔”、“拔苗助长”等，可能就是当时的民间笑话。后汉的邯郸淳写有《笑林》一书，成为笑话专书之祖。至隋代，侯白撰了《启颜录》，记载隋朝人物的诸多笑话。此外还有朱揆的《谐噱录》，无名氏的《笑言》等。宋朝的苏轼写有《艾子杂说》，元代有《笑海艺林》和《笑苑千金》，都是很浅白的笑话著作。明代的冯梦龙著《古今笑史》一书，多从史籍中取材，开创了笔记体笑话文学的新领域，他还写有《笑府》一书，在自序中写道：“古今世界一大笑府，我与若皆在其中供话柄，不话不成人，不笑不成话，不笑不话不成世界。”后人也因此称冯梦龙为“笑宗”。清代比较有名的是游戏主人的《笑林广记》，流传较广，影响较大。以下试举几例古代笑话，让大家看看我们古人的幽默：

明皇会棋图（局部）
五代 · 周文矩

一位启蒙教师只认得一个“川”字，见学生递过书来，打算找一个“川”字来教他，一连翻了几页都没有，忽然看见个“三”字，就指着它骂道：“我到处寻你不着，却躺在这里睡懒觉！”

有个人自称下棋很有名。一天和人家下棋，却一连输了三局。第二天，有人问他："昨天下了几盘棋？"那人答道："三盘。"又问："谁胜谁负？"答："第一局我没有赢，第二局他没有输，第三局我要和，他又不肯。"

樵夫担柴时误碰了医生，医生挥拳要打。樵夫求道："我愿受脚踢。"旁人问他为什么，樵夫说："经他的手定是难活！"

有鲁人执长竿而入城者，初横执之，不得入；继竖执之，亦不得入。鲁人束手无策。一老父至曰：吾虽非圣贤，然经验多矣，尔执长竿横竖皆不得入城，何不中而截之？

笑话形式多样，内容丰富，分类也较为灵活。冯梦龙的《古今笑史》分类较为详细，有迂腐部、怪诞部、痴绝部、专愚部、谬误部等36卷；其《笑府》分为古艳部、腐流部、世讳部、方术部等13卷，共收笑话599则。清代游戏主人的《笑林广记》继承前人，又作了部分增删，分类也有所变化，分古艳部、腐流部、术业部、形体部、殊禀部、闺风部、世讳部、僧道部、贪吝部、贫窭部、讥刺部、谬误部12卷，收笑话825则。及至现代，笑话越来越成为人们生活的一部分，笑话也在发生着变化，许多时尚的东西进入到笑话中。不过无论怎么变化，笑话都是人们放松心情、调节生活的最好"佐料"。现代的笑话，分类也相对松散宽泛了，没有什么定论。现举几例现代笑话，看看您读后是否能发出会心的一笑：

信徒："上帝啊！一千万世纪对您来说是多长呢？"上帝："一秒钟。"信徒："那一千万元呢？"上帝："那只不过是一毛钱。"信徒："我很穷，那就请您给我一毛钱吧！"上帝："好的，请等一秒钟。"

"同学们，"老师对全班学生说，"明天上午我们进行语法考试，这是一次开卷考试。大家可以带任何参考资料进考场。"老师的话音刚落，一位同学便从座位上跳起来喊道："太棒了，明天可以把我的爸爸带来啦！"

电脑公司正将"按任意键"这一计算机指令改为"按回车键"。因为公司每天都接到无数顾客打来的电话，询问"任意键"在计算机的什么地方。

新兵进行跳伞训练。老班长把他们一个一个拉到舱门边，然后推出舱门。一个家伙拼命挣扎，死抓住门边不肯往外跳。班长没容他啰嗦，一脚把他踹了出去。后面几个新兵大笑起来，班

牧牛图 宋·牟益

长怒道："这个胆小鬼有什么值得笑的？"一个新兵道："他不是胆小鬼，他是这架飞机的驾驶员。"

张家几个儿女合买了一台遥控电视机送给母亲当生日礼物，张太太说："我最不会使用这种遥控的玩意儿了。"经常出差在外的张先生感叹说："太太，你过谦了。"

查尔斯喝得醉眼蒙眬，深更半夜才回到家门口。他掏出钥匙，却怎么也对不准门锁。巡夜的警察见状，急忙上前问："需要帮忙吗？"查尔斯大喜过望，赶快说："请帮我把这房子抓牢，别让他乱晃。"

一位不懂法语的女游客到法国度假。她走进一家饭馆，侍者立刻递上菜单，她不好意思说自己不懂法语，只好胡乱地指着上面一行文字说："就来这个吧，我想它一定是你们的招牌菜。"侍者非常吃惊，说："这是我们的老板的名字。"

有一个人买了一只乌龟，卖主说："这个东西能活一万年。"买主买回家，可第二天乌龟就死了。买主大怒，于是跑回去找卖龟的家伙，那个家伙看了看死去的乌龟，说："今天正好一万岁。"

向美术教师交作业时，一位学生只交了一张白纸。老师问："画呢？"学生答："这儿？"他指着白纸说。老师："你画的是什么？"学生："牛吃草。"老师："草呢？"学生："牛吃光了。"老师："牛呢？"学生："草吃光了，牛还站在那里干什么？"

笑话作为一种口头文学，大部分是群众的集体创造，但在中国民间的传说中，也有一些幽默大师善于创作笑话，如东方朔、苏轼、冯梦龙、纪晓岚等，围绕他们也有大量的笑话传世。但不管笑话是谁创作的，都一样带来我们需要的幽默和笑声。当然，也有一些人看了笑话也不会大笑，因为笑话中嘲讽揭露的也许正是他自己。笑话，让想笑的人笑，让想哭的人哭，给人带来笑声，也带来思索，这也许是笑话最根本的魅力吧！

后记

《走进中国民俗殿堂》是“中华文明之旅丛书”中的一部，它简明扼要，通俗易懂，生动有趣，图文并茂，体系完整。全书共分十二章，从十二个方面对中国民俗的内容及起源、发展和演变的轨迹进行了深入浅出、重点突出而又系统完整的介绍。通过对该书以及该套丛书中其他图书的阅读和学习，将有助于全面了解中华民族悠久的历史传统，感知中华优秀传统文化的博大精深，体悟中华文明在世界文明史中的重要地位，增强民族文化自信和价值观自信，努力做中华优秀文化的传承者和弘扬者；将有助于读者开阔视野，优化知识结构，养成博大的学术胸怀，形成跨学科的贯通性思维，博采众长，勇于创新，更好地适应当今时代对人才全面发展的要求；将有助于公众理解中华优秀传统文化讲仁爱、重民本、守诚信、崇正义、尚和合、求大同的价值追求，增强国家认同，培养爱国情感，激发家国情怀，完善人格修养，树立远大志向，自觉把个人理想和国家梦想结合起来，为实现中华民族伟大复兴的中国梦而不懈奋斗。

这部具有较高品位、可读性很强的中华优秀文化通用素质教育读本，既可作为相关专业学生的入门读物，也可作为其他专业素质教育课或通识课的参考用书，同时也适合相关专业爱好者以及希望了解中国文化的公众阅读。

在本书的编写过程中，我们阅读参考了大量民俗方面的原著和国内外学者撰写的有关中国民俗的著作，出于本书体例上的考虑，许多著作在书中未能一一注明。在此，我们向诸位作者深表感谢。为了配合和形象地说明书中的相应内容，我们选用了大量图片，凡能查到作者的均一一注明。但也有许多图片因所引出处未注明作者，一时难以查到而没有署名，对此，我们向这些图片的作者深表歉意。一些图片的原始出处和发表年代无法确定，或是无法与作者和版权拥有人取得联系，请在版权保护期内的图片的作者和版权拥有人及时与出版社联系，出版社将按有关规定向您支付稿酬。在此，我们向所有图片的作者深表感谢。

本丛书得到山东大学“国家大学生文化素质教育基地”经费资助。在此，我们深表感谢。

在该书的写作和出版过程中，我们得到了许多专家学者、长辈、同事、学友及学生的帮助，应该说本书是大家共同努力的结果。在此需要特别提及的是，山东大学出版社总编辑、博士生导师马新教授，山东大学出版社原社长、博士生导师孔令栋教授于百忙中对该书稿进行了修改和润色，并提出了许多很好的建议；刘旭东先生、武迎新女士、牛钧先生、朱以青女士、王钧女士、傅侃女士、牟杰同学、王宜凯同学、高静同学的出色工作也为该书增色不少。在此，我们对他们的支持和关心表示感谢。

因受时间和水平所限，尽管我们作了很大努力，书中的疏漏、错误和不妥之处在所难免，恳请广大读者批评指正，以便日后补充修正。

编著者

2014 年 6 月